《大连统计年鉴2023》编辑委员会

编者说明

一、《大连统计年鉴2023》是一部信息高度密集的资料性年刊。本年鉴系统收录了大连市2022年度经济、社会各方面的统计数据，以及改革开放以来相关年份的主要统计数据。

二、本年鉴主要内容包括统计数据表以及附录。其中统计数据表13篇，即：1.综合；2.人口就业与劳动报酬；3.固定资产投资、房地产开发与建筑业；4.农业；5.工业；6.重点服务业与运输邮电业；7.国内贸易；8.外经、外贸与旅游业；9.财政与金融；10.城市公用事业；11.能源；12.科教文卫体与其他社会事业；13.物价与居民收支。

三、为方便读者正确使用本年鉴统计资料，多数篇末附有主要统计指标解释，并在附录中转载了国家和辽宁省2022年统计公报。

四、本年鉴的统计数据主要源于统计年报（或年快报），部分来自定期抽样调查或部门统计。

五、本年鉴所使用的度量衡单位均采用国际统一标准计量单位。国民经济行业分类、登记注册类型、产品目录等内容，均按国家统一制定、颁发的标准及规定执行。

六、本年鉴统计数据表中的符号使用说明："空格"表示该项统计指标数据不足本表最小单位数、数据不详或无该项数据；"#"表示其中的主要项。凡在标题处未列年份的表式，所列资料均为2022年统计数据。部分数据的合计值或相对值由于单位取舍不同而产生的计算误差，均未做机械调整。

八、本年鉴在编辑出版过程中，得到各方面大力支持，在此一并表示感谢。

目 录

三、固定资产投资、房地产开发与建筑业

四、农业

五、工业

六、重点服务业与运输邮电业

七、国内贸易

八、外经、外贸与旅游业

九、财政与金融

十、城市公用事业

十一、能源

十二、科教文卫体与其他社会事业

十三、物价与居民收支

附录

2022 年大连市国民经济和社会发展统计公报[1]

大连市统计局

2023 年 4 月 26 日

2022 年，大连市坚持以习近平新时代中国特色社会主义思想为指导，深入学习贯彻党的二十大精神，全面贯彻落实习近平总书记关于东北、辽宁、大连振兴发展的重要讲话和指示批示精神，坚持稳中求进工作总基调，扎实推动高质量发展，高效统筹疫情防控和经济社会发展，统筹发展和安全，经济运行平稳向好，社会事业不断进步，民生保障有力有效。

一、综合

经辽宁省统计局统一核算，全年地区生产总值[2]8430.9 亿元，比上年增长 4.0%。其中，第一产业增加值 563.0 亿元，增长 3.2%；第二产业增加值 3712.5 亿元，增长 4.5%；第三产业增加值 4155.4 亿元，增长 3.7%。按常住人口计算，人均地区生产总值 112270 元，比上年增长 3.5%。

全年地方一般公共预算收入 669.7 亿元，按自然口径计算，比上年下降 9.2%，剔除留抵退税因素，同口径增长 0.6%。其中，税收收入 416.1 亿元，自然口径下降 18.2%，同口径下降 3.8%。一般公共预算支出 991.1 亿元，比上年增长 1.1%。全年用于教育、社会保障、医疗卫生、住房保障等民生方面的支出 873.0 亿元，比上年增长 1.0%；占全部支出的 88.1%。其中，社会保障和就业支出 202.0 亿元，增长 3.4%；教育支出 125.9 亿元，增长 0.6%；卫生健康支出 82.8 亿元，增长 3.6%；住房保障支出 45.5 亿元，增长 12.7%。

年末全市户籍人口 608.7 万人，比上年末增加 5.1 万人。全年户籍出生人口 3.1 万人，出生率为 5.15‰；死亡人口 5.0 万人，死亡率为 8.27‰；自然增长率为 -3.12‰。

全年新登记市场主体 11.91 万户，比上年增长 7.83%。其中，新登记企业 4.5 万户，增长 0.8%；新增个体工商户 7.39 万户，增长 12.66%。年末全市市场主体总数 90.06 万户，比上年末增长 6.46%。

全年城镇新增就业 12.3 万人。扶持创业带头人 2475 人，带动就业 1.3 万人。

全年居民消费价格比上年上涨 2.2%。其中，消费品价格上涨 3.1%，服务价格上涨 0.8%。

表1 居民消费价格比上年涨跌幅度

指标	比上年涨跌幅度（%）
居民消费价格	2.2
其中：消费品	3.1
服务	0.8
其中：食品烟酒	2.7
衣着	-0.3
居住	0.1

续表

指标	比上年涨跌幅度（%）
生活用品及服务	1.5
交通通信	6.5
教育文化娱乐	3.6
医疗保健	0.1
其他用品及服务	1.3

二、农业

全年农林牧渔业总产值1114.4亿元，按可比价格计算，比上年增长3.3%。全年粮食种植面积26.9万公顷，比上年增加800公顷。粮食总产量136.0万吨，比上年增长2.3%；平均每亩产量336.5公斤，增长2.0%。全年蔬菜及食用菌总产量186.1万吨，比上年增长3.6%。全年水果总产量197.1万吨，比上年增长4.1%。全年猪牛羊禽肉产量100.9万吨，比上年增长2.6%。全年禽蛋产量25.1万吨，比上年下降0.6%。全年生牛奶产量6.2万吨，比上年增长26.7%。全年地方水产品产量250.6万吨，比上年增长4.3%。

年末全市累计建成都市型现代农业园区95个，拥有市级以上农业龙头企业188家、县级以上农民专业合作社示范社206家、县级以上示范家庭农场260家，“二品一标”[3]有效认证（登记）总数226个。全年农业机械总动力250.1万千瓦，农作物耕种收综合机械化率达84.6%。全年新建国家级海洋牧场示范区3处，累计获得国家级海洋牧场示范区称号25处。

三、工业和建筑业

全年规模以上工业[4]增加值比上年增长5.1%，其中高技术制造业[5]增加值增长15.4%。分经济类型看，国有控股企业增加值比上年增长7.2%；股份制企业增长7.5%，外商及港澳台商投资企业增长1.1%；私营企业增长5.8%。分行业看，石化工业增加值比上年增长13.3%；装备制造业[6]增长0.5%；农产品加工业下降0.1%。

表2 规模以上工业主要产品产量

产品名称	单位	绝对量	比上年增长（%）
原油加工量	万吨	4308.8	−7.3
汽油	万吨	637.2	−21.1
煤油	万吨	201.7	−17.7
乙烯	万吨	146.2	−10.9
平板玻璃	万重量箱	618.2	−7.2
生铁	万吨	146.0	17.1
粗钢	万吨	169.6	9.9
钢材	万吨	140.3	−9.0
水泥	万吨	886.9	−25.1

续表

产品名称	单位	绝对量	比上年增长（%）
汽车	辆	24054	4097.9
其中：新能源汽车	辆	1239	116.2
滚动轴承	万套	5992.5	–37.1
民用钢质船舶	万载重吨	223.4	25.9
起重机	万吨	4.8	–1.8
铁路机车	辆	365	12.0
数字激光音视盘机	万台	94.8	–10.9
集成电路	亿块	7.8	–22.8

全年规模以上工业产品销售率为97.6%。全年规模以上工业企业营业收入9357.7亿元，比上年增长10.4%；利税总额948.5亿元，增长10.0%；利润总额542.3亿元，增长9.5%。

全年资质以上建筑业总产值812.2亿元，比上年下降14.2%。其中，公有制企业316.0亿元，下降3.0%；非公有制企业496.2亿元，下降20.1%。

四、国内贸易

全年社会消费品零售总额1846.9亿元，比上年下降3.3%。分消费类型看，商品零售额1720.5亿元，比上年下降3.0%；餐饮收入额126.4亿元，下降7.0%。

全年限额以上单位[7]商品零售额中，汽车类零售额比上年下降2.9%，石油及制品类增长16.7%，粮油、食品类增长4.2%，中西药品类增长14.8%，服装、鞋帽、针纺织品类下降17.6%，日用品类下降10.5%，家用电器和音像器材类下降25.0%，金银珠宝类增长4.3%，化妆品类下降19.7%，通讯器材类下降32.1%，烟酒类下降16.8%，饮料类下降11.5%，书报杂志类下降2.9%，文化办公用品类下降30.5%，家具类下降30.3%，建筑及装潢材料类下降46.1%，体育、娱乐用品类下降19.9%，机电产品及设备类下降1.8%，电子出版物及音像制品类下降10.2%。

全年限额以上单位通过公共网络实现零售额58.3亿元，比上年增长11.6%。

五、固定资产投资

全年固定资产投资（不含农户）[8]比上年增长6.5%。其中，建设项目投资增长28.8%，房地产开发投资下降16.5%。分产业看，第一产业投资比上年下降7.1%，第二产业投资增长10.5%，第三产业投资增长5.1%。分经济类型看，国有控股投资比上年增长8.2%，民间投资[9]增长7.2%，外商及港澳台商投资下降0.7%。全年基础设施投资比上年增长28.4%。全年高技术产业投资比上年增长24.0%，其中高技术制造业和高技术服务业投资分别增长6.0%、97.0%。

全年房地产开发施工面积3739.9万平方米，比上年下降8.8%；竣工面积208.2万平方米，下降48.7%。全年商品房销售面积434.3万平方米，比上年下降36.8%，其中住宅销售面积387.0万平方米，下降38.3%；商品房销售额543.2亿元，下降42.5%，其中住宅销售额494.2亿元，下降44.0%。

六、对外经济贸易

全年新增外商投资企业346家，新增合同外资额91.1亿美元。新批投资总额1000万美元以上的外资项目 31 个，其中投资超亿美元的项目 6 个。全年实际使用外资[10]20.3 亿美元，按可比口径计算，比上年增长 16.7%。其中，第二产业实际使用外资 13.6 亿美元，增长 39.5%；第三产业实际使用外资 6.7 亿美元，下降 14.7%。韩国、中国香港、法国、日本、意大利分列实际使用外资来源地的前五位。

全年进出口总额 4792.1 亿元，比上年增长 12.8%。其中，进口 2705.4 亿元，增长 16.7%；出口 2086.7 亿元，增长 8.0%。分贸易方式看，一般贸易进出口 2857.6 亿元，比上年增长 25.2%；加工贸易进出口 1198.2 亿元，下降 16.6%。前六大贸易伙伴分别是日本、沙特阿拉伯、韩国、美国、阿联酋和俄罗斯。全年对 RCEP 其他成员国[11]进出口总额 1661.4 亿元，比上年增长 7.1%。全年对“一带一路”沿线国家进出口总额 2148.2 亿元，比上年增长 38.8%。

全年备案境外投资项目 22 个，协议投资总额 1.0 亿美元。全年对外承包工程营业额 3.1 亿美元，比上年增长 63.0%。全年对外劳务合作人员实际收入总额 1.5 亿美元，比上年下降 20.4%。

全年离岸服务外包合同金额 32.7 亿美元，比上年增长 26.3%；执行金额 19.1 亿美元，下降 19.4%。年末全市拥有外包企业 1293 家，从业人员 18.1 万人。

七、交通运输和邮电

全年公路、水路和民航三种运输方式货物运输量 20129.2 万吨。其中，公路货运量 16309.0 万吨，水路货运量 3817.3 万吨，民航货邮运量 2.9 万吨。全年三种运输方式货物运输周转量[12]734.0 亿吨公里。全年三种运输方式旅客运输量 3710.8 万人次。其中，公路客运量 3208.8 万人次，水路客运量 214.7 万人次，民航客运量 287.2 万人次。全年三种运输方式旅客运输周转量[13]60.5 亿人公里。全年港口货物吞吐量 3.1 亿吨，比上年下降 3.0%；集装箱吞吐量 445.9 万标箱，比上年增长 21.5%。

年末全市民用汽车保有量 214.0 万辆（包括三轮汽车和低速货车），比上年末增加 8.9 万辆，其中私人汽车保有量 186.4 万辆，增加 7.1 万辆。民用轿车保有量 176.0 万辆，比上年末增加 7.5 万辆，其中私人轿车保有量 160.8 万辆，增加 6.3 万辆。

全年邮政业务总量[14]42.1 亿元，比上年增长 4.5%。全年邮政业完成函件 235.4 万件，比上年增长 24.3%；快递 2.8 亿件，增长 8.0%；快递业务收入 37.0 亿元，增长 0.6%。全年电信业务总量[15]78.4 亿元，比上年增长 13.1%。年末电话用户 1102.4 万户，比上年末增长 2.8%。其中，固定电话用户 146.0 万户，增长 3.4%；移动电话用户 956.4 万户，增长 2.6%。年末固定互联网宽带接入用户 295.5 万户，比上年末增长 6.3%，其中固定互联网光纤宽带接入用户 262.4 万户，增长 10.4%。年末移动互联网用户 848.6 万户，比上年末增长 10.2%。全年移动互联网接入流量 11.9 亿 G，比上年增长 7.0%。

八、金融

年末金融机构本外币各项存款余额 18911.4 亿元，比年初增加 1829.9 亿元，其中人民币各项存款余额 18421.5 亿元，增加 1884.0 亿元。本外币各项贷款余额 14235.1 亿元，比年初增加 694.8 亿元，其中人民币各项贷款余额 13987.9 亿元，增加 703.3 亿元。全年跨境人民币结算 2078.6 亿元，比上年增长 114.7%。

全年保险业原保险保费收入[16]400.8 亿元，比上年增长 6.0%。其中，财产险 93.2 亿元，增长 11.7%；人寿保险 244.0 亿元，增长 6.1%；意外险 6.8 亿元，下降 10.3%；健康保险 56.8 亿元，下降 0.9%。支付各类保险赔款及给付 109.4 亿元，比上年下降 14.6%。其中，财产险 55.8 亿元，下降 26.6%；人寿保险 33.3 亿元，增长 2.1%；意外险 2.5 亿元，增长 14.3%；健康保险 18.0 亿元，增长 2.5%。

全年辖区证券经营机构有价证券成交金额 34777.2 亿元，比上年下降 9.5%。其中，A 股成交额 20808.4 亿元，下降 15.7%；债券现货成交额 949.7 亿元，增长 26.8%；债券回购成交额 11658.2 亿元，增长 2.0%；基金成交额 943.0 亿元，下降 8.5%。

全年期货（期权）成交量22.8亿手（单边），比上年下降3.8%，占全国期货（期权）市场的34.4%；成交额123.7万亿元（单边），下降11.9%，占全国期货（期权）市场的30.8%；日均持仓量1217.3万手，增长15.4%，占全国期货（期权）市场的37.5%。全年交割量68.8万手，比上年增长67.4%。

九、科学技术和教育

年末全市共有国家级工程技术研究中心4个，省级技术创新中心95个，市级技术创新中心146个。共有科技企业孵化器42个，备案众创空间86家。全年专利授权25473件，比上年增长8.35%，其中发明专利授权4284件，增长2.93%。全年技术合同成交额427.3亿元，比上年增长27.1%。

年末全市共有检验检测机构272个，获得质量管理体系认证证书7543张。共有法定计量技术机构9个，全年强制检定计量器具45.2万台件。全年制定、修订地方标准31项。

截至2022年9月，全市共有普通高等学校31所，本、专科在校生33.5万人；在学研究生6.6万人，其中在学博士生0.9万人。成人高等院校7所，在校生6.7万人。中等职业学校[17]71所，在校生5.9万人。普通高中84所，在校生9.4万人。九年义务教育阶段学校[18]629所，在校生54.8万人。幼儿园1284所，在园幼儿14.7万人。

十、文化旅游、会展、卫生健康和体育

年末全市共有公共图书馆13个，文化艺术馆12个，国有博物馆11个，纪念馆2个，美术馆1个，市直专业艺术表演团体4个。全年专业艺术院团演出598场。年末共有报纸3种，期刊56种，出版社（含音像出版社）6家。全年放映电影59.0万场次，比上年下降18.7%；观众578.2万人次，下降33.0%；电影票房2.2亿元，下降29.0%。

年末全市共有旅游星级饭店（宾馆）75家，旅行社514家，国家A级旅游景区57个。

全年举办展会25个，展出面积29.4万平方米，参观人数65.9万人次。

年末全市共有各类卫生机构[19]4027个，其中医院233个，社区卫生服务中心（站）181个，卫生院89个。全市医疗机构实有床位51318张。年末卫生从业人员77091人，其中卫生技术人员63529人。每千人口医疗机构床位数6.81张、执业（助理）医师3.22人、注册护士4.07人。全年总诊疗量[20]2726.1万人次。医疗卫生机构平均床位使用率为51.4%。

年末全市共有体育场地1.2万个，体育场地面积2222.4万平方米，人均体育场地面积2.98平方米。大连籍运动员3人2项4次获得国际大赛金牌，8人4项9次获得全国比赛金牌，70人6项73次获得辽宁省年度比赛金牌。全年销售体育彩票18.6亿元，比上年增长10.0%。

十一、人民生活和社会保障

全年全体居民人均可支配收入45790元，比上年增长3.4%。按常住地分，城镇居民人均可支配收入51904元，比上年增长2.7%；农村居民人均可支配收入24759元，增长4.2%。全年全体居民人均消费支出28650元，比上年下降3.8%。按常住地分，城镇居民人均消费支出33023元，比上年下降4.8%；农村居民人均消费支出13609元，下降0.7%。

年末全市参加城镇职工基本养老保险人数386.5万人，参加城乡居民社会养老保险人数125.1万人。参加失业保险人数170.9万人。参加工伤保险人数219.9万人。参加生育保险人数181.1万人。参加基本医疗保险人数637.3万人，其中参加职工基本医疗保险人数366.2万人，参加城乡居民医疗保险271.1万人。

全年归集住房公积金261.3亿元，比上年增长5.4%。运用住房公积金260.2亿元，其中发放个人住房公积金贷款1.7万户、65.6亿元，提取使用住房公积金64.0万人、194.6亿元。

年末全市共有提供住宿的民政服务机构358个，其中养老机构350个，儿童福利和救助保护机构8个。

民政服务床位[21]4.4万张，其中养老服务床位4.3万张，救助服务床位685张。全年收养救助人员0.95万人次。年末全市共有1.7万城镇居民和2.9万农村居民享受政府最低生活保障，1.4万名城乡居民享受政府特困供养。全年累计投入低保、特困及临时救助等困难群众救助资金约6.4亿元。全年销售社会福利彩票11.8亿元，筹集福彩公益金3.7亿元。

十二、资源和环境

全年人工造林面积1333公顷，其中荒山造林767公顷，更新造林及退化林分修复566公顷。全年完成农村“四旁”植树200.9万株，森林抚育1333公顷。全年完成育苗面积1472.3公顷，生产苗木4708.3万株。

全年新建各类农村供水保障工程4项，完成水土流失治理面积8311公顷，治理河道长度2.92公里，维修加固大型水库3座、小型水库12座。

全年规模以上工业综合能源消费量3853.9万吨标准煤，比上年增长5.1%；能源加工转换效率为90.7%。重点耗能工业企业每吨水泥综合能耗比上年下降3.0%，吨钢综合能耗下降9.6%，电厂火力发电标准煤耗下降0.5%。全年规模以上工业发电量711.5亿千瓦时，比上年增长5.6%，其中核能发电量451.7亿千瓦时，增长12.9%，占63.5%。

全年市区空气中细颗粒物（$PM_{2.5}$）平均浓度为24微克/立方米，比上年下降14.0%。空气质量指数（AQI）二级以上（优良）天数338天，其中一级（优）天数167天。城市集中式饮水水源地碧流河水库、英那河水库水质全部达标。全年近岸海域优良水质比例为97.2%。全年功能区声环境昼间监测点次达标率为97.4%、夜间监测点次达标率为89.6%。

注释：

1. 本公报中数据均为初步统计数，部分指标数据在年报时可能还有调整。部分数据因四舍五入等原因，存在总计与分项合计不等的情况。

2. 地区生产总值、各产业增加值绝对数按现价计算，增长速度按不变价格计算。

3. 绿色食品、有机农产品和农产品地理标志统称“二品一标”。

4. 规模以上工业统计范围为年主营业务收入2000万元及以上的工业法人单位。

5. 高技术制造业包括医药制造业，航空、航天器及设备制造业，电子及通信设备制造业，计算机及办公设备制造业，医疗仪器设备及仪器仪表制造业，信息化学品制造业。

6. 装备制造业包括金属制品业，通用设备制造业，专用设备制造业，汽车制造业，铁路、船舶、航空航天和其他运输设备制造业，电气机械和器材制造业，计算机、通信和其他电子设备制造业，仪器仪表制造业。

7. 社会消费品零售总额统计中限额以上单位：指年主营业务收入2000万元及以上的批发业企业（单位）、500万元及以上的零售业企业（单位）、200万元及以上的住宿和餐饮业企业（单位）。

8. 固定资产投资（不含农户）：统计范围为各种登记注册类型的法人单位以及个体经营进行的计划总投资500万元及以上的投资项目，不包括农户投资、军工和国防项目。

9. 民间投资是指具有集体、私营、个人性质的内资调查单位以及由其控股（包括绝对控股和相对控股）的调查单位建造或购置固定资产的投资。

10. 实际使用外资为商务部统计口径数据。

11. RCEP（《区域全面经济伙伴关系协定》）其他成员国包括印度尼西亚、马来西亚、菲律宾、泰国、新加坡、文莱、柬埔寨、老挝、缅甸、越南、日本、韩国、澳大利亚、新西兰。

12. 货物运输周转量：指在一定时期内由各种运输工具实际完成的货物运量与相应的运送距离的乘积之和。

13. 旅客运输周转量：指在一定时期内由各种运输工具实际运送的旅客人数与相应的运送距离的乘积之和。

14. 邮政业务总量按 2020 年价格计算。

15. 电信业务总量按 2021 年价格计算。

16. 原保险保费收入是指保险企业确认的原保险合同保费收入。

17. 中等职业学校包括普通中专、职业高中和技工学校。

18. 九年义务教育阶段学校包含小学、初中、特教学校、专门学校。

19. 从 2022 年开始，各类卫生机构汇总数据中包含村卫生室数据。

20. 总诊疗量指所有诊疗工作的总人次数，包括门诊、急诊、出诊、预约诊疗、单项健康检查、健康咨询指导（不含健康讲座、核酸检测）等。

21. 民政服务床位除收养性机构外，还包括救助类机构、社区类机构的床位。

资料来源：

本公报中财政数据来自市财政局；户籍人口、汽车保有量数据来自市公安局；卫生健康等数据来自市卫生健康委员会；城镇就业、养老保险、失业保险、工伤保险等数据来自市人力资源和社会保障局；医疗保险、生育保险等数据来自市医疗保障局；企业注册登记、质量检验、专利等数据来自市市场监管局；物价、城乡居民收入、粮食产量、畜牧业产量数据来自国家统计局大连调查队；林业数据来自市自然资源局；水产品产量、国家级海洋牧场示范区数据来自市海洋发展局；现代农业、“二品一标”等数据来自市农业农村局；水土流失治理面积等数据来自市水务局；对外经济贸易等数据来自市商务局；公路、水路、海港等数据来自市交通运输局；民航数据来自市政府口岸办；邮政、快递等数据来自市邮政管理局；电信、移动电话、互联网宽带数据来自市通信管理局；银行数据来自人民银行大连市中心支行；保险数据来自银保监会大连监管局；证券数据来自证监会大连监管局；期货数据来自大连商品交易所；工程技术研究中心、技术创新中心、众创空间、技术合同等数据来自市科学技术局；教育数据来自市教育局；文化场馆、旅游数据来自市文化和旅游局；报纸、电影数据来自市委宣传部；会展数据来自市贸促会；体育数据来自市体育局；住房公积金数据来自市住房公积金管理中心；社会服务、城乡低保、福利救助等数据来自市民政局；空气质量、水质达标等环境监测数据来自市生态环境局；其他数据来自市统计局。

一、综合

Chapter 1 General Survey

编辑：陈文龙　夏英杰
于　颖　魏　来
韩　策　朱巍巍
徐　杰　刘亚非
万　红　耿　英

1-1 地区生产总值

年份	GDP	第一产业	第二产业		
				工业	建筑业
1978	42.1	6.8	27.7	26.8	0.9
1979	43.8	8.1	27.3	26.4	0.9
1980	48.4	7.7	30.9	29.5	1.4
1981	48.3	7.8	29.9	28.5	1.4
1982	50.5	8.5	30.2	28.3	1.9
1983	55.9	10.0	32.9	30.9	2.0
1984	64.9	11.7	37.4	34.2	3.2
1985	78.4	10.8	45.6	41.7	3.9
1986	98.5	16.7	53.4	48.7	4.7
1987	123.0	19.2	67.6	61.2	6.5
1988	160.9	24.1	88.5	80.1	8.4
1989	173.6	19.3	96.7	86.8	9.9
1990	191.0	23.9	98.7	88.4	10.3
1991	219.1	31.7	101.2	91.5	9.7
1992	270.6	30.0	123.2	109.5	14.8
1993	375.1	43.1	166.5	146.4	21.5
1994	513.3	51.2	246.8	225.4	23.7
1995	634.9	66.7	290.6	263.4	29.8
1996	716.0	80.1	318.7	289.9	31.8
1997	806.9	86.1	359.0	331.6	30.7
1998	893.1	97.9	383.8	358.0	29.5
1999	963.5	99.9	416.9	387.4	33.3
2000	1062.0	102.3	460.0	423.9	40.4
2001	1173.9	108.5	504.1	460.3	48.5
2002	1334.0	116.2	572.7	521.0	56.9
2003	1448.8	124.6	638.7	573.5	71.0
2004	1604.6	128.6	733.2	639.1	100.5
2005	1865.7	144.1	872.9	753.4	127.1
2006	2155.3	161.8	1018.5	879.3	148.0
2007	2535.6	186.4	1203.4	1050.8	163.1
2008	2953.5	205.5	1435.9	1267.2	181.4
2009	3251.7	214.4	1596.1	1420.5	189.8
2010	3556.1	217.7	1807.3	1606.2	217.2
2011	4120.9	242.6	2149.7	1908.7	260.1
2012	4504.9	265.7	2347.8	2048.3	319.9
2013	4903.2	302.8	2451.3	2148.6	324.2
2014	5181.9	333.7	2483.2	2178.1	326.9
2015	5400.1	381.2	2245.3	1905.7	358.6
2016	5648.0	404.1	2289.8	1930.4	378.7
2017	6052.2	412.9	2428.5	2032.0	416.8
2018	6500.9	430.0	2477.9	2069.2	432.6
2019	6990.0	458.9	2806.8	2350.1	458.3
2020	7000.4	459.2	2804.1	2320.6	486.1
2021	7825.6	513.4	3295.4	2780.5	518.1
2022	8430.9	563.0	3712.5	3209.8	505.7

注：1.按照我国国内生产总值（GDP）数据修订制度和国际通行作法，在第四次全国经济普查后，对1992—2018年度的GDP历史数据进行了系统修订。

（按当年价格计算，1978–2022年）

单位：亿元

第三产业	交通运输仓储邮电业	批发零售和住宿餐饮业	金融业	房地产业	其他服务业	人均地区生产总值（元）
7.6	2.6	1.7	1.6	0.5	1.2	943
8.4	2.9	1.9	1.7	0.5	1.4	970
9.8	3.4	2.3	2.0	0.6	1.5	1065
10.6	3.7	3.2	1.3	0.7	1.7	1048
11.8	4.1	2.7	2.4	0.7	1.9	1081
13.0	4.7	2.8	2.2	0.8	2.5	1181
15.8	6.2	3.6	2.5	0.8	2.7	1354
22.0	7.6	5.1	3.8	1.5	4.0	1624
28.4	9.0	7.4	5.7	1.0	5.3	2019
36.2	11.8	8.5	7.7	1.7	6.5	2484
48.3	15.4	11.2	10.0	2.3	9.4	3199
57.6	18.1	10.5	17.2	2.3	9.5	3403
68.4	22.3	13.4	17.0	2.4	13.3	3703
86.2	26.4	18.8	20.6	2.7	17.7	4222
117.3	30.9	29.7	24.4	4.8	23.7	5193
165.6	35.4	51.1	27.0	12.0	34.6	7145
215.3	45.7	65.9	26.2	18.1	52.4	9704
277.6	54.4	92.9	28.3	21.0	72.3	11913
317.1	59.9	104.4	43.0	22.3	77.2	13358
361.9	70.8	117.8	44.6	21.3	96.1	14971
411.4	79.8	132.2	46.5	37.9	102.3	16484
446.7	89.8	142.8	46.5	37.7	116.8	17701
499.7	103.1	158.1	46.6	42.5	135.6	19366
561.3	117.2	174.3	46.9	52.6	155.6	21225
645.0	135.2	194.9	49.3	54.8	194.8	23979
685.5	158.5	207.0	48.3	40.9	213.5	25917
742.8	178.0	219.4	50.5	49.9	226.8	28542
848.7	181.8	230.3	54.9	60.0	300.8	30991
974.9	206.0	239.4	81.0	68.0	356.6	34449
1145.9	225.6	248.9	101.1	117.3	425.2	39793
1312.2	234.4	290.0	138.2	123.0	494.8	45745
1441.2	243.9	307.3	162.9	133.3	559.6	49716
1531.1	253.1	333.4	182.6	135.4	590.3	53571
1728.6	274.6	345.4	218.4	140.2	708.4	61024
1891.4	280.3	375.7	286.5	193.0	710.7	65852
2149.1	291.2	400.8	348.3	280.2	779.0	70943
2365.0	319.0	408.5	430.3	317.5	836.9	74181
2773.6	328.5	424.7	555.4	331.0	1079.5	76457
2954.1	338.8	447.3	580.3	365.1	1165.7	79125
3210.8	356.5	465.1	597.3	421.2	1312.0	83988
3593.0	348.5	470.2	588.0	461.9	1657.6	89255
3724.3	339.1	487.6	612.2	490.6	1750.8	94966
3737.1	309.9	435.3	640.2	526.5	1782.3	94281
4016.8	352.7	463.7	661.8	533.5	1962.6	104746
4155.4	372.0	470.4	678.1	496.4	2094.6	112270

2.第七次全国人口普查后，对2011—2019年度的常住人口数进行了历史数据回归，2011—2019年人均地区生产总值相应进行了系统修订。
3.2022年为快报数据。

1-2 地区生产总值指数

年份	GDP				
		第一产业	第二产业		
				工业	建筑业
1979	107.8	119.1	102.1	101.6	112.7
1980	113.4	114.9	110.1	107.6	152.2
1981	94.7	81.6	94.5	94.8	91.6
1982	106.2	102.2	103.2	101.3	126.7
1983	109.2	111.0	107.0	108.5	91.8
1984	115.1	101.8	119.5	118.5	131.1
1985	109.2	103.6	108.3	107.6	115.7
1986	116.3	124.0	115.6	113.1	139.5
1987	113.3	102.0	115.2	116.6	104.0
1988	113.3	106.0	116.5	118.3	100.1
1989	104.6	87.0	109.0	108.9	110.0
1990	104.1	118.2	100.2	100.9	93.4
1991	105.6	109.0	100.6	98.6	122.9
1992	117.5	106.1	118.3	119.1	111.4
1993	119.9	125.2	125.9	125.2	132.6
1994	117.3	100.8	123.7	125.6	106.5
1995	115.3	114.4	118.5	120.2	99.6
1996	112.0	112.0	115.0	116.8	92.5
1997	110.1	106.6	111.0	111.9	96.0
1998	110.1	112.7	109.7	110.4	95.9
1999	110.4	101.4	112.1	112.1	112.1
2000	110.9	103.9	111.5	110.7	130.2
2001	110.9	103.9	111.2	110.4	118.7
2002	110.6	107.5	106.2	105.2	116.3
2003	110.0	108.9	110.0	108.8	120.6
2004	111.6	107.4	113.7	110.8	136.3
2005	110.4	109.1	111.8	110.5	119.8
2006	112.3	110.2	108.9	108.3	112.0
2007	113.2	110.3	112.8	113.5	108.8
2008	112.9	108.1	114.9	116.6	104.6
2009	112.3	107.8	112.5	113.6	105.5
2010	111.5	106.0	113.6	113.8	112.2
2011	111.3	106.5	108.6	107.6	115.9
2012	109.7	105.1	110.3	110.3	110.1
2013	108.9	104.8	109.6	109.9	107.6
2014	105.5	102.9	104.7	104.1	108.9
2015	104.1	103	101.2	99.8	110.3
2016	103.0	105.5	102.3	102.1	103.6
2017	106.8	106.1	103.6	103.8	102.9
2018	106.4	102.3	109.5	110.7	103.2
2019	106.5	101.6	112	113.2	99.8
2020	100.9	103.2	104.3	103.7	108
2021	108.2	105.8	109.4	111.2	100.8
2022	104.0	103.2	104.5	106.4	94.7

注：同表1-1。

（上年=100，1979-2022年）

第三产业	交通运输仓储邮电业	批发零售和住宿餐饮业	金融业	房地产业	其他服务业	人均地区生产总值
109.5	107.1	111.1	109.5	109.5	110.2	106.6
118.5	119.5	113.7	118.3	118.3	122.2	112.4
107.5	142.7	101.3	77.9	157.5	115.6	93.4
113.8	115.3	115.3	114.7	114.7	110.5	104.6
111.3	111.6	111.7	110.8	114.7	110.8	107.9
117.7	119.1	119.0	118.7	114.7	114.9	113.9
113.7	115.3	115.3	114.7	114.7	109.6	108.3
113.2	115.3	115.3	114.7	114.7	107.6	115.1
117.0	119.2	116.0	118.2	118.2	113.9	111.7
112.6	121.8	121.8	102.1	102.1	104.6	111.5
106.5	105.0	105.0	110.2	110.2	106.0	103.1
104.3	103.0	103.0	105.3	105.3	106.3	102.9
111.2	109.4	109.4	119.4	119.4	105.7	105.0
121.4	106.9	137.8	112.9	148.6	130.1	117.9
111.1	94.8	141.9	87.5	188.6	100.5	117.6
115.0	118.0	115.9	90.9	141.7	123.5	116.4
111.1	110.7	120.0	94.4	94.5	114.4	113.9
107.4	103.9	110.5	124.2	103.9	96.8	111.3
109.8	116.0	112.2	99.9	73.6	119.2	109.8
110.0	101.3	115.1	104.0	142.9	106.1	109.9
110.9	113.1	112.5	100.2	106.7	114.2	109.9
112.0	110.9	113.0	101.6	119.2	115.5	110.2
112.0	114.6	111.2	101.2	116.7	113.9	110.2
115.2	114.8	113.0	105.6	104.4	125.4	109.7
110.2	112.6	109.5	104.1	104.0	112.6	109.5
110.6	113.0	110.4	106.3	103.7	112.0	111.0
109.6	108.0	110.3	108.1	109.9	110.2	103.1
116.3	115.0	110.0	123.6	134.6	117.3	108.1
114.1	110.6	110.4	122.7	132.9	113.1	111.2
111.7	106.9	107.5	126.6	114.9	113.5	111.4
112.7	108.3	113.8	120.3	101.1	115.8	110.8
110.1	109.6	110.7	111.5	106.2	110.7	109.8
115.1	110.8	116.7	111.6	103.3	120.4	109.4
109.6	109.0	111.5	121.5	121.1	103.2	108.3
108.7	107.1	107.8	118.9	112.2	105.8	107.8
106.8	108.2	108.0	114.8	99.8	104.2	104.4
107.4	106.1	105.9	119.2	99.7	106.1	102.9
103.2	100.2	101.9	102.2	103.4	105.1	101.9
109.4	101.2	102.2	105.7	112.9	115.6	105.8
104.6	99.1	104.8	96.6	101.9	110.3	105.3
102.7	101.6	105.3	100.8	107.1	102.7	105.4
97.5	91.4	90.8	101.7	101.9	98.2	100.0
107.5	104.5	102.6	102.8	104.8	111.9	107.5
103.7	98.9	100.5	104.2	93.2	107.9	103.5

1-3 行政区划基本情况

地区		街道、乡镇名称
中山区		海军广场街道、人民路街道、青泥洼桥街道、葵英街道、桃源街道、老虎滩街道
西岗区		八一路街道、人民广场街道、白云街道、日新街道、香炉礁街道
沙河口区		西安路街道、春柳街道、马栏街道、南沙河口街道、黑石礁街道、李家街道、星海湾街道
甘井子区	甘井子区管辖	甘井子街道、椒金山街道、周水子街道、中华路街道、泉水街道、南关岭街道、机场街道、泡崖街道、红旗街道、辛寨子街道、大连湾街道、革镇堡街道、营城子街道
	高新区管辖	七贤岭街道、凌水街道
旅顺口区	旅顺口区管辖	登峰街道、得胜街道、水师营街道、铁山街道、双岛湾街道、三涧堡街道、长城街道、龙头街道、江西街道
	高新区管辖	龙王塘街道
金州区	金普新区管辖	亮甲店街道、登沙河街道、光中街道、拥政街道、友谊街道、站前街道、先进街道、大魏家街道、杏树街道、七顶山街道、向应街道、华家街道、二十里堡街道、马桥子街道、海青岛街道、董家沟街道、湾里街道、大孤山街道、金石滩街道、得胜街道、大李家街道、复州湾街道、炮台街道、三十里堡街道、石河街道
普兰店区	普兰店区管辖	大刘家街道、杨树房街道、皮口街道、城子坦街道、唐家房街道、大谭街道、莲山街道、安波街道、沙包街道、星台街道、乐甲街道、同益街道、墨盘街道、双塔街道、四平街道
	金普新区管辖	丰荣街道、铁西街道、太平街道
瓦房店市	瓦房店市管辖	太阳街道、祝华街道、岗店街道、新华街道、共济街道、岭东街道、文兰街道、铁东街道、九龙街道、老虎屯镇、得利寺镇、松树镇、仙浴湾镇、万家岭镇、许屯镇、谢屯镇、李官镇、永宁镇、复州城镇、红沿河镇、瓦窝镇、元台镇、驼山乡、土城乡、闫店乡、西杨乡、赵屯乡、杨家满族乡、三台满族乡、泡崖乡
	长兴岛管辖	长兴岛街道、交流岛街道
庄河市	庄河市管辖	城关街道、新华街道、兴达街道、昌盛街道、明阳街道、栗子房镇、青堆镇、王家镇、荷花山镇、城山镇、仙人洞镇、徐岭镇、光明山镇、大营镇、长岭镇、黑岛镇、吴炉镇、大郑镇、蓉花山镇、塔岭镇、鞍子山乡、石城乡、太平岭满族乡、桂云花满族乡、步云山乡、兰店乡
	花园口管辖	
长海县		大长山岛镇、獐子岛镇、广鹿岛镇、小长山岛镇、海洋岛镇

注：本表数据由市民政局提供。

1-3 续表

地区	街道办事处	居民委员会	乡政府	镇政府	村民委员会
大连市	**102**	**851**	**14**	**33**	**928**
中山区	6	70			
西岗区	5	51			
沙河口区	7	95			
甘井子区	15	245			20
旅顺口区	10	38			72
金州区	25	162			189
普兰店区	18	44			145
瓦房店市	11	73	8	13	258
庄河市	5	66	6	15	221
长海县		7		5	23

注：本表数据由市民政局提供。

1-4 平均气温

单位：℃

地区	全年	1月	2月	3月	4月	5月	6月	7月	8月	9月	10月	11月	12月
大连市	**11.9**	**-2.7**	**-1.5**	**5.3**	**12.5**	**17.9**	**20.5**	**24.9**	**24.9**	**21.1**	**13.4**	**9.0**	**-2.1**
瓦房店市	10.1	−5.8	−4.5	3.8	11.8	16.8	20.4	24.9	23.7	19.4	11.2	5.9	−6.1
金普新区	11.4	−3.6	−2.3	4.8	11.9	17.3	20.4	24.7	24.5	20.8	13	8.4	−3
普兰店区	10.2	−6.2	−5.0	3.9	12	17.0	21	25.3	23.9	19.5	11.1	5.8	−6.3
长海县	10.9	−3	−2.5	4.2	10	14.7	18.8	23.8	24.3	21	13.8	8.9	−2.9
庄河市	9.6	−6.1	−5.0	3.9	10.8	15.6	19.9	24.5	23.5	19.1	11.1	5.4	−7.1
旅顺口区	11.7	−2.7	−1.6	4.9	11.5	16.7	20.6	24.4	24.3	20.8	13.5	9.3	−1.3

注：本表数据由市气象局提供。

1-5 降水量

单位：毫米

地区	全年	1月	2月	3月	4月	5月	6月	7月	8月	9月	10月	11月	12月
大连市	**1007.1**	**4.5**	**1.8**	**70.8**	**7.4**	**25.2**	**139.0**	**104.9**	**204.1**	**286.1**	**71.3**	**71.7**	**20.3**
瓦房店市	1185.1	3.7	3.1	58.5	8.1	45.8	140.8	188.8	437.5	161.3	41.9	84.0	11.6
金普新区	919.5	2.6	1.1	65.8	8.1	23.3	153.5	125.8	225.5	177.5	68.2	55.9	12.2
普兰店区	979.8	4.2	2.3	55.7	3.5	54.3	127.1	98.1	331.0	172.3	45.0	73.1	13.2
长海县	1089.5	1.0	1.2	93.5	2.2	32.2	130.3	119.3	274.4	328.5	37.6	56.8	12.5
庄河市	1435.2	3.1	1.5	73.4	7.2	40.8	214.8	218.4	497.7	291.4	24.0	58.6	4.3
旅顺口区	939.7	10.6	4.1	60.0	11.2	20.1	117.6	176.4	233.6	179.9	68.1	43.0	15.1

注：本表数据由市气象局提供。

1-6 日照时数

单位：小时

地区	全年	1月	2月	3月	4月	5月	6月	7月	8月	9月	10月	11月	12月
大连市	**2404.4**	**201.4**	**214.6**	**209.1**	**259.4**	**296.7**	**146.1**	**149.4**	**197.1**	**235.4**	**184.1**	**117.8**	**193.3**
瓦房店市	2392.2	204.8	227.5	205.3	256.7	280.2	103	145.5	188.7	234.1	195.7	143.4	207.3
金普新区	2492.3	209	227	216.7	260.8	292.9	142.2	156	195.3	250.8	198.3	138.4	204.9
普兰店区	2503.2	209.7	227.0	215.2	258.4	287.2	133.4	152.6	195.4	243.9	209.8	150.2	220.4
长海县	2490.2	215.4	226	193.1	246.8	277.9	131.9	156.1	218.9	254.7	204.1	146.7	218.6
庄河市	2194.4	188.2	216.5	177.6	225.9	252.0	100.0	115.1	177.2	211.1	179.4	128.7	222.7
旅顺口区	2465.6	198.0	208.3	206.3	251.2	295.0	181.5	184.5	201.6	248.5	190	124.2	176.5

注：本表数据由市气象局提供。

1-7 平均风速

单位：米/秒

地区	全年	1月	2月	3月	4月	5月	6月	7月	8月	9月	10月	11月	12月
大连市	**2.9**	**3.1**	**3**	**3.1**	**3.2**	**3**	**2.8**	**2.1**	**2.5**	**2.5**	**3**	**3.0**	**2.9**
瓦房店市	2.8	2.7	2.8	3.4	3.5	3.1	3.5	2.6	2.2	2.3	2.7	2.6	2.5
金普新区	3.6	3.6	3.4	4.4	4.2	3.4	4.1	3.2	3.1	3.1	3.4	3.5	4.1
普兰店区	2.4	2.1	2.1	3.1	3.2	2.8	3.1	2.2	1.8	1.9	2.1	2.2	2.1
长海县	3.5	3.5	3.2	3.8	3.8	3.3	3.4	3.2	3.3	3.6	4	3.8	3.5
庄河市	2.3	1.9	2.3	2.8	2.8	2.7	2.7	2.2	2.1	2.0	2.3	2.2	2
旅顺口区	3.1	3.3	3.2	3.6	3.3	3.2	3.1	2.7	2.6	2.6	2.9	3.3	3.6

注：本表数据由市气象局提供。

1-8 平均气压

单位：百帕

地区	全年	1月	2月	3月	4月	5月	6月	7月	8月	9月	10月	11月	12月
大连市	**1005.7**	**1016.1**	**1016.1**	**1006.9**	**1005**	**999.6**	**993.6**	**993.9**	**995.9**	**1003**	**1012.1**	**1010.6**	**1015.1**
瓦房店市	1002.4	1012.6	1012.4	1003.5	1001.7	996.4	990.8	990.9	992.9	1000	1008.9	1007.4	1011.6
金普新区	1005.9	1015.8	1015.8	1006.9	1005.4	1000.1	994.0	994.3	996.3	1003.3	1012.4	1011	1015.4
普兰店区	1015.4	1026.3	1026.1	1016.7	1014.7	1009	1003	1003	1005	1012.4	1021.9	1020.6	1025.5
长海县	1012.2	1022.6	1022.6	1013.4	1011.8	1006.3	1000.6	1000.3	1002.1	1009.4	1018.5	1017.3	1021.8
庄河市	1012.3	1022.6	1022.4	1013.4	1011.8	1006.3	1000.9	1000.5	1002.2	1009.6	1018.6	1017.4	1021.9
旅顺口区	1009.2	1019.7	1019.7	1010.3	1008.7	1003.3	996.9	997.2	999.4	1006.5	1015.8	1014.3	1019.0

注：本表数据由市气象局提供。

1-9 大风日数

单位：天

地区	全年	1月	2月	3月	4月	5月	6月	7月	8月	9月	10月	11月	12月
大连市	15			4			1			1	4	3	2
瓦房店市	17		2	3		1			1	1	4	3	2
金普新区	32	1	3	8	1	2	1			3	5	3	5
普兰店区	4			1							1	1	1
长海县	17			2			1	1	2	2	3	4	2
庄河市	3			1		1			1				
旅顺口区	26	4	1	5		1	1		1	2	3	3	5

注：本表数据由市气象局提供。

1-10 极端气温

单位：℃

指标	**大 连 市**	瓦房店市	金普新区	普兰店区	长 海 县	庄 河 市	旅顺口区
极端最高	**32.7**	34.8	32.3	35.8	31.6	31.9	32.9
极端最低	**-11.4**	–15.8	–12.7	–17.4	–13.7	–18.4	–10.7

注：本表数据由市气象局提供。

1-11 社会经济发展主要指标

指标	单位	2021年	2022年	增长%
一、人口和行政区划				
年末户籍总户数	万户	226.0	230.7	2.1
年末户籍人口总数	万人	603.6	608.7	0.8
#人口自然增长率	‰	–2.6	–3.1	
年末常住人口总数	万人	748.8	753.1	0.6
市辖区	个	7	7	
市辖县（市）	个	3	3	
二、从业人员				
年末城镇非私营单位从业人员	万人	100.3	100.8	0.5
第一产业	万人	0.4	0.4	1.1
第二产业	万人	36.1	36.1	–0.2
第三产业	万人	63.8	64.4	0.9
年末城镇非私营单位在岗职工人数	万人	94.1	95.3	2.0
三、地区生产总值				
地区生产总值	亿元	7825.6	8430.9	4.0
#第一产业	亿元	513.4	563.0	3.2
第二产业	亿元	3295.4	3712.5	4.5
第三产业	亿元	4016.8	4155.4	3.7
#农林牧渔业	亿元	552.7	603.9	3.1
工业	亿元	2780.5	3209.8	6.4
建筑业	亿元	518.1	505.7	–5.3
批发和零售业	亿元	414.1	419.6	0.2
交通运输、仓储及邮政业	亿元	352.7	372.0	–1.1
住宿和餐饮业	亿元	49.6	50.7	3.4
金融业	亿元	661.8	678.1	4.2
房地产业	亿元	533.5	496.4	–6.8
其他服务业	亿元	1962.6	2094.6	7.9
人均地区生产总值	元	104746	112270	3.5

注：1.2022年地区生产总值数据为快报数。
2.地区生产总值绝对数按现价计算，增长速度按不变价格计算；人均地区生产总值按年平均常住人口计算。

1-11 续表 1

指标	单位	2021年	2022年	增长%
四、固定资产投资				
固定资产投资额	亿元			6.5
#第一产业	亿元			-7.1
第二产业	亿元			10.5
第三产业	亿元			5.1
#建设项目	亿元			28.8
房地产开发	亿元			-16.5
#高技术投资	亿元			37.4
五、农林牧渔业				
1.农林牧渔及服务业总产值	亿元	1021.6	1114.4	3.3
2.粮食作物播种面积	万公顷	26.86	26.94	0.3
3.农业生产条件				
农用机械总动力	万千瓦	245.0	250.1	2.1
化肥施用量（折纯）	万吨	14.0	13.6	-2.9
4.主要产品产量				
粮食	万吨	132.9	136.0	2.3
#谷物	万吨	117.5	119.5	1.7
蔬菜及食用菌	万吨	179.6	186.1	3.6
水果	万吨	189.3	197.1	4.1
肉类	万吨	98.3	100.9	2.6
禽蛋	万吨	25.2	25.1	-0.5
水产品	万吨	245.1	252.9	3.2
#地方	万吨	240.1	250.6	4.4
大牲畜年底存栏	万头	17.6	18.7	6.4

注：1.农林牧渔及服务业总产值绝对数按现价计算，增长速度按不变价格计算。
2.水果产量数据为园林水果产量与瓜果产量合计值。

1-11 续表 2

指标	单位	2021年	2022年	增长%
六、规模以上工业				
1.工业总产值（当年价格）	亿元	8637.8	9464.7	9.6
（1）按经济类型划分				
#国有企业	亿元	50.3	52.4	4.3
集体企业	亿元	8.6	6.1	-28.7
外商及港澳台投资企业	亿元	2299.5	2170.6	-5.6
#国有及国有控股企业	亿元	2470.7	2763.9	11.9
（2）按轻重工业分				
轻工业	亿元	1292.2	1356.4	5.0
重工业	亿元	7345.6	8108.3	10.4
（3）按企业规模分				
大型企业	亿元	4952.5	5083.1	2.6
中型企业	亿元	1949.8	2456.3	26.0
小型企业	亿元	1679.8	1794.9	6.9
微型企业	亿元	55.7	130.3	134.1
2.主要经济指标				
企业单位数	个	2073	2211	6.7
资产总计	亿元	10976.0	11529.2	5.0
流动资产合计	亿元	6043.8	6466.1	7.0
主营业务收入	亿元	7611.5	9340.9	22.7
利税总额	亿元	975.9	1010.9	3.6
盈亏相抵后利润总额	亿元	593.8	549.6	-7.4
从业人员平均人数	人	460175	464078	0.8
七、建筑业				
企业单位数	个	1603	1487	-7.2
建筑业总产值	亿元	946.9	812.2	-14.2
房屋建筑施工面积	万平方米	4230.6	4135.9	-2.2
#新开工面积	万平方米	1281.5	932.8	-27.2
房屋建筑竣工面积	万平方米	839.6	876.9	4.4
从业人员平均人数	万人	15.8	15.1	-4.7
利润总额	亿元	6.4	1.5	-76.2

1-11 续表 3

指标	单位	2021年	2022年	增长%
八、交通运输、邮电及用电量				
客运总量	万人次	4319.0	3710.8	-14.1
公路	万人次	3612	3208.8	-11.2
水路	万人次	221	214.7	-2.7
民航	万人次	486	287.2	-40.9
货运总量	万吨	22811	21645.7	-5.1
公路	万吨	18406	16309.0	-11.4
水路	万吨	2789	3817.3	36.9
民航	万吨	3.7	2.9	-21.4
管道	万吨	1613	1516.5	-6.0
旅客周转量	亿人公里	86	60.5	-29.8
货物周转量	亿吨公里	793	760.1	-4.1
民用汽车拥有量	辆	1895594	1982154	4.6
沿海港口旅客吞吐量	万人次	264.7	211.0	-20.3
沿海港口货物吞吐量	万吨	31552.7	30613.1	-3.0
机场旅客吞吐量	万人次	1036.6	636.8	-38.6
机场纯货邮吞吐量	万吨	13.8	12.7	-8.1
邮政业务总量(2020年不变价格)	亿元	40.3	42.1	4.5
电信业务总量(2021年不变价格)	亿元	69.3	78.4	13.1
移动电话期末用户	万户	932	956	2.6
固定电话期末用户	万户	141	146	3.4
(固定)互联网宽带接入用户	万户	278	295	6.3
全社会用电量	亿千瓦时	441.9	448.0	1.4
#工业用电	亿千瓦时	285.8	279.9	-2.1
#城乡居民生活用电	亿千瓦时	62.0	70.7	14.1

1-11 续表 4

指标	单位	2021年	2022年	增长%
九、国内贸易				
社会消费品零售总额	亿元	1909.7	1846.9	-3.3
十、外经外贸和国际旅游				
1.外贸进出口总额（按经营地）	亿元	4248.5	4792.1	12.8
#进口	亿元	2316.8	2705.4	16.7
出口	亿元	1931.7	2086.7	8.0
2.新批利用外商直接投资项目	个	329	346	5.2
实际利用外商直接投资额	亿美元	16.7	20.3	16.7（可比口径）
3.对外承包工程及劳务合作				
对外承包工程完成营业额	亿美元	1.9	3.1	63.0
劳务人员实际收入总额	亿美元	1.9	1.5	-20.4
十一、财政、金融				
一般公共预算收入	亿元	737.6	669.8	-9.2
#各项税收	亿元	508.8	416.2	-18.2
一般公共预算支出	亿元	980.1	991.1	1.1
金融机构本外币存款年末余额	亿元	17081.5	18911.4	10.7
金融机构本外币贷款年末余额	亿元	13540.3	14235.1	5.1
金融机构人民币存款年末余额	亿元	16537.4	18421.4	11.4
金融机构人民币贷款年末余额	亿元	13284.7	13987.9	5.3
保险业原保险保费收入	亿元	378.2	400.8	6.0
保险业务赔款及给付支出	亿元	128.2	109.4	-14.7
证券成交金额	亿元	38322.6	34777.2	-9.5
#股票成交额	亿元	24638.2	20823.6	-15.7

1-11 续表 5

指标	单位	2021年	2022年	增长%
十二、市政公用事业（市区）				
供水综合生产能力	万立方米/日	222	222	
供水总量	万立方米	46330	44748	
煤气供气总量	万立方米	12782	7064	
液化石油气供气总量	万吨	30.2	28.1	
天然气供气总量	万立方米	53641.3	55943.4	
燃气普及率	%	98.5	98.5	
建成区园林绿地面积	公顷	19585	19790	
建成区绿化覆盖率	%	45.4	45.9	
年末公共交通运营车辆	辆	6206	5851	
出租车数量	辆	11630	11776	
十三、价格指数				
居民消费价格指数（上年=100)	%	101.4	102.2	
十四、人民生活				
城镇非私营单位在岗职工平均工资	元	107390	113945	6.1
全体常住居民人均可支配收入	元	44267	45790	3.4
城镇常住居民人均可支配收入	元	50531	51904	2.7
农村常住居民人均可支配收入	元	23763	24759	4.2
全体常住居民人均消费支出	元	29771	28650	-3.8
城镇常住居民人均消费支出	元	34678	33023	-4.8
农村常住居民人均消费支出	元	13710	13609	-0.7

主要统计指标解释

【国内生产总值（GDP）】指按市场价格计算的一个国家（或地区）所有常住单位在一定时期内生产活动的最终成果，对于一个地区来说，称为地区生产总值或地区 GDP，国内生产总值有三种表现形态，即价值形态、收入形态和产品形态。从价值形态看，它是所有常住单位在一定时期内生产的全部货物和服务价值超过同期投入的全部非固定资产货物和服务价值的差额，即所有常住单位的增加值之和；从收入形态看，它是所有常住单位在一定时期内创造并分配给常住单位和非常住单位的初次收入之和；从产品形态看，它是所有常住单位在一定时期内最终使用的货物和服务价值与货物和服务净出口价值之和。在实际核算中，国内生产总值有三种计算方法，即生产法、收入法和支出法。三种方法分别从不同的方面反映国内生产总值及其构成。其计算方法分别为：（1）生产法：增加值 = 总产出 – 中间投入；（2）收入法：增加值 = 劳动者报酬 + 生产税净额 + 固定资产折旧 + 营业盈余；（3）支出法：地区生产总值 = 最终消费支出 + 资本形成总额 + 货物和服务净流出。

【增加值】是指常住单位生产过程创建的新增价值和固定资产的转移价值。

【三次产业】三次产业分类依据国家统计局 2018 年修订的《三次产业划分规定》。第一产业是指农、林、牧、渔业（不含农、林、牧、渔专业及辅助性活动）；第二产业是指采矿业（不含开采专业及辅助性活动），制造业（不含金属制品、机械和设备修理业），电力、热力、燃气及水生产和供应业，建筑业；第三产业即服务业，是指除第一产业、第二产业以外的其他行业。

二、人口就业与劳动报酬

Chapter 2 Population Employment and Labor Remuneration

编辑：牟　萍　李双军
陈　琳　张婧怡
杨昊东

2-1 城镇非私营单位从业人员期末人数（1978–2022年）

单位：人

年份	期末人数	在岗职工	国有	城镇集体	其他
1978	771755	771755	583459	188296	
1979	875510	875510	628088	247422	
1980	967127	967127	675807	291320	
1981	1032455	1032455	714254	318201	
1982	1075750	1075750	735565	340185	
1983	1102283	1102283	741448	360835	
1984	1135022	1135022	729707	397802	7513
1985	1167679	1167679	758716	401793	7170
1986	1214161	1214161	795841	409715	8605
1987	1261975	1261975	828237	422334	11404
1988	1299664	1299664	854454	424991	20219
1989	1316189	1316189	864038	417595	34556
1990	1328671	1328671	881611	405886	41174
1991	1352577	1352577	907170	393969	51438
1992	1371977	1371977	913698	393010	65269
1993	1360482	1360482	892026	389003	79453
1994	1427294	1351386	895879	398818	132597
1995	1375120	1308991	888143	349114	137863
1996	1216913	1151146	804634	262710	149569
1997	1110325	1053925	736242	211939	162144
1998	1047666	1005610	631039	162315	254312
1999	983541	938384	544017	123130	316394
2000	929624	887643	496899	96687	336038
2001	897745	855370	475125	77152	345468
2002	845880	792606	411883	55255	378742
2003	871973	818490	381281	53260	437432
2004	896073	820384	354807	47165	494101
2005	877801	806963	312979	34830	529992
2006	897662	812857	325499	33400	538763
2007	883138	791254	316186	25908	541044
2008	950066	851876	287337	26155	636574
2009	939724	850483	285712	23324	630688
2010	941911	871718	285907	24449	631555
2011	1098148	1044607	303978	28862	765308
2012	1114876	1067340	315548	26339	772989
2013	1314051	1251468	307055	35378	971618
2014	1212869	1147373	297044	28093	887732
2015	1136838	1069146	287843	23072	825923
2016	1077544	1007326	280500	19775	777269
2017	972937	910470	270411	15530	686996
2018	986288	918234	266147	17537	702604
2019	999016	919145	241085	17152	740779
2020	1047641	965800			
2021	1003099	940622			
2022	1008243	953400			

注：1.由于劳动工资统计调查方式的改变，2020年开始，省级以下地区不再发布分登记注册类型（国有单位、城镇集体单位、其他单位）城镇非私营单位从业人员与工资相关数据；

2.劳动工资统计在公开发布及各类出版物中的“在岗职工”相关数据包含“劳务派遣人员”相关数据。

2-2 城镇非私营单位从业人员平均人数（1978-2022年）

单位：人

年份	平均人数	在岗职工	国有	城镇集体	其他
1978	778785	778785	587784	191001	
1979	868790	868790	621444	247346	
1980	925686	925686	659447	266239	
1981	999830	999830	693407	306423	
1982	1058014	1058014	728832	329182	
1983	1109977	1109977	759470	350507	
1984	1120422	1120422	720258	392925	7239
1985	1153902	1153902	747376	399878	6648
1986	1185361	1185361	776623	401059	7679
1987	1238541	1238541	812998	416212	9331
1988	1273228	1273228	838488	416705	18035
1989	1303577	1303577	856546	416889	30142
1990	1305524	1305524	871975	395580	37969
1991	1334389	1334389	896898	390479	47012
1992	1359617	1359617	912427	386088	61102
1993	1363081	1363081	904387	387575	71119
1994	1420863	1347689	896722	397928	126213
1995	1384718	1315810	901465	350458	132795
1996	1216913	1151146	804634	262710	149569
1997	1119786	1062174	746981	213063	159742
1998	1072004	1027528	651412	164108	256484
1999	1014489	968644	566700	129676	318113
2000	945210	902481	510323	101336	333551
2001	909742	867275	480230	78273	351239
2002	857154	802898	421447	55809	379898
2003	874595	821282	388431	53170	432994
2004	892239	818657	358514	47717	486008
2005	860583	788111	314569	34858	511156
2006	892081	805552	324274	32978	534829
2007	874294	784163	315450	26299	532545
2008	954826	850666	285076	27767	641983
2009	929378	846886	285481	23518	620379
2010	931898	862865	284459	23524	623915
2011	1086045	1034161	302298	28279	755468
2012	1117461	1069913	312096	25607	779758
2013	1317772	1257534	302314	35631	979827
2014	1220974	1155480	297904	28283	894787
2015	1148388	1082352	287126	22916	838346
2016	1075584	1007958	280132	19596	775856
2017	973076	910713	270442	15524	687110
2018	988066	919215	266284	17726	704056
2019	999458	919068	240344	17233	741881
2020	1047900	962672			
2021	1001604	934559			
2022	1011731	953411			

注：同表2-1。

2-3 城镇非私营单位从业人员工资总额（1978-2022年）

单位：千元

年份	工资总额	在岗职工	国有	城镇集体	其他
1978	498937	498937	403404	95533	
1979	588770	588770	463860	124910	
1980	732620	732620	558240	174380	
1981	792238	792238	584826	207412	
1982	849368	849368	619042	230326	
1983	918616	918616	661226	257390	
1984	1073904	1073904	730012	337637	6255
1985	1319228	1319228	881838	430659	6731
1986	1595185	1595185	1105138	479814	10233
1987	1893721	1893721	1321575	556820	15326
1988	2391926	2391926	1692602	664761	34563
1989	2923535	2923535	2063253	791407	68875
1990	3294122	3294122	2354779	829365	109978
1991	3711082	3711082	2625957	911289	173836
1992	4450383	4450383	3149374	1040465	260544
1993	5642292	5642292	3978695	1272645	390952
1994	8141161	7835740	5464108	1715294	961759
1995	9075513	8715779	6151296	1694842	1229375
1996	9630872	9225569	6567627	1593184	1470061
1997	9808098	9390485	6591728	1475692	1740678
1998	9933445	9529877	6131334	1114764	2687347
1999	10523121	10064595	5787579	948649	3786893
2000	11195135	10740692	6063560	820404	4311171
2001	12220309	11702074	6751135	688625	4780549
2002	13141171	12464665	6779331	558382	5803458
2003	15250063	14422148	7570830	624969	7054264
2004	17315213	16142980	8069845	611990	8633378
2005	18570734	17227437	8022829	471438	10076467
2006	21152887	19494336	8925849	547257	11679781
2007	24218906	22136696	10125779	503426	13589701
2008	31569014	29182727	11951886	756266	18860862
2009	35115481	32830386	13774111	605514	20735856
2010	40923485	38498297	15763622	709251	24450612
2011	53428987	51428605	18580287	1019172	33829528
2012	60780108	58653150	20472443	1079072	39228593
2013	77006238	74271389	20143321	1669195	55193722
2014	76722869	73500703	20943590	1102264	54677015
2015	78386375	75103982	23168997	1023451	54193927
2016	77922814	74351034	23730124	958232	53234458
2017	78092637	74573169	25883792	736497	51472348
2018	84303425	80515522	27490559	895038	55917828
2019	92221283	87810046	27101110	1000748	64119425
2020	99432388	95123415			
2021	104100500	100362238			
2022	112216444	108636151			

注：同表2-1。

2-4 城镇非私营单位从业人员平均工资（1978-2022年）

单位：元/年

年份	平均工资	在岗职工	国有	城镇集体	其他
1978	641	641	686	500	
1979	678	678	746	505	
1980	791	791	847	655	
1981	792	792	843	677	
1982	803	803	849	700	
1983	828	828	871	734	
1984	958	958	1014	859	864
1985	1143	1143	1180	1077	1012
1986	1346	1346	1423	1196	1333
1987	1529	1529	1626	1338	1642
1988	1879	1879	2019	1595	1916
1989	2243	2243	2409	1898	2285
1990	2523	2523	2701	2097	2897
1991	2781	2781	2928	2334	3698
1992	3273	3273	3452	2695	4264
1993	4139	4139	4399	3284	5497
1994	5730	5814	6093	4311	7620
1995	6554	6624	6824	4836	9258
1996	7914	8014	8162	6064	9829
1997	8759	8841	8824	6926	10897
1998	9266	9275	9412	6793	10478
1999	10373	10390	10213	7316	11904
2000	11844	11901	11882	8096	12925
2001	13433	13493	14058	8798	13611
2002	15331	15525	16086	10005	15276
2003	17437	17561	19491	11754	16292
2004	19406	19719	22509	12825	17764
2005	21579	21859	25504	13525	19713
2006	23712	24200	27526	16595	21838
2007	27701	28230	32099	19142	25518
2008	33063	34306	41925	27236	29379
2009	37784	38766	48249	25747	33424
2010	43914	44617	55416	30150	39189
2011	49196	49730	61463	36040	44780
2012	54391	54820	65597	42140	50309
2013	58437	59061	66630	46847	56330
2014	62837	63611	70303	38973	61106
2015	68258	69390	80693	44661	64644
2016	72447	73764	84711	48899	68614
2017	80253	81884	95709	47442	74911
2018	85322	87592	103238	50493	79422
2019	92271	95542	112760	58072	86428
2020	94887	98812			
2021	103934	107390			
2022	110915	113945			

注：同表2−1。

2-5 城镇非私营单位

指标	单位数（个）	从业				
		从业人员期末人数	女性	1.在岗职工（含劳务派遣）	2.其他从业人员	从业人员平均人数
总计	**10851**	**1008243**	**449197**	**953400**	**54843**	**1011731**
按国民经济行业分组						
一、农、林、牧、渔业	61	3784	804	3007	777	4075
二、采矿业	4	780	70	780		833
三、制造业	1846	292623	106196	287454	5169	294609
四、电力、热力、燃气及水生产和供应业	112	16985	3620	16601	384	17078
五、建筑业	564	50388	8024	48873	1515	45921
六、批发和零售业	1475	42315	23245	39746	2569	43167
七、交通运输、仓储和邮政业	528	56144	15624	54671	1473	57081
八、住宿和餐饮业	187	15458	8954	10687	4771	15950
九、信息传输、软件和信息技术服务业	501	82066	43026	81728	338	82348
十、金融业	163	63653	40021	46778	16875	65677
十一、房地产业	844	41483	17406	37657	3826	42419
十二、租赁和商务服务业	590	36978	13695	34458	2520	36814
十三、科学研究、技术服务业	508	24180	9324	22645	1535	24224
十四、水利、环境和公共设施管理业	93	12227	3865	11581	646	12269
十五、居民服务、修理和其他服务业	137	4898	1668	4627	271	5070
十六、教育	1635	110639	74581	103733	6906	109731
十七、卫生和社会工作	500	67562	50809	64427	3135	66986
十八、文化、体育和娱乐业	137	7420	3721	7135	285	8025
十九、公共管理、社会保障和社会组织	966	78660	24544	76812	1848	79454

注：由于劳动工资统计调查方式的改变，2020年开始，省级以下地区不再发布分执行会计标准类别、登记注册类型、分行业小类城镇非私

从业人员和工资

人员（人）		工资总额　（千元）			平均工资　（元）		
		从业人员工资总额			从业人员平均工资		
1.在岗职工（含劳务派遣）	2.其他从业人员		1.在岗职工（含劳务派遣）	2.其他从业人员		1.在岗职工（含劳务派遣）	2.其他从业人员
953411	**58320**	**112216444**	**108636151**	**3580293**	**110915**	**113945**	**61390**
3160	915	259453	212584	46869	63669	67273	51223
833		74044	74044		88888	88888	
289410	5199	28389338	27790358	598980	96363	96024	115211
16717	361	1833246	1813263	19983	107345	108468	55355
43987	1934	4042015	3935184	106831	88021	89462	55238
40453	2714	3603849	3453754	150095	83486	85377	55304
55598	1483	6487159	6415932	71227	113648	115399	48029
10895	5055	636854	591815	45039	39928	54320	8910
81837	511	11989092	11896122	92970	145591	145364	181937
46991	18686	8938301	7507831	1430470	136095	159772	76553
38423	3996	3734585	3587045	147540	88040	93357	36922
34236	2578	2664797	2489059	175738	72385	72703	68168
22645	1579	3598475	3525340	73135	148550	155679	46317
11598	671	952738	927555	25183	77654	79975	37531
4812	258	330450	323319	7131	65178	67190	27640
102990	6741	13896209	13618308	277901	126639	132229	41225
64068	2918	9228557	9012030	216527	137768	140664	74204
7494	531	719380	698577	20803	89642	93218	39177
77264	2190	10837902	10764031	73871	136405	139315	33731

营单位从业人员与工资相关数据。

2-6 户籍人口主要指标（1978-2022年）

年份	总户数 (万户)	总人口 (万人)	出生率 (‰)	死亡率 (‰)	自然增长率 (‰)
1978	99.9	448.3	15.9	5.2	10.7
1979	103.3	452.8	13.8	4.8	9.1
1980	107.1	458.2	14.0	5.3	8.6
1981	112.8	464.5	16.0	5.3	10.8
1982	119.1	471.7	18.6	5.3	13.3
1983	122.3	476.8	14.0	5.2	8.9
1984	126.3	480.8	11.1	5.2	5.9
1985	131.2	485.3	10.8	5.6	5.2
1986	135.2	491.6	13.9	5.3	8.7
1987	140.1	498.9	18.3	5.4	12.9
1988	145.3	506.5	16.7	5.4	11.3
1989	150.7	513.4	14.8	5.3	9.5
1990	155.6	517.8	14.1	5.7	8.3
1991	157.6	520.0	8.2	5.3	2.9
1992	162.3	522.9	9.4	5.5	3.9
1993	165.6	527.1	9.3	5.7	3.6
1994	168.4	531.5	10.4	5.9	4.5
1995	171.1	534.7	8.8	5.5	3.3
1996	173.1	537.4	8.7	6.0	2.8
1997	175.0	540.4	8.1	5.9	2.2
1998	176.7	543.2	7.2	6.1	1.1
1999	180.7	545.3	7.0	7.0	0.0
2000	184.3	551.5	8.2	6.4	1.8
2001	186.5	554.6	6.5	5.1	1.4
2002	188.9	557.9	7.2	4.5	2.6
2003	191.5	560.2	4.9	5.4	-0.5
2004	193.4	561.6	6.1	8.6	-2.5
2005	195.8	565.3	6.1	4.8	1.3
2006	198.5	572.1	5.9	4.8	1.1
2007	201.3	578.2	7.2	5.6	1.7
2008	203.4	583.3	6.9	5.6	1.3
2009	205.6	584.8	7.0	10.4	-3.4
2010	207.6	586.4	7.0	8.2	-1.2
2011	209.2	588.5	7.7	5.5	2.2
2012	210.4	590.3	9.1	8.0	1.1
2013	211.8	591.4	8.1	7.9	0.2
2014	213.0	594.3	11.1	7.7	3.4
2015	213.0	593.6	8.9	8.7	0.2
2016	213.9	595.6	9.4	6.7	2.7
2017	214.3	594.9	9.6	11.8	-2.2
2018	215.3	595.2	8.4	8.1	0.3
2019	218.4	598.7	8.4	7.4	1.0
2020	222.7	601.6	6.8	9.8	-3.0
2021	226.0	603.6	5.4	8.0	-2.6
2022	230.7	608.7	5.2	8.3	-3.1

2-7 户籍人口主要指标

指标	单位	2022年	2021年	增长（%）
一、年末实有数				
总户数	户	2306714	2260146	2.1
年末总人口	人	6087143	6036092	0.8
按性别分				
男	人	2991305	2973402	0.6
女	人	3095838	3062690	1.1
按地区分				
市区人口	人	4212455	4141747	1.7
县（市）人口	人	1874688	1894345	-1.0
二、人口变动情况				
1.自然变动				
出生人口	人	31206	32721	-4.6
出生率	‰	5.15	5.43	
死亡人口	人	50135	48544	3.3
死亡率	‰	8.27	8.06	
自然增长率	‰	-3.12	-2.63	
2.迁移变动				
迁入人口	人	100888	75821	33.1
市区人口	人	96764	72777	33.0
县（市）人口	人	4124	3044	35.5
迁出人口	人	30831	39615	-22.2
市区人口	人	14696	24464	-39.9
县（市）人口	人	16135	15151	6.5

2-8 分区（市）县户籍人口情况

单位：人

地区	总户数（户）	总人口			平均人口
		合计	男	女	
大连市	**2306714**	**6087143**	**2991305**	**3095838**	**6061617.5**
中山区	155849	379647	181670	197977	376164.5
西岗区	114942	275606	132368	143238	275527.5
沙河口区	250967	616458	296090	320368	615768.0
甘井子区	423769	1044881	511814	533067	1024315.5
旅顺口区	96720	232235	112640	119595	229785.5
金普新区	379909	963170	469987	493183	951452.0
普兰店区	247786	700458	350877	349581	704088.0
长海县	25114	67146	33249	33897	67737.5
瓦房店市	335836	951332	475889	475443	956636.5
庄河市	275822	856210	426721	429489	860142.5

2-9 分区（市）县户籍人口自然变动

地区	出生		死亡		自然增加	
	人口（人）	出生率（‰）	人口（人）	死亡率（‰）	人口（人）	自然增长率（‰）
大连市	**31206**	**5.15**	**50135**	**8.27**	**-18929**	**-3.12**
中山区	1864	4.96	3394	9.02	–1530	–4.06
西岗区	1065	3.87	3003	10.90	–1938	–7.03
沙河口区	2786	4.52	5504	8.94	–2718	–4.42
甘井子区	7385	7.21	7071	6.90	314	0.31
旅顺口区	1280	5.57	2153	9.37	–873	–3.80
金普新区	5662	5.95	6616	6.95	–954	–1.00
普兰店区	2968	4.22	6571	9.33	–3603	–5.11
长海县	223	3.29	522	7.71	–299	–4.42
瓦房店市	4124	4.31	8507	8.89	–4383	–4.58
庄河市	3849	4.47	6794	7.90	–2945	–3.43

2-10 分区（市）县户籍人口机械变动

单位：人

地区	迁入		迁出	
	省内迁入	省外迁入	迁往省内	迁往省外
大连市	**43218**	**57670**	**16582**	**14249**
中山区	3773	4284	253	1437
西岗区	2345	2707	154	880
沙河口区	5497	5836	420	2655
甘井子区	17024	19275	567	3607
旅顺口区	2028	4502	94	642
金普新区	10135	17180	455	2551
普兰店区	767	1411	374	607
长海县	91	165	1039	100
瓦房店市	969	1456	7711	926
庄河市	589	854	5515	844

主要统计指标解释

【城镇非私营单位】即城镇地区全部非私营法人单位，具体包括国有单位、城镇集体单位、联营经济、股份制经济、外商投资经济、港澳台商投资经济等单位。

【从业人员期末人数】指月度或年度最后一日在本单位工作，并取得工资或其他形式劳动报酬的人员数。该指标为时点指标，不包括最后一日当天及以前已经与单位解除劳动合同关系的人员，是在岗职工、劳务派遣人员及其他从业人员之和。其中不包括离开本单位仍保留劳动关系，并定期领取生活费的人员和在单位实习的各类在校学生。

【在岗职工】指在本单位工作且与本单位签订劳动合同，并由单位支付各项工资和社会保险、住房公积金的人员，以及上述人员中由于学习、病伤、产假等原因暂未工作仍由单位支付工资的人员。在岗职工还包括：

1. 应订立劳动合同而未订立劳动合同人员；
2. 处于试用期人员；
3. 编制外招用的人员，如临时人员；
4. 派往外单位工作，但工资或其他形式劳动报酬仍由本单位发放的人员（如挂职锻炼、外派工作等情况）。

劳务派遣人员　根据《中华人民共和国劳动合同法》规定，指与劳务派遣单位签订劳动合同，并被劳务派遣单位派遣到实际用工单位工作，且劳务派遣单位与实际用工单位签订《劳务派遣协议》的人员。

注意：

1. 劳务派遣人员由实际用工单位统计为劳务派遣人员，劳务派遣单位（派出单位）不进行统计。
2. 劳务外包人员由承包劳务的法人单位统计为在岗职工，实际用工单位不进行统计。如承包劳务的是个体经营户或自然人，均不包括在本制度统计范围内。

【其他从业人员】指在本单位工作，不能归入在岗职工、劳务派遣人员中的人员。此类人员是实际参加本单位生产或工作并从本单位取得劳动报酬的人员。具体包括：非全日制人员、聘用的正式离退休人员、兼职人员（包括利用课余时间打工的在校学生）以及在本单位中工作的外籍和港澳台方人员。

【从业人员平均人数】指月度或年度平均拥有的从业人员数。年度平均人数按单位实际月平均人数计算得到，不得用期末人数替代。

1. 月平均人数是以报告月内每天实有的全部人数之和，除以报告月的日历日数。计算公式为：

月平均人数 = 报告月内每天实有的全部人数之和 / 报告月的日历日数

对人员增减变动很小的单位，其月平均人数也可以用月初人数与月末人数之和除以 2 求得。计算公式为：

月平均人数 =（月初人数 + 月末人数）/ 2

在计算月平均人数时应注意：

（1）公休日与节假日的人数应按放假前最后一个工作日的人数计算。

（2）对新建立不满整月的单位（月中或月末建立），在计算报告月的平均人数时，应以其建立后各天实有人数之和，除以整月天数求得，而不能除以该单位建立的天数。

2. 年平均人数是以 12 个月的平均人数之和除以 12 求得。计算公式为：

年平均人数 = 报告年内 12 个月平均人数之和 /12

在年内新成立的单位年平均人数计算方法为：从实际开工之月起到年底的月平均人数相加除以 12 个月。计算公式为：

年平均人数 =（开工之月平均人数 +…+12 月平均人数）/12

【从业人员工资总额】指本单位在月度或年度直接支付给本单位全部从业人员的劳动报酬总额。不论是计入成本的还是不计入成本的，不论是以货币形式支付的还是以实物形式支付的，均应列入工资总额的计算范围。需要明确的是，工资总额是税前工资，包括单位从个人工资中直接为其代扣或代缴的个人所得税、社会保险基金和住房公积金等个人缴纳部分以及房费、水电费等，但不包括从单位工会经费或工会账户中发放的现金或实物，入股分红、股权激励兑现的收益和各种资本性收益等。预发的工资统计在应发月份。工资总额具体包括：

1. 工资，包括基本工资和绩效工资。基本工资指本单位支付给本单位从业人员的按照法定工作时间提供正常工作的劳动报酬，各单位给个人确定的底薪可作为基本工资；绩效工资指根据本单位利润增长和工作业绩定期支付给本单位从业人员的奖励性工资。

2. 奖金，指支付给本单位从业人员的超额劳动报酬和增收节支的劳动报酬。具体包括：年终奖、全勤奖、生产奖、节约奖、劳动竞赛奖和其他名目的奖金以及某工作事项完成后的提成工资、年底双薪等。

3. 津贴和补贴，指本单位制定的员工相关工资政策中，为补偿本单位从业人员特殊或额外的劳动消耗和因其他特殊原因支付的津贴，以及为保证其工资水平不受物价影响而支付的物价补贴。具体包括：补偿特殊或额外劳动消耗的津贴及岗位性津贴、保健性津贴、技术性津贴、地区津贴和其他津贴。如：过节费、通讯补贴、交通补贴、公车改革补贴、取暖补贴、物业补贴、不休假补贴、无食堂补贴、单位发的可自行支配的住房补贴以及为员工缴纳的各种商业性保险等。

4. 其他工资，指单位发放给从业人员除工资、奖金、津贴和补贴外的劳动报酬。如补发上一年度的工资等。

【在岗职工工资总额】指本单位直接支付给本单位全部在岗职工的劳动报酬总额。

【劳务派遣人员工资总额】指实际用工单位（派遣人员的使用方）在一定时期内为使用劳务派遣人员而付出的劳动报酬总额，但不包括因使用派遣人员而支付的管理费用和其他用工成本。

【其他从业人员工资总额】指本单位直接支付给本单位其他从业人员的全部劳动报酬。

【从业人员平均工资】指本单位从业人员平均每人所得的工资额。计算公式为：

从业人员平均工资 = 从业人员工资总额 / 从业人员平均人数

【在岗职工平均工资】指本单位在岗职工平均每人所得的工资额。计算公式为：

在岗职工平均工资 = 在岗职工工资总额 / 在岗职工平均人数

【劳务派遣人员平均工资】指本单位劳务派遣人员平均每人所得的工资额。计算公式为：

劳务派遣人员平均工资 = 劳务派遣人员工资总额 / 劳务派遣人员平均人数

【其他从业人员平均工资】指本单位其他从业人员平均每人所得的工资额。计算公式为：

其他从业人员平均工资 = 其他从业人员工资总额 / 其他从业人员平均人数

三、固定资产投资、房地产开发与建筑业

Chapter 3 Fixed Assets Investment, Real Estate Development and Construction Industry

编辑：王洪建　刘严妍
王东东　关　宇
葛　霖

3-1 全社会固定资产

年份	全社会固定资产投资（%）	按隶属关系分组（%）		按城乡分组（%）			
		中央	地方	城镇投资	建设项目	房地产	农村投资
1978							
1979	9.6	11.8	9.0	9.6	9.6		
1980	94.1	81.0	97.8	94.1	94.0		
1981	10.3	8.4	10.8	10.3	8.7		
1982	13.4	11.3	14.0	13.4	14.4		
1983	17.0	57.0	7.1	11.9	11.9		
1984	41.0	62.1	33.3	37.1	37.6		
1985	91.2	55.8	107.1	89.9	89.6		108.7
1986	32.6	32.7	32.5	34.6	34.7		7.6
1987	32.8	41.8	29.8	28.5	28.0		98.3
1988	4.5	8.8	2.9	3.0	3.2		19.3
1989	-15.8	-53.5	-1.2	-20.3	-21.2		21.4
1990	20.1	28.5	18.6	26.8	13.4		-16.5
1991	36.2	-2.9	43.9	36.3	36.7	34.4	35.6
1992	54.2	56.2	54.0	46.6	37.6	116.0	118.4
1993	130.2	192.1	121.8	123.0	107.0	199.0	171.0
1994	17.0	-26.5	24.8	23.4	12.3	61.3	-12.5
1995	-5.9	10.7	-7.6	-4.9	-12.1	12.1	-12.4
1996		15.3	-1.9	-0.1	6.3	-12.4	1.2
1997	10.5	73.8	1.2	12.5	18.4		-2.9
1998	0.5	15.7	-3.4	-3.9	-4.6	-2.1	36.2
1999	-15.4	-26.6	-12.0	-18.4	-28.6	7.5	1.5
2000	20.5	-22.2	31.4	26.4	7.8	58.1	-7.3
2001	13.6	-30.4	20.2	9.7	11.2	8.1	39.7
2002	20.6	43.8	18.6	20.0	29.3	8.4	22.8
2003	37.8	18.6	39.8	33.4	43.0	20.7	58.9
2004	41.3	63.6	39.3	42.8	45.5	38.1	35.4
2005	55.0	56.3	50.5	47.6	59.2	27.1	86.7
2006	32.3	18.6	37.7	41.4	47.8	27.1	1.6
2007	31.4	98.6	25.1	33.4	38.2	20.9	21.9
2008	30.2	4.5	34.0	32.0	35.6	21.6	20.6
2009	30.2	12.9	32.3	32.5	37.2	16.8	17.7
2010	23.7	-19.1	27.9	36.6	37.6	32.7	-58.4
2011	30.0	-6.0	13.7	28.4	26.0	44.2	76.0
2012	23.5	-18.4	25.7	19.8	17.6	26.1	71.7
2013	15.2	48.8	14.0	15.4	12.7	22.5	13.2
2014	4.6	-5.9	5.0		29.3	-16.4	
2015	-32.7	-31.8	-32.7		-31.5	-37.2	
2016	-68.5	-55.6	-69.0		-75.4	-40.4	
2017	15.1	53.6	12.9		20.5	5.9	
2018	10.1	-33.4	13.4		4.1	21.5	
2019	-19.8	-52.9	-77.3		-33.9	3.3	
2020	0.1	-6.3	22.5		-5.4	5.9	
2021	1.2	47.8	78.3		6.0	-3.2	
2022	6.5	12.4	58.9		28.8	-16.5	

注：1.从2011年开始国家统计局调整了建设项目统计起点，由原来的50万元提高到500万元。
2.2011年以后为固定资产投资数据（不含农户数据）。

投资同比增速（1978–2022年）

按产业分组（%）				施工面积（万平方米）		竣工面积（万平方米）	
第一产业	第二产业	工业	第三产业		住宅		住宅
				167.2	66.9	86.6	33.8
3.5	−1.6	−4.8	31.4	210.6	130.7	102.6	67.7
27.3	142.7	128.5	57.8	299.1	167.1	150.7	89.3
−28.1	11.2	20.7	20.1	329.6	201.1	175.5	110.8
5.0	−7.8	−8.5	52.9	369.7	231.8	194.3	131.1
57.9	0.3	0.3	30.1	480.8	326.5	293.0	222.6
−14.7	26.3	27.7	61.6	524.6	336.6	318.9	230.4
−26.2	140.2	100.7	68.7	729.6	468.3	357.5	268.1
29.5	18.9	39.7	45.3	803.3	502.3	494.5	369.6
−20.9	45.7	48.3	24.8	814.1	480.7	450.8	311.1
51.0	19.0	18.2	−9.2	925.4	566.8	496.9	337.7
−69.3	−34.7	−34.7	7.7	856.1	550.0	513.9	348.3
−38.4	43.5	45.1	4.3	720.3	424.0	452.1	280.7
826.9	65.8	55.9	3.3	783.0	435.5	453.3	273.6
58.7	29.4	35.3	92.5	975.9	607.7	553.9	414.6
55.3	132.6	137.9	130.8	1624.4	864.0	742.2	536.6
33.1	2.3	−3.5	32.0	1738.3	740.9	706.5	367.5
5.0	−22.3	−18.6	7.2	1618.5	842.7	773.9	516.2
14.7	11.3	13.0	−7.0	1471.3	717.6	648.4	409.0
−15.5	1.8	2.2	17.5	1365.2	662.0	571.4	362.7
166.7	−15.3	−10.7	6.2	1430.7	722.7	679.3	369.8
−15.9	−33.7	−40.9	−6.5	1428.6	744.7	683.3	421.9
−34.8	29.3	30.0	20.4	1668.1	946.2	819.3	540.7
75.3	44.2	48.2	0.5	1701.0	1005.3	770.0	509.8
76.0	15.2	8.4	20.7	2035.1	1112.0	904.5	529.1
40.3	51.0	55.6	30.9	2261.3	1123.7	951.6	505.3
39.3	13.0	16.4	58.0	2704.7	1043.4	1255.1	404.2
59.5	97.6	99.2	36.9	3174.4	1338.1	1166.1	440.9
5.7	41.7	38.9	28.8	4173.2	1879.5	1595.3	515.3
22.2	41.0	46.4	25.6	5549.0	2295.0	1470.8	456.2
91.5	24.9	24.7	30.2	5755.6	3246.2	1933.7	657.3
23.7	37.5	36.5	25.7	5699.2	2882.8	1419.0	537.7
46.1	11.5	12.3	31.1	10992.5	4217.8	1510.9	528.5
−6.6	12.6	9.7	43.9	10718.7	5163.1	1603.9	826.8
11.6	31.8	25.2	20.3	10294.4	4925.1	2009.8	656.0
6.3	13.4	19.6	16.6	10868.3	4979.8	1801.3	851.0
7.5	5.0	9.3	4.2	9946.5	4716.5	1461.7	588.0
−35.5	−34.7	−34.7	−31.5	7786.0	3720.2	936.4	247.6
−85.8	−73.9	−74.0	−65.0	5137.5	3422.0	269.4	146.6
4.4	59.6	58.6	−0.8	4726.9	3323.5	343.5	236.8
1.9	37.9	39.5	−5.9	4664.5	3101.9	354.2	219.0
−61.8	−34.8	−34.8	−6.1	4064.2	2828.7	373.6	204.6
0.0	−18.2	−18.3	10.9	3711.9	2776.1	167.3	122.6
19.6	−6.0	−5.9	4.2	4099.9	2976.9	406.0	320.3
−7.1	10.5	10.5	5.1	3739.9	2664.5	208.2	153.1

3-2 建筑业主要指标完成情况（1978-2022年）

年份	企业个数（个）	建筑业总产值（万元）	施工面积（万平方米）	竣工面积（万平方米）	利润总额（万元）	平均人数（人）
1978	27	18409	148.2	78.0		35013
1979	25	21355	197.0	96.8		41851
1980	35	28213	223.9	115.6	2954	49582
1981	50	37760	310.6	174.1	4736	95683
1982	206	49917	350.3	200.4	6303	107029
1983	229	60115	379.6	202.0	5701	117557
1984	257	77128	446.2	245.5	8947	135653
1985	292	115027	612.4	334.6	11175	158110
1986	458	148649	652.7	395.9	12757	191366
1987	521	187884	686.7	407.2	15696	214670
1988	551	228338	775.6	435.1	15580	225729
1989	453	244625	722.9	440.5	15364	205461
1990	405	241560	554.3	375.3	12470	193039
1991	398	307941	603.6	368.3	12446	199730
1992	454	510534	971.0	524.3	20818	236000
1993	507	868751	1387.3	654.1	34026	321930
1994	665	1053074	1800.7	741.3	38576	281598
1995	647	1057537	1509.0	636.4	33955	253772
1996	623	1010655	1345.7	575.7	32807	239907
1997	709	1003640	1241.2	516.7	22501	227841
1998	802	963407	1265.6	550.6	-15197	222439
1999	772	1218874	1447.9	683.3	28782	236780
2000	692	1484049	1763.0	942.7	43123	245942
2001	765	1999205	1908.8	1028.4	72714	273236
2002	648	2120273	2036.2	1088.2	72516	261824
2003	707	2681495	2477.1	1294.6	86122	299256
2004	838	3606260	3135.8	1875.4	160765	341085
2005	938	4538201	3728.2	1960.0	217161	378279
2006	1063	5465749	4332.1	2327.4	243709	456004
2007	1102	6082489	4773.3	2112.7	283707	451257
2008	1171	7045855	5390.7	2217.4	312344	464108
2009	1300	9625919	6387.2	2989.0	510519	579675
2010	1364	13218920	8664.6	4209.2	794569	777875
2011	1515	17018187	10006.0	3834.6	927830	1031846
2012	1582	20313970	12246.5	5142.3	973546	467633
2013	1644	22874031	11206	4940	1202403	549822
2014	1621	20877308	10543.4	3686.4	908421	559334
2015	1586	14619015	8235.4	2770.3	408947	400224
2016	1599	10015644	4496.2	1535.7	379716	350507
2017	1639	8724821	3745.6	1191.5	94249	260511
2018	1568	7267162	2539.8	1005.3	200013	253633
2019	1623	7363454	3267.9	684.3	119283	212131
2020	1617	8478782	3625.7	806.0	122688	174203
2021	1603	9469283	4230.6	839.6	64055	158485
2022	1487	8122492	4135.9	876.9	15223	150992

3-3 固定资产投资完成同比增速

单位：%

指标	合计	建设项目	房地产
总计	**6.49**	**28.84**	**-16.5**
一、按隶属关系分			
中央	12.41	9.64	25.4
地方	58.92	74.91	-42.5
其他	-8.48	7.05	-17.1
二、按注册类型分			
内资	7.27	33.51	-17.4
港澳台商投资	15.88	-16.62	26.5
外商投资	-2.2	10.68	-40.2
个体经营	28.28	28.28	
三、按控股情况分			
国有控股	8.22	12.85	-16.3
集体控股	16.72	26.80	-66.7
私人控股	8.35	58.83	-8.1
港澳台商控股	-2.5	-23.16	4.2
外商控股	-0.09	10.02	-42.7
四、按三次产业分			
第一产业	-7.06	-7.06	
第二产业	10.48	10.48	
#工业	10.51	10.51	
第三产业	5.06	53.37	-16.5
五、按行业门类分			
农、林、牧、渔业	-7.06	-7.06	
采矿业	-0.52	-0.52	
制造业	43.21	43.21	
电力、热力、燃气及水生产和供应业	-33.05	-33.05	
建筑业	-34.89	-34.89	
批发和零售业	5.06	5.06	
交通运输、仓储和邮政业	74.85	74.85	
住宿和餐饮业	107.3	107.30	
信息传输、软件和信息技术服务业	38.2	38.20	
金融业	-81.62	-81.62	
房地产业	-14.62	119.31	-16.5
租赁和商务服务业	74.32	74.32	
科学研究和技术服务业	313.92	313.92	
水利、环境和公共设施管理业	103.01	103.01	
居民服务、修理和其他服务业	100.83	100.83	
教育	-41.93	-41.93	
卫生和社会工作	35.78	35.78	
文化、体育和娱乐业	-67.23	-67.23	
公共管理、社会保障和社会组织	-42.73	-42.73	

3-4 500万元以上建设项目及房地产投资同比增速

单位：%

指标	同比增速
计划总投资	9.6
自开始建设至本年底累计完成投资(或自开始建设累计完成投资)	0.6
本年完成投资(或自年初累计完成投资)	6.5
建筑工程	10.2
安装工程	-6.0
设备工器具购置	-10.1
其他费用	12.9
本年施工房屋面积	-8.8
#住宅	-10.5
本年竣工房屋面积	-48.7
#住宅	-52.2

3-5 500万元以上建设项目及房地产投资资金来源同比增速

单位：%

指标	同比增速
合计	**-7.5**
一、上年末结余资金	17.6
二、本年资金来源	-13.7
1.国家预算内资金	31.2
2.国内贷款	-34.7
3.债券	
4.利用外资	-95.9
5.自筹资金	29.2
6.其他资金来源	225.7
各项应付款	-49.7
#工程款	-25.3

3–6 500万元以上建设项目投资增速分组情况

单位：%

指标	同比增速	指标	同比增速
总计	28.8	第三产业	53.4
一、按隶属关系分		**五、按行业中类分**	
中央	9.6	农业	–80.8
地方	74.9	林业	
其他	7.1	畜牧业	29.2
二、按注册类型分		渔业	387.9
内资	33.5	农林牧渔业及辅助性活动	–42.4
港澳台商投资	–16.6	煤炭开采与洗选业	
外商投资	10.7	石油和天然气开采业	
个体经营	28.3	黑色金属矿采选业	
三、按控股情况分		有色金属矿采选业	–83.3
国有控股	12.8	非金属矿采选业	12.9
集体控股	26.8	开采专业及辅助性活动	
私人控股	58.8	其他采矿业	
港澳台商控股	–23.2	农副食品加工业	30.9
外商控股	10.0	食品制造业	–67.5
四、按三次产业分		酒饮料和精致茶制造业	382.2
第一产业	–7.1	烟草制品业	
第二产业	10.5	纺织业	–94.6
#工业	10.5	纺织服装服饰业	–87.6

3-6 续表 1

单位：%

指标	同比增速	指标	同比增速
皮革毛皮羽毛及其制品和制鞋业	–43.0	计算机通信和其他电子设备制造业	2.4
木材加工和木竹藤棕草制品业	–44.5	仪器仪表制造业	68.3
家具制造业	96.2	其他制造业	–87.3
造纸和纸制品业		废弃资源综合利用业	–12.4
印刷和记录媒介复制业	–94.1	金属制品机械和设备修理业	16.6
文教工美和体育娱乐用品制造业	167.1	电力热力生产和供应业	–34.3
石油煤炭及其他燃料加工业	–24.7	燃气生产和供应业	–32.0
化学原料和化学制品制造业	462.9	水的生产和供应业	–5.8
医药制造业	11.3	房屋建筑业	63.5
化学纤维制造业	85.3	土木工程建筑业	–100.0
橡胶和塑料制品业	–62.7	建筑安装业	
非金属矿物制品业	29.6	建筑装饰装修和其他建筑业	
黑色金属冶炼和压延加工业	–70.8	批发业	122.1
有色金属冶炼和压延加工业	573.5	零售业	–33.3
金属制品业	138.4	铁路运输业	–4.9
通用设备制造业	50.9	道路运输业	10.0
专用设备制造业	74.0	水上运输业	953.1
汽车制造业	83.3	航空运输业	784.2
铁路传播航空航天和其他运输设备制造业	101.4	管道运输业	43.0
电气机械和器材制造业	80.7	多式联运和运输代理业	

3-6 续表 2

单位：%

指标	同比增速	指标	同比增速
装卸搬运和仓储业	85.7	土地管理业	29.2
邮政业		居民服务业	38.5
住宿业	250.6	机动车电子产品和日用产品修理业	
餐饮业	–88.7	其他服务业	195.9
电信广播电视和卫星传输服务	45.1	教育	–41.9
互联网和相关服务	688.1	卫生	42.5
软件和信息技术服务业	–61.7	社会工作	–33.6
货币金融服务	–75.9	新闻和出版业	
资本市场服务	–90.7	广播电视电影和录音制作业	3565.8
保险业	–100.0	文化艺术业	–76.3
其他金融业		体育	–68.7
房地产业	119.3	娱乐业	92.1
租赁业	–93.9	中国共产党机关	
商务服务业	123.9	国家机构	–48.7
研究和实验进展	–17.5	人民政协民主党派	
专业技术服务业	1067.8	社会保障	
科技推广和应用服务业	219.1	群众团体社会团体和其他成员组织	14883.3
水利管理业	54.9	基层群众自治组织及其他组织	239.0
生态保护和环境治理业	61.0	国际组织	
公共设施管理业	109.5		

3-7 房地产

指标	总计	一、按登记注						
		内资企业	国有企业	国有独资公司	其他有限责任公司	股份有限公司	私营独资企业	私营有限责任公司
计划总投资	**66473671**	**55729589**	**543126**	**1366623**	**28276393**	**1278900**	**1195133**	**21309631**
自开始建设累计完成投资	47915125	40272017	333059	1244501	20101965	663207	954268	15787386
本年完成投资	6088381	5416457	60227	119501	2290607	40022	103015	2692302
按构成分								
建筑工程	3175202	2833642	45661	99381	1210666	33720	90966	1267284
安装工程	159009	141868		400	46277	2210		92981
设备工器具购置	45108	42510			6984	523		35003
其他费用	2709062	2398437	14566	19720	1026680	3569	12049	1297034
#土地购置费	2294416	2041901	12818	17664	831221	120	8207	1147052
按工程用途分								
商品住宅	4430848	4012908	56918	71678	1681799	37635	90298	1968372
#90平方米以下	1232109	1091877	25359	19116	501029	20555	15665	508573
144平方米以上	357383	316172	1179	29	221815	8922	10737	47303
办公楼	296413	229380		5300	76149	1	1788	146142
商业营业用房	615972	505046	3111	26556	162023	2305	4545	304109
其他	745148	669123	198	15967	370636	81	6384	273679
本年新增固定资产	1409872	1397542		111404	550116		111736	624286

开发投资

单位：万元

册类型分组										
私营股份有限公司	其他企业	港澳台商投资企业	与港澳台商合资经营企业	与港澳台商合作经营企业	港澳台商独资	港澳台商投资股份有限公司	其他港澳台投资	外商投资企业	中外合资经营企业	外资企业
805000	**954783**	**7359868**	**3461421**	**160000**	**3353447**	**225000**	**160000**	**3384214**	**2530723**	**853491**
509978	677653	5326337	1975815	165752	3026699	20303	137768	2316771	1623544	693227
54155	56628	490044	191980	12645	245047	20303	20069	181880	90836	91044
54155	31809	247085	115351	1967	122793	3527	3447	94475	52539	41936
		9567	2161	7406				7574	7574	
		1290	98	1192				1308	1308	
	24819	232102	74370	2080	122254	16776	16622	78523	29415	49108
	24819	184744	65848		110240	8656		67771	23000	44771
51513	54695	269349	146339	3526	108597		10887	148591	61586	87005
	1580	95006	68986	3337	16689		5994	45226	7955	37271
24602	1585	16512	2501		13071		940	24699	24699	
		49644			29341	20303		17389	17389	
964	1433	104294	38952	9043	51338		4961	6632	2671	3961
1678	500	66757	6689	76	55771		4221	9268	9190	78
		5				5		12325	12325	

3-7 续表

指标	二、按隶属关系分组			三、按资		
	中央	地方	其他	一级	二级	三级
计划总投资	**4635688**	**1438430**	**60399553**	**952000**	**3503874**	**14917096**
自开始建设累计完成投资	3019400	817647	44078078	901394	2326150	11175049
本年完成投资	402469	212665	5473247	59387	346230	772948
按构成分						
建筑工程	170310	102472	2902420	55068	170141	467181
安装工程		508	158501		36921	12135
设备工器具购置		6	45102		22078	2951
其他费用	232159	109679	2367224	4319	117090	290681
#土地购置费	214248	83861	1996307	120	60817	230611
按工程用途分						
商品住宅	319784	188355	3922709	34628	161753	587913
#90平方米以下	75539	65464	1091106	977	28871	231268
144平方米以上	57812	70492	229079		20113	99780
办公楼	10869		285544		44204	43624
商业营业用房	20867	12918	582187	21225	88928	84695
其他	50949	11392	682807	3534	51345	56716
本年新增固定资产	28265	3501	1378106		89871	152092

单位：万元

质等级分组			四、按控股情况分组					
四级	暂定	其他	国有控股	集体控股	私人控股	港澳台商控股	外商控股	其他
5991	**32153125**	**14941585**	**11263484**	**981900**	**43135340**	**7174868**	**3378741**	**539338**
4972	23512459	9995101	8180704	574039	31411465	5474083	2114249	160585
	3337266	1572550	1020502	25012	4392268	412902	194811	42886
	1642056	840756	515986	21364	2307089	221839	90630	18294
	65877	44076	13409		128459	9567	7574	
	16458	3621	161		42349	1290	1308	
	1612875	684097	490946	3648	1914371	180206	95299	24592
	1439046	563822	441327	120	1613272	158678	76427	4592
	2543782	1102772	714202	15479	3300563	227746	140719	32139
	631676	339317	176280	7243	894163	88215	46806	19402
	126002	111488	91411	3416	221345	15572	24699	940
	163255	45330	40198	4990	184192	29341	37692	
	253680	167444	69845	4408	435822	93355	6632	5910
	376549	257004	196257	135	471691	62460	9768	4837
	933536	234373	331118	11631	1054793		12330	

3-8 房地产

指标	总计	一、按登记注						
		内资企业	国有企业	国有独资公司	其他有限责任公司	股份有限公司	私营独资企业	私营有限责任公司
一、本年资金来源合计	11509173	9743639	212736	251264	4227843	116214	304278	4537360
1. 上年末结余资金	4537491	3492506	131562	103752	1440326	7696	51727	1742196
2. 本年资金来源小计	6971682	6251133	81174	147512	2787517	108518	252551	2795164
（1）国内贷款	752482	568428		44119	285755	80000		158554
银行贷款	639542	456278		32119	265755			158404
非银行金融机构贷款	112940	112150		12000	20000	80000		150
（2）自筹资金	1936637	1685168	4376	22599	691078	6501	38433	886681
（3）其他资金来源	276467	249218	663	15203	183833	1773		47746
（4）定金及预收款	2891031	2746050	76135	36640	1172422	16244	185114	1232975
（5）个人按揭贷款	1115065	1002269		28951	454429	4000	29004	469208
二、本年各项应付款合计	1910322	1669017	25964	91740	587274	76803	87317	724137
#工程款	1319648	1138868	18974	66444	342974	15137	71175	569924
待开发土地面积（平方米）	3423421	3238190	36391		1825976	342511	66515	966797
本年购置土地面积（平方米）	2288890	2235525	36391		1825130		57061	316943
本年土地成交价款	609368	577733	3942		449946		11658	112187

开发资金来源

单位：万元

册类型分组										
私营股份有限公司	其他企业	港澳台商投资企业	与港澳台商合资经营企业	与港澳台商合作经营企业	港澳台商独资	港澳台商投资股份有限公司	其他港澳台投资	外商投资企业	中外合资经营企业	外资企业
51219	42725	1261612	484849	29313	550410	108993	88047	503922	389351	114571
11478	3769	712664	159396	27422	416305	108993	548	332321	326676	5645
39741	38956	548948	325453	1891	134105		87499	171601	62675	108926
		133964	64065				69899	50090	10090	40000
		133964	64065				69899	49300	9300	40000
								790	790	
	35500	202442	106016	1445	77381		17600	49027	20116	28911
		27234	154		27080			15	15	
24969	1551	99291	83988	446	14857			45690	14405	31285
14772	1905	86017	71230		14787			26779	18049	8730
39418	36364	175422	65485	12828	70541	6568	20000	65883	54661	11222
33069	21171	149409	60839	12649	53781	3140	19000	31371	25650	5721
		131866	13000		118866			53365		53365
								53365		53365
								31635		31635

3-8 续表

指标	二、按隶属关系分组			三、按资		
	中央	地方	其他	一级	二级	三级
一、本年资金来源合计	630580	618056	10260537	271564	750288	1551323
1.上年末结余资金	258433	415712	3863346	233462	237236	363189
2.本年资金来源小计	372147	202344	6397191	38102	513052	1188134
（1）国内贷款		69899	682583	16801	191328	90940
银行贷款		69899	569643	16801	179328	90000
非银行金融机构贷款			112940		12000	940
（2）自筹资金	162672	75785	1698180	6865	157095	508495
（3）其他资金来源		12422	264045		3340	8314
（4）定金及预收款	121309	32700	2737022	12228	94494	437179
（5）个人按揭贷款	88166	11538	1015361	2208	66795	143206
二、本年各项应付款合计	67939	115836	1726547	46333	174764	307847
#工程款	21119	81235	1217294	1547	137851	194148
待开发土地面积（平方米）		7660	3415761		57061	927591
本年购置土地面积（平方米）		1504415	784475		1561476	121587
本年土地成交价款		406310	203058		417968	47079

单位：万元

质等级分组			四、按控股情况分组					
四级	暂定	其他	国有控股	集体控股	私人控股	港澳台商控股	外商控股	其他
116	6468339	2467543	1904858	57650	7836988	1013880	586023	109774
45	3107564	595995	677837	42845	2784947	598947	432067	848
71	3360775	1871548	1227021	14805	5052041	414933	153956	108926
	353638	99775	214119	5200	373174	40000	50090	69899
	333638	19775	182119	5200	293024	40000	49300	69899
	20000	80000	32000		80150		790	
44	731733	532405	313869	4800	1350620	180567	49027	37754
1	195939	68873	43637		205581	27234	15	
6	1442154	904970	456850	4805	2299768	91054	37281	1273
20	637311	265525	198546		822898	76078	17543	
	846558	534820	328661	63870	1253690	143302	88648	32151
	578667	407435	163343	12844	941509	121896	49356	30700
	1016303	1422466	118278	145393	2788854	131866	53365	185665
	47846	557981	1727658		507867		53365	
	9210	135111	427362		150371		31635	

3-9 房地产开发施工、竣工

指标	总计	一、按登记						
		内资企业	国有企业	国有独资公司	其他有限责任公司	股份有限公司	私营独资企业	私营有限责任公司
房屋施工面积（平方米）	37399262	32254638	555159	891180	13684673	727823	808361	14831163
住宅	26644629	23050599	446083	679490	10247071	661274	546361	9745055
办公楼	1614616	1225656		49838	426078	9500	13238	727002
商业营业用房	3573698	3002605	46607	99975	1183155	35881	52944	1574473
其他房屋	5566319	4975778	62469	61877	1828369	21168	195818	2784633
新开工面积（平方米）	4625138	3952787	47310		1333910	180969	146755	2138112
住宅	3244741	2763228	43336		980156	179801	110341	1346503
办公楼	256713	256713			35714			220999
商业营业用房	455836	385569	3920		130619		8188	240202
其他房屋	667848	547277	54		187421	1168	28226	330408
房屋竣工面积（平方米）	2081614	2038877		225729	674196		69835	1069117
住宅	1531123	1491123		200149	421664		69835	799475
办公楼	26935	26935						26935
商业营业用房	212005	212005		11409	94225			106371
其他房屋	311551	308814		14171	158307			136336
竣工房屋价值（万元）	1180849	1168524		109810	369267		111736	577711
住宅	934877	923267		103232	240165		111736	468134
办公楼	11340	11340						11340
商业营业用房	139579	139579		5961	75561			58057
其他房屋	95053	94338		617	53541			40180

面积及竣工房屋价值

注册类型分组									
私营股份有限公司	其他企业	港澳台商投资企业	与港澳台商合资经营企业	与港澳台商合作经营企业	港澳台商独资经营企业	其他港澳台投资	外商投资企业	中外合资经营企业	外资企业
563494	192785	3605846	1415008	209290	1721948	259600	1538778	1375941	162837
553374	171891	2396022	1038058	175788	1041176	141000	1198008	1040074	157934
		287340	6000		281340		101620	101620	
6930	2640	461822	107586	21562	279274	53400	109271	104368	4903
3190	18254	460662	263364	11940	120158	65200	129879	129879	
	105731	649093	258855		130638	259600	23258		23258
	103091	463158	212181		109977	141000	18355		18355
	2640	65364	11964			53400	4903		4903
		120571	34710		20661	65200			
							42737	42737	
							40000	40000	
							2737	2737	
							12325	12325	
							11610	11610	
							715	715	

3-9 续表

指标	二、按隶属关系分组			三、按资		
	中央	地方	其他	一级	二级	三级
房屋施工面积（平方米）	2007516	1283672	34108074	853847	1588515	7331639
住宅	1567013	977440	24100176	539801	1112238	4493038
办公楼	29500		1585116		29495	488674
商业营业用房	111111	113044	3349543	148398	239989	834498
其他房屋	299892	193188	5073239	165648	206793	1515429
新开工面积（平方米）		474243	4150895	3756	610148	588125
住宅		335503	2909238	2588	378482	414463
办公楼			256713		500	
商业营业用房		57161	398675		93254	69592
其他房屋		81579	586269	1168	137912	104070
房屋竣工面积（平方米）	46499		2035115		231954	340040
住宅	46499		1484624		184393	259246
办公楼			26935		25510	383
商业营业用房			212005		21051	45279
其他房屋			311551		1000	35132
竣工房屋价值（万元）	28265		1152584		87480	94924
住宅	28265		906612		69170	74828
办公楼			11340		10969	111
商业营业用房			139579		6911	12690
其他房屋			95053		430	7295

质等级分组			四、按控股情况分组					
四级	暂定	其他	国有控股	集体控股	私人控股	港澳台商控股	外商控股	其他
7725	17947596	9669940	5903184	599526	26010902	3367447	1143381	374822
3694	12790449	7705409	4389941	485365	18427108	2254000	839023	249192
	903685	192762	218138	21038	992480	281340	101620	
4031	1684591	662191	408054	34212	2570228	448585	54675	57944
	2568871	1109578	887051	58911	4021086	383522	148063	67686
	1717387	1705722	157021	48553	3581991	389493	73258	374822
	1088073	1361135	126546	37385	2441105	322158	68355	249192
	221659	34554	4160		252553			
	153575	139415	7786	10000	363239	11964	4903	57944
	254080	170618	18529	1168	525094	55371		67686
	1015030	494590	537754	40634	1460489		42737	
	712374	375110	395452	30634	1065037		40000	
		1042			26935			
	91410	54265	52614	10000	149391			
	211246	64173	89688		219126		2737	
	779613	218832	329524	8130	830870		12325	
	607898	182981	252473	6130	664664		11610	
		260			11340			
	96144	23834	48522	2000	89057			
	75571	11757	28529		65809		715	

3-10 商品房

指标	总计	一、按登记注						
		内资企业	国有企业	国有独资公司	其他有限责任公司	股份有限公司	私营独资企业
商品房销售面积	4343270	3874097	31627	118897	1626483	62890	129981
住宅	3869882	3458903	31488	101881	1450162	60205	118962
#90平方米以下住房	881284	824137	421	15290	407566	19205	8197
144平方米以上住房	250102	228472	10637		88124	1441	7292
办公楼	87020	87020			13524		
商业营业用房	257320	221988	139	3157	109845	1915	6316
其他	129048	106186		13859	52952	770	4703
一、现房销售面积	909961	849080		44409	390133	16044	1794
住宅	807284	749129		29666	329926	16044	1649
办公楼	7149	7149			2120		
商业营业用房	51154	49052		884	30506		
其他	44374	43750		13859	27581		145
二、期房销售面积	3433309	3025017	31627	74488	1236350	46846	128187
住宅	3062598	2709774	31488	72215	1120236	44161	117313
办公楼	79871	79871			11404		
商业营业用房	206166	172936	139	2273	79339	1915	6316
其他	84674	62436			25371	770	4558

销售面积

册类型分组									
			港澳台商投资企业				外商投资企业		
私营有限责任公司	私营股份有限公司	其他企业		与港澳台商合资经营企业	与港澳台商合作经营企业	港澳台商独资经营企业		中外合资经营企业	外资企业
1836139	41752	26328	302675	212650	3671	86354	166498	66277	100221
1628125	41752	26328	259025	181599	2080	75346	151954	65087	86867
373458			14769	5928		8841	42378	3101	39277
100685		20293	14748	454		14294	6882	6882	
73496									
100616			33663	31051	1591	1021	1669	1081	588
33902			9987			9987	12875	109	12766
396200	500		46572	19262		27310	14309	2472	11837
371344	500		44927	19262		25665	13228	1391	11837
5029									
17662			1021			1021	1081	1081	
2165			624			624			
1439939	41252	26328	256103	193388	3671	59044	152189	63805	88384
1256781	41252	26328	214098	162337	2080	49681	138726	63696	75030
68467									
82954			32642	31051	1591		588		588
31737			9363			9363	12875	109	12766

3-10 续表

指标	二、按隶属关系分组			三、按资		
	中央	地方	其他	一级	二级	三级
商品房销售面积	179289	72843	4091138	51892	268189	670896
住宅	174255	72519	3623108	27888	256834	593394
#90平方米以下住房	30137	9015	842132	3150	53750	151113
144平方米以上住房	16625	5287	228190		54293	32696
办公楼			87020	346	4683	1686
商业营业用房	5034	215	252071	22888	5884	24054
其他		109	128939	770	788	51762
一、现房销售面积	13104	143	896714	9370	92281	188045
住宅	12853	143	794288	9024	83175	149089
办公楼			7149	346	4683	1686
商业营业用房	251		50903		4278	17857
其他			44374		145	19413
二、期房销售面积	166185	72700	3194424	42522	175908	482851
住宅	161402	72376	2828820	18864	173659	444305
办公楼			79871			
商业营业用房	4783	215	201168	22888	1606	6197
其他		109	84565	770	643	32349

单位：平方米

质等级分组			四、按控股情况分组					
四级	暂定	其他	国有控股	集体控股	私人控股	港澳台商控股	外商控股	其他
3884	2090957	1257452	571962	39964	3320007	261037	143030	7270
3884	1821964	1165918	532172	39194	2945588	217387	128486	7055
3511	349489	320271	62495	5466	756176	14769	42378	
	117823	45290	82825	3166	142481	14748	6882	
	68901	11404			87020			
	153396	51098	15518		206255	33663	1669	215
	46696	29032	24272	770	81144	9987	12875	
3884	421305	195076	162579	25625	660876	46572	14309	
3884	391975	170137	144344	25625	579160	44927	13228	
	434				7149			
	22290	6729	2350		46702	1021	1081	
	6606	18210	15885		27865	624		
	1669652	1062376	409383	14339	2659131	214465	128721	7270
	1429989	995781	387828	13569	2366428	172460	115258	7055
	68467	11404			79871			
	131106	44369	13168		159553	32642	588	215
	40090	10822	8387	770	53279	9363	12875	

3-11 商品房

指标	总计	一、按登记注册					
		内资企业	国有企业	国有独资公司	其他有限责任公司	股份有限公司	私营独资企业
商品房销售额	5431685	4929369	69321	84729	2105793	84684	234102
住宅	4942306	4497274	68947	77931	1948233	82554	222807
#90平方米以下住房	903999	847800	1100	11682	427019	33109	7977
144平方米以上住房	547898	499060	38404		154654	2494	28611
办公楼	90454	90454			12502		
商业营业用房	346728	299272	374	4180	127952	1165	8086
其他房屋	52197	42369		2618	17106	965	3209
一、现房销售额	1079092	1016303		35935	459450	20399	3218
住宅	989871	928739		31717	409943	20399	3140
办公楼	8900	8900			4519		
商业营业用房	66265	64923		1600	37783		
其他房屋	14056	13741		2618	7205		78
二、期房销售额	4352593	3913066	69321	48794	1646343	64285	230884
住宅	3952435	3568535	68947	46214	1538290	62155	219667
办公楼	81554	81554			7983		
商业营业用房	280463	234349	374	2580	90169	1165	8086
其他房屋	38141	28628			9901	965	3131

销售额

单位：万元

类型分组									
			港澳台商投资企业				外商投资企业		
私营有限责任公司	私营股份有限公司	其他企业		与港澳台商合资经营企业	与港澳台商合作经营企业	港澳台商独资经营企业		中外合资经营企业	外资企业
2184461	55601	110678	330012	232085	6196	91731	172304	87209	85095
1930523	55601	110678	276302	190514	2585	83203	168730	86400	82330
366913			16368	6943		9425	39831	2640	37191
178322		96575	30068	461		29607	18770	18770	
77952									
157515			45983	41571	3611	801	1473	541	932
18471			7727			7727	2101	268	1833
496543	758		45804	23421		22383	16985	2662	14323
462782	758		44688	23421		21267	16444	2121	14323
4381									
25540			801			801	541	541	
3840			315			315			
1687918	54843	110678	284208	208664	6196	69348	155319	84547	70772
1467741	54843	110678	231614	167093	2585	61936	152286	84279	68007
73571									
131975			45182	41571	3611		932		932
14631			7412			7412	2101	268	1833

3-11 续表

指标	二、按隶属关系分组			三、按资		
	中央	地方	其他	一级	二级	三级
商品房销售额	269935	109925	5051825	51871	317070	773830
住宅	264705	109397	4568204	26913	304537	709983
#90平方米以下住房	40665	10832	852502	2894	68348	175049
144平方米以上住房	47981	17315	482602		105953	51278
办公楼			90454	634	3747	3881
商业营业用房	5230	260	341238	23359	8346	36693
其他房屋		268	51929	965	440	23273
一、现房销售额	19547	353	1059192	8598	160620	247160
住宅	18934	353	970584	7964	150515	211678
办公楼			8900	634	3747	3881
商业营业用房	613		65652		6280	22590
其他房屋			14056		78	9011
二、期房销售额	250388	109572	3992633	43273	156450	526670
住宅	245771	109044	3597620	18949	154022	498305
办公楼			81554			
商业营业用房	4617	260	275586	23359	2066	14103
其他房屋		268	37873	965	362	14262

单位：万元

质等级分组			四、按控股情况分组					
四级	暂定	其他	国有控股	集体控股	私人控股	港澳台商控股	外商控股	其他
1298	2844110	1443506	904762	32723	4050137	287034	150694	6335
1298	2545703	1353872	881558	31758	3642471	233324	147120	6075
1135	345079	311494	65459	4822	777519	16368	39831	
	278389	112278	218907	1965	278188	30068	18770	
	74209	7983			90454			
	204405	73925	15163		283849	45983	1473	260
	19793	7726	8041	965	33363	7727	2101	
1298	412893	248523	152167	19707	844429	45804	16985	
1298	379085	239331	146331	19707	762701	44688	16444	
	638				8900			
	30500	6895	2882		62041	801	541	
	2670	2297	2954		10787	315		
	2431217	1194983	752595	13016	3205708	241230	133709	6335
	2166618	1114541	735227	12051	2879770	188636	130676	6075
	73571	7983			81554			
	173905	67030	12281		221808	45182	932	260
	17123	5429	5087	965	22576	7412	2101	

3-12 商品房

指标	总计	一、按登记							
		内资企业	国有企业	国有独资公司	其他有限责任公司	私营独资企业	私营有限责任公司	私营股份有限公司	其他企业
待售面积（2022年末）	5173528	4618256	92747	2032946	30555	46555	2393093	8100	14260
住宅	3217353	2824798	37383	1219355	21017	35934	1494239	2610	14260
办公楼	356270	293795		86071	3772		203952		
商业营业用房	992546	922262	18985	439541			463213	523	
其他房屋	607359	577401	36379	287979	5766	10621	231689	4967	
#待售1-3年面积	2628224	2279963	92747	1023861	30555	30136	1097174	5490	
住宅	1674807	1450278	37383	593426	21017	29800	768652		
办公楼	164395	101920		67931	3772		30217		
商业营业用房	506436	445633	18985	245732			180393	523	
其他房屋	282586	282132	36379	116772	5766	336	117912	4967	
#待售3年以上面积	1302530	1148303		646296			502007		
住宅	762419	643884		365608			278276		
办公楼	32870	32870		1320			31550		
商业营业用房	260536	254348		123548			130800		
其他房屋	246705	217201		155820			61381		

待售面积

单位：平方米

注册类型分组					
港澳台商投资企业	与港澳台商合资经营企业	港澳台商独资经营企业	外商投资企业	中外合资经营企业	外资企业
388128	74342	313786	167144	101050	66094
237917	71049	166868	154638	88544	66094
58286		58286	4189	4189	
68393	3293	65100	1891	1891	
23532		23532	6426	6426	
213287	21558	191729	134974	68880	66094
95635	21558	74077	128894	62800	66094
58286		58286	4189	4189	
58912		58912	1891	1891	
454		454			
122057		122057	32170	32170	
92791		92791	25744	25744	
6188		6188			
23078		23078	6426	6426	

3-12 续表

指标	二、按隶属关系分组			三、按资		
	中央	地方	其他	一级	二级	三级
待售面积（2022年末）	62313	64691	5046524	256309	498358	1701653
住宅	36676	62800	3117877	39840	336974	1093334
办公楼			356270	141510	50377	35171
商业营业用房	25637	1891	965018	13626	99915	327977
其他房屋			607359	61333	11092	245171
#待售1-3年面积	62313	64691	2501220	114799	318215	828515
住宅	36676	62800	1575331	39840	230491	598852
办公楼			164395		20827	31937
商业营业用房	25637	1891	478908	13626	66897	169149
其他房屋			282586	61333		28577
#待售3年以上面积			1302530		92538	559638
住宅			762419		30665	273309
办公楼			32870		29550	2000
商业营业用房			260536		32323	74897
其他房屋			246705			209432

单位：平方米

质等级分组			四、按控股情况分组				
四级	暂定	其他	国有控股	集体控股	私人控股	港澳台商控股	外商控股
41165	2113469	562574	337542	222358	4044096	388128	181404
36818	1254604	455783	177125	93173	2540240	237917	168898
	121251	7961	11772		282023	58286	4189
4143	508533	38352	74537	67852	779873	68393	1891
204	229081	60478	74108	61333	441960	23532	6426
1041	1144528	221126	221049	114799	1944115	213287	134974
572	643074	161978	85222	39840	1325216	95635	128894
	103670	7961	3772		98148	58286	4189
265	246648	9851	57947	13626	374060	58912	1891
204	151136	41336	74108	61333	146691	454	
40124	580008	30222	39169	60497	1048637	122057	32170
36246	392890	29309	27979	27271	588634	92791	25744
	1320				32870		
3878	148525	913	11190	33226	209932	6188	
	37273				217201	23078	6426

3-13 房地产

指标	总计	一、按登记注册						
		内资企业	国有企业	国有独资公司	其他有限责任公司	股份有限公司	私营独资企业	私营有限责任公司
年初存货	323527729	282640904	2694432	13466930	152878531	2802498	6097257	99996871
流动资产合计	579404797	502105017	7001734	27448860	269072258	15020354	5192716	165900338
#存货	312988158	275178494	2523857	10477498	149552764	7328875	4472342	95680342
固定资产原价	12198224	8741535	188219	1172114	4343554	330931	14334	2688894
累计折旧	4126541	2988502	120652	531296	1150061	143904	12028	1027575
#本年折旧	645538	537514	214	42626	209530	17921	1891	265149
资产总计	657458905	560575796	8681439	44026546	289032621	18678670	6051084	181636176
负债合计	505538031	443592447	7378401	21595214	223387582	14141304	4808967	160634971
所有者权益合计	151920874	116983349	1303038	22431332	65645039	4537366	1242117	21001205
#实收资本	107162744	70859935	146000	6432628	37692562	4674514	585400	20407682
主营业务收入	75285982	70577751	2345147	2425529	35365203	1570187	3102571	25741450
土地转让收入	2032282	2032282			2020000			12282
商品房屋销售收入	71133435	66839676	2343911	2008718	32264595	1550952	3102571	25543998
主营业务成本	63675254	60040136	1688293	1856632	30920332	1353777	2650991	21544074
其他业务利润	28144	26484		-8095	32932			1647
销售费用	2899936	2585172	43972	91125	1234863	160980	66051	964459
管理费用	2207405	1908862	28939	159667	890139	57379	24020	724510
财务费用	4738505	4681507	15639	480980	3023411	11753	2719	1111096
#利息支出	4425173	4355995		311787	2980155	19000	7710	1037343
营业利润	918655	-577407	551505	524342	-2316798	-39848	316904	475873
应交增值税	3649811	3317867	56980	340988	1730312	62709	85503	1052084
本年应付工资总额（贷方累计发生额）	1684865	1455343	53067	152137	638340	68950	37660	483585
资产减值损失	-1259789	-1261520	219	-163350	-727023	-665	-58	-370643
公允价值变动收益	30973	30973		30976				-3
投资收益	1164775	145819		103430	19618			22771

开发经营情况

单位：千元

类型分类组									
		港澳台商投资企业					外商投资企业		
私营股份有限公司	其他企业	港澳台商投资企业	与港澳台商合资经营企业	与港澳台商合作经营企业	港澳台商独资企业	港澳台商独资经营企业	外商投资企业	中外合资经营企业	外资企业
3653571	1050814	25191192	9777562	18600	15394990	40	15695633	14094457	1601176
11357967	1110790	46195021	20064176	904218	24170613	1056014	31104759	26137837	4966922
4063928	1078888	22451795	11185862	112131	11153757	45	15357869	13269238	2088631
2972	517	1854744	286869	337577	1230136	162	1601945	1599008	2937
2496	490	795122	83991	16721	694388	22	342917	340248	2669
174	9	67275	13139	6972	47144	20	40749	40672	77
11358443	1110817	52909097	21979644	1225075	28031170	1673208	43974012	36996820	6977192
10126573	1519435	31868804	15225083	732735	15596748	314238	30076780	27243723	2833057
1231870	–408618	21040293	6754561	492340	12434422	1358970	13897232	9753097	4144135
911149	10000	20094307	5831401	450668	12462238	1350000	16208502	14019142	2189360
18969	8695	2945125	1864027	320231	760867		1763106	1530271	232835
18969	5962	2746366	1828800	320231	597335		1547393	1314558	232835
14195	11842	2391179	1460633	266677	663869		1243939	1037950	205989
		948			948		712	712	
23720	2	225882	106435	5471	113976		88882	64468	24414
23210	998	239604	71811	41360	122396	4037	58939	51292	7647
36782	–873	112169	67930	7800	36805	–366	–55171	–53978	–1193
		49897	26607		23290		19281	18895	386
–84975	–4410	82412	160726	–3512	–83171	8369	1413650	450264	963386
–11085	376	283808	98066	41063	144679		48136	45909	2227
20963	641	137182	58754	7134	67989	3305	92340	74838	17502
		1677	1677				54	65	–11
		32579			20000	12579	986377	15250	971127

3–13 续表

指标	二、按隶属关系分类组			三、按资质		
	中央	地方	其他	一级	二级	三级
年初存货	15276663	36416383	271834683	9277143	67245819	66014034
流动资产合计	22090248	63100118	494214431	15884364	121337402	100962403
#存货	14213819	38577491	260196848	8575994	69551868	56805526
固定资产原价	288966	1272132	10637126	177365	2490442	2508941
累计折旧	68368	679568	3378605	142065	739260	851471
#本年折旧	8088	38808	598642	9591	130753	103483
资产总计	24401201	67158302	565899402	28037532	136129692	129349711
负债合计	21488070	29346824	454703137	23498928	80025090	96031956
所有者权益合计	2913131	37811478	111196265	4538604	56104602	33317755
#实收资本	2991156	8818405	95353183	9117037	16131649	17122840
主营业务收入	5356496	3328123	66601363	2238465	13531588	6965930
土地转让收入		2020000	12282		2020000	12282
商品房屋销售收入	4992238	1167528	64973669	2201133	11395229	6356923
主营业务成本	4187010	2754633	56733611	1929191	10850399	6291009
其他业务利润	62	27304	778	712	16822	14288
销售费用	142575	75379	2681982	88054	443646	331196
管理费用	66715	86238	2054452	30267	506527	466910
财务费用	157698	20200	4560607	–15630	169260	1344790
#利息支出	230914	5063	4189196	–591	241674	1157247
营业利润	765275	223678	–70298	173578	1383693	146563
应交增值税	178536	32600	3438675	102626	571452	556902
本年应付工资总额（贷方累计发生额）	151160	97661	1436044	11427	350458	268188
资产减值损失	–73550	–114643	–1071596	–29	–41939	7767
公允价值变动收益			30973			30976
投资收益	87467	2621	1074687		130155	1042663

单位：千元

等级分类组			四、按控股情况分类组				
四级	暂定	其他	国有控股	集体控股	私人控股	港澳台商控股	外商控股
327340	126988549	53674844	77972618	3413384	201808459	24408975	15924293
343199	218365877	122511552	136574417	14182116	359015338	40845786	28787140
292325	124334847	53427598	78852511	5444702	192839589	20182585	15668771
6395	2169829	4845252	4052467	201765	4499400	1842485	1602107
1602	629251	1762892	1200548	157811	1638788	786252	343142
141	247515	154055	154358	10602	375936	63997	40645
348062	231375733	132218175	164160664	17548711	388084582	46610674	41054274
354943	190805169	114821945	94883320	13951592	340252469	28237761	28212889
−6881	40570564	17396230	69277344	3597119	47832113	18372913	12841385
34000	41437296	23319922	22145330	2312005	49087466	17449441	16168502
77944	35091207	17380848	14407777	260073	56284739	2936565	1396828
			2020000		12282		
77944	34624199	16478007	10965676	244470	56007098	2737809	1178382
90916	29744862	14768877	12146786	180454	47884825	2385753	1077436
	−3932	254	19279		7205	948	712
40	1162765	874235	350607	10667	2254053	204979	79630
2442	750599	450660	501807	25794	1407751	217741	54312
2	630312	2609771	839154	8181	3777826	85701	27643
	551942	2474901	695468	−291	3705504	23769	723
−16105	1127778	−1896852	486014	−190594	−641014	138722	1125527
4193	1533462	881176	837124	10148	2478050	281968	42521
1228	659115	394449	442194	13664	1025040	122877	81090
	−988387	−237201	−868487	−10463	−382570	1677	54
		−3	30976		−3		
	−16296	8253	172762		886	20000	971127

3-14 建筑业总专包

指标	企业个数（个）		合同情况		
	合计	有工作量的建筑业企业	签订的合同额	上年结转合同额	本年新签合同额
总计	**1487**	**1227**	**182482233**	**99382951**	**83099282**
#国有控股企业	52	48	95581588	58671362	36910226
一、按登记注册类型分组					
内资企业	1475	1217	182265132	99301563	82963569
国有企业	11	11	2078363	171532	1906831
集体企业	11	10	250646	124944	125702
股份合作企业	11	10	202574	33545	169029
国有独资公司	6	6	9990246	6685077	3305169
其他有限责任公司	167	141	99830534	62405878	37424656
股份有限公司	8	8	9706641	4127782	5578859
私营独资企业	2	2	3671		3671
私营合伙企业	2	1	2012		2012
私营有限责任公司	1248	1020	59389478	25550666	33838812
私营股份有限公司	9	8	810967	202139	608828
港、澳、台商投资企业	3	2	71630		71630
与港澳台商合资经营	3	2	71630		71630
外商投资企业	9	8	145471	81388	64083
中外合资经营企业	3	3	96201	81081	15120
外资企业	1	1	9971	307	9664
外商投资股份有限公司	5	4	39299		39299

企业生产情况

单位：千元

承包工程完成情况			
1.直接从建设单位承揽工程完成的产值	自行完成施工产值	分包出去工程的产值	2.从建设单位以外承揽工程完成的产值
67328335	**66172191**	**1156144**	**15052729**
18204576	18138118	66458	12745294
67172715	66016571	1156144	15052729
786248	778770	7478	155515
151510	151510		9094
104515	104515		933
3668310	3667604	706	2596917
21690880	21528665	162215	10162676
3848368	3827558	20810	30618
3671	3671		
2012	2012		
36324969	35360034	964935	2095363
592232	592232		1613
71630	71630		
71630	71630		
83990	83990		
39690	39690		
9204	9204		
35096	35096		

3-14 续表 1-1

指标	企业个数(个)		合同情况		
	合计	有工作量的建筑业企业	签订的合同额	上年结转合同额	本年新签合同额
二、按国民经济行业分组					
房屋建筑业	501	395	66954661	34284862	32669799
住宅房屋建筑	448	355	59223818	30918935	28304883
其他房屋建筑业	53	40	7730843	3365927	4364916
土木工程建筑业	334	291	93274815	58924900	34349915
铁路、道路、隧道和桥梁工程建筑	137	126	40133222	23278094	16855128
铁路工程建筑	4	3	10043516	4348713	5694803
公路工程建筑	30	27	25862748	17245146	8617602
市政道路工程建筑	95	88	4091742	1632037	2459705
其他道路、隧道和桥梁工程建筑	8	8	135216	52198	83018
水利和水运工程建筑	44	38	17123429	12203423	4920006
水源及供水设施工程建筑	28	23	567894	146477	421417
河湖治理及防洪设施工程建筑	2	2	68972	33274	35698
港口及航运设施工程建筑	14	13	16486563	12023672	4462891
海洋工程建筑	2	2	10350	4150	6200
工矿工程建筑	6	4	120584	33436	87148
架线和管道工程建筑	38	34	748244	244638	503606
架线及设备工程建筑	24	22	490942	197466	293476
管道工程建筑	13	11	249877	47172	202705
地下综合管廊工程建筑	1	1	7425		7425
节能环保工程施工	21	14	218828	26149	192679
节能工程施工	1	1	6608		6608
环保工程施工	17	13	212220	26149	186071
生态保护工程施工	3				

单位：千元

承包工程完成情况			
1.直接从建设单位承揽工程完成的产值	自行完成施工产值	分包出去工程的产值	2.从建设单位以外承揽工程完成的产值
34851802	33996780	855022	697593
31591449	30788005	803444	669125
3260353	3208775	51578	28468
18004162	17909850	94312	13076478
8522257	8522257		10519698
1241438	1241438		6864520
4984446	4984446		3177020
2233335	2233335		472607
63038	63038		5551
3707526	3700271	7255	2373928
368774	361519	7255	18296
42313	42313		
3296439	3296439		2355632
3100	3100		6245
113303	113303		
453535	452535	1000	24450
244169	243169	1000	21839
202106	202106		2611
7260	7260		
158196	109745	48451	29367
3527	3527		
154669	106218	48451	29367

3-14 续表 1-2

指标	企业个数(个)		合同情况		
	合计	有工作量的建筑业企业	签订的合同额	上年结转合同额	本年新签合同额
电力工程施工	14	11	32207804	22303860	9903944
其他土木工程建筑	72	62	2712354	831150	1881204
园林绿化工程施工	17	15	668548	149015	519533
体育场地设施工程施工	2	2	116028	30789	85239
游乐设施工程施工	1	1	12227		12227
其他土木工程建筑施工	52	44	1915551	651346	1264205
建筑安装业	364	311	13407104	3012941	10394163
电气安装	191	163	9104365	2016490	7087875
管道和设备安装	70	60	2163612	297313	1866299
其他建筑安装业	103	88	2139127	699138	1439989
体育场地设施安装	2	1	9350		9350
其他建筑安装	101	87	2129777	699138	1430639
建筑装饰、装修和其他建筑业	288	230	8845653	3160248	5685405
建筑装饰和装修业	199	164	6303590	2151636	4151954
公共建筑装饰和装修	53	47	1877784	675529	1202255
住宅装饰和装修	130	103	3671150	1029609	2641541
建筑幕墙装饰和装修	16	14	754656	446498	308158
建筑物拆除和场地准备活动	18	13	250407	104679	145728
建筑物拆除活动	2	2	12397		12397
场地准备活动	16	11	238010	104679	133331
提供施工设备服务	5	4	69758	2381	67377
其他未列明建筑业	66	49	2221898	901552	1320346

单位：千元

承包工程完成情况			
1.直接从建设单位承揽工程完成的产值	自行完成施工产值	分包出去工程的产值	2.从建设单位以外承揽工程完成的产值
3449397	3449397		31823
1596848	1559242	37606	90967
473478	458958	14520	6068
65024	65024		1607
9296	9296		
1049050	1025964	23086	83292
8584731	8492562	92169	524860
5949293	5891278	58015	253140
1414815	1410500	4315	53897
1220623	1190784	29839	217823
9350	9350		
1211273	1181434	29839	217823
5887640	5772999	114641	753798
4196421	4168436	27985	523080
1311127	1291158	19969	101754
2577292	2569276	8016	374228
308002	308002		47098
187628	186050	1578	65494
11932	11932		9038
175696	174118	1578	56456
64231	64231		
1439360	1354282	85078	165224

3-14 续表 1-3

指标	企业个数(个)		合同情况		
	合计	有工作量的建筑业企业	签订的合同额	上年结转合同额	本年新签合同额
三、按隶属关系分组					
中央	15	14	67192271	41826753	25365518
地方	30	28	11467420	8000869	3466551
其他	1442	1185	103822542	49555329	54267213
四、按企业资质等级分组					
企业资质等级(施工总承包)	827	685	164263944	93020066	71243878
特级	6	5	25930854	15775870	10154984
一级	66	61	99152370	62200910	36951460
二级	185	151	22550437	9819627	12730810
三级	568	466	16553675	5208659	11345016
其他	2	2	76608	15000	61608
企业资质等级(专业总承包)	660	542	18218289	6362885	11855404
一级	87	82	6674713	2098146	4576567
二级	220	189	4868766	1655948	3212818
三级	320	248	6068697	2365029	3703668
其他	33	23	606113	243762	362351
五、按控股情况分组					
国有控股	52	48	95581588	58671362	36910226
集体控股	22	20	1647649	1044348	603301
私人控股	1403	1151	85120157	39625200	45494957
港澳台商控股	2	1	18220		18220
外商控股	6	5	90529	40081	50448
其他	2	2	24090	1960	22130

单位：千元

承包工程完成情况			
1.直接从建设单位承揽工程完成的产值	自行完成施工产值	分包出去工程的产值	2.从建设单位以外承揽工程完成的产值
10617628	10571496	46132	12300459
3107555	3107555		432863
53603152	52493140	1110012	2319407
55916869	54920310	996559	13804693
8027846	8027846		
24563518	24037573	525945	12577972
13593901	13382786	211115	316100
9708792	9449293	259499	901220
22812	22812		9401
11411466	11251881	159585	1248036
4051688	4033071	18617	352217
3017419	2944170	73249	496637
3906289	3838679	67610	377567
436070	435961	109	21615
18204576	18138118	66458	12745294
685541	685541		28081
48356492	47266806	1089686	2279354
18220	18220		
46245	46245		
17261	17261		

3-14 续表 2

指标	建筑业总产值					
	合计	#装饰装修产值	#在外省完成的产值	1.建筑工程产值	2.安装工程产值	3.其他产值
总计	**81224920**	**4032226**	**24826360**	**66790503**	**11857166**	**2577251**
#国有控股企业	30883412	126651	15379449	24634903	5765941	482568
一、按登记注册类型分组						
内资企业	81069300	3996316	24803511	66745763	11748034	2575503
国有企业	934285	11434	476209	775804	8481	150000
集体企业	160604	491	13258	135417	8775	16412
股份合作企业	105448		15329	85160	20288	
国有独资公司	6264521	49830	1748968	6123683	118913	21925
其他有限责任公司	31691341	389933	14664874	25626130	5605166	460045
股份有限公司	3858176	87857	1085612	3329939	509372	18865
私营独资企业	3671			3671		
私营合伙企业	2012			2012		
私营有限责任公司	37455397	3456771	6553794	30658821	4888405	1908171
私营股份有限公司	593845		245467	5126	588634	85
港、澳、台商投资企业	71630	18220	4000	18220	53410	
与港澳台商合资经营	71630	18220	4000	18220	53410	
外商投资企业	83990	17690	18849	26520	55722	1748
中外合资经营企业	39690	17690	8830	26520	12498	672
外资企业	9204		9204		9204	
外商投资股份有限公司	35096		815		34020	1076

单位：千元

竣工产值	房屋建筑施工面积（平方米）		从业人员情况（人）		
	合计	本年新开工面积	从事建筑业活动的平均人数	建筑业企业期末人数	工程技术人员
30369599	**41358690**	**9327998**	**150992**	**99203**	**15946**
8459216	15149563	2055099	44247	16495	4266
30292267	41358690	9327998	150466	98998	15870
478471	379766	322950	1841	1573	267
13916	58134	5763	854	656	288
66279			454	508	91
2809373	1133622	56854	17942	2758	1172
9938909	24426098	2833151	34944	17952	4224
640920	2406843	778520	7668	9126	273
3671			24	26	4
2012			61	20	3
16035818	12950827	5328960	86235	65939	9368
302898	3400	1800	443	440	180
18220			61	62	50
18220			61	62	50
59112			465	143	26
26520			91	72	
8437			21	20	12
24155			353	51	14

3-14 续表 2-1

指标	建筑业总产值					
	合计	#装饰装修产值	#在外省完成的产值	1.建筑工程产值	2.安装工程产值	3.其他产值
二、按国民经济行业分组						
房屋建筑业	34694373	780464	6058358	33170363	1048020	475990
住宅房屋建筑	31457130	717062	5436229	30114142	971268	371720
其他房屋建筑业	3237243	63402	622129	3056221	76752	104270
土木工程建筑业	30986328	74124	15423037	27414584	2536152	1035592
铁路、道路、隧道和桥梁工程建筑	19041955	7040	12160176	17920579	725816	395560
铁路工程建筑	8105958		6831350	8105958		
公路工程建筑	8161466		4972795	7566229	594995	242
市政道路工程建筑	2705942	6510	339849	2220700	116326	368916
其他道路、隧道和桥梁工程建筑	68589	530	16182	27692	14495	26402
水利和水运工程建筑	6074199		1794490	6068056	2425	3718
水源及供水设施工程建筑	379815			374192	1905	3718
河湖治理及防洪设施工程建筑	42313			42313		
港口及航运设施工程建筑	5652071		1794490	5651551	520	
海洋工程建筑	9345		3100	9345		
工矿工程建筑	113303	7000		38156	75147	
架线和管道工程建筑	476985		8234	137883	287189	51913
架线及设备工程建筑	265008		8018	66454	149594	48960
管道工程建筑	204717		216	71429	130335	2953
地下综合管廊工程建筑	7260				7260	
节能环保工程施工	139112		40024	91445	40260	7407
节能工程施工	3527				3527	
环保工程施工	135585		40024	91445	36733	7407
生态保护工程施工						

单位：千元

竣工产值	房屋建筑施工面积（平方米）		从业人员情况（人）		
	合计	本年新开工面积	从事建筑业活动的平均人数	建筑业企业期末人数	工程技术人员
15640708	26080947	6944950	71069	48805	5781
14107521	24419804	6387577	66733	45473	5104
1533187	1661143	557373	4336	3332	677
8445643	14165702	2033780	48250	22207	4941
2402629	12190940	1453357	24704	11865	2708
1093697	9377863	1332500	1401	1237	31
592484	2745700	117993	17479	5130	1405
715575	21144	2864	5545	5222	1223
873	46233		279	276	49
2705568	126198	122341	16054	3038	1034
249564	11178	7321	664	529	77
32850			45	43	
2423154	115020	115020	15345	2466	957
9345			31	30	27
111878	16030		242	149	53
191283	6300		1793	1847	302
67599			1166	1232	219
123684	6300		311	301	83
			316	314	
81649	18000	18000	427	456	40
			5	7	2
81649	18000	18000	394	401	31
			28	48	7

3-14 续表 2-2

指标	建筑业总产值					
	合计	#装饰装修产值	#在外省完成的产值	1.建筑工程产值	2.安装工程产值	3.其他产值
电力工程施工	3481220		1230964	2131610	1349610	
其他土木工程建筑	1650209	60084	186049	1017510	55705	576994
园林绿化工程施工	465026	58092	30411	223187	6419	235420
体育场地设施工程施工	66631		59958	62211	4420	
游乐设施工程施工	9296		9296		9296	
其他土木工程建筑施工	1109256	1992	86384	732112	35570	341574
建筑安装业	9017422	84768	1408454	1741997	7014751	260674
电气安装	6144418	42989	892180	1167859	4895893	80666
管道和设备安装	1464397		355989	219271	1230852	14274
其他建筑安装业	1408607	41779	160285	354867	888006	165734
体育场地设施安装	9350				9350	
其他建筑安装	1399257	41779	160285	354867	878656	165734
建筑装饰、装修和其他建筑业	6526797	3092870	1936511	4463559	1258243	804995
建筑装饰和装修业	4691516	2857932	1748163	3168085	1154168	369263
公共建筑装饰和装修	1392912	918045	385418	1258402	122999	11511
住宅装饰和装修	2943504	1836837	1195843	1613327	1031104	299073
建筑幕墙装饰和装修	355100	103050	166902	296356	65	58679
建筑物拆除和场地准备活动	251544		32439	197066		54478
建筑物拆除活动	20970					20970
场地准备活动	230574		32439	197066		33508
提供施工设备服务	64231		8326		23674	40557
其他未列明建筑业	1519506	234938	147583	1098408	80401	340697

单位：千元

竣工产值	房屋建筑施工面积（平方米）		从业人员情况（人）		
	合计	本年新开工面积	从事建筑业活动的平均人数	建筑业企业期末人数	工程技术人员
2096293	1666048	340238	1529	1536	336
846998	142186	99844	3470	3286	441
283164	105161	85318	984	966	166
62211			112	115	7
9296			8	16	3
492327	37025	14526	2366	2189	265
3807488	793546	308377	18322	18177	3406
2656214	601722	196764	9202	9030	2044
329982	111858	109686	4181	4139	687
821292	79966	1927	4939	5008	675
			6	20	
821292	79966	1927	4933	4988	675
2475760	318495	40891	13351	10014	1818
1957443	55607	2700	6982	5461	1303
453216	2700	2700	2334	1826	528
1442872	51887		4308	3313	688
61355	1020		340	322	87
88814	50		417	418	156
			47	49	10
88814	50		370	369	146
44540			135	152	9
384963	262838	38191	5817	3983	350

3-14 续表 2-3

指标	建筑业总产值					
	合计	#装饰装修产值	#在外省完成的产值	1.建筑工程产值	2.安装工程产值	3.其他产值
三、按隶属关系分组						
中央	22871955	20270	13511064	18843721	4016234	12000
地方	3540418	218788	352144	2642655	734881	162882
其他	54812547	3793168	10963152	45304127	7106051	2402369
四、按企业资质等级分组						
企业资质等级(施工总承包)	68725003	657657	21651453	59574544	7580010	1570449
特级	8027846	87857	2258715	7447634	580212	
一级	36615545	222742	15919770	32071600	4431063	112882
二级	13698886	36369	2043687	11550178	1352169	796539
三级	10350513	310689	1425535	8505132	1203946	641435
其他	32213		3746		12620	19593
企业资质等级(专业总承包)	12499917	3374569	3174907	7215959	4277156	1006802
一级	4385288	1010849	1293907	2658941	1397296	329051
二级	3440807	1545064	1192534	2153538	1123806	163463
三级	4216246	818656	683188	1969917	1748482	497847
其他	457576		5278	433563	7572	16441
五、按控股情况分组						
国有控股	30883412	126651	15379449	24634903	5765941	482568
集体控股	713622	15351	49885	642050	26487	45085
私人控股	49546160	3872004	9379530	41495330	6002308	2048522
港澳台商控股	18220	18220	4000	18220		
外商控股	46245		815		45169	1076
其他	17261		12681		17261	

单位：千元

竣工产值	房屋建筑施工面积（平方米）		从业人员情况（人）		
	合计	本年新开工面积	从事建筑业活动的平均人数	建筑业企业期末人数	#工程技术人员
7537547	13529556	2017139	34264	9825	2477
374550	1137667	50559	5978	3401	1080
22457502	26691467	7260300	110750	85977	12389
25303345	40046769	8590684	126393	77421	11799
3799548	9792122	1258520	16800	8965	336
12537847	22593437	4476572	55816	26236	5376
4651286	5063575	1520505	29637	22162	2962
4282992	2597635	1335087	24104	20021	3115
31672			36	37	10
5066254	1311921	737314	24599	21782	4147
2322081	534319	432943	5782	5058	1258
1110580	19333	5027	6764	5706	1352
1604382	664013	296824	9458	8953	1439
29211	94256	2520	2595	2065	98
8459216	15149563	2055099	44247	16495	4266
493700	274821	5763	1591	1428	485
21374308	25934306	7267136	104691	81125	11131
18220			35	35	26
24155			383	82	14
			45	38	24

3-14 续表 3

指标	房屋建筑竣工			
	合计	住宅房屋	商业及服务用房屋	办公用房屋
总计	**8768581**	**5081261**	**583395**	**139146**
#国有控股企业	788680	264261	123540	47309
一、按登记注册类型分组				
内资企业	8768581	5081261	583395	139146
国有企业	376022			46869
集体企业	29593			
股份合作企业				
国有独资公司	189372	183472		
其他有限责任公司	3090404	2527309	199257	65755
股份有限公司	257789	156960	1800	
私营独资企业				
私营合伙企业				
私营有限责任公司	4822001	2211920	380538	26522
私营股份有限公司	3400	1600	1800	
港、澳、台商投资企业				
与港澳台商合资经营				
外商投资企业				
中外合资经营企业				
外资企业				
外商投资股份有限公司				

面积（平方米）				
科研、教育、医疗用房屋	文化、体育、娱乐用房屋	厂房及建筑物	仓库	其他未列明的房屋建筑物
475438	**9466**	**2261630**	**58615**	**159630**
329153		13198	77	11142
475438	9466	2261630	58615	159630
329153				
		22162	6300	1131
		5900		
		286664	77	11342
		99029		
146285	9466	1847875	52238	147157

3-14 续表 3-1

指标	房屋建筑竣工			
	合计	住宅房屋	商业及服务用房屋	办公用房屋
二、按国民经济行业分组				
房屋建筑业	7995642	4792154	262642	135099
住宅房屋建筑	7167787	4518672	262642	132759
其他房屋建筑业	827855	273482		2340
土木工程建筑业	529488	192094	239291	3557
铁路、道路、隧道和桥梁工程建筑	332285	176893	125340	
铁路工程建筑	204329	80789	123540	
公路工程建筑	106812	96104		
市政道路工程建筑	21144		1800	
其他道路、隧道和桥梁工程建筑				
水利和水运工程建筑	26298			1267
水源及供水设施工程建筑	11178			1267
河湖治理及防洪设施工程建筑				
港口及航运设施工程建筑	15120			
海洋工程建筑				
工矿工程建筑	16030	14240	1554	236
架线和管道工程建筑	6300			
架线及设备工程建筑				
管道工程建筑	6300			
地下综合管廊工程建筑				
节能环保工程施工	18000			
节能工程施工				
环保工程施工	18000			
生态保护工程施工				

面积（平方米）				
科研、教育、医疗用房屋	文化、体育、娱乐用房屋	厂房及建筑物	仓库	其他未列明的房屋建筑物
474378	6946	2145597	51238	127588
474378	900	1599610	51238	127588
	6046	545987		
		59260	6377	28909
		19344		10708
				10708
		19344		
		24831		200
		9711		200
		15120		
			6300	
			6300	
				18000
				18000

3-14 续表 3-2

指标	房屋建筑竣工			
	合计	住宅房屋	商业及服务用房屋	办公用房屋
电力工程施工	1916	1		
其他土木工程建筑	128659	960	112397	2054
园林绿化工程施工	105161		104963	198
体育场地设施工程施工				
游乐设施工程施工				
其他土木工程建筑施工	23498	960	7434	1856
建筑安装业	127984	1523	76479	
电气安装	24307		1000	
管道和设备安装	23748			
其他建筑安装业	79929	1523	75479	
体育场地设施安装				
其他建筑安装	79929	1523	75479	
建筑装饰、装修和其他建筑业	115467	95490	4983	490
建筑装饰和装修业	23295	16592	4983	
公共建筑装饰和装修	700			
住宅装饰和装修	21575	16592	4983	
建筑幕墙装饰和装修	1020			
建筑物拆除和场地准备活动	50			50
建筑物拆除活动				
场地准备活动	50			50
提供施工设备服务				
其他未列明建筑业	92122	78898		440

面积（平方米）				
科研、教育、医疗用房屋	文化、体育、娱乐用房屋	厂房及建筑物	仓库	其他未列明的房屋建筑物
		1838	77	
		13247		1
		13247		1
360		45923	1000	2699
		22175		1132
		23748		
360			1000	1567
360			1000	1567
700	2520	10850		434
700		1020		
700				
		1020		
	2520	9830		434

3-14 续表 3-3

指标	房屋建筑竣工			
	合计	住宅房屋	商业及服务用房屋	办公用房屋
三、按隶属关系分组				
中央	584308	80789	123540	37309
地方	232154	219514		
其他	7952119	4780958	459855	101837
四、按企业资质等级分组				
企业资质等级(施工总承包)	8109277	4912697	581633	101787
特级	2334539	2233710	1800	
一级	2832156	1161695	149223	65315
二级	1786036	1026132	267446	8468
三级	1156546	491160	163164	28004
其他				
企业资质等级(专业总承包)	659304	168564	1762	37359
一级	463649	97627		36869
二级	18877	12615	1000	440
三级	115164	2		50
其他	61614	58320	762	
五、按控股情况分组				
国有控股	788680	264261	123540	47309
集体控股	235158			
私人控股	7744743	4817000	459855	91837
港澳台商控股				
外商控股				
其他				

面积（平方米）				
科研、教育、医疗用房屋	文化、体育、娱乐用房屋	厂房及建筑物	仓库	其他未列明的房屋建筑物
329153		2298	77	11142
		12640		
146285	9466	2246692	58538	148488
62885	6946	2246087	57615	139627
		99029		
60160	6046	1378932	77	10708
2605		352797	49555	79033
120	900	415329	7983	49886
412553	2520	15543	1000	20003
329153				
360		2460		2002
83040		13071	1000	18001
	2520	12		
329153		13198	77	11142
		227727	6300	1131
146285	9466	2020705	52238	147357

3-14 续表 4

指标	竣工房屋			
	合计	住宅房屋	商业及服务用房屋	办公用房屋
总计	**14472795**	**7790289**	**1264794**	**212473**
#国有控股企业	1133717	250492	403329	25940
一、按登记注册类型分组				
内资企业	14472795	7790289	1264794	212473
国有企业	430099			25739
集体企业	8912			
股份合作企业				
国有独资公司	216360	204560		
其他有限责任公司	4769299	3228737	804029	145644
股份有限公司	152090	1943	16058	
私营独资企业				
私营合伙企业				
私营有限责任公司	8890909	4353343	441287	41090
私营股份有限公司	5126	1706	3420	
港、澳、台商投资企业				
与港澳台商合资经营				
外商投资企业				
中外合资经营企业				
外资企业				
外商投资股份有限公司				

单位：千元

价值				
科研、教育、医疗用房屋	文化、体育、娱乐用房屋	厂房及建筑物	仓库	其他未列明的房屋建筑物
748446	**6442**	**3974967**	**84660**	**390724**
404360		21645	356	27595
748446	6442	3974967	84660	390724
404360				
		7260	628	1024
		11800		
		562498	356	28035
		134089		
344086	6442	3259320	83676	361665

3-14 续表 4-1

指标	竣工房屋			
	合计	住宅房屋	商业及服务用房屋	办公用房屋
二、按国民经济行业分组				
房屋建筑业	13001732	7484461	333051	203521
住宅房屋建筑	11587606	7040448	333051	198843
其他房屋建筑业	1414126	444013		4678
土木工程建筑业	916153	214731	527647	8251
铁路、道路、隧道和桥梁工程建筑	644224	188274	406749	
铁路工程建筑	449261	45932	403329	
公路工程建筑	169722	142342		
市政道路工程建筑	25241		3420	
其他道路、隧道和桥梁工程建筑				
水利和水运工程建筑	50071			990
水源及供水设施工程建筑	21071			990
河湖治理及防洪设施工程建筑				
港口及航运设施工程建筑	29000			
海洋工程建筑				
工矿工程建筑	25000	22214	2424	362
架线和管道工程建筑	628			
架线及设备工程建筑				
管道工程建筑	628			
地下综合管廊工程建筑				
节能环保工程施工	33556			
节能工程施工				
环保工程施工	33556			
生态保护工程施工				

单位：千元

价值				
科研、教育、医疗用房屋	文化、体育、娱乐用房屋	厂房及建筑物	仓库	其他未列明的房屋建筑物
744277	5672	3828930	75876	325944
744277	291	2868876	75876	325944
	5381	960054		
		103203	984	61337
		21821		27380
				27380
		21821		
		48681		400
		19681		400
		29000		
			628	
			628	
				33556
				33556

3-14 续表 4-2

指标	竣工房屋			
	合计	住宅房屋	商业及服务用房屋	办公用房屋
电力工程施工	8314	2143		
其他土木工程建筑	154360	2100	118474	6899
园林绿化工程施工	87379		85930	1449
体育场地设施工程施工				
游乐设施工程施工				
其他土木工程建筑施工	66981	2100	32544	5450
建筑安装业	446395	1523	402322	
电气安装	9117		800	
管道和设备安装	20280			
其他建筑安装业	416998	1523	401522	
体育场地设施安装				
其他建筑安装	416998	1523	401522	
建筑装饰、装修和其他建筑业	108515	89574	1774	701
建筑装饰和装修业	43036	31315	1774	
公共建筑装饰和装修	219			
住宅装饰和装修	33089	31315	1774	
建筑幕墙装饰和装修	9728			
建筑物拆除和场地准备活动	500			500
建筑物拆除活动				
场地准备活动	500			500
提供施工设备服务				
其他未列明建筑业	64979	58259		201

单位：千元

价值				
科研、教育、医疗用房屋	文化、体育、娱乐用房屋	厂房及建筑物	仓库	其他未列明的房屋建筑物
		5815	356	
		26886		1
		26886		1
3950		27572	7800	3228
		7292		1025
		20280		
3950			7800	2203
3950			7800	2203
219	770	15262		215
219		9728		
219				
		9728		
	770	5534		215

3-14 续表 4-3

指标	竣工房屋			
	合计	住宅房屋	商业及服务用房屋	办公用房屋
三、按隶属关系分组				
中央	892648	45932	403329	5031
地方	281412	270662		
其他	13298735	7473695	861465	207442
四、按企业资质等级分组				
企业资质等级(施工总承包)	13527496	7602027	1262572	206942
特级	3058920	2908773	16058	
一级	5052141	1520068	429009	145443
二级	3735643	2262561	675242	10048
三级	1680792	910625	142263	51451
其他				
企业资质等级(专业总承包)	945299	188262	2222	5531
一级	553055	143865		4830
二级	37789	26289	700	201
三级	336169	2144		500
其他	18286	15964	1522	
五、按控股情况分组				
国有控股	1133717	250492	403329	25940
集体控股	433972			
私人控股	12905106	7539797	861465	186533
港澳台商控股				
外商控股				
其他				

单位：千元

价值				
科研、教育、医疗用房屋	文化、体育、娱乐用房屋	厂房及建筑物	仓库	其他未列明的房屋建筑物
404360		6045	356	27595
		10750		
344086	6442	3958172	84304	363129
54227	5672	3964448	76860	354748
		134089		
48000	5381	2876504	356	27380
6142		428831	70083	282736
85	291	525024	6421	44632
694219	770	10519	7800	35976
404360				
3950		4230		2419
285909		6259	7800	33557
	770	30		
404360		21645	356	27595
		432320	628	1024
344086	6442	3521002	83676	362105

3–15 建筑业总专包

指标	年初存货	期末资			
		流动资产合计	#应收工程款	#存货	固定资产原价
总计	**12252877**	**146439013**	**46114805**	**13849976**	**16713087**
#国有控股企业	2336873	41988060	10738556	2687748	3840832
一、按登记注册类型分组					
内资企业	12206342	146023036	46002991	13779439	16618870
国有企业	999023	6407854	1088190	1152950	631642
集体企业	45409	591837	111354	67457	135803
股份合作企业	4273	187574	82329	16313	48487
国有独资公司	241183	11835533	4798692	342125	1196276
其他有限责任公司	2161325	47994858	14609391	2525047	4400509
股份有限公司	400562	5220437	2600980	594472	141518
私营独资企业	231	11758	1764	1996	13
私营合伙企业	13	22419	12382	13	553
私营有限责任公司	8249235	73302761	22460890	8983966	10024514
私营股份有限公司	105088	448005	237019	95100	39555
港、澳、台商投资企业	42843	196764	49895	61353	38719
与港澳台商合资经营	42843	196764	49895	61353	38719
外商投资企业	3692	219213	61919	9184	55498
中外合资经营企业	3666	177105	54545	8044	38833
中外合作经营企业		5512	1942		2872
外资企业	26	36596	5432	1140	13793
二、按国民经济行业分组					
房屋建筑业	6846454	77641217	25595959	7380322	7178213
住宅房屋建筑	6494272	71408261	23272731	6943825	6714636
其他房屋建筑业	352182	6232956	2323228	436497	463577

企业财务情况

单位：千元

产负债							
累计折旧	本年折旧	在建工程	资产总计	流动负债合计	应付账款	非流动负债合计	负债合计
10640859	**791129**	**746267**	**172952988**	**117615809**	**43951482**	**5349744**	**126512080**
2472035	182497	66440	51846688	40137708	15331762	3810998	44025327
10579580	788571	746267	172483193	117304120	43839956	5349370	126200017
361651	31513	41008	9470118	4338636	1392647	2091250	6429887
38134	1671	1402	717470	312148	121222		526632
31339	2214	3560	227625	127626	70020		127724
751003	54054	15285	14759635	12166370	4252478	1128386	13294756
3170164	219331	55919	55898044	39425230	18328414	929282	41023856
89686	11628		6185389	5085923	2261373	13618	5117516
6	4		11765	11390	6024		11390
140	91		40009	34013	356		34013
6111986	465876	629093	84687559	55596354	17240364	1185932	59418919
25471	2189		485579	206430	167058	902	215324
36086	355		206626	159969	46805		159969
36086	355		206626	159969	46805		159969
25193	2203		263169	151720	64721	374	152094
11097	631		216561	135080	54547	374	135454
2756	-36		5628	425			425
11340	1608		40980	16215	10174		16215
4513489	264361	534337	90110574	60423909	21161360	2988167	65364590
4226474	246118	521251	83493397	55061937	18944031	2988167	59916307
287015	18243	13086	6617177	5361972	2217329		5448283

3-15 续表 1-1

指标	年初存货	期末资			
		流动资产合计	#应收工程款	#存货	固定资产原价
土木工程建筑业	1958772	44791511	12795801	2549192	5923969
铁路、道路、隧道和桥梁工程建筑	1094951	22709217	5378323	1517489	3324564
铁路工程建筑	48973	4920448	1474274	43628	381031
公路工程建筑	557501	12424544	2361364	718483	1628665
市政道路工程建筑	431354	4754052	1265397	702820	1229182
其他道路、隧道和桥梁工程建筑	57123	610173	277288	52558	85686
水利和水运工程建筑	320733	11937516	4967595	461020	1429702
水源及供水设施工程建筑	42673	671607	168558	65735	303234
河湖治理及防洪设施工程建筑	14122	54758	541	12919	7484
港口及航运设施工程建筑	263938	11211151	4798496	382366	1118984
海洋工程建筑	115	51466	37595	812	18682
工矿工程建筑	73596	179099	26530	79914	35556
架线和管道工程建筑	149143	1177171	369711	181526	321751
架线及设备工程建筑	67459	737403	204171	78713	267420
管道工程建筑	60467	401943	162699	71829	46713
地下综合管廊工程建筑	21217	37825	2841	30984	7618
节能环保工程施工	61294	751586	85574	50890	89375
节能工程施工	2032	51378	27030	3448	1317
环保工程施工	52590	630360	55840	47408	80857
生态保护工程施工	6672	69848	2704	34	7201
电力工程施工	24897	5852831	991102	57277	305594
其他土木工程建筑	234043	2132625	939371	200264	398745
园林绿化工程施工	65631	500408	272411	87201	81887
体育场地设施工程施工	29639	83425	13800	18053	23571
游乐设施工程施工	216	11967	9293	465	1859
其他土木工程建筑施工	138557	1536825	643867	94545	291428
建筑安装业	2590457	15741116	4441729	2926513	2609673
电气安装	1701538	9713563	3023072	2020391	1517469
管道和设备安装	251472	2099143	392835	247701	562570
其他建筑安装业	637447	3928410	1025822	658421	529634

单位：千元

产负债							
累计折旧		在建工程	资产总计	流动负债合计		非流动负债合计	负债合计
	本年折旧				应付账款		
3975835	318513	137284	55392940	39907084	15421702	1782847	42074501
2405246	193752	114627	28150790	18759288	7205886	278867	19250142
274902	19487		5759860	5134997	2647591	581	5135578
1243722	69272	30336	13579083	9888243	3024108	250896	10142021
829777	95249	84291	7988508	3346505	1417702	27390	3582998
56845	9744		823339	389543	116485		389545
848809	58506	2234	16010871	13053183	4808408	1101937	14235182
114269	7086		884054	338126	114172		418187
5595			56748	21051	13340		21052
728945	51420	2234	15070069	12694006	4680896	1101937	13795943
17898	41	74	52325	25606	23436		25606
27844	910	4905	199908	55613	27616	29	55642
175051	18874	3257	1413515	713773	284634	63949	795484
152453	17542	3257	929041	512989	177322		513783
17660	991		443350	187054	103263	63949	267971
4938	341		41124	13730	4049		13730
38168	3303	290	819748	317764	135506	–5	317788
688	91		52862	5684	1810		5684
31327	2968	290	695361	303142	128784	–5	303138
6153	244		71525	8938	4912		8966
222569	14961	4162	6144664	5329725	2161462	323523	5653249
240250	28166	7735	2601119	1652132	774754	14547	1741408
55572	9692	1816	546624	317274	212576	235	322249
14809	721		100965	53255	11201		53255
637	81	5563	18767	10159	9430		10159
169232	17672	356	1934763	1271444	541547	14312	1355745
1545446	134091	59680	17954562	10983840	4536721	494004	12188944
838353	58824	4343	10909590	7607578	3439458	170850	7907450
363717	18216	3594	2482734	1310122	283865	5898	1400356
343376	57051	51743	4562238	2066140	813398	317256	2881138

3-15 续表 1-2

指标	年初存货	期末资			
		流动资产合计	#应收工程款	#存货	固定资产原价
体育场地设施安装	4615	23393	1709	6102	11152
其他建筑安装	632832	3905017	1024113	652319	518482
建筑装饰、装修和其他建筑业	857194	8265169	3281316	993949	1001232
建筑装饰和装修业	427507	4900779	2172137	523988	404669
公共建筑装饰和装修	171874	1581480	726302	178631	122307
住宅装饰和装修	224175	2784783	1253404	301291	233865
建筑幕墙装饰和装修	31458	534516	192431	44066	48497
建筑物拆除和场地准备活动	25224	698883	442537	4780	262632
建筑物拆除活动	263	68836	11766		10701
场地准备活动	24961	630047	430771	4780	251931
提供施工设备服务	5559	37423	22077	5509	12350
其他未列明建筑业	398904	2628084	644565	459672	321581
三、按隶属关系分组					
中央	1295809	29653874	8022952	1396928	2759316
地方	360634	5122931	1004507	607279	490227
其他	10596434	111662208	37087346	11845769	13463544
四、按企业资质等级分组					
施工总承包	10226633	127524861	39109250	11560335	13258594
特级	515116	19843541	9349683	522412	1243469
一级	3686571	66466232	18390685	4251100	5822245
二级	3475344	22680862	6652660	3972317	3724467
三级	2545770	18490251	4676485	2812962	2465968
其他	3832	43975	39737	1544	2445
专业承包	2026244	18914152	7005555	2289641	3454493
一级	844967	5899383	2608189	953270	1330546
二级	484660	5134751	1966419	481396	829196
三级	605128	6856856	2185155	665865	1207512
其他	91489	1023162	245792	189110	87239
五、按控股情况分					
国有控股	2336873	41988060	10738556	2687748	3840832
集体控股	444863	2529148	613051	489942	204440
私人控股	9454201	101822300	34737957	10649471	12625035
港澳台商控股	16914	44070	12935	21675	28987
外商控股	26	55435	12306	1140	13793

单位：千元

产负债

累计折旧		在建工程	资产总计	流动负债合计		非流动负债合计	负债合计
	本年折旧				应付账款		
7985	715		26561	16638	8471		16638
335391	56336	51743	4535677	2049502	804927	317256	2864500
606089	74164	14966	9494912	6300976	2831699	84726	6884045
238672	34534	13373	5501485	3382340	1805804	16222	3651880
71521	6404	606	1978145	1158546	625966	924	1203792
140850	24573	6294	2957916	1952449	1077650	379	2161802
26301	3557	6473	565424	271345	102188	14919	286286
121172	20149		859366	551838	339191	4555	556395
8594	66		76985	23846	14509		23846
112578	20083		782381	527992	324682	4555	532549
2698	638		62300	39665	21629	4594	55955
243547	18843	1593	3071761	2327133	665075	59355	2619815
1890043	147274	9308	34280684	29335929	10445641	1728337	31064267
301271	17450	15768	8589847	5817094	2352104	93834	5975653
8449545	626405	721191	130082457	82462786	31153737	3527573	89472160
8443277	590644	707163	151392181	105158100	37761645	5254080	113370376
1047339	37027		23116160	16734009	8359044	926591	17660602
3817989	237518	100629	77076333	59549703	20128662	1854429	61949091
2066870	145410	189421	28941492	16958389	5982925	413862	19111796
1509442	170351	417113	22213413	11890253	3288085	2059198	14623141
1637	338		44783	25746	2929		25746
2197582	200485	39104	21560807	12457709	6189837	95664	13141704
825613	66856	18229	6771470	4079213	2195373	11466	4195515
534458	54291	10829	5860996	3436980	1672654	21659	3624669
773416	71513	10046	7829387	4218533	1992460	52901	4580224
64095	7825		1098954	722983	329350	9638	741296
2472035	182497	66440	51846688	40137708	15331762	3810998	44025327
92737	3365	4965	3888997	2887661	644880	35703	3137948
8036686	603619	674862	117104951	74541581	27950058	1503043	79299946
28061	40		51247	23597	9145		23597
11340	1608		61105	25262	15637		25262

3-15 续表 2

指标	期末资产负债		损益			
	所有者权益合计	实收资本	营业收入	主营业务收入	营业成本	主营业务成本
总计	**46440930**	**26116943**	**78936626**	**74615028**	**72340535**	**68166285**
#国有控股企业	7821361	4906463	24547958	23786660	22522125	21489165
一、按登记注册类型分组						
内资企业	46283198	25960320	78757649	74436253	72210125	68036079
国有企业	3040231	498505	3806645	3729753	3381041	3312644
集体企业	190838	89393	319675	198847	296079	191159
股份合作企业	99901	39074	142947	129504	118377	107073
国有独资公司	1464879	1362978	6589684	6213899	6189982	5553475
其他有限责任公司	14874188	7724056	22632755	22123088	20796390	20306541
股份有限公司	1067873	571201	3798791	3790060	3517422	3517395
私营独资企业	375	5	6013	6013	5433	5433
私营合伙企业	5996	3020	73832	73832	71048	71047
私营有限责任公司	25268662	15534488	40834870	37621147	37353379	34492049
私营股份有限公司	270255	137600	552437	550110	480974	479263
港、澳、台商投资企业	46657	32680	53871	53669	31851	31647
与港澳台商合资经营	46657	32680	53871	53669	31851	31647
外商投资企业	111075	123943	125106	125106	98559	98559
中外合资经营企业	81107	101445	72787	72787	61389	61389
中外合作经营企业	5203	3000	7670	7670	1701	1701
外资企业	24765	19498	44649	44649	35469	35469
二、按国民经济行业分组						
房屋建筑业	24745984	12232334	36903429	34630859	34411893	32400709
住宅房屋建筑	23577090	11670416	33232408	30977022	31002827	29008966
其他房屋建筑业	1168894	561918	3671021	3653837	3409066	3391743

单位：千元

及分配							
税金及附加		其他业务利润	销售费用	管理费用	财务费用		
	主营业务税金及附加					利息收入	利息支出
362795	**220958**	**111095**	**146878**	**4493968**	**900239**	**66033**	**677057**
65585	49348	63425	52271	947690	312423	23681	357786
362035	220254	111095	146330	4460959	899163	65947	675662
12882	12714	7893	1190	387518	−7578	−7132	120
1200	909			25107	200	−33	460
723	510	2412	1018	16330	157	−59	149
20562	9712	1534		163449	138862	22470	161643
72847	56665	87609	12055	861043	336978	22981	351445
4781	4761		50347	37513	30509	1270	29598
4	1			843			
167	157			2273	13		
247779	133735	11039	79801	2930046	396317	26452	132247
1090	1090	608	1919	36837	3705	−2	
465	445			8860	−172	175	1
465	445			8860	−172	175	1
295	259		548	24149	1248	−89	1394
159	159		361	12480	1350	−13	1394
29	29			4621	−31		
107	71		187	7048	−71	−76	
151011	120099	7079	28664	1459454	522042	22963	315292
134490	110440	6675	16523	1306841	439183	21241	254480
16521	9659	404	12141	152613	82859	1722	60812

3-15 续表 2-1

指标	期末资产负债		损益			
	所有者权益合计	实收资本	营业收入	主营业务收入	营业成本	主营业务成本
土木工程建筑业	13318439	8243863	24257771	23202993	22258230	21101805
铁路、道路、隧道和桥梁工程建筑	8900648	4549039	11309132	10871026	10343297	10033940
铁路工程建筑	624282	645056	2767153	2760984	2549907	2541679
公路工程建筑	3437062	2235160	5226070	5051322	4808485	4698026
市政道路工程建筑	4405510	1514471	2972408	2737546	2686215	2495718
其他道路、隧道和桥梁工程建筑	433794	154352	343501	321174	298690	298517
水利和水运工程建筑	1775689	1886597	6218967	5918482	5901148	5328870
水源及供水设施工程建筑	465867	382781	367117	365724	335488	329779
河湖治理及防洪设施工程建筑	35696	18000	45097	9463	41665	8264
港口及航运设施工程建筑	1274126	1485816	5806753	5543295	5523995	4990827
海洋工程建筑	26719	15100	10725	9332	7519	6652
工矿工程建筑	144266	137890	135377	135377	120920	120819
架线和管道工程建筑	618031	392701	761481	582955	671843	515064
架线及设备工程建筑	415258	281021	457596	336511	377301	272813
管道工程建筑	175379	103680	214632	157191	194229	141938
地下综合管廊工程建筑	27394	8000	89253	89253	100313	100313
节能环保工程施工	501960	381055	332640	331246	245664	245664
节能工程施工	47178	32810	10025	10025	8677	8677
环保工程施工	392223	283245	315478	314084	234011	234011
生态保护工程施工	62559	65000	7137	7137	2976	2976
电力工程施工	491415	221600	3554165	3548630	3194934	3192712
其他土木工程建筑	859711	659881	1935284	1805945	1772905	1658084
园林绿化工程施工	224375	159885	448734	434219	399310	386843
体育场地设施工程施工	47710	21000	58042	58042	49439	49439
游乐设施工程施工	8608	5764	12699	12699	7504	7504
其他土木工程建筑施工	579018	473232	1415809	1300985	1316652	1214298
建筑安装业	5765620	3463680	11416644	10844674	9875381	9219596
电气安装	3002142	2073581	7341313	7084311	6416740	6176092
管道和设备安装	1082378	462553	2054097	1891311	1741146	1469530
其他建筑安装业	1681100	927546	2021234	1869052	1717495	1573974

单位：千元

及分配							
税金及附加	主营业务税金及附加	其他业务利润	销售费用	管理费用	财务费用	利息收入	利息支出
153351	49428	97433	31072	1310898	305366	58095	321541
120263	30286	90100	9744	528758	136766	31067	144093
4233	4232	–2070	6766	60212	16156	1652	15577
100247	14320	53692	1665	182984	128883	14391	123593
13978	10015	38478	1219	251104	–8318	15026	4923
1805	1719		94	34458	45	–2	
14739	3489		860	373984	109931	25613	134885
2011	1752		163	253208	436	6	48
97	35			3771	46		
12631	1702		697	117005	109449	25607	134837
39	39			1519	51	7	58
283	250		489	13109	14	–1	
3185	2288	243	3574	98340	3202	–215	3276
2259	1403	243	3483	75337	73	–217	
684	643		91	17906	226	2	376
242	242			5097	2903		2900
1291	1201		8272	54888	3364	–649	234
33	33			1146	–5	6	
1199	1109		8272	48347	3379	–643	234
59	59			5395	–10	–12	
6217	6086	2731	210	102323	41096	2241	32980
7334	5789	4359	7923	137977	10942	32	6015
1601	1278	4217	1575	31747	1578	–117	1194
632	632		3	5631	1929		
29	29		1932	3456	139	124	15
5072	3850	142	4413	97143	7296	25	4806
39517	35167	6250	70742	1220280	34765	–15229	24465
23613	21538	6124	54042	762525	5808	–8083	8395
8995	7898	3	9427	215835	3468	–6139	916
6909	5731	123	7273	241920	25489	–1007	15154

3-15 续表 2-2

指标	期末资产负债		损益			
	所有者权益合计	实收资本	营业收入	主营业务收入	营业成本	主营业务成本
体育场地设施安装	9923	5000	14293	14293	11353	11353
其他建筑安装	1671177	922546	2006941	1854759	1706142	1562621
建筑装饰、装修和其他建筑业	2610887	2177066	6358782	5936502	5795031	5444175
建筑装饰和装修业	1849625	1547678	4502995	4183837	4142178	3835628
公共建筑装饰和装修	774353	685434	1550429	1481585	1419512	1355938
住宅装饰和装修	796134	640897	2513368	2355204	2329527	2171906
建筑幕墙装饰和装修	279138	221347	439198	347048	393139	307784
建筑物拆除和场地准备活动	302971	207376	334297	327746	276744	270178
建筑物拆除活动	53139	40000	21966	21966	18124	18124
场地准备活动	249832	167376	312331	305780	258620	252054
提供施工设备服务	6345	1906	67404	67382	63077	62172
其他未列明建筑业	451946	420106	1454086	1357537	1313032	1276197
三、按隶属关系分组						
中央	3216417	3257092	16536750	16249006	15255593	14588578
地方	2614194	472832	3536721	3118036	3149831	2765081
其他	40610319	22387019	58863155	55247986	53935111	50812626
四、按企业资质等级分组						
施工总承包	38021827	20681542	64326816	60909665	59395806	56036377
特级	5455558	2220170	7141266	6985103	6643467	6556568
一级	15127242	7452308	32407850	31367937	30016116	28662513
二级	9829696	6078506	13409343	12289674	12374684	11411399
三级	7590294	4925971	11337541	10236135	10334347	9378705
其他	19037	4587	30816	30816	27192	27192
专业承包	8419103	5435401	14609810	13705363	12944729	12129908
一级	2575955	1535297	4410059	4107650	3908286	3608313
二级	2236327	1607027	3870592	3664687	3426856	3234889
三级	3249163	2057949	5116660	4727965	4481786	4164771
其他	357658	235128	1212499	1205061	1127801	1121935
五、按控股情况分						
国有控股	7821361	4906463	24547958	23786660	22522125	21489165
集体控股	751049	595107	1025341	902100	938238	830622
私人控股	37805027	20564625	53268336	49831277	48804557	45770883
港澳台商控股	27650	27680	8457	8457	6939	6939
外商控股	35843	23068	86534	86534	68676	68676

单位：千元

及分配

税金及附加	主营业务税金及附加	其他业务利润	销售费用	管理费用	财务费用	利息收入	利息支出
29	29		1736	1464	353		204
6880	5702	123	5537	240456	25136	-1007	14950
18916	16264	333	16400	503336	38066	204	15759
12281	10269	126	8608	343793	27238	-306	10590
4614	3677	126	1123	117309	8748	39	5573
6592	5723		6848	192126	13835	-382	3384
1075	869		637	34358	4655	37	1633
1737	1531		1879	32931	408	372	2
122	122			3355	-82	84	2
1615	1409		1879	29576	490	288	
217	199		69	4460	112		
4681	4265	207	5844	122152	10308	138	5167
39962	26901	21678	9192	572342	254488	19524	286209
11081	10533	1914	64	198016	51746	-866	64396
311752	183524	87503	137622	3723610	594005	47375	326452
231448	180144	108848	98740	3133354	807726	68287	637953
16019	16019	36475	2699	123841	59545	20829	29565
105207	84606	57926	28806	1174023	478583	53887	527400
59398	40854	7147	47711	695492	169998	-8636	30385
50737	38578	7300	19510	1137296	99476	2210	50499
87	87		14	2702	124	-3	104
131347	40814	2247	48138	1360614	92513	-2254	39104
14163	11712	883	7959	348788	35122	-534	15892
94821	9880	213	18013	448743	29884	-2143	13383
18204	15297	1151	18944	514953	26240	323	9022
4159	3925		3222	48130	1267	100	807
65585	49348	63425	52271	947690	312423	23681	357786
5211	4759	2412	758	87945	59375	-125	69538
291793	166701	45258	93662	3443050	528543	42553	249733
20				1907	2		
186	150		187	13376	-104	-76	

3-15 续表 3

指标	损益				
	资产减值损失	投资收益	其他收益	营业利润	营业外收入
总计	**-278206**	**82973**	**14310**	**-3340**	**293178**
#国有控股企业	-252372	37750	9453	-170861	105284
一、按登记注册类型分组					
内资企业	-277559	82973	14285	-18031	292959
国有企业	-58529	30000	528	7031	24708
集体企业		3		671	3738
股份合作企业				9053	300
国有独资公司	-76810	-1494	1652	-368315	60334
其他有限责任公司	-99207	40423	7679	27902	44306
股份有限公司	-23309	2144	479	44834	2232
私营独资企业				-265	
私营合伙企业				875	2
私营有限责任公司	-17853	11897	3947	236119	157206
私营股份有限公司	-1851			24064	133
港、澳、台商投资企业	-647		25	14319	12
与港澳台商合资经营	-647		25	14319	12
外商投资企业				372	207
中外合资经营企业				-2888	130
中外合作经营企业				1351	
外资企业				1909	77
二、按国民经济行业分组					
房屋建筑业	-10495	10535	1794	36528	98747
住宅房屋建筑	-9848	4364	1716	9028	88775
其他房屋建筑业	-647	6171	78	27500	9972

单位：千元

及分配			应付职工薪酬 （本年贷方累计发生额）	应交增值税	建筑业企业在境外 完成的营业收入
营业外支出	利润总额	所得税费用			
131296	**152229**	**92185**	**7382287**	**1712632**	**886984**
12818	–78400	–40075	2226891	334081	559349
130807	138600	90771	7352987	1707408	886984
2360	29376	–3111	560908	21316	
2445	1964	164	37313	8258	
2156	7197	944	15773	5175	8656
311	–308292	–66505	407161	115336	
32160	37813	10886	2435090	421110	685878
7518	39548	–81	109482	22896	
	–265	9	1108	2	
	877	62	1718	4575	
83208	306834	144424	3752790	1100584	192450
649	23548	3979	31644	8156	
1	13538	363	6580	2996	
1	13538	363	6580	2996	
488	91	1051	22720	2228	
14	–2772	970	14948	457	
12	1339	5	3506	509	
462	1524	76	4266	1262	
41443	90467	78778	3213788	850192	72759
37823	59687	61989	2418995	773207	72759
3620	30780	16789	794793	76985	

3-15 续表 3-1

指标	损益				
	资产减值损失	投资收益	其他收益	营业利润	营业外收入
土木工程建筑业	-188037	36877	10965	-237324	107567
铁路、道路、隧道和桥梁工程建筑	-24359	3908	3275	110255	21418
铁路工程建筑	-20179	-11096	23	14686	667
公路工程建筑	185	3890	1545	40623	11472
市政道路工程建筑	-4365	10654	1707	40338	8405
其他道路、隧道和桥梁工程建筑		460		14608	874
水利和水运工程建筑	-90717	38	330	-425562	61802
水源及供水设施工程建筑				9440	1111
河湖治理及防洪设施工程建筑				-482	38
港口及航运设施工程建筑	-90717	38	330	-434520	60653
海洋工程建筑				1597	11
工矿工程建筑				978	15
架线和管道工程建筑	-38		330	-18459	1955
架线及设备工程建筑	-38			-995	1833
管道工程建筑				1508	109
地下综合管廊工程建筑			330	-18972	13
节能环保工程施工	-2672	35793	2888	51470	567
节能工程施工				174	
环保工程施工	-2672	35793	2888	52751	531
生态保护工程施工				-1455	36
电力工程施工	-70251	-2862	4118	44266	8473
其他土木工程建筑			24	-1869	13326
园林绿化工程施工				13027	2313
体育场地设施工程施工				408	95
游乐设施工程施工				-361	10
其他土木工程建筑施工			24	-14943	10908
建筑安装业	-62714	42739	1152	202387	68779
电气安装	-57181	41265	713	77934	59277
管道和设备安装	597		439	105941	2220
其他建筑安装业	-6130	1474		18512	7282

单位：千元

及分配			应付职工薪酬（本年贷方累计发生额）	应交增值税	建筑业企业在境外完成的营业收入
营业外支出	利润总额	所得税费用			
38099	−167918	−36076	1968220	440405	711721
24060	107613	19705	1025260	214721	143716
1070	14283	−5826	259083	30669	
17116	34979	11444	494241	89144	98807
5440	43303	10631	241589	83202	44909
434	15048	3456	30347	11706	
224	−363983	−68296	392729	89492	96252
69	10482	1853	29031	20100	
30	−474	2	1312	447	
125	−373991	−70151	362386	68945	96252
40	1568	28	1578	330	
	993	57	13343	1923	
1740	−18244	2190	129086	18213	
1529	−691	1292	79110	12937	
198	1419	898	13875	5000	
13	−18972		36101	276	
231	51806	1112	52093	13164	
7	167	1	1207	184	
224	53058	1111	47661	12412	
	−1419		3225	568	
7595	45144	1392	198393	61605	471753
4209	7185	7736	155738	40957	
1462	13878	1886	27252	12605	
29	474	196	3691	1526	
	−351	15	1353	268	
2718	−6816	5639	123442	26558	
41447	229010	37417	1543779	227555	22288
35678	100824	14385	964897	119659	11135
3238	104923	14740	323160	53940	10968
2531	23263	8292	255722	53956	185

3-15 续表 3-2

指标	损益				
	资产减值损失	投资收益	其他收益	营业利润	营业外收入
体育场地设施安装				-642	26
其他建筑安装	-6130	1474		19154	7256
建筑装饰、装修和其他建筑业	-16960	-7178	399	-4931	18085
建筑装饰和装修业	-9908	196	48	1025	11955
公共建筑装饰和装修	-9665	93	28	-12120	2962
住宅装饰和装修	-243		20	7239	7898
建筑幕墙装饰和装修		103		5906	1095
建筑物拆除和场地准备活动	-5094		23	13135	399
建筑物拆除活动				447	28
场地准备活动	-5094		23	12688	371
提供施工设备服务				-530	31
其他未列明建筑业	-1958	-7374	328	-18561	5700
三、按隶属关系分组					
中央	-206622	19875	5971	-324494	104883
地方	-13109	-1456	2503	84612	1143
其他	-58475	64554	5836	236542	187152
四、按企业资质等级分组					
施工总承包	-252427	58255	9487	-137824	219482
特级	-2260	57	720	170987	25766
一级	-193997	41445	7899	-382518	126690
二级	-57244	18126	814	52448	30135
三级	1074	-1373	54	20562	36889
其他				697	2
专业承包	-25779	24718	4823	134484	73696
一级	-10873	-1890	1065	68035	9679
二级	-12234	37899	62	-4675	33164
三级	-2672	46	3334	64138	29725
其他		-11337	362	6986	1128
五、按控股情况分					
国有控股	-252372	37750	9453	-170861	105284
集体控股		7961	50	-269364	3915
私人控股	-25834	37262	4807	432227	183877
港澳台商控股				381	12
外商控股				4277	90

单位：千元

及分配			应付职工薪酬（本年贷方累计发生额）	应交增值税	建筑业企业在境外完成的营业收入
营业外支出	利润总额	所得税费用			
	-616		1419	391	
2531	23879	8292	254303	53565	185
10307	670	12066	656500	194480	80216
7141	5143	8048	364253	137905	
2224	-11382	3279	157969	33396	
4230	10211	3635	185991	91101	
687	6314	1134	20293	13408	
379	11674	2336	26647	12634	
22	453	11	2829	704	
357	11221	2325	23818	11930	
154	-653	71	9707	862	
2633	-15494	1611	255893	43079	80216
13522	-233133	-76681	1655061	199467	463097
712	85041	7966	285539	59784	96252
117062	300321	160900	5441687	1453381	327635
78587	-364	47382	5270980	1292920	784480
10428	186325	20969	166012	76323	
21262	-279311	-69895	2778656	503224	658156
33748	48789	51247	1230528	334269	30480
13028	43255	45046	1093105	378211	95844
121	578	15	2679	893	
52709	152593	44803	2111307	419712	102504
4240	73474	17641	395225	117584	
24583	949	6333	360308	110855	90209
21798	72144	20289	554557	157175	12295
2088	6026	540	801217	34098	
12818	-78400	-40075	2226891	334081	559349
5218	-270667	-55488	72193	31208	
112797	497791	186702	5073482	1346127	327635
1	-400		1514	26	
462	3905	1046	8207	1190	

主要统计指标解释

一、固定资产部分

【全社会固定资产投资】固定资产投资是全社会固定资产再生产的主要手段。通过建造和购置固定资产的活动，国民经济不断采用先进技术设备，建立新兴部门，进一步调整经济结构和生产力的地区分布，增强经济实力为改善人民物质文化生活创造物质条件。这对我国的社会主义现代化建设具有重要意义。

【房地产开发投资】包括各种类型的房地产开发公司、商品房建设公司以及其他房地产开发单位统一开发的包括代建、拆迁还建的住宅、厂房、宾馆、写字楼、办公楼等房屋建筑物和配套的服务设施、土地开发工程，如道路、给水、排水、供热、供电、通讯、平整场地等基础设施工程的投资。包括非房地产企业实际从事房地产开发或经营活动，不包括单纯的土地交易活动。

【本年完成投资】是指从本年 1 月 1 日起至年末止累计完成的投资。是以货币表示的工作量指标，包括实际完成的建筑安装工程价值，设备、工具、器具的购置费，以及实际发生的其他费用。

【本年房屋施工面积】房屋建筑面积是从房屋外墙线算起的各层平面面积的总和，包括房屋结构（如柱、墙）占用的面积和地下室面积。多层建筑面积按各自然层面积总和计算，包括房屋内楼隔层，突出墙面的眺望间、门斗、有柱雨罩的面积。新建房屋要计算其全部建筑面积，旧房拆除重建计算重建后的全部面积，不扣除原有旧房的建筑面积；临时性房屋不计算面积。

【本年房屋竣工面积】指报告期房屋建筑按要求设计要求已全部完工，达到住人和使用条件，经验收鉴定合格（或达到竣工验收标准），正式移交使用的房屋建筑面积之和。

【新增固定资产】指通过投资活动所形成的新的固定资产价值。包括已经建成投入生产或交付使用的工程价值和达到固定资产投资标准的设备、工具、器具的价值及有关应摊入的费用。它是以价值形式表示的固定资产投资成果的综合性指标，可以综合反映不同时期、不同部门、不同地区的固定资产投资成果。

二、建筑业部分

【建筑业总产值】是以货币表现的建筑安装企业在一定时期内生产的建筑业产品的总和。建筑业总产值包括：

建筑工程产值：指列入建筑工程预算内的各种工程价值。

设备安装工程产值：指设备安装工程价值，不包括被安装设备本身价值。

其他产值：建筑业总产值中除建筑工程、安装工程以外的产值。包括房屋构筑物修理产值、非标准设备制造产值、总包企业向分包企业收取的管理费以及不能明确划分的施工活动所完成的产值。

【房屋建筑施工面积】指在报告期内施工的全部房屋建筑面积，包括本期新开工的房屋面积、上期施工跨入本期继续施工的房屋面积、上期停缓建在本期恢复施工的房屋面积、本期竣工的房屋面积及本期施工后又停缓建的房屋面积。

【房屋建筑竣工面积】指在报告期内房屋建筑按照设计要求已全部完工，达到了住人和使用条件，经验收鉴定合格，或达到竣工验收标准，可正式移交使用的各栋房屋建筑面积的总和。

【主营业务收入】指企业确认的销售商品、提供劳务等主营业务的收入，根据会计“主营业务收入”

科目的期末贷方余额（结转前）填报。

【主营业务成本】指企业经营主要业务所发生的成本总额，根据会计“主营业务成本”科目的期末借方余额（结转前）填报。

四、农业

Chapter 4 Agriculture

编辑：井传遂　刘　锋
周　荔　韩乐华
纪爱民　孟渲琪

4-1 农林牧渔业总产值（现价，1980-2022年）

单位：万元

年份	农林牧渔业总产值	农业	林业	牧业	渔业	农林牧渔专业及辅助性活动
1980	131768	93997	1716	19505	16550	
1981	142489	95430	2607	26058	18394	
1982	149556	92670	2491	31272	23123	
1983	171635	115052	2922	29752	23909	
1984	168132	94706	4236	37641	31549	
1985	180182	77285	3642	48381	50874	
1986	249163	123432	3777	57158	64796	
1987	302422	128169	3931	70747	99575	
1988	403748	150971	4368	110993	137416	
1989	379080	118717	4735	112067	143561	
1990	468668	183840	5100	113390	166338	
1991	533203	204484	6196	129846	192677	
1992	588644	213192	6077	133871	235504	
1993	820576	304819	6806	198060	310891	
1994	1027089	325394	9651	291188	400856	
1995	1363049	531323	11570	314239	505917	
1996	1606608	634264	11051	329606	631687	
1997	1699744	586175	11914	360846	740809	
1998	1856700	689674	12021	383252	771753	
1999	1879739	618412	13023	379970	868334	
2000	1928985	640488	13587	383631	891279	
2001	2024900	636693	14626	412201	961380	
2002	2189846	527558	21418	477378	1100064	63428
2003	2535318	607789	29961	573704	1224524	99340
2004	2959157	737215	34913	714693	1371996	100340
2005	3428211	787878	39919	885294	1407004	308116
2006	3702979	959096	35151	929082	1401073	378577
2007	4337800	1145261	40329	1225342	1552638	374230
2008	4997427	1279943	44922	1505841	1771036	395685
2009	5449011	1416606	46979	1555297	1988351	441778
2010	5893206	1528317	48625	1592882	2300728	422654
2011	6659931	1716459	64908	1808534	2588788	481241
2012	7467331	1960462	76254	1998883	2897004	534728
2013	7768650	2025245	79739	2097266	3002020	564381
2014	7771910	1865406	85550	2065725	3161871	593357
2015	7989308	1990718	83490	1924923	3362251	627927
2016	8075439	2290152	83364	1598506	3447706	655711
2017	8431360	2273151	85250	1574379	3746597	751983
2018	8740517	2555355	70331	1732467	3644870	737494
2019	9247372	2785458	61118	1877908	3785734	737154
2020	9166120	2796901	18023	2169446	3424220	757529
2021	10215910	3079410	17454	2390649	3962607	765789
2022	11143841	3306637	11945	2662118	4363436	799705

注：1.自2002年起，第三产业中的农林牧渔服务业调整到农业产值中统计。
2.依据第三次全国农业普查的数据资料,对2007—2017年产值数据进行了修正。
3.依据《国民经济行业分类》（GB/T4754—2017）的行业分类，农林牧渔服务业改为农林牧渔专业及辅助性活动。

4-2 农林牧渔业总产值（1990年不变价，1978-2022年）

单位：万元

年份	农林牧渔业总产值	农业	林业	牧业	渔业	农林牧渔专业及辅助性活动
1978	412978	230860	3962	38245	139911	
1979	446576	273692	3679	37801	131404	
1980	452968	276629	4527	42145	129667	
1981	479355	286351	4252	52158	136594	
1982	484582	262933	3926	65115	152608	
1983	533422	314967	4593	59733	154129	
1984	466538	224734	5868	71842	164094	
1985	416488	144666	4929	84736	182157	
1986	517549	213283	4693	91711	207862	
1987	543035	185690	4066	96664	256615	
1988	612056	189307	3720	129787	289242	
1989	543991	113174	2814	113502	314501	
1990	632422	169924	3843	108616	350039	
1991	650971	169807	4226	125455	351483	
1992	715927	185025	3742	133546	393614	
1993	804825	225383	4128	167145	408169	
1994	805954	180916	5046	196825	423167	
1995	964988	254420	5538	204460	500570	
1996	1096151	282853	4841	218223	590234	
1997	1153215	270832	4493	223199	654691	
1998	1265043	301640	4998	245008	713397	
1999	1310987	281506	5249	249283	774949	
2000	1281294	277651	4169	255573	743901	
2001	1326983	287876	4181	290940	743986	
2002	1411455	237076	7059	300160	809477	57683
2003	1541195	266710	9360	346485	842729	75911
2004	1701971	315342	9749	405722	893341	77817
2005	1947161	318933	10694	493964	909619	213951
2006	1934737	352630	9853	436179	893401	242674
2007	3940216	1029963	36462	1095455	1434288	344047
2008	4723784	1222028	42378	1406253	1676766	376360
2009	5143269	1306209	43682	1460159	1924701	408518
2010	5780073	1519728	46318	1531366	2259613	423047
2011	6282728	1600724	60016	1695547	2485946	440496
2012	7007872	1848991	72142	1876257	2721529	488952
2013	7825766	2072576	80261	2089393	3019529	564007
2014	8057489	1895916	89750	2138304	3307061	626458
2015	8251154	2044682	86422	2011288	3463846	644917
2016	8010240	2274673	82478	1586533	3421822	644734
2017	8333521	2292720	84238	1629734	3639391	687438
2018	8370208	2439351	67524	1698210	3443889	721233
2019	8932896	2651254	63629	1737980	3754818	725215
2020	9510919	2857554	18023	2119374	3791410	724558
2021	9715349	2902476	16484	2406979	3627340	762069
2022	10551773	3179903	10436	2456258	4119183	785993

注：1.自2002年起，第三产业中的农林牧渔服务业调整到农业产值中统计。
2.自2007年起，取消不变价农业总产值统计，采用农产品指数缩减法（可比价）计算农业发展速度。
3.依据第三次全国农业普查的数据资料对2007—2017年产值数据进行了修正。

4-3 农、牧、渔业

年份	粮食		蔬菜及食用菌	水果	肉类
		谷物			
1978	122.43	112.05	98.43	36.44	
1979	132.33	122.90	96.86	51.62	
1980	147.42	137.77	89.73	36.51	
1981	133.62	124.27	97.67	48.39	
1982	115.27	105.73	101.15	39.74	
1983	133.56	121.48	101.22	48.73	
1984	127.74	115.56	102.58	45.52	
1985	68.07	59.31	69.91	29.14	9.78
1986	126.05	114.19	95.46	38.74	10.72
1987	96.80	86.76	94.41	40.73	10.75
1988	87.74	77.71	95.93	45.16	12.02
1989	46.31	41.06	94.24	32.63	11.71
1990	101.15	92.33	104.41	49.04	12.22
1991	134.01	121.32	111.57	30.98	13.71
1992	86.28	78.58	103.77	63.14	14.94
1993	116.83	104.57	113.35	72.57	17.14
1994	60.65	50.08	117.37	60.31	20.02
1995	123.41	107.77	148.27	80.12	22.58
1996	135.79	117.30	155.79	85.27	22.58
1997	111.74	95.57	180.15	90.23	23.68
1998	147.66	125.80	201.37	95.38	26.22
1999	111.26	92.87	202.52	78.86	27.38
2000	106.32	84.60	223.39	72.79	26.23
2001	121.36	101.32	209.01	64.74	27.90
2002	87.46	74.47	211.81	65.23	31.88
2003	99.83	81.28	221.04	79.17	38.06
2004	145.78	126.05	229.31	92.87	45.32
2005	135.56	116.83	240.60	98.12	51.55
2006	152.21	131.18	254.61	106.74	41.21
2007	136.18	117.41	213.51	112.70	43.50
2008	135.14	117.96	216.45	117.99	52.67
2009	133.29	116.42	215.91	135.30	60.15
2010	127.69	113.16	210.30	137.70	69.18
2011	136.58	119.59	212.23	145.43	74.98
2012	135.60	119.94	217.73	153.20	79.72
2013	153.69	139.02	214.36	183.24	81.56
2014	104.34	94.85	204.32	152.93	81.40
2015	98.20	84.49	177.36	159.21	78.61
2016	132.15	120.33	171.03	171.55	70.87
2017	133.03	117.98	159.69	167.90	71.68
2018	110.78	92.41	177.35	177.95	74.80
2019	118.26	103.12	167.57	179.50	76.14
2020	128.46	112.74	174.55	180.40	84.41
2021	132.90	117.51	179.61	189.32	98.32
2022	135.96	119.51	186.10	197.11	100.92

注：1.2013年起水果产量数据为园林水果产量与瓜果类产量合计值。2012年同口径数据为171.98万吨。
2.2015年起畜牧业主要品种数据来源于市农业农村局。
3.依据第三次全国农业普查的数据资料对部分农业年报数据进行修正。其中，粮食、蔬菜及食用菌和水果产量修正年份为2007—2017年；水产品产量修正年份为2016—2017年。
4.2020年起粮食及畜牧业主要品种数据来源于国家统计局大连调查队。

主要产品产量（1978–2022年）

单位：万吨

禽蛋	奶类	水产品		大牲畜年底存栏（万头）
			地方	
		37.10	31.29	35.52
	1.93	35.35	29.40	34.89
	2.01	34.52	28.11	33.79
	2.88	37.50	30.67	32.31
2.36	2.81	43.29	35.21	30.99
2.59	2.66	42.36	34.52	30.64
3.94	3.20	44.39	35.65	32.64
4.79	3.14	44.91	35.80	33.99
5.04	3.30	51.65	42.29	32.95
5.46	3.51	63.66	51.80	33.03
6.69	3.62	75.26	62.64	33.44
6.55	3.59	80.94	69.53	33.61
7.13	4.16	85.07	74.22	32.08
8.32	4.56	85.97	76.78	30.22
9.48	4.90	95.97	87.19	28.36
10.33	4.71	108.49	97.82	28.36
12.23	4.68	118.88	107.10	30.16
11.42	4.58	139.69	128.92	34.99
11.99	4.63	173.93	156.66	38.81
12.18	4.87	186.62	166.21	36.57
13.52	5.26	200.47	185.15	36.99
14.78	5.85	211.26	200.01	37.31
14.98	6.64	213.48	205.74	31.17
14.42	7.27	218.12	212.83	30.60
15.77	7.77	224.32	218.04	32.90
18.00	9.06	217.59	213.09	34.59
19.36	9.92	221.46	215.66	36.28
22.24	10.22	227.96	220.07	36.51
19.25	12.00	219.40	216.07	31.79
20.13	12.97	183.26	177.94	36.51
24.20	15.10	228.77	223.22	32.03
25.67	16.29	237.92	234.41	35.45
26.17	13.31	195.54	193.07	36.11
28.46	12.54	206.79	204.16	36.35
28.66	8.36	219.55	216.83	35.70
28.23	7.83	233.79	230.54	33.70
26.09	5.84	239.60	237.52	30.56
27.73	7.59	241.29	240.19	29.02
23.82	5.36	222.87	218.23	19.73
24.73	5.65	226.15	221.25	19.44
24.42	6.37	221.08	215.97	18.57
26.40	7.05	227.64	221.20	17.49
26.58	5.55	231.62	226.55	16.30
25.19	4.96	245.10	240.12	17.59
25.05	6.31	252.90	250.62	18.72

4–4 粮食作物

地区	粮食作物	一、谷物						
		合计	秋收谷物	1.稻谷	中稻和一季晚稻	2.小麦	春小麦	3.玉米
大连市	**269390.27**	**215788.51**	**215788.51**	**18408.02**	**18408.02**	**95.48**	**95.48**	**195595.42**
甘井子区	99.23	86.83	86.83					86.83
旅顺口区	728.21	596.94	596.94			89.15	89.15	505.50
金普新区	19703.86	16110.39	16110.39	200.00	200.00	1.00	1.00	15785.33
普兰店区	76085.89	61354.44	61354.44	4088.41	4088.41			56896.62
长海县	629.37	504.00	504.00					504.00
瓦房店市	72887.02	57511.83	57511.83	824.77	824.77	5.33	5.33	55798.79
庄河市	99256.68	79624.07	79624.07	13294.84	13294.84			66018.35

注：1.本表数据由国家统计局大连调查队提供。

2.甘井子区、瓦房店市和庄河市分别包含高新区、长兴岛和原花园口区。

播种面积情况

单位：公顷

					二、豆类					三、薯类（鲜薯）		
4.其他谷物	谷子	高粱	大麦	其他	合计	大豆	绿豆	红小豆	其他杂豆	合计	马铃薯	甘薯
1689.58	**741.10**	**663.45**	**0.67**	**284.36**	**40732.69**	**40424.32**	**128.31**	**148.00**	**32.07**	**12869.07**	**5322.76**	**7546.31**
					2.00	2.00				10.40	0.73	9.68
2.29	2.09	0.20			25.06	25.06				106.22	51.29	54.92
124.05	84.05	39.00		1.00	2485.33	2455.33	23.00	4.00	3.00	1108.15	588.78	519.37
369.41	221.41	115.40		32.60	13110.69	13051.90	15.47	33.93	9.40	1620.76	731.97	888.79
					26.67	26.67				98.70	35.86	62.83
882.95	276.98	410.06	0.67	195.24	9779.39	9658.54	79.78	22.20	18.87	5595.80	1401.39	4194.41
310.88	156.57	98.79		55.53	15303.57	15204.83	10.06	87.87	0.80	4329.04	2512.73	1816.31

4-5 粮食作物

地区	粮食作物	一、谷物						
		合计	秋收谷物	1.稻谷	中稻和一季晚稻	2.小麦	春小麦	3.玉米
大连市	**1359612.61**	**1195120.09**	**1195120.09**	**93080.08**	**93080.08**	**603.25**	**603.25**	**1095517.46**
甘井子区	447.48	409.43	409.43					409.43
旅顺口区	4980.09	4262.40	4262.40			570.32	570.32	3685.48
金普新区	129451.52	117063.67	117063.67	923.78	923.78	0.20	0.20	115708.99
普兰店区	347848.49	299615.30	299615.30	19810.55	19810.55			278561.65
长海县	3011.97	2729.45	2729.45					2729.45
瓦房店市	310535.42	263446.22	263446.22	4026.63	4026.63	32.74	32.74	256329.30
庄河市	563337.64	507593.61	507593.61	68319.12	68319.12			438093.16

产量情况

单位：吨

4.其他谷物	谷子	高粱	大麦	其他	二、豆类 合计	大豆	绿豆	红小豆	其他杂豆	三、薯类（折粮） 合计	马铃薯	甘薯
5919.29	**2496.86**	**3047.37**	**1.00**	**374.06**	**110154.90**	**109610.13**	**167.24**	**321.29**	**56.24**	**54337.63**	**21208.04**	**33129.58**
					4.35	4.35				33.71	1.66	32.04
6.60	5.60	1.00			69.77	69.77				647.92	361.24	286.68
430.70	262.66	166.72		1.33	7136.67	7083.67	38.00	10.00	5.00	5251.17	2738.37	2512.80
1243.10	732.48	461.78		48.83	41527.31	41419.35	28.02	64.47	15.47	6705.89	2565.58	4140.31
					42.59	42.59				239.92	88.67	151.25
3057.56	963.58	1882.68	1.00	210.30	24078.83	23907.62	83.02	54.13	34.07	23010.36	5162.13	17848.23
1181.34	532.54	535.19		113.61	37295.37	37082.78	18.20	192.69	1.70	18448.65	10290.39	8158.27

4-6 园林水果

地区	一、年末果园面积（公顷）	苹果园	梨园	桃园	葡萄园	其他
大连市	**79686**	**31892**	**1944**	**17152**	**2917**	**25669**
甘井子区	1404	37	11	23	128	1205
旅顺口区	3818	246	120	95	15	3276
金普新区	15145	1088	253	1887	391	11526
普兰店区	12367	6702	114	4290	109	1106
高新区	138	33	14	5		86
长兴岛	496	167		254		75
瓦房店市	38013	19990	619	8512	2110	6782
庄河市	8294	3625	813	2083	164	1609
长海县	11	4		3		4

生产情况

二、水果产量（吨）	苹果	红富士	国光	梨	雪花梨	鸭梨	桃	葡萄	红枣	其他
1754976	**770780**	**504608**	**156673**	**36228**	**5898**	**7371**	**476144**	**99512**	**750**	**370267**
20609	715	668	29	228	15	194	262	4620		14784
39497	7045	5343	1067	3928	904	2427	1636	203	52	26633
258087	30513	26540	1202	3226	359	923	34212	6913	117	183106
301591	157136	37466	71136	1766	696	958	106746	2854		31794
1209	572	532	40	360		360	50			227
9160	3563	3013	550				5183			414
883318	440902	385432	50415	9184	1545	668	267106	79009	581	86536
241452	130316	45598	32232	17534	2379	1839	60942	5912		26748
53	18	16	2	2		2	7	1		25

4-7 经济作物

地区	经济作物播种面积	一、油料							
		播种面积	产量	花生		油菜籽		葵花籽	
				播种面积	产量	播种面积	产量	播种面积	产量
大连市	**61000**	**16984**	**80527**	**16983**	**80525**			**1**	**2**
甘井子区	1644								
旅顺口区	1627	14	68	13	66			1	2
金普新区	9688	1665	6918	1665	6918				
普兰店区	18435	7899	40035	7899	40035				
高新区	5								
长兴岛	194	102	268	102	268				
瓦房店市	12887	1580	5663	1580	5663				
庄河市	16344	5717	27565	5717	27565				
长海县	176	7	10	7	10				

生产情况

单位：公顷、吨

二、棉花		三、药材	四、蔬菜及食用菌									
播种面积	产量	播种面积	播种面积	产量	叶菜类		芹菜		油菜		菠菜	
					播种面积	产量	播种面积	产量	播种面积	产量	播种面积	产量
		323	**37225**	**1860971**	**5650**	**218652**	**1408.4**	**60491**	**1018**	**36177**	**1424**	**49116**
			1635	36687	1084	23062	125	3491	184	2860	236	3928
			1594	68456	552	22680	110	4949	58	1558	79	2422
		55	7552	354249	2082	86972	548	24275	536	20569	490	19916
		109	9735	528611	734	30543	317	14421	158	5292	155	5574
			5	181								
			92	1938	4	87	0.4				3	68
		29	9212	455799	675	31960	158	6798	40	3547	218	7410
		130	7235	411035	496	23010	143	6434	38	2286	234	9672
			165	4015	23	338	7	123	4	65	9	126

4-7 续表 1

地区	四、蔬菜							
	白菜类		大白菜		甘蓝类		卷心菜	
	播种面积	产量	播种面积	产量	播种面积	产量	播种面积	产量
大连市	**9477**	**490238**	**8241.8**	**458170**	**429**	**17932**	**331**	**14444**
甘井子区	87	1662	14	589	2	90	2	90
旅顺口区	355	16320	326	15002	158	8098	120	6582
金普新区	1525	80103	1436	74713	164	5554	142	4919
普兰店区	1985	115274	1796	112615	59	2065	32	1189
高新区	1	100	1	99				
长兴岛	20	640	18.8	640				
瓦房店市	2912	117275	2316	103961	16	1243	8	859
庄河市	2542	157508	2289	149297	23	706	21	647
长海县	50	1356	45	1254	7	176	6	158

4-7 续表 2

地区	四、蔬菜									
	瓜菜类		黄瓜		南瓜		冬瓜		豆类（菜用）	
	播种面积	产量	播种面积	产量	播种面积	产量	播种面积	产量	播种面积	产量
大连市	**4527**	**266780**	**4062**	**243555**	**61**	**1653**	**23**	**761**	**1515**	**42532**
甘井子区	103	3353	99	3221		2	3	130	39	858
旅顺口区	97	4791	90	4552	1	41		31	48	1951
金普新区	1130	64666	1034	61077	31	424	8	348	160	3427
普兰店区	1400	80919	1231	71666	15	493	1	14	392	10808
高新区	1	39	1	32		7				5
长兴岛	5	101	4	98					5	88
瓦房店市	1377	95579	1225	86861	6	136	1	76	441	12690
庄河市	397	16755	365	15534	7	536	10	160	413	12341
长海县	17	577	13	514	1	14		2	17	364

单位：公顷、吨

及食用菌									
根茎类		白萝卜		胡萝卜		生姜		榨菜头	
播种面积	产量	播种面积	产量	播种面积	产量	播种面积	产量	播种面积	产量
5595	**260503**	**2395**	**128946**	**118**	**3809**	**218**	**8642**	**3**	**86**
20	501	3	93	4	140				
208	6203	12	337	9	312			1	36
900	32960	530	21049	21	422			1	6
1387	73854	607	46504	15	720				
1	21		15		6				
43	725	5	363						
1286	63172	719	34793	27	893	65	9	1	42
1727	82546	500	25331	40	1288	153	8633		
23	521	19	461	2	28				2

单位：公顷、吨

及食用菌									
豇豆		四季豆		茄果菜类		茄子		辣椒	
播种面积	产量	播种面积	产量	播种面积	产量	播种面积	产量	播种面积	产量
189	**5253**	**1147**	**31408**	**6864**	**394768**	**1597**	**74231**	**844**	**27717**
4	120	33	732	114	3440	31	905	9	136
5	184	19	865	149	6916	24	742	10	184
20	661	132	2621	1056	50588	533	27641	140	4474
55	855	276	7181	2708	154098	383	14127	182	5956
			5	2	11	1	7		1
		5	88	9	158	4	74	2	30
72	2336	328	9131	1642	93946	390	22751	361	13202
32	1089	342	10505	1163	85066	224	7801	135	3611
1	8	12	280	21	545	7	183	5	123

4—7 续表 3

地区	四、蔬菜							
	茄果菜类		葱蒜类					
	西红柿				大葱		蒜头	
	播种面积	产量	播种面积	产量	播种面积	产量	播种面积	产量
大连市	**4076**	**282990**	**2745**	**137670**	**2133**	**109874**	**90**	**2388**
甘井子区	74	2399	147	3360	147	3353		
旅顺口区	115	5874	27	703	10	258	1	28
金普新区	372	17118	535	23787	424	20537	4	103
普兰店区	2096	133515	1069	60501	1000	56640	18	494
高新区	1	3		3		3		
长兴岛	3	50	6	139	6	137		
瓦房店市	701	52261	490	26107	140	7791	16	364
庄河市	706	71532	464	22946	400	21059	51	1378
长海县	8	238	7	124	6	96		21

4—7 续表 4

地区	五、瓜果类							
	播种面积	产量	西瓜		甜瓜		草莓	
			播种面积	产量	播种面积	产量	播种面积	产量
大连市	**6149**	**210223**	**653**	**32227**	**1475**	**32788**	**3760**	**139437**
甘井子区	9	118		9	1	11	8	98
旅顺口区	19	341	5	127	4	105	5	92
金普新区	198	6738	94	3312	44	1825	45	1167
普兰店区	692	23712	200	10047	42	1415	421	11784
高新区								
长兴岛								
瓦房店市	1965	53338	343	18154	1370	28918	71	2137
庄河市	3262	125860	11	570	14	507	3207	124066
长海县	4	116		8		7	3	93

单位：公顷、吨

及食用菌								
水生菜类		其他蔬菜		食用菌（干鲜混合）	干品产量		鲜品产量	
播种面积	产量	播种面积	产量	产量	合计	香菇	合计	蘑菇
	268	**423**	**11767**	**19862**	**428**	**326**	**19434**	**17688**
		39	201	160	40	40	120	120
	20			774			774	644
				6192			6192	6192
		1	50	499			499	499
			2					
	248	373	11383	2196			2196	2196
		10	131	10027	388	286	9639	8027
				14			14	10

单位：公顷、吨

六、其他农作物		补充资料		
		特种农作物		
播种面积	青饲料播种面积	花卉播种面积	鲜切花（万支）	盆栽观赏植物（包括盆景）（万盆）
319	**250**	**1841**	**1459**	**1032**
		16		1
		40	60	17
218	218	1282	1294	236
		314		676
101	32	182	105	85
		7		17

4–8 林业

指标	单位	全市	甘井子区	旅顺口区
一、营造林面积				
人工造林面积	公顷	767		
退化林修复面积	公顷	427		
人工更新面积	公顷	140		
二、四旁（零星）植树	万株	201	2	2
三、森林抚育	公顷	1333		
四、主要经济林产品产量				
#板栗	吨	547		
榛子	吨	240		
松子	吨			
五、主要木材、竹材产品产量				
#原木	立方米	7521		
薪材	立方米	5208	2000	

注：本表数据由市自然资源局提供。

生产情况

金普新区	普兰店区	高新区	长兴岛	瓦房店市	庄河市	长海县
	33			600	133	
67	293				67	
	7				133	
27	53	1	1	55	59	1
200	333				600	200
319	200			28		
	240					
	37				7484	
					3208	

4-9 畜牧业

地区	一、当年			
	猪（头）		牛（头）	
	2021年	2022年	2021年	2022年
大连市	**2965146**	**2727257**	**94159**	**103959**
甘井子区	34300	3600	34	4
旅顺口区	60227	64590	141	144
金普新区	374819	412930	3595	6326
普兰店区	984152	1024282	50693	50775
高新区			1	4
长兴岛	11400	12160	159	688
瓦房店市	737369	740147	23022	26056
庄河市（含原花园口区）	759248	466123	16482	19905
长海县	3630	3426	32	57

注：1.本表数据由国家统计局大连调查队提供。
2.2021年分区（市）县数据以此表为准。

生产情况

出栏数

羊（只）						家禽（万只）			
2021年			2022年			2021年		2022年	
小计	山羊	绵羊	小计	山羊	绵羊	小计	鸡	小计	鸡
276620	**268966**	**7654**	**330190**	**321818**	**8372**	**37431.6**	**36704.9**	**39361.3**	**39251.9**
861	392	469	452	228	224	2.1	1.5	1.4	1.3
3030	2189	841	3651	3315	336	394.4	394.2	401.7	401.6
14851	13443	1408	17515	14212	3303	3071.9	3056.7	3213.6	3206.8
82848	82848		89439	89439		9890.5	9867.6	10497.3	10474.0
310	310		438	438		0.3	0.3	0.4	0.3
1197	1197		1244	1244		375.2	370.6	323.0	322.9
97712	92776	4936	116971	112462	4509	12318.6	12036.5	13046.6	13036.6
75549	75549		100031	100031		11376.4	10975.9	11875.6	11807.3
262	262		449	449		2.2	1.6	1.8	1.1

4-9 续表 1

地区	二、期末							
	猪（头）				牛（头）			
	2021年		2022年		2021年		2022年	
	小计	能繁殖母猪	小计	能繁殖母猪	小计	奶牛	小计	奶牛
大连市	**1700448**	**169899**	**1455646**	**149127**	**168363**	**11046**	**181586**	**11804**
甘井子区	14206	200	10523	1100	313	130	316	124
旅顺口区	61529	8767	59381	6234	1611	467	1632	532
金普新区	303584	27668	264938	26788	19074	8174	21935	8764
普兰店区	443166	60058	381861	48404	67718	969	71673	1065
高新区					25	25	24	24
长兴岛	13100	760	11691	940	1503		1486	
瓦房店市	507010	43054	398149	41710	36439	1210	39682	1237
庄河市（含原花园口区）	354433	29267	326331	23832	41519	71	44671	58
长海县	3419	125	2772	119	161		167	

存栏数											
羊（只）						家禽（万只）					
2021年			2022年			2021年			2022年		
小计	山羊	绵羊	小计	山羊	绵羊	小计	肉鸡	蛋鸡	小计	肉鸡	蛋鸡
351815	**336554**	**15261**	**367847**	**352033**	**15814**	**7906.0**	**5895.0**	**1736.7**	**8284.9**	**6248.1**	**1781.7**
4516	3874	642	4950	3550	1400	2.9	0.5	1.2	2.3	0.6	1.0
7515	5513	2002	7511	5316	2195	415.6	68.3	346.6	430.2	66.7	362.1
30418	25417	5001	30750	24907	5843	789.1	371.7	403.5	763.6	330.8	425.9
64139	64089	50	64456	64402	54	1955.1	1426.1	511.7	2007.9	1431.0	557.9
731	731		743	743		0.7		0.5	0.5		0.3
6700	6700		8379	8379		30.2	27.1	0.5	45.2	41.2	2.5
138162	130596	7566	152196	145874	6322	2485.5	2129.2	237.3	2706.9	2443.1	190.7
99013	99013		98070	98070		2224.8	1872.2	234.4	2326.1	1934.7	240.3
621	621		792	792		2.1		0.9	2.2		0.9

4-9 续表 2

地区	三、畜产品									
	主要畜禽									
	2021年									
	小计	猪肉	牛肉	羊肉			禽肉		小计	猪肉
					山羊	绵羊		鸡肉		
大连市	**983183.6**	**252541.3**	**16287.9**	**5465.5**	**5291.7**	**173.8**	**708888.9**	**692900.1**	**1009064.8**	**224125.2**
甘井子区	2637.9	2572.5	6.8	15.0	6.8	8.2	43.7	30.9	316.3	282.4
旅顺口区	12471.5	4517.5	20.5	45.6	32.5	13.1	7888.0	7884.3	13040.4	5490.2
金普新区	89393.0	29743.5	559.1	249.0	226.9	22.1	58841.4	56461.5	94656.6	33203.0
普兰店区	275298.2	84226.6	8095.3	1201.9	1201.9		181774.4	181359.3	298020.3	85081.9
高新区	11.9		0.2	5.4	5.4		6.3	4.6	14.8	
长兴岛	7989.2	917.5	27.7	26.9	26.9		7017.1	6925.6	7833.7	998.4
瓦房店市	298017.9	64054.2	4524.0	2350.5	2220.0	130.4	227089.3	222114.1	309725.3	59621.1
庄河市（含原花园口区）	296961.8	66170.4	3047.9	1564.7	1564.7		226178.8	218083.9	285054.7	39103.9
长海县	402.0	339.1	6.4	6.6	6.6		50.0	36.0	402.6	344.3

产量（吨）											
肉类产量						禽蛋产量				生牛奶产量	
2022年						2021年		2022年		2021年	2022年
牛肉	羊肉			禽肉		小计		小计			
		山羊	绵羊		鸡肉		鸡蛋产量		鸡蛋产量		
17628.6	**4547.1**	**4426.4**	**120.7**	**762763.9**	**760434.2**	**251870.2**	**240774.9**	**250518.2**	**240472.6**	**49087.4**	**62165.3**
0.7	7.9	3.9	4.0	25.2	22.4	362.4	167.6	225.8	138.4	693.0	630.0
20.9	47.1	43.1	3.9	7482.3	7480.5	41290.3	41052.5	45711.6	45610.4	2641.8	2746.0
1090.6	241.1	195.5	45.6	60121.9	59971.7	65764.1	65187.9	61855.8	60928.9	36216.0	48569.0
8108.8	1081.9	1081.9		203747.6	203293.9	63224.1	61954.5	69472.9	68105.3	3884.0	4256.8
0.7	6.2	6.2		7.9	6.3	72.0	48.2	41.6	32.2	124.0	128.3
118.0	20.1	20.1		6697.2	6694.6	275.0	221.0	286.0	229.4		
4601.8	1735.5	1668.4	67.1	243766.9	243591.3	39077.5	37847.9	31167.1	30895.4	5201.3	5592.9
3676.1	1401.3	1401.3		240873.5	239348.0	41546.0	34188.6	41521.0	34447.2	327.4	242.3
11.1	6.0	6.0		41.3	25.5	258.9	106.7	236.5	85.5		

4-10 渔业

地区	水产品总产量(吨)				
	合计	海洋捕捞	远洋渔业	海水养殖	淡水养殖
大连市（地区口径）	**2528951**	**306967**	**103125**	**2113895**	**4964**
大连市（地方口径）	2506214	284230	103125	2113895	4964
市直	66819		7860	58959	
长海县	656516	72367	26200	557949	
庄河市	614180	47090	4105	561854	1131
普兰店区	152788	19604		130078	3106
瓦房店市	161071	29900	16225	114225	721
金普新区	429569	31964		397605	
旅顺口区	243452	28358		215088	6
甘井子区	37721	25438	7443	4840	
中山区	48592	7300	41292		
长兴岛	11499	7779		3720	
高新区	84007	14430		69577	
辽渔集团有限公司	22737	22737			

注：本表数据由市海洋发展局和辽渔集团有限公司提供。

生产情况

养殖面积（公顷）			渔业船舶拥有量		
合计	海水养殖	淡水养殖	艘数（艘）	总吨位（总吨）	功率（千瓦）
464197	**456806**	**7391**	**21403**	**353722**	**920101**
464197	456806	7391	21396	340252	906581
5111	5111		141	18297	54632
295323	295323		10708	92880	302092
57593	56916	677	3129	83229	211353
19657	14504	5153	351	9676	27022
20608	19048	1560	734	18734	37474
44901	44901		3071	14276	54292
9901	9900	1	1459	13599	37394
1240	1240		717	18415	36161
			535	60527	123275
8173	8173		166	2103	5202
1690	1690		385	8516	17684
			7	13470	13520

4-11 农林牧渔业

地区	农林牧渔业总产值	一、农业					
		合计	1.谷物及				
			小计	(1)谷物			
					小麦	稻谷	玉米
大连市	**11143841**	**3306637**	**486434**	**257549**	**229**	**29485**	**225336**
甘井子区	193104	54246	91	76			76
旅顺口区	498434	92434	1397	953	216		737
金普新区	1650934	579422	44245	31703		323	30669
普兰店区	2027718	737578	108842	54118		6141	47355
高新区	67414	2074	8	8			8
长兴岛	69692	7333	1582	1141			1141
瓦房店市	2536756	1067379	76167	44127	13	840	42721
庄河市	2877885	763223	253526	124987		22180	102192
长海县	1130435	2947	576	437			437
市直单位	91470						

4-11 续表 1

地区	一、农业产值							
			3.水果、坚果、饮料和香料作物					
	(2)食用菌	(3)花卉	小计	(1)水果(含果用瓜)			(2)坚果	
					苹果	梨		板栗
大连市	**12247**	**14625**	**1883695**	**1880558**	**387023**	**19107**	**3137**	**1990**
甘井子区			34922	34922	286	114		
旅顺口区	310	234	58006	57959	4167	1571	48	
金普新区	1858	2564	354639	354475	15257	2323	164	130
普兰店区	339	10140	343426	343056	62854	883	370	
高新区			1963	1963	1567	396		
长兴岛			4996	4996	1853			
瓦房店市	1649	1585	780701	780582	264541	5051	119	3
庄河市	8080	102	304700	302276	36488	8767	2425	1846
长海县	10		342	330	11	2	12	12
市直单位								

总产值综合表（现价）

单位：万元

产值						
其他作物					2.蔬菜、食用菌及花卉园艺作物产品	
（2）薯类	（3）油料		（4）豆类		小计	（1）蔬菜（含菜用瓜）
		花生		大豆		
122200	**57338**	**57338**	**49347**	**49105**	**936072**	**909200**
15					19233	19233
375	37	37	32	32	33030	32487
3653	5534	5534	3354	3329	180539	176117
8382	26823	26823	19518	19467	284874	274394
1					103	103
99	126	126	216	216	755	755
16689	3311	3311	12039	11954	210512	207277
92866	21501	21501	14172	14091	204997	196815
120	5	5	15	15	2029	2019

单位：万元

	二、林业产值					
4.中药材	合计	1.林木的培育和种植				2.木材采运
		小计	（1）育种育苗	（2）造林	（3）抚育和管理	小计
436	**11945**	**6311**	**1620**	**2023**	**284**	**5634**
	313	160	144			153
	58	58	32			
	1300	1294	578	34	39	6
436	1810	1802	28	666	153	8
	79	79				
	102	19				83
	2754	2754	800	1320		
	5384	4	0	3	0	5380
	145	141	37		91	3

4-11 续表 2

地区	三、牧业						
	合计	1.牲畜					
		小计	(1) 牛	(2) 羊	(3) 其他牲畜	(4) 奶产品	牛奶
大连市	**2662118**	**338364**	**196230**	**74271**	**2194**	**57183**	**56072**
甘井子区	1448	603	4	63		536	536
旅顺口区	69028	1901	192	425		1285	1285
金普新区	305610	62155	10122	2452	22	49531	48685
普兰店区	831620	92062	76552	12499	309	2508	2224
高新区	162	150	1	37		112	112
长兴岛	14860	1193	963	199			
瓦房店市	755694	129780	78863	43163	1805	3094	3114
庄河市	682693	50395	29459	15382	58	118	116
长海县	1001	124	73	51			
市直单位							

4-11 续表 3

地区	四、渔业				
	合计	1.海水			
		小计	养殖	(1) 鱼类	(2) 甲壳类
大连市	**4363436**	**4354567**	**4167673**	**461020**	**176457**
甘井子区	127949	127949	8892	67696	4298
旅顺口区	312338	312329	494702	22549	24010
金普新区	647620	647620	556647	80598	40641
普兰店区	277690	271195	520312	14672	22258
高新区	63032	63032	95964	22740	11700
长兴岛	40705	40705	23064	9182	4410
瓦房店市	551412	550518	319830	67381	26585
庄河市	1210462	1208992	1264172	29878	30832
长海县	1040757	1040757	836924	98565	11721
市直单位	91470	91470	47167	47760	

单位：万元

产值									
的饲养			2.猪的饲养	3.家禽饲养			4.其他畜牧业		
(5) 毛绒产品				小计	(1) 肉禽	(2) 禽蛋	小计		
	羊毛	羊绒						蚕茧	兔
8485	**2905**	**6429**	**612753**	**1676831**	**1488299**	**188531**	**34171**	**2145**	
			804	41	21	21			
			12163	54964	14280	40685			
28	19	8	74366	134919	92857	42062	34171		
193	82	111	189757	549802	490750	59052			
				13	4	9			
31		31	1807	11860	11689	172			
2856	272	3800	148686	477228	456640	20587			
5377	2532	2479	184540	447757	422014	25743		2145	
			630	246	45	201			

单位：万元

产值								五、农林牧渔专业及辅助性活动
产品			2.内陆水域水产品					
(3) 贝类	(4) 藻类	(5) 其他	小计		(1) 鱼类	(2) 甲壳类	(3) 贝类	
				养殖				
1698610	**228781**	**1789700**	**8868**	**8868**	**7249**	**1619**	**1**	**799705**
6208		49748						9147
56974	53358	155437	9	9	9			24575
201108	124217	201056						116981
121004		113261	6495	6495	4875	1619	1	179020
420	23162	5010						2066
2789		24324						6692
156787		299764	894	894	894			159517
642376	73	505834	1470	1470	1470			216123
507880	22929	399662						85584
3063	5043	35604						

4-12 农林牧渔业

地区	农林牧渔业总产值	一、农业					
		合计	1.谷物及				
			小计	(1) 谷物	小麦	稻谷	玉米
大连市	**10551773**	**3179903**	**463936**	**248154**	**229**	**27825**	**217756**
甘井子区	199473	52021	85	85			85
旅顺口区	475392	90520	1312	907	216		691
金普新区	1557557	553593	50353	36559	0	338	35511
普兰店区	1920920	702464	100175	50664		5663	44410
高新区	64581	1799	8	8			8
长兴岛	67198	7486	1472	1324			1324
瓦房店市	2382800	1035782	71149	42120	13	764	40836
庄河市	2708960	733270	238846	116082		21061	94487
长海县	1086939	2969	538	406			406
市直单位	87954						

4-12 续表 1

地区	一、农业产值							
			3.水果、坚果、饮料和香料作物					
	(2) 食用菌	(3) 花卉	小计	(1) 水果(含果用瓜)	苹果	梨	(2) 坚果	板栗
大连市	**12406**	**15537**	**1759065**	**1756485**	**387835**	**19109**	**2580**	**1575**
甘井子区			32886	32886	295	123		
旅顺口区	310	234	52974	52927	4167	1571	48	
金普新区	1897	2564	317243	317065	15751	2316	178	141
普兰店区	317	11017	311725	311354	60882	883	370	
高新区			1689	1689	1293	396		
长兴岛			5045	5045	1871			
瓦房店市	1786	1620	746319	746211	264541	5051	108	3
庄河市	8080	102	290875	289010	39025	8767	1865	1420
长海县	15		308	297	10	1	11	11
市直单位								

总产值综合表（可比价）

单位：万元

产值						
其他作物					2.蔬菜、食用菌及花卉园艺作物产品	
（2）薯类	（3）油料	花生	（4）豆类	大豆	小计	（1）蔬菜（含菜用瓜）
118272	**51229**	**51205**	**46281**	**48029**	**956466**	**928523**
					19049	19049
342	32	32	31	31	36235	35691
3886	6712	6712	3197	3173	185997	181536
7633	22868	22868	19010	18961	290128	278794
0					102	102
38	48	57	62	80	969	969
15215	3345	3311	10469	11954	218313	214907
91045	18221	18221	13497	13815	203549	195367
113	4	4	15	15	2123	2108

单位：万元

	二、林业产值					
4.中药材	合计	1.林木的培育和种植				2.木材采运
		小计	（1）育种育苗	（2）造林	（3）抚育和管理	小计
436	**10436**	**5480**	**1523**	**1679**	**243**	**4957**
	259	140	125			119
	48	48	26			
	1207	1202	545	32	37	5
436	1490	1482	27	545	130	7
	71	71				
	91	18				73
	2389	2389	762	1100		
	4753	4	0	3	0	4749
	128	125	37		76	3

4-12 续表 2

地区	三、牧业						
	合计	1.牲畜					
		小计	(1) 牛	(2) 羊	(3) 其他牲畜	(4) 奶产品	
							牛奶
大连市	**2456258**	**332354**	**194451**	**71012**	**2171**	**56235**	**53434**
甘井子区	1583	587	4	63		520	520
旅顺口区	65305	1998	198	450		1350	1350
金普新区	284060	58396	9324	2263	20	46760	45962
普兰店区	785531	96245	78016	13347	374	4314	2262
高新区	165	152	1	36		115	115
长兴岛	14121	1177	958	188			
瓦房店市	674066	127625	78082	41906	1719	3063	3114
庄河市	630351	46045	27792	12705	58	113	111
长海县	1076	128	75	53			
市直单位							

4-12 续表 3

地区	四、渔业				
	合计	1.海水			
		小计		(1) 鱼类	(2) 甲壳类
			养殖		
大连市	**4119183**	**4110084**	**4072426**	**442114**	**176444**
甘井子区	136615	136615	8964	70443	4769
旅顺口区	295381	295371	492391	22474	23958
金普新区	603702	603702	523474	71096	41886
普兰店区	255434	248726	517881	14625	22796
高新区	60515	60515	87878	19774	12062
长兴岛	38920	38920	24278	8829	4367
瓦房店市	513787	512893	319728	64172	24718
庄河市	1128274	1126787	1260390	29634	30740
长海县	998601	998601	794090	94244	11147
市直单位	87954	87954	43354	46823	

单位：万元

产值									
的饲养			2.猪的饲养	3.家禽饲养			4.其他畜牧业		
(5) 毛绒产品	羊毛	羊绒		小计	(1) 肉禽	(2) 禽蛋	小计	蚕茧	兔
8485	**2905**	**6429**	**574037**	**1516072**	**1345598**	**170474**	**33795**	**1950**	
			956	39	21	19			
			12294	51014	12639	38375			
28	19	8	72063	119806	88309	31497	33795		
193	82	111	187226	502060	449125	52935			
				13	4	9			
31		31	2007	10937	10773	163			
2855	272	3800	144986	401455	382767	18689			
5377	2532	2479	153784	430522	401918	28603		1950	
			722	226	43	183			

单位：万元

产值								
产品			2.淡水产品					五、农林牧渔专业及辅助性活动
(3) 贝类	(4) 藻类	(5) 其他	小计	养殖	(1) 鱼类	(2) 甲壳类	(3) 贝类	
1576942	**208067**	**1706517**	**9099**	**9099**	**7479**	**1619**	**1**	**785993**
6675		54728						8996
54253	49215	145472	10	10	10			24137
196912	108281	185527						114996
120254		91051	6708	6708	5088	1619	1	176001
405	23761	4514						2031
2777		22947						6580
142534		281469	894	894	894			156776
565571	66	500776	1487	1487	1487			212311
484645	22439	386126						84165
2916	4306	33909						

4-13 农业主要

地区	农用化肥施用量（实物）				
	合计	氮肥	磷肥	钾肥	复合肥
大连市	**443468**	**154649**	**50065**	**48620**	**190134**
甘井子区	2578	424	272	183	1699
旅顺口区	8322	2232	749	1061	4280
金普新区	45938	16631	4510	5667	19130
普兰店区	108785	36161	11725	7498	53401
高新区	128	45		36	47
长兴岛	958	185	152	132	489
瓦房店市	156777	54035	16240	25831	60671
庄河市	119333	44557	16407	8212	50157
长海县	649	379	10		260

4-14 农业机械

地区	一、农业机械总动力				二、拖拉机及配套机械	三、种植业	
						1.耕整地机械	
	合计	柴油发动机动力	汽油发动机动力	电动机动力	拖拉机	耕整机	微型耕耘机
大连市	**2501063**	**1719267**	**172962**	**608834**	**1019627**	**22308**	**47443**
旅顺口区	198123	144997	2908	50218	4930	5403	7359
金普新区	175600	130628	4972	40000	67350	4600	3600
普兰店区	680609	420970	97537	162102	326373	405	31722
瓦房店市	783001	550112	31025	201864	350018	7950	3312
庄河市	607000	417500	36400	153100	227460	3950	1450
长海县	56730	55060	120	1550	43496		

注：本表数据由市农业农村局提供。

能源及物耗情况

单位：吨

农用化肥施用量（折纯）					农用塑料薄膜使用量		地膜覆盖面积（公顷）	农用柴油使用量	农药使用量
合计	氮肥	磷肥	钾肥	复合肥		地膜使用量			
136280	**42075**	**10579**	**16360**	**67266**	**16815**	**5497**	**24418**	**144737**	**8207**
828	150	55	82	541	275	14	50	122	92
3746	665	180	572	2329	380	95	151	5964	170
13521	4080	1036	1890	6515	2458	572	2471	47507	661
28410	9047	2736	3215	13412	3170	646	4507	12630	2122
58	21		22	15				335	6
381	47	41	51	242				2165	16
47116	15130	3248	5683	23055	6674	2355	11635	23416	3365
42114	12922	3281	4845	21066	3849	1810	5593	31223	1766
106	13	2		91	9	5	11	21375	9

（动力）拥有量

单位：千瓦

机械			四、农产品初加工机械	五、畜牧养殖机械	六、水产机械	七、农田基本建设机械
2.田间管理机械	3.收获机械		农产品初加工动力机械			
机动植保机械	谷物联合收割机	玉米收获机				
83649	**63117**	**50019**	**174360**	**145363**	**36660**	**136592**
11735	1140	780	3000	8691		61960
3900	7700	8300		8300		2400
29876	16327	11739	65604	37204	25860	25132
21588	17650	16690	52456	53868	900	29800
16550	20300	12440	53300	37300	9900	12100
		70.0				5200

主要统计指标解释

【农林牧渔业总产值】是以货币表现的农林牧渔业的全部产品总量和对农林牧渔业生产活动进行的各种支持性服务活动的价值。它反映一定时期内农林牧渔业生产总规模和总成果，是观察农林牧渔业生产水平和发展速度、研究农林牧渔业内部比例关系、农林牧渔业与工业、农林牧渔业与国家建设、人民生活比例关系的重要指标，同时也是计算农林牧渔业劳动生产率和农林牧渔业增加值的基础资料。

按现行的统计制度规定，农林牧渔业总产值统计范围是本辖区内全部农业生产经营户、各种经济组织类型、各个系统的全部农业生产单位和非农行业单位附属的农业生产活动单位（军委系统的农业生产（除军马外）也应包括在内，但不包括农业科学试验机构进行的农业生产）在一定时期内生产的农业、林业、牧业、渔业产品的价值量和对农林牧渔业生产活动进行的各种支持性服务活动的价值的总和，执行日历年度。对于收获期延长到次年年初的个别农产品（如甘蔗），仍然把延期收获的部分算在本年度内。

【经济作物】 指除粮食作物之外，种植在耕地或非耕地上的农作物。包括油料、棉花、生麻、糖料、烟叶、中草药材、蔬菜、瓜果等。

【园林水果】 指农业生产经营者日历年度内在专业性果园、林地及零星种植果树（藤）上生产的水果。包括苹果、梨、柑桔类、热带及亚热带水果和其他园林水果如桃、葡萄、红枣等，不包括采集的野生水果。按实收的鲜果计算产量。经脱水、晾干等处理的干果，如干枣、葡萄干、柿饼、桔饼等一律折合成鲜果计算。

五、工业

Chapter 5 Industry

编辑：李　莹　常　阳
刘燕喃　周彦言
籍　阳　肖　蔚
张嘉富

5-1 不变价工业总产值（1979-2022年）

单位：万元

年份	总计	#轻工业	#独立核算工企业			
			合计	#国有及国有控股企业	按轻重工业划分	
					轻工业	重工业
1979	690596	230567	662610	547151	213613	448997
1980	746646	282548	722300	572573	265408	456892
1981	745035	314844	722628	568530	297547	425081
1982	771742	322645	740722	575204	298951	441771
1983	842655	344981	804937	618012	317941	486996
1984	918337	373561	879714	656222	348075	531639
1985	1659572	593670	1560582	1182782	558584	1001998
1986	1854360	660700	1696469	1277184	606645	1089824
1987	2153481	799594	1889527	1393208	686761	1202766
1988	2568040	943365	2174920	1578385	816280	1358640
1989	2858896	1102461	2364138	1689509	878525	1485613
1990	3038118	1161553	2464358	1707800	897406	1566952
1991	3397965	1296882	2690073	1791218	963097	1726976
1992	4063982	1554544	3004182	1866772	981368	2022814
1993	5640386	2110671	3780930	1877221	1252361	2528569
1994	7534379	3242339	4408013	1808396	1546406	2861607
1995	9813652	4095086	5158072	1877601	1737554	3420518
1995年新规定	9355264	4022058	4995745	1830022	1686028	3309717
1996	11615859	5071784	5604091	2147568	1793409	3810682
1997	13942442	5899805	5969479	2917811	1631174	4338305
1998	14136762	5888620	6413208	3302782	1657413	4755796
1999	16439664	6996148	7363097	4026614	1929383	5433714
2000	18321791	7474097	9053945	4639414	2411998	6641947
2001	19236642	7676428	9527834	5162371	2354869	7172966
2002	21240523	9831993	11047770	5942785	4334753	6713018
2003	24382473	10254363	13329315	6820081	3667190	9662125
2004	22359590	5716499	20411542	9912917	4965030	15446512
2005	40331597	13356322	24594981	13067628	4947471	19647509
2006			33480687	12673502	6690233	26790454
2007			40439401	20685463	8835207	31604195
2008			53923110	23896722	12198901	41724209
2009			63346250	25690636	14895454	48450796
2010			74342041	27723984	17246251	57095790
2011			76738607	25275244	17649351	59089256
2012			103559973	29406183	25498332	78061640
2013			116379495	30410785	28859004	87520492
2014			108505556	28214555	24621068	83884488
2015			74490749	23629853	15903136	58587613
2016			63481100	22056458	11956934	51524166
2017			51244569	19614835	9777526	41467043
2018			62519047	21660565	10920796	51598251
2019			72206844	22083606	11407782	60799062
2020			71773929	19646097	12160048	59613881
2021			76030259	21746751	11373642	64656617
2022			87717088	25615435	12570797	75146291

注：1.不变价工业总产值1979—1980年按1970年不变价计算，1981—1984年按1980年不变价计算，1985—2003年按1990年不变价计算，2004年开始用工业品出厂价格指数缩减得出。2004－2022年工业品出厂价格指数分别为1.0463、1.042、1.0267、1.0327、1.0808、0.9993、1.036、1.077、0.9995、0.99、0.9817、0.9395、0.9876、1.0813、1.0485、0.9955、0.9704、1.1361、1.079。

2.1993年税制改革后，工业总产值的销售价格中含增值税（销项税）。从1995年第三次工业普查开始，工业总产值用实际销售的平均价格（不含销项税）来计算的。

3.2004年规模以下及个体数据中,个体数据按自报数据加工。

5-2 现价工业总产值（1979-2022年）

单位：万元

年份	总计	#轻工业	#独立核算工业企业			
			合计	#国有及国有控股企业	按轻重工业划分	
					轻工业	重工业
1979			631904	528349	205996	425908
1980			691541	557369	258374	433167
1981			714744	560697	298568	416176
1982	752564	312110	722151	562184	288915	433236
1983	824890	324811	786608	610457	297524	489084
1984	916553	351863	876930	667070	325894	551036
1985	1242912	432888	1147001	830011	398892	748109
1986	1467200	519886	1314382	853336	467567	846815
1987	1779334	665991	1519819	1077077	555055	964764
1988	2314285	919059	1894419	1338369	735427	1158992
1989	2822680	1090998	2317257	1642718	862235	1455022
1990	3002111	1141662	2424093	1676900	874874	1549219
1991	3454139	1292836	2746247	1834745	959051	1787196
1992	4495025	1678361	3247759	2009355	1123311	2124448
1993	6930701	2341985	4755643	2593265	1345652	3409991
1994	9576727	3777889	5985264	2902420	1850268	4134996
1995	12403494	3876711	7076970	3109824	2270373	4806597
1995年新规定	10703250	4259124	6190540	2660863	1996700	4193840
1996	14433304	6155033	7047109	3075406	2123990	4923119
1997	17013691	7071427	7624194	4211220	1994968	5629226
1998	17054030	7141155	7601281	4316161	1956969	5644313
1999	19376874	8439046	8426385	4959514	2217576	6208809
2000	22371521	8957773	10991552	6421927	2742033	8249520
2001	22960700	9020613	11039275	6683906	2486282	8552993
2002	25020515	10485689	12504857	7118808	3735639	8769217
2003	29040790	11381691	15468641	8719868	3293316	12175325
2004	23394839	5981173	21356596	10371885	5194911	16161686
2005	42025524	13917287	25627970	13616468	5155265	20472705
2006			34374622	13011885	6868862	27505760
2007			41761770	21361878	9124118	32637652
2008			58280097	25827577	13184572	45095525
2009			63301908	25672652	14885027	48416881
2010			77018355	28722048	17867116	59151239
2011			82647480	27221437	19008351	63639129
2012			103508193	29391480	25485583	78022609
2013			115215700	30106677	28570414	86645287
2014			106519904	27698229	24170502	82349402
2015			69984059	22200247	14940996	55043063
2016			62693934	21782958	11808668	50885266
2017			55410753	21209521	10572439	44838314
2018			65551220	22711102	11450455	54100766
2019			71881913	21984230	11356447	60525466
2020			69649421	19064573	11800111	57849310
2021			86377978	24706484	12921595	73456383
2022			94646738	27639055	13563890	81082848

注：同表5—1。

5-3 规模以上工业增加值（1985-2022年）

单位：万元

年份	全市独立核算工业企业		按轻重工业划分		按企业类型划分		
		国有控股企业	轻工业	重工业	大型企业	中型企业	小型企业
1985	395709	287608	110117	285592	185431	72526	137752
1986	431996	312565	127213	304783	206375	79627	145994
1987	481908	343884	141825	340083	242224	81884	157800
1988	564641	406781	177369	387272	278073	119838	166730
1989	665829	484831	209969	455860	322427	156742	186660
1990	645063	457768	181510	463553	326422	130248	188393
1991	679219	460018	195224	483995	335774	141701	201744
1992	814903	495963	233991	580912	407618	148398	258887
1993	1297669	553330	390297	907372	575074	181419	541176
1994	1787688	775815	605429	1182259	893341	253350	640997
1995	1593314	586228	392079	1201235	927233	219650	446431
1996	1654511	669831	473743	1180768	881411	190682	582418
1997	1675869	179036	413822	1262047	1082369	190037	403463
1998	1640539	990352	390447	1250092	1099107	169056	372377
1999	1849858	1082989	510727	1339131	1301398	167627	380834
2000	2663196	1416915	746532	1916664	1862822	269520	530853
2001	2764120	1560253	609511	2154609	2047154	262841	454125
2002	3189696	1636302	968752	2220944	2343514	318354	527828
2003	4016528	1998287	920632	3095896	1655273	1395424	965831
2004	5260406	2068039	1484119	3776287	1412879	2124508	1723018
2005	6439777	2828416	1586460	4853317	2645130	2080860	1713787
2006	9768697	3060982	2222516	7546181	3891524	2996896	2880277
2007	12185639	5473972	3027414	9158225	4810121	3250073	4125445
2008	13984286	6456853	3509953	10474333	5407658	3728517	4848111
2009	17330811	6199814	4668406	12662405	4968694	4913156	7448962
2010	23061090	7255709	6469795	16591295	6747587	6683236	9630267
2011	24854190	7167718	6793660	18060530	7971358	7062185	9820647
2012	28221605	6833054	7670833	20550773	9854873	6771654	11595078
2013	32435314	6719563	8614556	23820757	9254493	11998485	11182336
2014	30171959	6591747	7373557	22798402	9532078	10514130	10125751
2015	18498852	4975465	4170672	14328180	6746313	5832389	5920150
2016	16156034	5389446	3196026	12960008	7248531	5083074	3824429
2017	17031396	5265656	3027208	14004188	8722823	4432583	3875990
2018	18257226	7854925	2428244	15828982	10572667	4527859	3156701
2019	21063331	6550284	2543043	18520287	12924975	4424238	3714117
2020	15763096	4268060	2281901	13481195	8572617	3701050	3489429
2021	17645500	5015605	2356174	15289326	9724269	4123855	3797376
2022	20196118	5521689	2596475	17599642	11339522	4640184	4216412

注：全市规模以上工业增加值1985—2007年为年报数据，2008—2022年为1—12月份快报数据。

5-4 规模以上工业企业主要产品产量（1979-2022年）

年份	原盐（万吨）	配混合饲料（万吨）	食用植物油（万吨）	乳制品（吨）	罐头（万吨）	饮料酒（吨）	白酒（吨）	啤酒（吨）
1979	88.6		2.2		2.0	26239	9313	10624
1980	158.7		2.5		2.0	33996	11421	16055
1981	163.7		2.9		2.3	43479	10426	22756
1982	158.5		3.4		2.6	53040	11286	31127
1983	147.6		3.8		2.9	64631	13057	39703
1984	129.7		3.6	311	3.0	80861	15511	52918
1985	72.4	3.9	4.5	339	3.0	95891	15114	63743
1986	118.2	3.9	4.9	361	3.1	123327	17060	76177
1987	89.7	5.2	4.4	438	3.1	140793	25607	90522
1988	136.0	8.7	4.3	502	4.9	155484	23463	108503
1989	235.3	14.0	7.0	143	4.6	152416	21663	113247
1990	70.6	18.4	8.3	214	2.9	135698	22957	100995
1991	152.2	21.5	13.2	237	3.4	154912	17135	124246
1992	191.2	15.6	9.6	362	5.0	160448	13400	137600
1993	173.7	31.5	8.8	288	4.5	198200	22700	156700
1994	158.4	21.7	13.1	190	4.6	205245	11889	184994
1995	128.4	30.4	12.6	1246	5.0	252784	16838	224519
1996	133.8	9.4	8.2	197	5.2	257025	17300	237900
1997	185.3	3.3	12.2	419	3.7	278200	9800	268400
1998	106.5	3.5	14.5	633	2.9	282326	7246	275080
1999	170.6	3.9	18.0	746	1.9	327662	6906	320187
2000	145.1	49.6	31.3	11664	1.7	337644	6732	328520
2001	170.0	31.5	32.8	12204	1.7	304506	3268	300801
2002	171.0	24.2	31.5	2723	2.3	318588	2875	208989
2003	76.5	26.5	33.3	23	3.9	319244	1875	317233
2004	99.6	30.9	25.5	33363	7.3	439232	6211	383828
2005	87.8	25.2	14.8	28185	3.6	491238	1736	477833
2006	151.0	122.3	22.4	49387	4.7	445470	843	444528
2007	108.0	130.6	25.4	53172	4.1	504859	994	503733
2008	83.4	129.2	22.1	71241	3.8	494767		494767
2009	23.9	225.4	43.7	87919	6.1	557473		557462
2010	70.5	197.0	38.3	117768	11.4	508407		508407
2011	56.7	178.6	30.8	107045	16.1	534007		534007
2012	63.0	180.1	58.3	77741	32.9	493553	7400	486153
2013	59.6	207.4	61.6	81275	30.8	506587	7700	498887
2014	93.9	343.8	63.3	41509	42.1	453706	4800	448906
2015	91.6	217.7	54.0	39535	26.1	391803		391803
2016	89.5	215.0	47.8	41153	20.6	342449		342449
2017	130.8	212.8	43.5	42590	11.1	256426		256426
2018	52.5	183.6	39.1	41266	7.4	216568		216568
2019	70.3	254.0	37.8	39107	10.1	176477		176477
2020	65.1	393.1	37.3	41939	10.3	121154		121154
2021	76.5	282.4	37.5	40546	10.5	120674		120674
2022	62.9	338.2	36.2	44918	12.6	121478		121478

注：1.饮料酒、白酒和啤酒产量的计量单位2003年及以前为吨，2004年始为千升。
2.铁路机车的计量单位1997—2003年为万千瓦，其他年份为台。

5-4 续表 1

年份	纱 (万吨)	服装 (万件)	皮鞋 (万双)	家具 (万件)	机制纸及纸板 (万吨)
1979	4.3		195		2.4
1980	4.6		224		2.4
1981	4.8	1373	250	26.6	2.5
1982	5.1	1413	255	29.5	2.7
1983	5.1	1823	219	32.0	3.1
1984	4.9	2069	259	35.9	3.6
1985	5.0	2523	301	35.9	4.1
1986	5.5	4245	270	38.3	4.7
1987	6.0	3354	242	299.7	6.0
1988	6.0	5049	229	58.3	5.9
1989	6.0	4826	231	40.3	6.2
1990	5.5	4654	238	33.0	4.5
1991	5.1	4564	282	33.9	5.4
1992	4.9	5258	251		5.7
1993	4.2	5984	266	47.9	8.2
1994	3.9	9761	445	122.6	8.6
1995	3.6	9410	969	108.1	7.4
1996	2.6	8034	431	61.4	7.4
1997	2.9	7079	300		4.1
1998	1.9	5259	136		5.5
1999	2.4	4932	67	79.7	2.4
2000	2.5	5788	1030	69.4	4.4
2001	1.9	6482	994	110.1	2.5
2002	1.9	6870	1300	125.7	1.5
2003	2.2	6357	1129	174.9	3.5
2004	2.8	13676	644	1783.7	10.1
2005	2.8	9363	1313	481.4	6.0
2006	2.6	8643	1042	482.1	5.8
2007	3.5	12786	954	938.5	8.9
2008	3.1	9648	822	1143.3	13.0
2009	3.1	13881	224	1178.3	20.2
2010	2.3	12352	242	1183.4	21.6
2011	1.3	6078	169	1407.6	18.6
2012	1.6	6443	130	1137.2	18.6
2013	1.7	7917	128	1100.6	19.1
2014	1.3	9249	30	1776.6	16.3
2015	1.3	5998		1586.4	15.5
2016	1.1	4105		1651.9	17.9
2017	1.1	4041		1963.1	24.2
2018	0.8	3667		1716.6	26.1
2019	0.8	6303	999	1955.8	30.3
2020	0.2	7139	464	1349.1	35.2
2021	0.7	5802	424	1618.9	38.0
2022	0.5	5373	520	1233.2	30.1

原油加工量（万吨）	汽油（万吨）	煤油（万吨）	柴油（万吨）	润滑油（万吨）	硫酸（万吨）	纯碱（万吨）
451.7	57.1	29.7	99.1	35.3	35.3	70.4
449.0	54.3	28.0	97.1	34.2	32.9	71.1
426.8	54.0	23.6	97.1	23.9	26.0	69.4
425.6	47.0	24.4	93.8	21.2	27.1	69.7
434.0	52.0	24.7	96.4	19.2	28.5	68.7
425.0	51.6	22.4	92.2	18.7	21.1	69.8
431.8	61.0	25.7	96.4	21.9	18.3	70.3
445.3	73.5	24.4	101.8	19.0	19.9	71.1
454.1	74.6	23.7	103.0	19.0	24.1	71.2
465.9	76.0	22.9	103.4	19.9	23.8	74.2
475.0	91.1	26.7	103.1	17.5	22.2	76.0
476.0	93.8	29.8	100.7	14.3	21.3	76.1
495.0	103.2	30.9	111.8	14.4	22.4	71.2
530.0	118.6	32.7	133.6	12.4	21.2	72.4
540.8	134.5	29.1	141.6	13.6	19.1	74.8
522.2	103.6	30.7	131.5	12.6	19.8	73.6
528.8	91.4	23.8	138.7	13.0	14.9	69.0
602.9	117.8	32.9	154.5	19.2	17.8	71.8
845.6	211.5	40.0	258.0	18.1	11.5	71.1
830.9	202.8	45.6	271.8	14.6	12.5	69.2
940.8	222.4	71.8	322.4	22.0	17.8	72.1
1212.5	259.7	159.1	335.0	17.3	19.9	74.1
1211.1	274.8	150.4	354.3	17.1	20.3	76.5
1341.8	302.7	140.4	391.5	21.1	19.5	82.5
1634.2	327.8	155.1	500.6	26.5	20.5	80.0
1952.7	377.8	143.9	646.5	30.9	17.3	80.0
1967.9	400.3	159.6	623.4	21.9	18.5	74.3
2156.9	408.8	158.7	654.1	20.8	12.8	47.3
2159.3	394.5	146.8	683.8	16.3	10.6	32.8
2261.5	408.8	167.9	721.6	11.8	8.4	24.7
2465.4	457	175.9	859.6	2.5		0.002
2652.9	455.9	164.8	1001.6	1.6		13.2
2370.1	435.2	136.8	842.3	0.8		33.8
2445.6	469.3	180.6	904.6	18.3	5.4	45.4
2315.4	463.0	223.4	908.4	26.1	4.1	46.8
2266.2	463.8	253.9	866.5	24.3	4.6	56.2
2443.8	558.0	289.7	898.3	23.1	3.6	55.0
2610.7	645.7	375.1	857.1	21.3	4.2	50.4
2233.5	564.0	349.9	697.1	7.0	5.5	44.6
2627.8	705.6	420.9	851.1	15.3	5.6	12.9
4089.8	729.4	569.9	863.6	12.3	6.2	
4598.5	694.9	292.7	836.0	11.3	5.4	
4646.6	807.6	245.1	902.9	9.6	4.8	
4308.8	637.2	201.7	871.5	6.1	2.8	

5-4 续表 2

年份	农用氮磷钾化肥（万吨）	化学农药（吨）	纯苯（吨）	油漆（吨）	初级形态的塑料（万吨）
1979	14.3	1397	9609	14347	0.2
1980	15.8	1607	4955	17185	0.3
1981	15.2	2364		16538	0.3
1982	12.0	3130	1274	17560	0.3
1983	13.7	3871	1040	18006	0.3
1984	12.8	3701		19385	0.4
1985	9.9	3469	48	19259	0.6
1986	9.9	2862	16	17517	0.7
1987	11.9	4710		18079	0.7
1988	11.1	5467	695	18840	0.7
1989	11.3	6967	730	14962	0.7
1990	12.2	6831	911	17192	1.2
1991	13.6	6730	825	19449	1.7
1992	13.5	6524	2325	20473	2.5
1993	11.3	8456	400	13946	3.6
1994	11.7	7892	2087	9845	4.1
1995	10.8	9878	5668	13322	5.3
1996	12.9	7950	9958	10312	5.6
1997	13.2	7469	8507	9931	11.8
1998	13.3	14040	8440	9109	12.5
1999	15.1	17498	8792	6543	17.9
2000	19.3	18761	7831	6413	22.4
2001	16.7	18394	7912	7356	22.8
2002	14.5	20532	25985	8007	24.2
2003	15.5	17739	42380	8797	26.7
2004	18.6	18754	42240	18637	28.1
2005	17.5	19700	33551	8739	31.7
2006	7.6	22100	38155	11459	33.3
2007	11.6	26021	26203	48449	43.0
2008	3.9	26586	32817	52826	44.8
2009	3.2	20825	82974	38961	38.3
2010		10289	106198	41740	37.7
2011		7487		34361	38.1
2012	10.4	7855		25168	38.8
2013	10.3	4401		24415	37.3
2014	13.0	5065		100510	35.4
2015	13.0			47822	41.3
2016	11.6			13403	45.2
2017	10.5			15932	12.0
2018	12.7	652		10135	13.4
2019	0.4	787	33110	15275	33.9
2020		947	1038405	12250	135.7
2021		1106	1177102	14849	145.5
2022		1139	1343323	10311	138.9

合成洗涤剂（吨）	化学原料药（吨）	中成药（吨）	轮胎外胎（万条）	塑料制品（万吨）	水泥（万吨）	砖（亿块）
9213	183	750	9.5	1.4	127.0	5.4
9279	123	273	10.6	1.9	143.7	7.8
11169	160	299	2.4	2.6	148.3	9.6
8637	165	357	5.1	3.3	160.5	10.6
11700	225	412	14.4	3.4	166.8	11.2
13445	328	452	16.8	3.5	181.5	11.7
10353	261	431	15.4	3.3	198.7	15.0
8194	2170	525	16.2	3.5	239.6	19.2
3868	2040	306	19.2	3.6	248.1	17.5
6528	2182	269	20.0	5.6	266.6	19.9
8120	1825	219	22.7	4.3	255.9	19.1
6373	1587	279	18.5	4.3	234.1	15.5
5241	1575	318	16.3	5.8	287.0	16.3
6872	1984	278	19.9	8.3	401.8	19.3
4875	2315	232	18.9	9.1	564.1	24.4
3422	1807	753	12.8	16.3	531.1	22.3
5006	1141	651	20.6	24.0	592.0	24.6
6218	799	243	54.3	16.2	521.8	20.5
2050	410	309	95.4	15.2	513.8	17.3
1705	449	295	121.9	12.2	344.6	17.1
1946	532	215	151.1	13.8	367.8	15.4
2595	106	168	162.3	16.3	478.7	18.2
3077	128	75	190.8	25.2	517.2	16.1
898	142	91	217.8	22.1	562.5	6.7
1741	70	115	247.1	29.2	581.4	0.9
10352	2556	270	260.3	21.9	574.7	13.1
2949	168	163	343.8	26.0	622.9	0.1
5856	1052	526	474.4	31.4	678.1	1.0
7449	800	11	541.7	29.0	836.1	0.9
9186	778	27	502.0	27.3	877.2	0.7
24822	488	201	463.0	42.5	986.6	5.3
22537	10	164	622.0	38.0	1152.7	4.5
22644		79	657.6	23.0	1234.3	5.5
23195	68	382	721.4	19.6	1292.6	6.5
25633	82	367	851.9	16.5	1227.5	6.2
27116	38	384	973.7	29.9	1375.7	4.7
26718	27	237	1175.7	18.0	847.5	0.5
47027	6	280	1326.4	14.8	698.9	0.6
80490	13	226	1290.4	12.8	642.7	0.5
31656	25	299	1206.2	15.6	845.0	0.3
25927	129	415	1142.5	18.5	1018.7	
25763	147	523	921.1	14.4	1188.9	
30328	191	423	1110.4	18.9	1184.3	
28053	222	401	1132.7	17.2	886.9	

5-4 续表 3

年份	平板玻璃（万重量箱）	耐火材料制品（万吨）	钢（万吨）	钢材（成品）（万吨）	工业锅炉（蒸发量吨）
1979	219.1		38.8	53.0	384
1980	235.7		33.7	59.3	1029
1981	265.8		30.0	52.9	2167
1982	284.7		23.6	40.6	1956
1983	318.9		32.9	44.4	1833
1984	303.7		33.9	42.2	2296
1985	363.7	8.3	38.5	46.5	2400
1986	326.7	8.3	39.5	50.7	1879
1987	321.8	8.8	41.5	55.0	2033
1988	356.5	9.3	41.5	56.8	1769
1989	356.0	8.7	47.3	58.8	2085
1990	388.3	9.5	49.4	61.1	1216
1991	357.9	8.5	50.8	62.9	977
1992	344.2		58.8	79.1	1286
1993	406.1	8.6	60.9	74.8	2554
1994	393.0	8.0	68.7	83.9	2363
1995	523.1	12.5	67.9	79.4	1465
1996	598.4	3.7	46.6	67.9	1147
1997	608.4	1.8	42.1	52.7	1208
1998	503.9	2.3	45.1	59.1	1374
1999	243.4	2.5	42.6	59.7	1518
2000	534.6	2.6	45.2	50.4	1863
2001	431.7	3.0	44.9	47.0	2386
2002	309.9	2.7	41.7	46.9	1812
2003	424.3	3.4	49.6	58.2	2160
2004	427.2	2.9	61.8	114.0	12211
2005	557.4	3.3	56.8	110.2	2217
2006	558.3	8.2	161.7	203.9	2791
2007	570.3	13.7	109.8	179.9	2138
2008	888.9	16.2	96.5	163.3	3857
2009	1098.8	17.8	99.6	160.2	3321
2010	652.2	20.8	105.5	183.8	1092
2011	793.7	23.2	128.3	217.8	1596
2012	640.2	21.7	163.0	238.0	6059
2013	633.3	20.7	178.3	264.4	4538
2014	621.0	24.4	200.9	289.3	4745
2015	435.1	23.2	161.6	222.0	2840
2016	316.2	24.3	135.7	195.2	1768
2017	221.4	30.0	111.8	170.8	681
2018	306.3	28.3	171.0	127.7	180
2019	315.7	23.4	164.0	118.5	
2020	225.8	20.7	157.6	128.0	
2021	333.8	27.2	154.3	154.2	
2022	618.2	25.4	169.6	140.3	

发动机（万千瓦）	金属切割机床（台）	数控机床（台）	起重机械（万吨）	泵（万台）	气体压缩机（台）	滚动轴承（万套）
56.5	4560	3	4.3	1.0	102	654
49.4	4818	1	3.7	1.3	3898	693
46.2	4318		2.6	1.3	5	690
66.6	4566		2.5	1.4		725
86.0	4711		2.9	1.7	18	776
115.3	4986	1	3.3	3.0	45	794
152.2	6423	2	4.0	5.8	749	787
0.3	6476	7	4.2	5.9	122	900
109.0	5666	4	4.5	6.5	137	1109
136.2	5653	19	4.2	10.8	97	1375
254.0	4639	5	4.5	10.3	231	1493
233.0	3820	34	3.0	17.0	153	1647
255.5	3942		3.5	16.7	125	3009
313.2	5034		4.3	50.2		2884
405.0	5321		4.4	3.1	184	2865
515.5	3980	16	4.1	25.6	296	1710
508.4	3655	39	3.5	101.7	1149	5538
494.4	4078	112	2.6	18.6	1400	8968
540.5	3003	163	1.7	17.5	931	9498
568.4	2278	161	2.1	9.5	520	8070
761.8	3146	97	1.4	10.2	643	7101
1010.9	7156	321	2.2	12.4	627	9807
1244.5	10143	411	2.8	12.5	474	8624
1455.1	15237	886	2.5	11.0	120	7528
1131.2	22820	1830	2.8	1.8		7956
1777.2	33310	3622	6.5	38.5	465	8908
978.4	40225	4824	4.6	3.4		9131
995.6	46450	6869	6.4	21.5	838	9514
1311.7	54997	9566	5.8	7.2	948	7350
2039.5	47877	11648	6.6	5.7	627	7500
2812.1	61199	16784	11.8	5.0	6668	5234
4359.3	52024	17906	11.8	6.3	5725	14751
5017.2	83865	25210	9.4	8.6	592	12073
6425.7	56340	27318	5.7	8.2	376	15361
7743.1	47962	29473	4.9	8.3	278	12646
9870.7	49413	32395	10.9	72.8	179	9894
7958.7	44353	34543	12.8	22.9	139	8568
8532.0	38088	30403	5.1	6.8		9929
862.4	11439	7732	2.7	7.1		10781
920.7	8060	6919	3.6	8.1	188	6198
1034.1	10737	6448	5.1	743.6	167	7170
1395.8	11781	7985	4.2	15.3	123	7430
1439.4	15380	12377	4.8	19.5	88	9515
692.7	17315	13199	4.8	17.8		5993

5-4 续表 4

年份	金属冶炼设备（万吨）	铁路机车（台）	民用钢质船舶（万吨）	交流电动机（万千瓦）	变压器（万千伏安）
1979	1.6	42	1.0	160.2	51.8
1980	0.61	40	2.8	142.2	38.4
1981	0.51	57	7.5	141.6	21.0
1982	0.63	90	9.7	147.6	28.4
1983	0.78	102	6.7	159.3	33.2
1984	0.85	120	14.4	166.1	41.6
1985	1.3	145	7.7	184.2	71.3
1986	0.67	167	21.7	195.2	76.4
1987	1.3	186	17.3	224.8	87.5
1988	1.6	200	13.4	257.0	78.3
1989	1.6	197	17.2	202.9	58.9
1990	1.7	204	9.0	207.8	34.4
1991	1.2	216	16.2	209.7	46.6
1992	1.5	216	43.1	241.2	85.4
1993	1.6	223	27.4	235.6	161.4
1994	1.8	238	41.0	26.8	105.0
1995	1.4	257	76.4	235.5	102.7
1996	1.2	300	56.4	220.4	79.6
1997	1.3	75.8	92.8	201.1	79.7
1998	1.6	71.5	87.2	186.7	69.9
1999	1.0	74.0	81.2	239.7	37.2
2000	1.1	63.1	48.6	134.6	87.4
2001	1.5	58.0	78.6	367.6	101.6
2002	1.6	70.9	99.2	298.5	92.9
2003	3.4	68.2	120.3	288.4	117.0
2004	6.4	242	90.5	324.0	45.9
2005	4.5	202	138.1	317.8	59.9
2006	6.3	256	122.9	338.1	74.3
2007	7.6	310	186.4	282.3	143.2
2008	10.7	406	182.3	287.0	101.5
2009	17.2	435	416.6	413.9	359.0
2010	18.5	589	636.1	550.5	485.7
2011	8.8	701	771.4	452.7	569.2
2012	6.7	486	1044.8	310.2	437.4
2013	6.7	437	688.3	286.3	519.3
2014	4.3	485	107.8	251.5	544.1
2015	3.8	402	117.4	159.9	451.1
2016	3.6	161	118.1	84.9	441.5
2017	2.7	271	158.2	79.0	335.9
2018	4.5	298	121.2	100.1	5.6
2019	7.9	389	140.2	114.0	55.0
2020	7.2	267	147.4	98.4	768.1
2021	7.1	326	177.4	111.3	716.0
2022	11.7	365	223.4	107.7	848.3

房间空气调节器（万台）	半导体分立器件（万只）	电子元件（万只）	激光视盘机（万台）	发电量（亿千瓦时）	煤气生产量（万立方米）
	286	1906		20.9	10228
	413	3237		21.6	10689
	525	3760		21.2	10050
	470	2355		21.0	10285
	451	3933		20.9	11282
	384	4576		20.4	12908
	384	6647		20.1	13038
	378	6284		20.4	14363
	531	10580		21.9	14791
	483	14108		29.5	15279
	525	14562		58.4	17470
	421	13057		62.2	19006
	350	10443		53.6	20263
	208	8457		61.1	20875
	825	17371		58.3	17631
	215533	13556		60.7	17685
	37354	27506		60.6	16280
	44903	34666		66.9	22246
	66316	71982		65.1	25644
	117381	266878		66.9	24878
3.7	162081	129157	10.9	88.1	23256
2.2	220917	38824	21.9	96.5	22154
2.3	231743	37408	51.4	99.3	23623
13.1	241803	46448	196.6	99.5	24208
50.8	279521	50760	309.3	121.6	24452
82.5	2681		317.4	126.0	22495
208.7	714390		323.7	133.1	21921
174.9	761956		292.3	153.2	28663
189.6	803763	11245	414.9	170.3	28773
158.0	817887	13095	316.2	209.6	28330
128.6	418367	53331	277.5	199.8	25422
163.8	509623	61599	298.7	192.0	24567
170.1	588038	36961	363.7	167.3	25119
143.2	481255	20611	180.7	192.1	27117
106.6	269536	17311	211.6	266.9	28337
98.6	247744	659330	199.5	342.3	28583
92.0	318335	137	216.0	358.8	28602
85.7	307654	2239730	245.4	407.0	175197
120.3	299743	9840114	188.4	441.9	188972
117.1	207760	9831356	180.7	509.6	19748
85.8	149466	527360	189.0	561.5	220424
92.6	128596	429565	154.1	581.1	229992
138.9	7322	532714	106.3	653.7	234495
133.7		507220	94.8	711.5	264682

5-5 全部年主营业务收入2000万元

指标	企业单位数(个)	亏损企业	工业总产值(当年价格)	资产总计	应收账款
总计	**2211**	**562**	**946467383**	**1152922489**	**136872869**
内资企业	1674	433	729410514	908032136	91219421
国有企业	12	1	5242133	15590245	1106725
中央企业	6		3014813	5602114	913599
地方企业	6	1	2227320	9988131	193126
集体企业	12	3	612879	1472067	327782
股份合作企业	4	1	655563	1952739	328095
有限责任公司	393	128	292602977	494354369	37655974
国有独资公司	29	16	9453929	43458458	5375080
其他有限责任公司	364	112	283149048	450895911	32280894
股份有限公司	49	16	133655186	90704772	11542540
私营企业	1204	284	296641776	303957944	40258305
私营独资企业	52	16	3866740	4743013	993194
私营合伙企业	4		188178	144666	15503
私营有限责任公司	1109	259	286905609	286094048	37594775
私营股份有限公司	39	9	5681249	12976217	1654833
港、澳、台商投资企业	98	19	19896125	27163528	5662400
合资经营企业(港或澳、台资)	40	7	9950079	15268565	3781170
合作经营企业(港或澳、台资)	2		118135	317436	9671
港澳台商独资经营企业	49	11	7959665	8623862	1616359
港澳台商投资股份有限公司	3		1603087	2517120	203189
其他港澳台商投资企业	4	1	265159	436545	52011
外商投资企业	439	110	197160744	217726825	39991048
中外合资经营企业	124	33	50701469	57988620	9145647
中外合作经营企业	13	1	760481	896974	88730
外资企业	298	75	144912836	154062506	30520304
外商投资股份有限公司	3	1	752952	4727187	199405
其他外商投资企业	1		33006	51538	36962
在总计中：亏损企业	562	562	186841035	230761471	20125883
在总计中：国有控股企业	177	66	276390547	442895469	38451109
在总计中：轻工业	682	185	135638899	128055971	21825338
重工业	1529	377	810828484	1024866518	115047531
在总计中：大型企业	54	7	508313342	586715191	46472728
中型企业	285	69	245630722	265915545	36917309
小型企业	1711	437	179494706	254320226	45557416
微型企业	161	49	13028613	45971527	7925416

及以上工业企业主要经济指标

单位：千元

存货		固定资产原价	累计折旧	负债合计		所有者权益合计	营业收入
	产成品				流动负债合计		
172033829	**44687937**	**641044711**	**273777195**	**704211047**	**489130772**	**421418795**	**958400153**
130222607	30252698	518494050	200353869	605883839	405179676	302063248	727610408
2347825	349028	8448525	2242716	10560083	6901494	5030164	6408699
1546747	170234	2304324	1030633	2789896	2429182	2812220	3759399
801078	178794	6144201	1212083	7770187	4472312	2217944	2649300
122804	41171	503265	407302	648244	637300	823824	839957
95130	64309	730765	463984	624350	623150	1328389	1029606
57860647	11166450	279902897	105038147	336675575	207672181	157673168	292516415
2990176	489676	22660226	8623784	25111227	14375366	18347228	10196429
54870471	10676774	257242671	96414363	311564348	193296815	139325940	282319986
10425780	3440180	74007740	45122714	46733418	34686704	43971355	129065525
59370421	15191560	154900858	47079006	210642169	154658847	93236348	297750206
833322	215679	2792505	1032197	3047501	2170601	1695508	3768379
7148	2624	61109	25117	93866	54495	50799	196343
55455588	13232133	147696638	43795045	200856568	146897194	85158058	287893800
3074363	1741124	4350606	2226647	6644234	5536557	6331983	5891684
3285474	1426422	10525575	5310297	9815037	8855701	17348480	20585302
1367129	528553	4665339	2419915	5224032	4718105	10044530	10197823
39845	21670	68266	54898	48518	48518	268918	122651
1519846	670389	4457539	2358894	3330406	3087201	5293449	8244264
316607	177889	1082823	365816	1001378	791884	1515742	1729156
42047	27921	251608	110774	210703	209993	225841	291408
38525748	13008817	112025086	68113029	88512171	75095395	102007067	210204443
8769985	2692758	31320214	18053957	31446359	27481432	26542256	53127344
263728	71184	438186	227307	518443	483610	378531	809001
29238687	10172568	79594036	49418753	53913864	44588886	72941060	155296084
250559	71287	659844	406856	2610274	2518236	2116913	933431
2789	1020	12806	6156	23231	23231	28307	38583
29931367	9361575	160375171	73857266	184037040	123856570	46714566	193505969
52152663	7961383	267781094	114393931	298707166	174236162	144188306	275133316
31496504	14040711	51900234	26897915	65131276	57780448	62978630	140092066
140537325	30647226	589144477	246879280	639079771	431350324	358440165	818308087
78475255	11445580	367800745	128360842	372950535	236228658	213764656	507809307
51137585	18757073	149721930	87197211	156904629	129683949	109010916	244125328
41017252	13982308	111820000	54539384	161300052	117991900	93020070	190306379
1403737	502976	11702036	3679758	13055831	5226265	5623153	16159139

5-5 续表 1

指标	企业单位数（个）	亏损企业	工业总产值（当年价格）	资产总计	应收账款
有色金属矿采选业	1	1	118045	120529	5
非金属矿采选业	6	2	448408	5692754	1354328
农副食品加工业	212	60	50932175	35223745	5316799
食品制造业	53	15	5445155	8706756	624166
酒、饮料和精制茶制造业	9	1	4001230	4712926	724085
纺织业	21	7	2067501	4044506	978060
纺织服装、服饰业	99	24	7177611	5168271	1023345
皮革、毛皮、羽毛及其制品和制鞋业	5	3	2417909	2761988	1480791
木材加工和木、竹、藤、棕、草制品业	66	17	5267884	3945193	620299
家具制造业	26	11	2332438	2903896	552152
造纸和纸制品业	17	4	1699457	1282257	190801
印刷和记录媒介复制业	35	11	2351343	2264503	518194
文教、工美、体育和娱乐用品制造业	12	3	688897	936460	45285
石油、煤炭及其他燃料加工业	11	4	283962763	149639145	12252118
化学原料和化学制品制造业	118	30	163633336	134258263	6150232
医药制造业	27	4	29057462	22918762	4385431
化学纤维制造业	3	1	163422	152403	18816
橡胶和塑料制品业	69	16	11126489	15757695	2021709
非金属矿物制品业	104	45	12229259	20765636	4789193
黑色金属冶炼和压延加工业	24	7	18655901	24225160	1198204
有色金属冶炼和压延加工业	22	11	3151053	4430472	528976
金属制品业	205	42	23513171	24156395	4927757
通用设备制造业	395	65	63987266	97715795	20806135
专用设备制造业	135	26	29937774	58378790	11030157
汽车制造业	118	34	52210917	58505196	10346662
铁路、船舶、航空航天和其他运输设备制造业	72	21	57497910	174685400	13723177
电气机械和器材制造业	111	24	26351576	36831853	7694437
计算机、通信和其他电子设备制造业	45	8	36326119	56628101	14090284
仪器仪表制造业	35	7	5714284	7351338	896571
其他制造业	8		1146464	1134972	137162
废弃资源综合利用业	4	1	526406	2161787	149947
金属制品、机械和设备修理业	23	4	7311192	7445213	1004927
电力、热力生产和供应业	79	40	29079086	144125982	5292950
燃气生产和供应业	13	4	2969187	8287546	534515
水的生产和供应业	28	9	2968293	25602801	1465199

单位：千元

存货	产成品	固定资产原价	累计折旧	负债合计	流动负债合计	所有者权益合计	营业收入
43624	31526	43327	15430	113262	113262	7267	114847
101403	79293	638745	212382	1323640	764185	4326089	606565
9604446	4140436	9839443	5087648	21794960	19612514	13428773	54795875
1917169	908486	4097056	1959051	4805662	4511268	3901089	5581849
1754259	647332	2794036	1828968	2252822	2186485	2460102	5065078
476621	201120	1662172	945600	1720034	1601690	2324472	2186032
652125	212508	1951360	1205007	1877571	1744465	3290699	7147454
564349	69193	666206	301736	1238281	1203335	1523704	2902496
1447275	351645	1831247	1142230	2470037	2379368	1448616	5304615
606502	232836	1719534	871817	1781600	1581726	1128119	2439965
245123	131822	960141	498746	469412	466045	812842	1893361
278952	127525	1770477	1168209	1095080	1029986	1169424	2372150
272468	108384	451350	268466	262930	262711	673530	709914
38077090	5247997	108307719	42615655	111496544	71266271	38142596	274614334
11085576	4456364	92205609	31323865	88667242	73956992	45591013	163246258
9281311	5361298	6166302	2726323	10034353	8910653	12884410	25079960
53618	29112	101611	53936	39626	39626	112775	156127
2577462	1234925	13319927	7605850	7456054	6098425	8301640	11301574
2063347	835493	12853265	7743183	12851290	11793743	7907487	12659798
3604497	1281228	20873099	9343085	14446685	8467022	9778474	19949829
933683	501902	2098250	867324	3268546	1648619	1161926	3650810
4771424	1502675	12300563	6968254	12840569	11346795	11315805	24398123
20029357	6675701	37755113	22208368	50816225	46819465	46899547	66167747
9635712	2667993	17004961	9898248	36743678	32395653	21683680	29480720
7722424	3152664	36842777	23951386	29257323	27416093	29261308	54583813
26323497	930130	51528147	22262640	114281568	79893770	60403830	52745440
5638214	2091064	17750012	8453267	18120098	15739618	18711315	29331658
4224240	777874	11307778	6455791	17826979	11170288	11544971	49547086
1515149	318915	2654987	1430263	2510840	1694315	4840498	5797778
240214	154881	1472342	1113621	254331	224806	880646	1152279
213503	119049	421462	209074	304689	201841	1857097	562347
1044969	44011	4960668	2534318	5474533	4399699	1970682	7837324
4348279	30377	142779955	42349060	108640829	29646063	35457779	28808370
649105	29941	6669675	3221481	3282518	2749673	5005026	2990350
36842	2237	13245395	4936913	14391236	5794302	11211564	3218227

5-5 续表 2

指标	营业成本	税金及附加	销售费用	管理费用	财务费用
总计	**816904342**	**28521346**	**18607397**	**28830349**	**8501254**
内资企业	632710609	27149519	9520406	18946021	8583001
国有企业	5606330	23847	27723	620915	55897
中央企业	2996932	7638	9695	428281	-10934
地方企业	2609398	16209	18028	192634	66831
集体企业	671032	6610	36342	90944	-13731
股份合作企业	856792	6167	9769	108578	-20961
有限责任公司	260639442	5578276	3958280	8212759	3790790
国有独资公司	9119165	92808	675694	907178	335997
其他有限责任公司	251520277	5485468	3282586	7305581	3454793
股份有限公司	101145795	14029942	883157	2498425	531110
私营企业	263791218	7504677	4605135	7414400	4239896
私营独资企业	3279016	17823	63504	178403	39479
私营合伙企业	168678	699	1201	8013	488
私营有限责任公司	255896866	7436560	4331641	6793836	4080558
私营股份有限公司	4446658	49595	208789	434148	119371
港、澳、台商投资企业	15609581	118449	876699	1001241	-41784
合资经营企业(港或澳、台资)	7430203	57658	577375	456635	-45725
合作经营企业(港或澳、台资)	77349	1131	6068	16038	-3882
港澳台商独资经营企业	6895766	40524	212883	400957	-3040
港澳台商投资股份有限公司	960745	18055	71719	112632	12560
其他港澳台商投资企业	245518	1081	8654	14979	-1697
外商投资企业	168584152	1253378	8210292	8883087	-39963
中外合资经营企业	42325321	298409	1063663	2093944	71910
中外合作经营企业	637806	4048	36264	46011	4983
外资企业	124931214	908978	7055426	6652015	-186010
外商投资股份有限公司	668377	41616	53932	86530	68999
其他外商投资企业	21434	327	1007	4587	155
在总计中：亏损企业	188523015	1414432	3338247	5295795	3286860
在总计中：国有控股企业	225068803	19198686	2154325	8534514	2481340
在总计中：轻工业	114183118	631576	9539443	5625947	622754
重工业	702721224	27889770	9067954	23204402	7878500
在总计中：大型企业	437654453	21365439	4236063	10341578	4905563
中型企业	205757240	5519798	8519025	7950428	1654557
小型企业	160011094	1560922	5725203	10098975	1740009
微型企业	13481555	75187	127106	439368	201125

单位：千元

利息费用	利润总额	所得税费用	亏损企业亏损总额	利税总额	应付职工薪酬	应交增值税	从业人员平均人数（人）
8967533	**54963571**	**7149560**	**11910706**	**101085460**	**60698542**	**17600543**	**464078**
8295943	23178295	2629974	10780612	63831486	37801872	13503672	304093
84619	−123939	−70841	300495	130850	1206614	230942	5866
−3798	147532	1317		183153	766698	27983	3273
88417	−271471	−72158	300495	−52303	439916	202959	2593
36	138213	14880	16320	179732	233391	34909	2180
8557	68791	1015	182	91886	81118	16928	712
5537963	6260345	1673042	5612392	15937081	16514222	4098460	102558
327009	−659096	5240	1009650	−376227	1949044	190061	12127
5210954	6919441	1667802	4602742	16313308	14565178	3908399	90431
710233	7240150	22603	3043199	23302739	4988792	2032647	29369
1954535	9594735	989275	1808024	24189198	14777735	7089786	163408
10414	146389	21477	80491	289486	429793	125274	5029
724	13182	2847		16444	15873	2563	167
1833030	8977920	921799	1626803	23214003	13508409	6799523	150935
110367	457244	43152	100730	669265	823660	162426	7277
72921	2606177	338718	71430	3053235	2162360	328609	20549
34127	1530213	176128	30851	1781251	1038545	193380	10057
	22269	3180		23691	33071	291	464
22932	535896	84994	36252	701600	948939	125180	8682
13708	508118	74155		532159	102820	5986	923
2154	9681	261	4327	14534	38985	3772	423
598669	29179099	4180868	1058664	34200739	20734310	3768262	139436
252911	6275683	1335150	229589	8112862	4952325	1538770	31591
575	72430	7223	1202	84046	120515	7568	1573
261782	22797303	2825269	772849	25902945	15550854	2196664	105731
83240	26482	13175	55024	91008	106320	22910	511
161	7201	51		9878	4296	2350	30
2851803	−11910706	−124418	11910706	−7550405	11605923	2945869	104262
4523283	13549590	1361200	5265306	37103677	17248746	4355401	84161
680701	7499194	1100627	1245860	10458467	12149613	2327697	132557
8286832	47464377	6048933	10664846	90626993	48548929	15272846	331521
4912399	25620453	3753853	2987333	57050848	23491364	10064956	124260
2128630	8600679	2094162	4971870	17195973	18743388	3075496	154722
1697207	9150385	1257550	3713948	14987171	18181735	4275864	182260
229297	11592054	43995	237555	11851468	282055	184227	2836

5-5 续表 3

指标	营业成本	税金及附加	销售费用	管理费用	财务费用
有色金属矿采选业	112089	601	328	1566	1772
非金属矿采选业	430067	19050	30730	78349	-2666
农副食品加工业	50050189	109079	1019108	1119702	518204
食品制造业	4148604	51047	515560	455147	11515
酒、饮料和精制茶制造业	4099870	56121	518779	132335	23909
纺织业	1926616	11395	61054	100945	-62860
纺织服装、服饰业	6082482	31486	258140	438744	-71109
皮革、毛皮、羽毛及其制品和制鞋业	2383139	18024	111039	86025	19536
木材加工和木、竹、藤、棕、草制品业	4691336	25960	134471	230303	12392
家具制造业	2120755	22141	55196	158194	30402
造纸和纸制品业	1801114	4660	60582	51671	-163
印刷和记录媒介复制业	1951178	10854	74392	175904	14216
文教、工美、体育和娱乐用品制造业	570525	4956	18392	67745	5284
石油、煤炭及其他燃料加工业	232672683	24908051	341532	1777978	2732285
化学原料和化学制品制造业	153093673	403005	1843637	1577138	2057750
医药制造业	14054679	157115	5971654	1111528	-8404
化学纤维制造业	138975	396	5301	13527	1968
橡胶和塑料制品业	9061022	96367	834391	573560	39156
非金属矿物制品业	10792545	102398	521967	687867	188209
黑色金属冶炼和压延加工业	19097512	101638	135726	469884	309112
有色金属冶炼和压延加工业	3281065	15707	62286	143415	71235
金属制品业	20198950	146708	443959	1367115	113378
通用设备制造业	53434222	403963	2140524	4127497	286948
专用设备制造业	23487427	209575	691600	1868465	336132
汽车制造业	41750504	412941	220243	2350315	-139950
铁路、船舶、航空航天和其他运输设备制造业	47669651	403521	433926	4070018	-1362365
电气机械和器材制造业	24770030	125463	616486	1509130	245146
计算机、通信和其他电子设备制造业	41979076	261266	182940	1777298	-108438
仪器仪表制造业	4451418	32682	308762	307589	-5860
其他制造业	846738	10488	84097	132818	-2759
废弃资源综合利用业	235199	6056	12270	49520	-1710
金属制品、机械和设备修理业	6763736	26562	93456	343609	-101187
电力、热力生产和供应业	23263887	273374	61920	1026781	3097605
燃气生产和供应业	2448669	16547	331484	168222	27459
水的生产和供应业	3044717	42149	411465	280445	225112

单位：千元

利息费用	利润总额	所得税费用	亏损企业 亏损总额	利税总额	应付职工薪酬	应交增值税	从业人员 平均人数（人）
1767	–3732	18	3732	–2157	3289	974	27
302	31273	9250	277	71965	163918	21642	1279
341443	1767499	201726	463835	2168639	2969175	292061	38126
17032	365247	54350	58806	566048	764962	149754	8642
11577	233387	19148	8181	350182	317383	60674	2309
5829	100833	11369	29454	128966	285074	16738	3296
7887	302868	45822	37209	441671	1453304	107317	21653
8380	155978	20580	36554	237643	400462	63641	4249
10913	150318	26247	27771	195120	774403	18842	9618
19845	30055	3815	43722	75603	365669	23407	4962
2488	–26447	2862	55375	6630	112670	28417	1505
16852	87272	12490	36219	152182	349955	54056	3984
1800	42244	2930	4673	59349	162157	12149	1775
556322	12613777	572580	341905	42003646	3064418	4481818	12523
1941619	2275296	420687	1069750	3657831	2494727	979530	18549
16905	2912438	478272	19265	4075314	799241	1005761	5718
69	–6761	66	9181	–5336	35228	1029	409
75463	464849	79367	95531	777247	1480552	216031	12951
168508	202040	59175	418003	668799	1075370	364361	10659
314047	–1458051	57377	1950410	–171397	1091826	1185016	7854
60161	–2276	6367	106530	85147	222803	71716	2086
148668	1637193	227922	154635	2228229	2882906	444328	27980
416300	4561315	757912	691651	6552587	9501103	1587309	73865
445807	1492108	162680	315903	2470345	3398057	768662	25697
201421	9333810	2202468	495732	11562442	4554876	1815691	31728
534271	1401716	303260	597936	3020146	7630487	1214909	40600
296403	1532177	300792	406729	2259463	3622766	601823	31018
100352	13395864	461601	127628	13653040	4197964	–4090	21716
11268	585213	103525	17923	689859	819355	71964	6044
177	81584	17012	0	122517	318612	30445	1626
3826	343163	33607	1550	371064	59558	21845	313
13081	284864	8485	3720	490871	1486859	179445	11276
2972875	67188	349660	3498956	1814628	2605415	1474066	12578
28984	278303	92146	107936	449748	409655	154898	2508
214891	–269034	43992	674024	–142571	824343	84314	4955

5-6 全部年主营业务收入2000万元

指标	企业单位数（个）	亏损企业	工业总产值（当年价格）	资产总计	应收账款
总计	**177**	**66**	**276390547**	**442895469**	**38451109**
内资企业	166	61	264550299	426242770	37506407
国有企业	12	1	5242133	15590245	1106725
中央企业	6		3014813	5602114	913599
地方企业	6	1	2227320	9988131	193126
有限责任公司	142	53	143082248	367157481	28537700
国有独资公司	29	16	9453929	43458458	5375080
其他有限责任公司	113	37	133628319	323699023	23162620
股份有限公司	12	7	116225918	43495044	7861982
港、澳、台商投资企业	2	1	894672	907657	175145
合资经营企业（港或澳、台资）	2	1	894672	907657	175145
外商投资企业	9	4	10945576	15745042	769557
中外合资经营企业	8	3	10761584	12261972	616973
外商投资股份有限公司	1	1	183992	3483070	152584
在总计中：亏损企业	66	66	24093587	78573566	5983447
在总计中：国有控股企业	177	66	276390547	442895469	38451109
在总计中：轻工业	18	9	8896560	14199926	1482974
重工业	159	57	267493987	428695543	36968135
在总计中：大型企业	16	3	177736937	292171835	21097035
中型企业	47	24	73205040	83985103	11328064
小型企业	105	38	24142398	58357431	4443944
微型企业	9	1	1306172	8381100	1582066

及以上国有控股工业企业主要经济指标

单位：千元

存货	产成品	固定资产原价	累计折旧	负债合计	流动负债合计	所有者权益合计	营业收入
52152663	**7961383**	**267781094**	**114393931**	**298707166**	**174236162**	**144188306**	**275133316**
50807848	7459252	258885672	109571024	287022526	163915838	139220247	262349065
2347825	349028	8448525	2242716	10560083	6901494	5030164	6408699
1546747	170234	2304324	1030633	2789896	2429182	2812220	3759399
801078	178794	6144201	1212083	7770187	4472312	2217944	2649300
43450388	5842852	203282081	73263954	252355414	135970557	114802068	143527543
2990176	489676	22660226	8623784	25111227	14375366	18347228	10196429
40460212	5353176	180621855	64640170	227244187	121595191	96454840	133331114
5009635	1267372	47155066	34064354	24107029	21043787	19388015	112412823
43972	11253	647808	305678	471717	468636	435940	907881
43972	11253	647808	305678	471717	468636	435940	907881
1300843	490878	8247614	4517229	11212923	9851688	4532119	11876370
1266280	486425	8094608	4454753	9156128	7847367	3105844	11683106
34563	4453	153006	62476	2056795	2004321	1426275	193264
9236380	1761346	59017241	28612170	75792006	37719074	2781562	27372529
52152663	7961383	267781094	114393931	298707166	174236162	144188306	275133316
1716474	1067056	3225880	1430770	8137223	6717622	6062704	11419203
50436189	6894327	264555214	112963161	290569943	167518540	138125602	263714113
26208359	1326214	172508154	63738780	177384518	100133594	114787318	169661202
16705048	4317698	62761425	38842448	64723066	47033203	19262037	76862532
9062160	2308278	25545749	9995076	51250976	25469629	7106457	27353088
177096	9193	6965766	1817627	5348606	1599736	3032494	1256494

5-6 续表 1

指标	企业单位数(个)	亏损企业	工业总产值(当年价格)	资产总计	应收账款
非金属矿采选业	2	1	271265	5243215	1254385
农副食品加工业	5	2	8115575	7612897	111420
食品制造业	4	3	212121	739618	15719
纺织服装、服饰业	2		121132	156199	11167
木材加工和木、竹、藤、棕、草制品业	1		71423	69220	7901
家具制造业	3	3	78676	349681	67417
印刷和记录媒介复制业	1		46515	29203	6074
石油、煤炭及其他燃料加工业	3	1	136913134	23936350	5157008
化学原料和化学制品制造业	13	2	2903253	4317232	256237
非金属矿物制品业	4	4	639632	2189360	155833
黑色金属冶炼和压延加工业	4	2	7128122	4919682	630052
有色金属冶炼和压延加工业	1		373482	622284	10349
金属制品业	11	2	6341151	5350515	1295933
通用设备制造业	27	10	8780788	20701090	4351479
专用设备制造业	12	5	16081401	41725210	7058753
汽车制造业	6	4	3362776	5299613	774426
铁路、船舶、航空航天和其他运输设备制造业	21	6	49524727	163079636	11315984
电气机械和器材制造业	1		306550	385034	119125
计算机、通信和其他电子设备制造业	3	1	444195	633392	100063
仪器仪表制造业	1		22669	32719	13453
金属制品、机械和设备修理业	5		5473854	6100910	525120
电力、热力生产和供应业	28	14	25197210	122282155	3998620
燃气生产和供应业	2		1456420	4009065	133246
水的生产和供应业	17	6	2524476	23111189	1081345

单位：千元

存货	产成品	固定资产原价	累计折旧	负债合计	流动负债合计	所有者权益合计	营业收入
84216	71716	476546	111002	1123093	616902	4120122	380429
1438600	903068	1550075	856555	6026291	5119547	1586606	10450093
86147	40353	732879	188195	764163	764163	-24544	270017
5916	4279	105213	67916	45659	45659	110540	135735
9583	4119	41862	28856	224328	203862	-155108	71795
82630	38276	290433	156826	150189	144482	199492	84346
4528	3000	2698	1316	10797	9860	18406	46515
6724193	927720	36950867	28140163	12053845	9548017	11882505	132948111
961308	548226	2279118	808477	1984241	1637172	2332989	3406478
153131	61790	1861068	805273	1586034	1414836	603327	844943
1260116	454903	2934048	2281636	3158434	3152797	1761249	7891366
33332	16196	562368	151267	787697	308301	-165413	403776
1056733	344790	1827405	924182	3371761	3127141	1978752	6966755
4413789	1616642	5495059	3041548	13658746	12316261	7042346	11391765
6526307	1830317	10245331	5967913	29133104	25539348	12592108	15295138
734145	294267	5627564	3777316	5630928	5495384	-331316	4200222
23495090	668259	46530309	19793159	107188503	73561613	55891133	45020185
106528	43370	154087	52595	183115	161115	201919	278621
157290	67147	225697	144349	320531	287070	312860	445352
6983	4039	2638	2416	19203	19203	13516	32445
736536	20	4714533	2393781	4753363	3695290	1347549	5969348
4012523	17494	127604896	37062149	93218420	22030766	29063735	24405100
27877	0	4629785	2799057	529111	526844	3479954	1469255
35162	1392	12936615	4837984	12785610	4510529	10325579	2725526

5-6 续表 2

指标	营业成本	税金及附加	销售费用	管理费用	财务费用
总计	**225068803**	**19198686**	**2154325**	**8534514**	**2481340**
内资企业	213791568	19137225	2049127	8233359	2272369
国有企业	5606330	23847	27723	620915	55897
中央企业	2996932	7638	9695	428281	-10934
地方企业	2609398	16209	18028	192634	66831
有限责任公司	121655346	5218900	1641918	6202939	2081442
国有独资公司	9119165	92808	675694	907178	335997
其他有限责任公司	112536181	5126092	966224	5295761	1745445
股份有限公司	86529892	13894478	379486	1409505	135030
港、澳、台商投资企业	743264	3950	17184	42566	5604
合资经营企业（港或澳、台资）	743264	3950	17184	42566	5604
外商投资企业	10533971	57511	88014	258589	203367
中外合资经营企业	10354664	55018	87832	227089	141026
外商投资股份有限公司	179307	2493	182	31500	62341
在总计中:亏损企业	28063799	320038	881824	1557357	1012999
在总计中：国有控股企业	225068803	19198686	2154325	8534514	2481340
在总计中：轻工业	10500963	40362	109822	331634	322655
重工业	214567840	19158324	2044503	8202880	2158685
在总计中：大型企业	132960012	14298698	1194605	5126082	950290
中型企业	66531014	4719848	625206	2098006	915328
小型企业	24761597	175203	330826	1260546	475649
微型企业	816180	4937	3688	49880	140073

单位：千元

利息费用	利润总额	所得税费用	亏损企业亏损总额	利税总额	应付职工薪酬	应交增值税	从业人员平均人数（人）
4523283	**13549590**	**1361200**	**5265306**	**37103677**	**17248746**	**4355401**	**84161**
4398000	13055194	1302236	5192278	36281839	16384534	4089420	80746
84619	−123939	−70841	300495	130850	1206614	230942	5866
−3798	147532	1317		183153	766698	27983	3273
88417	−271471	−72158	300495	−52303	439916	202959	2593
4016666	4705354	1417133	4036759	12880271	12079276	2956017	61066
327009	−659096	5240	1009650	−376227	1949044	190061	12127
3689657	5364450	1411893	3027109	13256498	10130232	2765956	48939
296715	8473779	−44056	855024	23270718	3098644	902461	13814
5309	96887	26280	5586	111798	48718	10961	264
5309	96887	26280	5586	111798	48718	10961	264
119974	397509	32684	67442	710040	815494	255020	3151
40216	452533	35981	12418	766800	802144	259249	3107
79758	−55024	−3297	55024	−56760	13350	−4229	44
986714	−5265306	−137746	5265306	−4013999	3695130	931269	22845
4523283	13549590	1361200	5265306	37103677	17248746	4355401	84161
207102	55421	129512	277833	157494	574463	61711	4693
4316181	13494169	1231688	4987473	36946183	16674283	4293690	79468
3007966	12859053	642095	849904	29712014	10743094	2554263	45715
957683	−644724	450602	3375384	5010644	4427398	935520	24276
414803	1134187	240934	1032137	2135333	2027940	825943	13909
142831	201074	27569	7881	245686	50314	39675	261

5-6 续表 3

指标	营业成本	税金及附加	销售费用	管理费用	财务费用
非金属矿采选业	263829	8435	24669	62044	–2159
农副食品加工业	9804686	22122	51024	172595	322642
食品制造业	207457	5064	26770	40421	576
纺织服装、服饰业	65484	2569	3563	38225	–1507
木材加工和木、竹、藤、棕、草制品业	61570	572	2073	5452	–468
家具制造业	83383	1414	2284	12443	2778
印刷和记录媒介复制业	40169	17	715	3062	–48
石油、煤炭及其他燃料加工业	101658454	18096632	145931	929349	177341
化学原料和化学制品制造业	2693327	55381	52707	272317	6785
非金属矿物制品业	829461	13037	39452	67847	7646
黑色金属冶炼和压延加工业	7280506	32664	48480	116581	–2859
有色金属冶炼和压延加工业	341698	546	12397	16719	466
金属制品业	5691172	40804	85505	274851	999
通用设备制造业	9792575	59880	490782	589240	103539
专用设备制造业	12489811	125957	238170	899574	266360
汽车制造业	3795756	76923	74024	230168	45656
铁路、船舶、航空航天和其他运输设备制造业	40748875	349144	298550	3674436	–1381057
电气机械和器材制造业	205853	2255	24610	19774	5191
计算机、通信和其他电子设备制造业	383205	1918	12125	13109	563
仪器仪表制造业	20762	233	711	4879	–20
金属制品、机械和设备修理业	5183825	13628	72448	233922	–103168
电力、热力生产和供应业	19649205	239886	15905	533873	2834779
燃气生产和供应业	1045706	13952	19965	67636	4314
水的生产和供应业	2732034	35653	411465	255997	192991

单位：千元

	利润总额	所得税费用	亏损企业亏损总额	利税总额	应付职工薪酬	应交增值税	从业人员平均人数（人）
利息费用							
	5156	2622	91	23686	143763	10095	1037
204059	37490	118393	248401	91586	266028	31974	1724
725	–10463	–166	11861	1933	77989	7332	805
–63	29509	7795		45492	40783	13414	500
	2619			3191	14749	0	208
1738	–17480		17480	–19263	26887	–3197	465
252	2651			2938	8994	270	89
271458	10598653	346048	9046	29303312	1841557	608027	5714
6045	450885	37350	39243	641147	309018	134881	1844
11921	–122687	–12118	122687	–97748	90960	11902	735
5874	226155	31942	86166	438528	233731	179709	927
490	21569			23903	22379	1788	129
26469	652520	98463	15440	808971	562094	115647	3285
105259	–55160	1970	303871	196605	1542043	191885	11392
367373	374027	26574	201461	878971	1430086	378987	8234
54447	–145015	2018	191907	86455	411504	154547	2125
487147	1347787	264705	366143	2682720	6367247	985789	28800
3938	18472	2771		28221	60621	7494	528
2477	–6087	–781	7337	1383	84543	5552	776
	5699	800		7874	5910	1942	37
12526	174953	531		233695	642179	45114	2226
2771483	9717	312186	2975055	1595466	2175564	1345863	7571
5399	340474	88488		418234	103453	63808	336
184266	–391854	31609	669117	–293623	786664	62578	4674

5-7 全部年主营业务收入2000万元

指标	企业单位数（个）	亏损企业	工业总产值（当年价格）	资产总计	应收账款
总计	**12**	**3**	**612879**	**1472067**	**327782**
内资企业	12	3	612879	1472067	327782
集体企业	12	3	612879	1472067	327782
在总计中：亏损企业	3	3	80775	156431	27605
在总计中：轻工业	2		70350	471687	67036
重工业	10	3	542529	1000380	260746
在总计中：中型企业	2	1	107115	529681	63813
小型企业	9	2	505764	942386	263969
微型企业	1				
木材加工和木、竹、藤、棕、草制品业	1		28432	30902	15772
造纸和纸制品业	1		19302	42906	10287
石油、煤炭及其他燃料加工业	1		100129	159086	109831
橡胶和塑料制品业	1		51048	428781	56749
金属制品业	2	1	111153	52528	22386
铁路、船舶、航空航天和其他运输设备制造业	4		228233	641243	98905
计算机、通信和其他电子设备制造业	1	1	18515	15721	6788
金属制品、机械和设备修理业	1	1	56067	100900	7064

5-7 续表

指标	营业成本	税金及附加	销售费用	管理费用
总计	**671032**	**6610**	**36342**	**90944**
内资企业	671032	6610	36342	90944
集体企业	671032	6610	36342	90944
在总计中：亏损企业	65323	671	33647	16224
在总计中：轻工业	227898	2061	2013	20111
重工业	443134	4549	34329	70833
在总计中：中型企业	254720	2421	35331	29449
小型企业	416312	4189	1011	61495
微型企业				
木材加工和木、竹、藤、棕、草制品业	24029	93		1868
造纸和纸制品业	16482	53		982
石油、煤炭及其他燃料加工业	81106	909		1244
橡胶和塑料制品业	211416	2008	2013	19129
金属制品业	88196	244	329	23174
铁路、船舶、航空航天和其他运输设备制造业	190200	2672	682	29825
计算机、通信和其他电子设备制造业	16299	218		4402
金属制品、机械和设备修理业	43304	413	33318	10320

及以上集体工业企业主要经济指标

单位：千元

存货	产成品	固定资产原价	累计折旧	负债合计	流动负债合计	所有者权益合计	营业收入
122804	**41171**	**503265**	**407302**	**648244**	**637300**	**823824**	**839957**
122804	41171	503265	407302	648244	637300	823824	839957
122804	41171	503265	407302	648244	637300	823824	839957
4457		142975	104364	115374	104434	41058	98834
9924	5459	236795	212951	174142	174139	297548	256296
112880	35712	266470	194351	474102	463161	526276	583661
12063	4062	285006	248097	215488	204545	314197	310743
110741	37109	218259	159205	432756	432755	509627	529214
1336	149	9197	4468	3837	3837	27064	27733
1544	1397	23267	12205	32660	32660	10246	17433
20135	6060	47980	33637	84716	84716	74368	110041
8380	4062	213528	200746	141482	141479	287302	238863
846		24527	17584	30622	30622	21906	111147
86863	29503	65700	51369	267734	267733	373509	242094
17		47588	39942	13187	13187	2534	20766
3683		71478	47351	74006	63066	26895	71880

单位：千元

财务费用	利息费用	利润总额	所得税费用	亏损企业亏损总额	利税总额	应付职工薪酬	应交增值税	从业人员平均人数（人）
-13731	**36**	**138213**	**14880**	**16320**	**179732**	**233391**	**34909**	**2180**
-13731	36	138213	14880	16320	179732	233391	34909	2180
-13731	36	138213	14880	16320	179732	233391	34909	2180
-151		-16320		16320	-12770	46421	2879	758
-3401	11	101401	6556		110544	52305	7082	639
-10330	25	36812	8324	16320	69188	181086	27827	1541
-3551	11	86461	6556	14880	95931	75231	7049	925
-10180	25	51752	8324	1440	83801	158160	27860	1255
-5		2390			3277	4169	794	59
0		60			898	4125	785	102
30		30118	3885		36963	22688	5936	183
-3401	11	101341	6556		109646	48180	6297	537
-24		-748	48	1407	2753	25489	3257	138
-10180	25	19965	4391		37653	86129	15016	454
-1		-33		33	2257	15560	2072	319
-150		-14880		14880	-13715	27051	752	388

5-8 全部年主营业务收入2000万元

指标	企业单位数（个）	亏损企业	工业总产值（当年价格）	资产总计	应收账款
总计	**537**	**129**	**217056869**	**244890353**	**45653448**
港、澳、台商投资企业	98	19	19896125	27163528	5662400
合资经营企业（港或澳、台资）	40	7	9950079	15268565	3781170
合作经营企业（港或澳、台资）	2		118135	317436	9671
港澳台商独资经营企业	49	11	7959665	8623862	1616359
港澳台商投资股份有限公司	3		1603087	2517120	203189
其他港澳台商投资企业	4	1	265159	436545	52011
外商投资企业	439	110	197160744	217726825	39991048
中外合资经营企业	124	33	50701469	57988620	9145647
中外合作经营企业	13	1	760481	896974	88730
外资企业	298	75	144912836	154062506	30520304
外商投资股份有限公司	3	1	752952	4727187	199405
其他外商投资企业	1		33006	51538	36962
在总计中：亏损企业	129	129	18583416	24452062	3551077
在总计中：国有控股企业	11	5	11840248	16652699	944702
在总计中：轻工业	183	53	64588331	56499874	10316966
重工业	354	76	152468538	188390479	35336482
在总计中：大型企业	28	1	85283510	89467598	16708277
中型企业	95	22	78377177	69060351	13003736
小型企业	399	102	46993102	56039489	10794710
微型企业	15	4	6403080	30322915	5146725

及以上三资工业企业主要经济指标

单位：千元

存货		固定资产原价	累计折旧	负债合计		所有者权益合计	营业收入
	产成品				流动负债合计		
41811222	**14435239**	**122550661**	**73423326**	**98327208**	**83951096**	**119355547**	**230789745**
3285474	1426422	10525575	5310297	9815037	8855701	17348480	20585302
1367129	528553	4665339	2419915	5224032	4718105	10044530	10197823
39845	21670	68266	54898	48518	48518	268918	122651
1519846	670389	4457539	2358894	3330406	3087201	5293449	8244264
316607	177889	1082823	365816	1001378	791884	1515742	1729156
42047	27921	251608	110774	210703	209993	225841	291408
38525748	13008817	112025086	68113029	88512171	75095395	102007067	210204443
8769985	2692758	31320214	18053957	31446359	27481432	26542256	53127344
263728	71184	438186	227307	518443	483610	378531	809001
29238687	10172568	79594036	49418753	53913864	44588886	72941060	155296084
250559	71287	659844	406856	2610274	2518236	2116913	933431
2789	1020	12806	6156	23231	23231	28307	38583
4963614	1282536	19248365	12184171	12709947	11055649	11790683	18919457
1344815	502131	8895422	4822907	11684640	10320324	4968059	12784251
17592919	8033524	28058222	15333284	24947548	22434452	31600899	63353912
24218303	6401715	94492439	58090042	73379660	61516644	87754648	167435833
12286195	3158644	54047434	31936476	45696809	37540004	43770790	97265285
19371335	8028536	38104416	22935235	27504424	25561413	41555923	75391865
9965001	3199330	28310589	17564240	22901339	20692376	33138126	49423283
188691	48729	2088222	987375	2224636	157303	890708	8709312

5-8 续表 1

指标	企业单位数（个）	亏损企业	工业总产值（当年价格）	资产总计	应收账款
非金属矿采选业	1		83092	75242	26049
农副食品加工业	40	11	8562738	4887151	489718
食品制造业	10	3	1540581	1456040	122478
酒、饮料和精制茶制造业	6	1	3764959	4316180	710373
纺织业	7	2	789824	1675075	827147
纺织服装、服饰业	34	10	3292970	3356691	545606
皮革、毛皮、羽毛及其制品和制鞋业	2	1	2293301	2672658	1454682
木材加工和木、竹、藤、棕、草制品业	6	2	1411987	953796	118158
家具制造业	9	4	1429084	2050597	364303
印刷和记录媒介复制业	8	3	835884	887300	150511
文教、工美、体育和娱乐用品制造业	5	2	464019	564620	16359
石油、煤炭及其他燃料加工业	1	1	75453	96888	2110
化学原料和化学制品制造业	25	5	4884113	6943405	1008846
医药制造业	3		24624008	15820176	3158795
化学纤维制造业	1	1	98181	100075	13878
橡胶和塑料制品业	27	5	7616651	10349441	1340101
非金属矿物制品业	18	8	3391177	4691248	1182690
黑色金属冶炼和压延加工业	8	2	6671211	4514069	741554
有色金属冶炼和压延加工业	3	1	312312	254317	67578
金属制品业	40	11	5149362	5738873	976094
通用设备制造业	97	12	27469537	28839115	5426863
专用设备制造业	31	7	5975397	8901491	1435004
汽车制造业	63	18	41346035	40901008	6811538
铁路、船舶、航空航天和其他运输设备制造业	11	6	9280649	14800203	1460462
电气机械和器材制造业	33	5	16657213	21394989	3200081
计算机、通信和其他电子设备制造业	19	4	31907836	49760983	13008415
仪器仪表制造业	15	2	4347525	4149257	468067
其他制造业	2		907237	981490	109099
废弃资源综合利用业	1		340394	1689496	138265
电力、热力生产和供应业	1	1	42905	121902	1732
燃气生产和供应业	7		1420808	1636884	236974
水的生产和供应业	3	1	70426	309693	39918

单位：千元

存货		固定资产原价	累计折旧	负债合计		所有者权益合计	营业收入
	产成品				流动负债合计		
6608	2895	57882	41622	48300	48300	26942	82050
1437389	518678	2306213	1432948	1976937	1810332	2910215	8875257
493739	290675	676086	390196	718729	630891	737310	1486870
1598613	499651	2527438	1684658	2163742	2102715	2152438	4861839
284713	139900	738777	601842	430416	426536	1244659	835560
415551	120555	1259253	776841	903195	869768	2453493	3234168
534070	45215	648294	286860	1166625	1143375	1506032	2762112
188696	35209	1030582	729608	251859	221543	701937	1423442
422832	185773	1203012	599835	1283858	1145917	766738	1514692
81119	29898	796784	579417	415697	367725	471605	893783
178175	42655	258618	166478	79560	79560	485061	518029
26940	22962	44263	21427	64415	64415	32473	74092
899909	400510	4198820	2287017	1405679	1239744	5537722	4699908
8657966	5133724	3252537	1422009	6906163	6594602	8914012	20535753
29727	19308	78358	40624	20428	20428	79647	90659
1784728	902336	10422463	5927136	4625578	3690755	5723863	7466403
635499	210645	4120967	3041017	2287759	2013098	2403487	3578563
956095	500195	2729875	2304932	2378786	2368968	2135281	7624883
110281	79240	67631	45680	115490	112278	138828	461324
895262	313076	4243450	2603795	1377254	1027544	4361611	5334533
6287690	1447138	17217282	10846966	12066422	11316110	16772692	27620322
1477088	374925	3129128	1934124	4535611	4200042	4414457	6310977
4452985	1382083	26386979	17634610	15537202	14603831	25363805	42103042
2291909	191620	8557388	3964712	10466935	8647288	4333268	8971654
3258134	888086	13219209	5968997	9388691	7944229	12006298	17369329
3213896	356397	8675099	5323165	15166782	9120513	7338047	44753438
880463	125372	1789145	1108557	1004443	873116	3144814	4531460
216164	147377	1424981	1088258	166072	138378	815418	881655
38455		258129	139093	104139	104139	1585357	340394
8054		79449	17355	162371	93722	–40468	41381
48048	29034	1151933	413103	985768	888646	651114	1441747
424	107	636	444	122302	42588	187391	70426

5-8 续表 2

指标	营业成本	税金及附加	销售费用	管理费用	财务费用
总计	**184193733**	**1371827**	**9086991**	**9884328**	**-81747**
港、澳、台商投资企业	15609581	118449	876699	1001241	-41784
合资经营企业（港或澳、台资）	7430203	57658	577375	456635	-45725
合作经营企业（港或澳、台资）	77349	1131	6068	16038	-3882
港澳台商独资经营企业	6895766	40524	212883	400957	-3040
港澳台商投资股份有限公司	960745	18055	71719	112632	12560
其他港澳台商投资企业	245518	1081	8654	14979	-1697
外商投资企业	168584152	1253378	8210292	8883087	-39963
中外合资经营企业	42325321	298409	1063663	2093944	71910
中外合作经营企业	637806	4048	36264	46011	4983
外资企业	124931214	908978	7055426	6652015	-186010
外商投资股份有限公司	668377	41616	53932	86530	68999
其他外商投资企业	21434	327	1007	4587	155
在总计中：亏损企业	17565462	128550	524762	1235877	233935
在总计中：国有控股企业	11277235	61461	105198	301155	208971
在总计中：轻工业	48627776	343837	6293012	2770103	68119
重工业	135565957	1027990	2793979	7114225	-149866
在总计中：大型企业	77824102	596816	1325053	3644209	-41715
中型企业	58293199	457530	6184854	3282914	-104425
小型企业	41040431	263108	1535247	2813417	92669
微型企业	7036001	54373	41837	143788	-28276

单位：千元

利息费用	利润总额	所得税费用	亏损企业亏损总额	利税总额	应付职工薪酬	应交增值税	从业人员平均人数（人）
671590	**31785276**	**4519586**	**1130094**	**37253974**	**22896670**	**4096871**	**159985**
72921	2606177	338718	71430	3053235	2162360	328609	20549
34127	1530213	176128	30851	1781251	1038545	193380	10057
	22269	3180		23691	33071	291	464
22932	535896	84994	36252	701600	948939	125180	8682
13708	508118	74155		532159	102820	5986	923
2154	9681	261	4327	14534	38985	3772	423
598669	29179099	4180868	1058664	34200739	20734310	3768262	139436
252911	6275683	1335150	229589	8112862	4952325	1538770	31591
575	72430	7223	1202	84046	120515	7568	1573
261782	22797303	2825269	772849	25902945	15550854	2196664	105731
83240	26482	13175	55024	91008	106320	22910	511
161	7201	51		9878	4296	2350	30
168671	−1130094	51183	1130094	−816304	3250399	185240	29831
125283	494396	58964	73028	821838	864212	265981	3415
208968	4013500	733022	264844	5689479	6017513	1332142	55076
462622	27771776	3786564	865250	31564495	16879157	2764729	104909
320463	11567236	2784737	34152	13995386	9814360	1831334	55009
119610	5674025	1191519	534042	7572103	7208562	1440548	55546
230342	3235010	540358	511828	4301440	5812896	803322	48924
1175	11309005	2972	50072	11385045	60852	21667	506

5-8 续表 3

指标	营业成本	税金及附加	销售费用	管理费用	财务费用
非金属矿采选业	69256	2296	1717	2539	1855
农副食品加工业	8016452	25265	151492	222341	109
食品制造业	1138432	10364	222429	86776	3329
酒、饮料和精制茶制造业	3941142	54966	514596	117449	25855
纺织业	761832	7253	18788	32669	-30225
纺织服装、服饰业	2705403	14879	132253	182949	-57459
皮革、毛皮、羽毛及其制品和制鞋业	2248011	17730	110688	79983	18845
木材加工和木、竹、藤、棕、草制品业	1238891	13073	35076	56208	2933
家具制造业	1322010	14527	16524	92276	26012
印刷和记录媒介复制业	757890	5393	39469	60871	8761
文教、工美、体育和娱乐用品制造业	430204	3289	7889	50718	-1990
石油、煤炭及其他燃料加工业	63449	185	2885	3811	2798
化学原料和化学制品制造业	3075460	39993	362702	310562	-17027
医药制造业	12440376	106567	4586719	781187	-3612
化学纤维制造业	79953	276	4801	9537	1938
橡胶和塑料制品业	5754689	71802	733883	418953	20491
非金属矿物制品业	3132027	22082	119063	222394	19404
黑色金属冶炼和压延加工业	6811731	31535	67794	102432	-10482
有色金属冶炼和压延加工业	417878	910	17984	13778	159
金属制品业	4416164	39080	158742	318540	-17329
通用设备制造业	21911167	174002	872274	1746109	-68904
专用设备制造业	5459152	35813	98944	353038	92272
汽车制造业	31126033	283178	4050	1551074	-272203
铁路、船舶、航空航天和其他运输设备制造业	8054846	56990	116689	286206	149642
电气机械和器材制造业	14634140	64859	233079	911679	110371
计算机、通信和其他电子设备制造业	38554982	230822	95409	1468431	-82323
仪器仪表制造业	3573909	26174	248732	183714	-13761
其他制造业	628912	9354	71958	118357	-3023
废弃资源综合利用业	121435	3803	5711	30173	-5547
电力、热力生产和供应业	48576			1143	4981
燃气生产和供应业	1218177	4277	34651	63564	8603
水的生产和供应业	41154	1090		4867	3780

单位：千元

利息费用	利润总额	所得税费用	亏损企业亏损总额	利税总额	应付职工薪酬	应交增值税	从业人员平均人数（人）
	4417	1165		11061	8411	4348	95
−3109	385129	37787	36021	499411	565988	89017	6401
7395	6939	5749	21180	55317	171126	38014	1799
10211	208472	18645	8181	322382	301444	58944	2008
4488	26742	3566	8974	37040	181012	3045	2156
1799	173869	21603	23032	225554	768941	36806	10333
8380	158048	22733	34152	237032	390710	61254	4130
784	74277	15273	759	84241	320814	−3109	2781
14893	26919	2187	16305	59045	225250	17599	2761
10132	10752	5145	19073	36648	148679	20503	1472
6	31074	2845	3010	38839	117211	4476	1216
	−4327		4327	−3480	5924	662	69
8488	817345	136140	34397	955613	518115	98275	3033
4415	1917547	438360		2773899	369806	749785	1618
42	−9181		9181	−9017	25919	−112	289
55664	209392	44857	30346	416380	1090279	135186	7925
5673	31435	22926	98187	146413	416224	92896	2967
6604	410719	47909	2731	626472	224333	184218	1138
5	−180	721	4230	8873	35965	8143	204
7755	382484	71771	40845	471954	791462	50390	6849
42556	2786365	611767	147467	3476792	4166956	516425	26484
104462	198289	51897	136368	297204	842771	63102	6894
51540	9067842	2165114	209476	10793212	3135265	1442192	20050
78061	73748	4494	102726	310808	1119151	180070	6350
165562	1217513	247962	14618	1480876	2444988	198504	18968
66628	12644916	374587	105071	12824853	3509225	−50885	16218
5956	470105	95698	5104	535437	586839	39158	3881
	62108	13793		95776	275630	24314	1004
	270606	26167		288289	50361	13880	229
	−13319		13319	−13319	2051		40
9599	123534	26789		145498	78090	17687	570
3601	21697	1936	1014	24871	7730	2084	53

5-9 全部年主营业务收入2000万元

指标	企业单位数（个）	亏损企业	工业总产值（当年价格）	资产总计	应收账款
总计	**339**	**76**	**753944064**	**852630736**	**83390037**
内资企业	216	53	590283377	694102787	53678024
国有企业	6		4040496	9356685	905566
中央企业	4		2810495	5369229	902547
地方企业	2		1230001	3987456	3019
集体企业	2	1	107115	529681	63813
股份合作企业	1		563383	1762937	270838
有限责任公司	84	30	250391318	407205193	27471006
国有独资公司	14	8	7537566	37051947	4614051
其他有限责任公司	70	22	242853752	370153246	22856955
股份有限公司	20	7	129218366	81625987	10345603
私营企业	103	15	205962699	193622304	14621198
私营独资企业	1		343315	227931	107220
私营有限责任公司	95	15	202504419	188091419	13644803
私营股份有限公司	7		3114965	5302954	869175
港、澳、台商投资企业	16		10342817	12273832	2126760
合资经营企业(港或澳、台资)	10		6320310	8126917	1631183
合作经营企业(港或澳、台资)	1		68135	271063	2234
港澳台商独资经营企业	4		2692640	2151098	329087
港澳台商投资股份有限公司	1		1261732	1724754	164256
外商投资企业	107	23	153317870	146254117	27585253
中外合资经营企业	23	3	39260009	44800940	6359202
中外合作经营企业	1		166978	157000	10900
外资企业	82	20	113531069	100454357	21213731
外商投资股份有限公司	1		359814	841820	1420
在总计中：亏损企业	76	76	140970409	150292590	8898078
在总计中：国有控股企业	63	27	250941977	376156938	32425099
在总计中：轻工业	105	14	72100390	68358070	11845735
重工业	234	62	681843674	784272666	71544302
在总计中：大型企业	54	7	508313342	586715191	46472728
中型企业	285	69	245630722	265915545	36917309

及以上大中型工业企业主要经济指标

单位：千元

存货		固定资产原价	累计折旧	负债合计		所有者权益合计	营业收入
	产成品				流动负债合计		
129612840	**30202653**	**517522675**	**215558053**	**529855164**	**365912607**	**322775572**	**751934635**
97955310	19015473	425370825	160686342	456653931	302811190	237448859	579277485
2231923	325833	3560406	1699842	5877144	5278006	3479542	5146958
1538910	170234	2216293	975173	2755425	2394712	2613805	3550106
693013	155599	1344113	724669	3121719	2883294	865737	1596852
12063	4062	285006	248097	215488	204545	314197	310743
88800	61469	671639	418472	514380	514380	1248557	707049
45449396	7516552	237292880	88604568	267670261	171977830	139534932	248426582
2509089	323781	19199998	7786548	20043236	10996585	17008709	8243503
42940307	7192771	218092882	80818020	247627025	160981245	122526223	240183079
9102534	2956543	69929582	43434500	43524724	32089458	38101264	124572698
41070594	8151014	113631312	26280863	138851934	92746971	54770367	200113455
10777	2917	182132	135055	23066	21066	204865	348805
39523849	7038935	111855026	25321041	135782012	90273018	52309403	196424156
1535968	1109162	1594154	824767	3046856	2452887	2256099	3340494
1393345	669551	4850210	2155975	3920851	3432906	8352980	10513468
839381	381961	2782150	1330881	2554750	2209721	5572166	6393621
25531	16990	53308	46078	43928	43928	227135	73719
347633	180200	1167460	526549	1060917	970261	1090181	2787500
180800	90400	847292	252467	261256	208996	1463498	1258628
30264185	10517629	87301640	52715736	69280382	59668511	76973733	162143682
6097764	1706333	24056012	13742535	25763365	22237380	19037576	40961620
109427	18902	9968	7752	143652	143652	13348	161557
23932194	8738980	62893716	38718983	43003821	36956825	57450533	120467438
124800	53414	341944	246466	369544	330654	472276	553067
15010524	4511220	123604925	56737914	105926370	75317948	44366224	143218104
42913407	5643912	235269579	102581228	242107584	147166797	134049355	246523734
17778286	8492241	26645666	13120870	32326597	28403424	36031471	72342982
111834554	21710412	490877009	202437183	497528567	337509183	286744101	679591653
78475255	11445580	367800745	128360842	372950535	236228658	213764656	507809307
51137585	18757073	149721930	87197211	156904629	129683949	109010916	244125328

5-9 续表 1

指标	企业单位数（个）	亏损企业	工业总产值（当年价格）	资产总计	应收账款
非金属矿采选业	2	1	271265	5243215	1254385
农副食品加工业	37	5	18582248	14131526	2157172
食品制造业	9	1	2924799	4452986	152408
酒、饮料和精制茶制造业	2		1089994	1322141	53156
纺织业	2	1	299160	237363	12704
纺织服装、服饰业	19	3	3462546	3289139	658895
皮革、毛皮、羽毛及其制品和制鞋业	2	1	2293301	2672658	1454682
木材加工和木、竹、藤、棕、草制品业	4		1869322	1238298	81895
家具制造业	3		1189034	1218652	380778
文教、工美、体育和娱乐用品制造业	2		323336	508454	4246
石油、煤炭及其他燃料加工业	3		277613389	142587276	10640715
化学原料和化学制品制造业	11	3	144928370	111410714	2532217
医药制造业	4		25095743	16523398	3354616
橡胶和塑料制品业	8	2	7011945	10484468	1184017
非金属矿物制品业	3	1	3399067	6700233	458243
黑色金属冶炼和压延加工业	4	2	16403207	21504626	856476
有色金属冶炼和压延加工业	1		240334	407907	63727
金属制品业	19	2	9815097	8922863	1797358
通用设备制造业	58	12	38831243	64071119	11576057
专用设备制造业	18	3	19731378	40415283	7546584
汽车制造业	27	9	42537308	47390118	7905484
铁路、船舶、航空航天和其他运输设备制造业	25	8	52886342	161843038	12383915
电气机械和器材制造业	23	1	18435745	25919050	4277227
计算机、通信和其他电子设备制造业	15	2	28589484	23969554	8392125
仪器仪表制造业	6	1	3444170	4984475	344342
其他制造业	1		888810	942455	108405
金属制品、机械和设备修理业	12	2	6331147	6350945	658104
电力、热力生产和供应业	14	11	22854247	104583532	2249593
燃气生产和供应业	1	1	771188	2775041	196554
水的生产和供应业	4	4	1830845	16530209	653957

单位：千元

存货		固定资产原价	累计折旧	负债合计		所有者权益合计	营业收入
	产成品				流动负债合计		
84216	71716	476546	111002	1123093	616902	4120122	380429
3108058	1465713	3611336	1830551	8881305	7793748	5250220	20270032
758993	378552	1963134	972071	2056360	2008221	2396625	2935405
244577	147911	850777	596363	689242	629501	632899	1992407
122622	63393	284539	209144	137774	137485	99588	287794
371404	102587	990647	560627	822240	806482	2466897	3402484
534070	45215	648294	286860	1166625	1143375	1506032	2762112
431657	72822	1168107	767222	438196	410881	800102	1871626
270976	66312	832621	407281	594028	593971	624624	1142430
158370	40214	220292	134170	61785	61785	446669	373436
37558117	5013705	107436732	42210882	103507783	65740721	39079492	268317229
7867543	2629178	81265804	26641747	76808473	64239118	34602242	143327688
8655951	5091819	3587688	1628092	7538818	7171699	8984579	20884326
1741841	875370	9895119	5401078	4524602	3688477	5959870	6784728
313381	134494	4573430	2562209	3216024	2896838	3484209	3539814
3182990	1162627	19448995	8737394	13130182	7308489	8374444	16760993
27546	18184	346290	76642	276221	258502	131686	271326
1655103	510729	4999499	2798117	4400965	3882002	4521894	10418916
14557612	4643589	24675258	14787418	33363572	30248527	30707545	39753807
6622181	2029068	11537022	6991566	26330507	22913969	14084776	19542352
6137612	2526387	30931206	20668228	24112914	22740378	23277201	43634742
21304496	804414	47933109	20714185	91379603	74007573	70463434	47717248
3647456	1324366	14192082	6565642	11060000	9204497	14859053	20021792
3635573	580719	9202654	5654903	14621423	10074877	9348131	39404805
1111413	246376	1742356	898050	1550750	781608	3433730	3469689
212954	146597	1390884	1064086	144682	116988	797773	863999
753279	14494	4752518	2421392	4936453	3881057	1414496	6844483
3956709	–4267	116327810	35811680	82060273	19218600	22523260	22444281
557473		1091488	153074	1864361	1429902	910680	697826
28667	369	11146438	3896377	9056910	1906434	7473299	1816436

5-9 续表 2

指标	营业成本	税金及附加	销售费用	管理费用	财务费用
总计	**643411693**	**26885237**	**12755088**	**18292006**	**6560120**
内资企业	507294392	25830891	5245181	11364883	6706260
国有企业	4305694	13648	10034	533396	–31488
中央企业	2824861	7018	9695	408117	–10575
地方企业	1480833	6630	339	125279	–20913
集体企业	254720	2421	35331	29449	–3551
股份合作企业	554300	5875	8673	99723	–22426
有限责任公司	222641085	5347831	2906559	6055292	2991013
国有独资公司	7421181	81226	612405	767408	278321
其他有限责任公司	215219904	5266605	2294154	5287884	2712692
股份有限公司	97955473	13963588	598788	2117968	509337
私营企业	181583120	6497528	1685796	2529055	3263375
私营独资企业	309402	2986	5314	13568	456
私营有限责任公司	178667110	6465486	1609183	2301503	3218236
私营股份有限公司	2606608	29056	71299	213984	44683
港、澳、台商投资企业	7600947	63655	562677	432337	–69522
合资经营企业(港或澳、台资)	4476389	38245	448093	244429	–48820
合作经营企业(港或澳、台资)	38733	790	5239	13100	–3146
港澳台商独资经营企业	2523971	11449	50931	80980	–17556
港澳台商投资股份有限公司	561854	13171	58414	93828	
外商投资企业	128516354	990691	6947230	6494786	–76618
中外合资经营企业	32410512	233757	533298	1389925	62005
中外合作经营企业	141255	634	9771	4905	5205
外资企业	95622853	718686	6355340	5062337	–144841
外商投资股份有限公司	341734	37614	48821	37619	1013
在总计中：亏损企业	139917719	554780	2219500	2664752	2118395
在总计中：国有控股企业	199491026	19018546	1819811	7224088	1865618
在总计中：轻工业	56693143	372103	6538886	2803298	323872
重工业	586718550	26513134	6216202	15488708	6236248
在总计中：大型企业	437654453	21365439	4236063	10341578	4905563
中型企业	205757240	5519798	8519025	7950428	1654557

单位：千元

利息费用	利润总额	所得税费用	亏损企业 亏损总额	利税总额	应付职工薪酬	应交增值税	从业人员 平均人数（人）
7041029	**34221132**	**5848015**	**7959203**	**74246821**	**42234752**	**13140452**	**278982**
6600956	16979871	1871759	7391009	52679332	25211830	9868570	168427
–3798	84136	882		124321	1019504	26537	5006
–3798	78534			107380	732871	21828	3118
	5602	882		16941	286633	4709	1888
11	86461	6556	14880	95931	75231	7049	925
6651	60844			80607	71681	13888	572
4877448	4176015	1314535	4348420	12539030	13059470	3015184	71198
273316	–852683	2491	909691	–606745	1699017	164712	9940
4604132	5028698	1312044	3438729	13145775	11360453	2850472	61258
685880	6875043	–28364	2877578	22660522	4399721	1821891	25022
1034764	5697372	578150	150131	17178921	6586223	4984021	65704
452	8551	3258		28163	77846	16626	785
979550	5360623	539259	150131	16701174	6060208	4875065	61723
54762	328198	35633		449584	448169	92330	3196
23564	1606747	188029		1774102	1025379	103700	10240
23461	995162	108274		1139533	594959	106126	5904
	15507	2326		16424	22910	127	342
103	107878	4199		116774	332603	–2553	3357
	488200	73230		501371	74907		637
416509	15634514	3788227	568194	19793387	15997543	3168182	100315
212481	5503290	1202366	96338	7072017	3607299	1334970	20162
488	357			870	19590	–121	318
202673	10051442	2569389	471856	12583490	12298268	1813362	79519
867	79425	16472		137010	72386	19971	316
1865526	–7959203	–22664	7959203	–5581280	7221451	1823143	56586
3965649	12214329	1092697	4225288	34722658	15170492	3489783	69991
404506	4507988	756131	451014	6234182	7036612	1354091	71244
6636523	29713144	5091884	7508189	68012639	35198140	11786361	207738
4912399	25620453	3753853	2987333	57050848	23491364	10064956	124260
2128630	8600679	2094162	4971870	17195973	18743388	3075496	154722

5-9 续表 3

指标	营业成本	税金及附加	销售费用	管理费用	财务费用
非金属矿采选业	263829	8435	24669	62044	−2159
农副食品加工业	18508070	46412	420501	486995	289791
食品制造业	2186030	28685	287233	187716	−6113
酒、饮料和精制茶制造业	1415051	46725	390317	50611	316
纺织业	265645	3593	11932	10648	−6893
纺织服装、服饰业	2816438	16809	179704	141474	−68403
皮革、毛皮、羽毛及其制品和制鞋业	2248011	17730	110688	79983	18845
木材加工和木、竹、藤、棕、草制品业	1625218	16700	40074	62909	8511
家具制造业	970766	9730	7125	72500	15633
文教、工美、体育和娱乐用品制造业	296397	3098	5239	40444	−1393
石油、煤炭及其他燃料加工业	226996918	24354645	310648	1727204	2445283
化学原料和化学制品制造业	136129654	217571	1259523	592761	1923247
医药制造业	12472490	110806	4744551	792801	5768
橡胶和塑料制品业	5209865	68507	705865	326995	34457
非金属矿物制品业	3026188	40728	153413	156906	69274
黑色金属冶炼和压延加工业	16117386	90816	102090	395981	298331
有色金属冶炼和压延加工业	225199	1661	142	9025	−125
金属制品业	8505785	73064	188815	439817	−6767
通用设备制造业	32025687	264616	1473935	2285930	223565
专用设备制造业	15959237	145526	349857	1028488	221169
汽车制造业	32799290	355496	−29274	1718811	−172848
铁路、船舶、航空航天和其他运输设备制造业	42419747	373402	372073	3630677	−1410837
电气机械和器材制造业	16494075	89917	420506	1016611	122545
计算机、通信和其他电子设备制造业	34007192	195632	129277	1530079	−53679
仪器仪表制造业	2663742	18992	242045	146169	−13569
其他制造业	617594	9268	71103	115361	−3196
金属制品、机械和设备修理业	5990903	21566	75573	283455	−102680
电力、热力生产和供应业	18290709	233020	43771	668928	2561861
燃气生产和供应业	698286	592	276192	56404	15206
水的生产和供应业	2166291	21495	387501	174279	154980

单位：千元

利息费用	利润总额	所得税费用	亏损企业亏损总额	利税总额	应付职工薪酬	应交增值税	从业人员平均人数（人）
	5156	2622	91	23686	143763	10095	1037
229125	547309	6893	293680	660700	1802181	66979	23134
7336	249217	39321	255	363100	343641	85198	3699
867	92608	17919		197523	224760	58190	1389
2574	–2066	78	5267	2435	120988	908	1429
1224	222550	32738	12033	254016	744927	14657	10212
8380	158048	22733	34152	237032	390710	61254	4130
2112	86820	18301		98479	407327	–5041	4367
2483	40262	1521		60528	183093	10536	2299
	32383	2785		37772	78912	2291	843
271458	12915157	566472		41738147	2995182	4468345	11956
1809221	1455501	298854	636844	2118741	1197015	445669	8670
9091	2004862	442104		2911083	411045	795415	2096
50532	309052	61235	8363	524687	890646	147128	6594
95103	22533	6963	59686	174165	253288	110904	1827
301125	–1525319	38824	1898609	–352107	942033	1082396	6350
	22682	927		38665	34624	14322	406
42542	991386	153153	17453	1205140	1086603	140690	8511
308967	2917596	536595	390983	4020243	6072613	838031	41387
310232	914242	104912	152249	1541402	2102265	481634	14259
148488	8517001	2068427	336452	10459959	3300940	1587462	20493
481653	1436593	277312	303343	2735527	6987530	925532	35485
162855	1564602	282377	89842	2094735	2781361	440216	22824
90599	1793890	439067	106634	1938834	3780678	–50688	17820
3109	396007	77526	7355	432598	458782	17599	3457
	59922	13709		93475	272849	24285	942
12495	186812	1341	2466	346251	1342790	137873	10125
2517712	–453776	335781	2863548	897662	2043923	1118418	8216
17813	–100422	–2475	100422	–21189	243993	78641	1447
153933	–639476		639476	–586468	596290	31513	3578

5-10 全部年主营业务收入2000万元及以上工业企业主要产品产量

产品名称	单位	数值	产品名称	单位	数值
原盐	万吨	62.9	中成药	吨	400.7
发电量	亿千瓦小时	711.5	橡胶轮胎外胎	万条	1132.7
精制食用植物油	万吨	36.2	塑料制品	万吨	17.2
鲜、冷藏肉	万吨	62.1	水泥熟料	万吨	902.9
乳制品	万吨	4.5	水泥	万吨	886.9
啤酒	千升	121478.5	商品混凝土	万立方米	687.8
软饮料	万吨	26.7	平板玻璃	万重量箱	618.2
纱	万吨	0.5	钢材	万吨	140.3
服装	万件	5372.9	铝材	吨	43542.6
皮革服装	万件	99.5	金属集装箱	万立方米	395.2
实木木地板	万平方米	260.1	金属切削工具	万件	3114.0
复合木地板	万平方米	489.2	发动机	万千瓦	692.7
家具	万件	1233.2	金属切削机床	台	17315.0
机制纸及纸板	万吨	30.1	#数控	台	13199.0
原油加工量	万吨	4308.8	起重机	吨	47666.0
汽油	万吨	637.2	滚动轴承	万套	5992.5
煤油	万吨	201.7	金属冶炼设备	吨	117383.0
柴油	万吨	871.5	金属轧制设备	吨	6402.0
润滑油	万吨	6.1	铁路机车	辆	365.0
燃料油	万吨	362.2	民用钢质船舶	万载重吨	223.4
液化石油气	万吨	166.2	家用电冰箱	万台	84.6
煤气生产量	万立方米	264682.0	房间空气调节器	万台	133.7
涂料	吨	10311.0	打印机	万台	18.0
初级形态塑料	万吨	138.9	集成电路圆片	万片	112.8
化学试剂	吨	13061.0	数字激光音、视盘机	万台	94.8
合成洗涤剂	吨	28053.0	船舶修理	万载重吨	1786.2

主要统计指标解释

【工业】指从事自然资源的开采，对采掘品和农产品进行加工和再加工的物质生产部门。具体包括：（1）对自然资源的开采，如采矿、晒盐、森林采伐等（但不包括禽兽捕猎和水产捕捞）；（2）对农副产品的加工、再加工，如粮油加工、食品加工、轧花缫丝、纺织、制革等；（3）对采掘品的加工、再加工，如炼铁、炼钢、化工生产、石油加工、机器制造、木材加工等，以及电力、自来水、煤气的生产和供应等；（4）对工业品的修理、翻新，如机器设备的修理、交通运输工具（包括小卧车）的修理等。

1984 年以前，农村的村及村以下办工业归属农业，1984 年以后划归工业。

【轻工业】指主要提供生活消费品和制作手工工具的工业。按其所使用的原料不同，可分为两大类：

（1）以农业为原料的轻工业，是指直接或间接以农产品为基本原料的轻工业。主要包括食品制造、饮料制造、烟草加工、纺织、缝纫、皮革和毛皮制作、造纸以及印刷等工业；

（2）以非农产品为原料的轻工业，是指以工业品为原料的轻工业。主要包括文教体育用品、化学药品制造、合成纤维制造、日用化学制品、日用玻璃制品、日用金属制品、手工工具制造、医疗器械制造、文化和办公用机械制造等工业。

【重工业】是指为国民经济各部门提供物质技术基础的主要生产资料的工业。按其生产性质和产品用途，可以分为下列三类：

（1）采掘（伐）工业，是指对自然资源的开采，包括石油开采、煤炭开采、金属矿开采、非金属矿开采和木材采伐等工业；

（2）原料工业，是指向国民经济各部门提供基本材料、动力和燃料的工业。包括金属冶炼及加工、炼焦及焦炭化学、化工原料、水泥、人造板以及电力、石油和煤炭加工等工业；

（3）加工工业，是指对工业原材料进行再加工制造的工业。包括装备国民经济各部门的机械设备制造工业、金属结构、水泥制品等工业，以及为农业提供的生产资料如化肥、农药等工业。

根据上述划分原则，修理业中以重工业产品为修理作业对象的划为重工业，反之划为轻工业。

【工业总产值】是以货币形式表现的，工业企业在一定时期内生产的工业最终产品或提供工业性劳务活动的总价值量。它包括：企业本期生产，并在报告期内不再进行加工，经检验、包装入库（规定不需包括的产品除外）的成品（半成品）价值（不包括用订货者来料加 工的成品（半成品）价值），对外加工费收入，自制半成 品、在制产品期末期初差额价值。

工业总产值采用工厂法计算，即以工业企业为一个整体，按企业生产活动的最终成果来计算，企业内部不允许重复计算，不能把企业内部各个车间（分厂）生产的成果相加，但在企业之间、行业之间、地区之间存在着重复计算。

轻重工业总产值的划分也是按工厂法计算的，即一个工业企业在正常情况下生产的主要产品的性质属于轻工业，则该企业的全部总产值作为轻工业总产值；一个工业企业生产的主要产品的性质属于重工业，则该企业的全部总产值作为重工业总产值。

【工业销售产值】是以货币形式表现的工业企业在一定时期内销售的本企业生产的工业产品或提供工业性劳务活动的价值总量。包括企业在报告期内实际销售（包括本企业本期生产和非本期生产）的全部成品、半成品价值、对外加工费收入。已销售的成品、半成品不论是本期生产的、还是上期生产的，只要是本期销售出去的均包括在内。企业为本单位在建工程、生产福利部门等提供的成品和自制设备也应视同销售，这部分也应作为销售统计，工业销售产值的计算范围、计算价格和计算方法与工业总产值一致，但两者计算的基础不同，工业销售产值计算的基础是产品销售总量，工业总产值计算的基础是工业产品生产总量。销售产值不含半成品在制品期末期初差额价值，而工业总产值包括。

【资产总计】指企业拥有或控制的全部资产。包括流动资产、长期投资、固定资产、无形及递延资产、其他长期资产、递延税款借项等，即为企业资产负债表的资产总计项。

【应收账款】指企业因销售商品、产品、提供劳务等，应向购货单位或接受劳务单位收取款项。该指标根据会计资产负债表中应收账款项的年末数填报。未执行 2001 年《企业会计制度》的企业，用应收账款净额期末数代替。

【存货】指企业在生产经营过程中为销售或耗用而储备的各种资产，包括原材料、周转材料、包装物、低值易耗品、在产品、自制半成品、产成品等。根据会计资产负债表中存货项的期末数填列。

【产成品】指企业报告期末已经加工生产并完成全部生产过程，可以对外销售的制成产品。根据企业会计资产负债表中产成品的期末数填报。

【固定资产原价】指企业在建造、购置、安装、改建、扩建、技术改造某项固定资产时所支出的全部货币总额。它一般包括买价、包装费、运杂费和安装费等。

【负债合计】指企业承担并需要偿还的全部债务。包括流动负债和长期负债、递延税款贷项等，即为企业资产负债表的负债合计项。

【流动负债】指企业在一年内或者超过一年的营业周期内需要偿还的债务合计，其中包括短期借款、应付及预收款项、应付工资、应交税金和应交利润等。

【所有者权益】指企业投资人对企业净资产的所有权。企业净资产等于企业全部资产减去全部负债后余额，其中包括投资者对企业的最初投入，以及资本公积金、盈余公积金和未分配利润，对股份制企业即为股东权益。

【营业收入】指企业销售产品和提供劳务等主要经营业务取得的收入总额。

【营业成本】指企业销售产品和提供劳务等主要经营业务的实际成本。

【税金及附加】指企业销售产品和提供劳务等主要经营业务应负担的城市维护建设税、消费税、资源税和教育费附加。

【销售费用】根据会计利润表中对应指标的本年累计数填列。未执行 2001 年《企业会计制度》的企业，用产品销售费用的本期累计数代替。

【管理费用】指企业行政管理部门为组织和管理生产经营活动而发生的各项费用。根据会计利润表中对应指标的本期累计数填列。

【财务费用】指企业为筹集生产经营所需资金等而发生的费用，包括利息支出、汇兑损失以及相关的金融机构手续费等。根据会计利润表中对应指标的本期累计数填列。

【利息费用】指企业短期借款利息、长期借款利息、应付票据利息、票据贴现利息、应付债券利息、长期应付引进国外设备款利息等利息支出。根据企业“财务费用明细账”中“财务费用—利息支出”科目的发生额填报。如果企业没有单独设立“利息收入”科目，应填报利息支出减去银行存款等的利息收入后的净额。

【所得税费用】指企业按税法规定，应从生产经营等活动的所得中交纳的税金。根据会计利润表中的对应指标的本期累计数填列。

【应付职工薪酬】指企业为获得职工提供的服务而给予各种形式的报酬以及其他相关支出。包括职工工资、奖金、津贴和补贴，职工福利费，医疗保险费、养老保险费、失业保险费、工伤保险费和生育保险费等社会保险费，住房公积金，工会经费和职工教育经费，非货币性福利，因解除与职工的劳动关系给予的补偿，其他与获得职工提供的服务相关的支出。

【应交增值税】指企业按税法规定，从事货物销售或提供加工、修理修配劳务等增加货物价值的活动本期应交纳的税金。指企业在报告期应交增值税额。计算公式为：

本年应交增值税＝销项税额－（进项税额－进项税额转出）－出口抵减内销产品应纳税额－减免税款＋出口退税

【利润总额】指企业在一定时期的最终经营成果。

【利税总额】指企业利润总额、主营业务税金及附加和本年应交增值税之和。本年应交增值税如小于0，计算利税总额时，本年应交增值税按0处理。

【企业划分标准】2017年大中小微型企业是按照国统字[2017]75号《国家统计局关于印发统计上大中小微型企业划分办法的通知》制定的统计上大中小微型企业划分标准划分。

六、重点服务业与运输邮电业

Chapter 6 Key Service Industries, Transportation, Post and Telecommunications

编辑：张新斌　郭大鹏
杨　艳　李程程
张倪源

6-1 规模以上服务业企业

指标	单位数(个)	本年折旧		营业收入	
		2022年	2021年	2022年	2021年
总计	**1490**	**857611**	**815621**	**19687582**	**17502422**
按行业分组					
交通运输、仓储和邮政业	446	314622	331974	9630622	8020493
铁路运输业	1	30675	30291	219916	259026
道路运输业	102	28146	28691	748462	756196
水上运输业	40	132632	139691	3834577	2423235
航空运输业	4	33486	31292	141809	203044
多式联运和运输代理业	249	18160	21201	3961305	3709531
装卸搬运和仓储业	47	66071	75451	468314	453125
邮政业	3	5453	5356	256240	216337
信息传输、软件和信息技术服务业	202	241238	297836	4188719	3885132
电信、广播电视和卫星传输服务	11	202827	264296	1001506	1041892
互联网和相关服务	8	370	356	213370	129770
软件和信息技术服务业	183	38042	33184	2973843	2713471
房地产业	172	63343	61190	924778	964061
物业管理	104	5572	6925	509182	471606
房地产中介服务	12	673	753	95231	154944
房地产租赁经营	56	57098	53511	320365	337510
租赁和商务服务业	348	75047	68587	2498773	2452327
租赁业	16	6039	5243	28199	31805
商务服务业	332	69008	63345	2470574	2420522

注：规模以上服务业统计范围包括年营业收入2000万元及以上的交通运输、仓储和邮政业，信息传输、软件和信息技术服务业，水利、环境和公共设施管理业三个门类和卫生行业大类；年营业收入1000万元及以上的租赁和商务服务业，科学研究和技术服务业，教育三个

分行业主要财务指标

单位：万元

营业成本		税金及附加		销售费用	
2022年	2021年	2022年	2021年	2022年	2021年
17165534	**15160926**	**117241**	**109259**	**462375**	**457501**
9217388	7579790	27647	26579	129023	120458
184994	226721	575	955	2972	2673
908069	909551	6356	6153	33487	27051
3558676	2141825	9754	8563	31737	18126
219772	245313	2239	2191	4927	7749
3756885	3511039	2996	2878	35935	43300
362679	345897	4910	4981	18998	20066
226315	199444	818	859	969	1494
2861844	2566294	19023	13773	111758	115405
684270	740148	3492	3033	65612	59993
206772	119829	1087	777	5057	4779
1970803	1706317	14444	9964	41088	50634
646966	659483	29252	24349	28543	32185
393158	349313	3965	4321	14436	14277
77245	126532	351	823	7455	5473
176563	183638	24935	19204	6652	12435
2100496	2014715	24562	30640	77871	78778
19167	24196	109	177	1913	2348
2081329	1990520	24453	30463	75958	76430

门类，以及物业管理、房地产中介服务、房地产租赁经营和其他房地产业四个行业小类；年营业收入500万元及以上的居民服务、修理和其他服务业，文化、体育和娱乐业两个门类，以及社会工作行业大类。

6-1 续表 1

指标	单位数（个）	本年折旧		营业收入	
		2022年	2021年	2022年	2021年
科学研究和技术服务业	126	102373	15926	1541774	1351502
研究和试验发展	9	87007	1951	75872	35714
专业技术服务业	105	13740	13424	1106111	1083949
科技推广和应用服务业	12	1627	551	359791	231840
水利、环境和公共设施管理业	35	13064	12370	226158	228650
水利管理业	2	1873	864	50587	50401
生态保护和环境治理业	5	3690	2825	50672	44252
公共设施管理业	28	7502	8681	124899	133997
居民服务、修理和其他服务业	46	2116	1894	136564	127813
居民服务业	25	1479	1363	102450	96950
机动车、电子产品和日用产品修理业	12	311	252	17908	19288
其他服务业	9	326	279	16206	11574
教育	26	5066	4604	102695	96662
卫生和社会工作	39	12877	11722	271450	226697
卫生	37	12866	11942	270130	225165
社会工作	2	11	-220	1320	1532
文化、体育和娱乐业	50	27866	9518	166050	149087
新闻和出版业	10	19494	259	60972	49758
广播、电视、电影和录音制作业	16	2381	2557	25612	35019
文化艺术业	8	518	858	13046	11486
体育	6	1515	1476	43715	28438
娱乐业	10	3958	4368	22706	24386

单位：万元

营业成本		税金及附加		销售费用	
2022年	2021年	2022年	2021年	2022年	2021年
1656136	1713374	9838	7862	40797	37931
40618	18194	940	99	3613	2328
1570817	1668209	7181	6473	29166	27510
44702	26971	1717	1291	8018	8092
186030	173337	1714	1570	14643	17295
31659	31058	154	119		
51128	39139	518	497	1210	1918
103243	103140	1042	954	13433	15378
97787	92112	631	666	14292	10784
71721	68894	503	486	12187	8616
12861	13772	80	137	1677	1569
13205	9447	48	44	428	598
63164	62349	201	207	9881	12140
198734	167259	541	510	17262	15540
197092	165328	541	510	17262	15540
1641	1931				
136989	132212	3833	3104	18304	16985
41123	24145	561	362	9050	5937
19980	25179	765	921	2848	5180
8685	6951	747	788	3419	3208
47188	56298	1054	332	684	588
20013	19640	705	702	2303	2072

6-1 续表 2

指标	管理费用		财务费用	
	2022年	2021年	2022年	2021年
总计	**1788450**	**1741729**	**327290**	**361026**
按行业分组				
交通运输、仓储和邮政业	432557	421087	178024	163261
铁路运输业	9405	9592	-126	1518
道路运输业	113212	119786	49105	39990
水上运输业	100292	90056	99771	85762
航空运输业	31144	31021	4391	-2570
多式联运和运输代理业	125157	120504	-3197	4177
装卸搬运和仓储业	35513	35547	27419	33757
邮政业	17834	14582	660	626
信息传输、软件和信息技术服务业	643621	599416	-10181	23189
电信、广播电视和卫星传输服务	29204	28243	3362	4793
互联网和相关服务	4994	4285	-119	-67
软件和信息技术服务业	609423	566888	-13424	18463
房地产业	146209	163097	63671	86455
物业管理	65209	68669	3804	4027
房地产中介服务	10799	17581	598	598
房地产租赁经营	70201	76848	59269	81831
租赁和商务服务业	269167	283465	78409	65778
租赁业	2065	2006	1219	1196
商务服务业	267102	281459	77190	64582

单位：万元

营业利润		应付职工薪酬		应交增值税	
2022年	2021年	2022年	2021年	2022年	2021年
753582	**973976**	**3653799**	**3511558**	**368189**	**294518**
−110729	180286	951968	961093	110881	57897
52537	45660	34053	30759	2507	5549
−308088	−109231	286769	316332	51707	7928
160118	221155	229883	218079	29709	20444
−113495	−65426	104871	102774	5490	1733
37715	46954	185269	188171	8032	8394
49526	40162	67130	64751	13228	13037
10959	1014	43993	40227	207	811
484661	475640	1363952	1308178	88997	77845
209194	211320	102746	99550	19147	11908
−634	188	15412	15841	16812	6556
276101	264133	1245794	1192787	53038	59381
32096	51360	248764	273655	31290	35452
33593	31592	174308	170638	16357	17882
−1309	4146	25611	54137	2496	5636
−189	15622	48846	48881	12437	11934
41375	41420	442982	394182	68373	62696
3745	2210	4699	4223	1958	2607
37631	39211	438283	389959	66415	60089

6-1 续表 3

指标	管理费用		财务费用	
	2022年	2021年	2022年	2021年
科学研究和技术服务业	137000	138052	-12753	-3853
研究和试验发展	9140	8413	-1776	79
专业技术服务业	119767	121697	-6092	181
科技推广和应用服务业	8093	7942	-4886	-4113
水利、环境和公共设施管理业	36125	33271	21120	19096
水利管理业	6157	2446	12128	11295
生态保护和环境治理业	7161	9371	4539	4201
公共设施管理业	22808	21454	4453	3600
居民服务、修理和其他服务业	19060	18436	612	334
居民服务业	13836	13329	551	319
机动车、电子产品和日用产品修理业	2953	2699	8	6
其他服务业	2271	2408	53	9
教育	18343	15436	13	112
卫生和社会工作	37112	35954	3807	3080
卫生	36631	35492	3804	3078
社会工作	482	462	3	3
文化、体育和娱乐业	49256	33516	4569	3573
新闻和出版业	24211	11304	1717	1380
广播、电视、电影和录音制作业	7504	7286	1034	511
文化艺术业	3279	3143	583	820
体育	6328	5493	1078	111
娱乐业	7934	6290	158	752

单位：万元

营业利润		应付职工薪酬		应交增值税	
2022年	2021年	2022年	2021年	2022年	2021年
375587	268926	341171	293230	51038	44968
2930	5152	39865	14300	1000	809
70145	72160	296005	274159	35441	33804
302512	191615	5300	4771	14597	10355
−36983	−22498	71106	74188	5292	5608
510	5482	4112	4008	51	44
−14512	−17584	14097	15032	1980	2024
−22980	−10397	52897	55148	3261	3539
4457	5365	42030	38881	4135	3657
4093	5424	30118	28692	2675	2618
383	1012	3617	3674	702	604
−19	−1071	8295	6514	758	434
11245	6621	35974	38230	2481	2015
10799	466	78505	70977	646	623
11606	1330	77972	70405	567	476
−806	−864	533	573	79	147
−58925	−33611	77348	58944	5056	3759
−19334	5731	32409	9356	1671	1454
−6226	−3470	5260	5723	575	132
−1982	−1258	4225	3686	198	352
−23096	−29719	27012	32542	1986	896
−8288	−4895	8441	7636	626	925

6-2 交通运输业

年份	客运总量（万人次）	旅客周转量（万人公里）	公路（万人公里）	货运总量（万吨）	货运周转量（万吨公里）	水路（万吨公里）
1978	5734	238257	47216	5809	1066544	110022
1979	5952	256871	50524	6191	1134706	82302
1980	6392	280708	56487	5980	1305131	282377
1981	6686	290658	60252	6172	2507999	1508304
1982	7264	321956	67991	6541	2115335	1065111
1983	7611	349126	75234	7017	3170518	2064785
1984	8118	387755	85374	7821	3531112	2314081
1985	8013	423670	88456	7259	3921470	2599287
1986	8880	498139	142630	12534	4242417	2833105
1987	8995	524441	150807	15681	4334494	2836657
1988	9769	594738	178164	16715	4642585	3035386
1989	9781	575794	200902	17405	5134616	3432299
1990	9196	537261	217666	16470	4675464	3032476
1991	9522	549492	253925	17928	4403806	2667733
1992	9865	605002	244835	18688	6893177	5021572
1993	10284	737430	276113	21592	7690384	5778354
1994	10360	720014	252965	25799	7771635	5931388
1995	10749	717567	231021	19785	8266088	6582744
1996	10744	711535	240023	20865	6362952	4691805
1997	10950	733630	247223	20800	4759465	3039266
1998	10934	698179	252463	20520	4627236	3070206

注：1.数据来源于各相关部门。

2.数据调整情况：2008年客货运量数据根据交通部门专项调查重新进行修定；2009年客货运量使用省局反馈口径；2011年客运总量和旅客周转量调整为2012年可比口径；根据专项调查结果，交通部门分别对2010年、2013年、2015年的客货运量、客货周转量数据和2019年货运量、货物周转量数据进行了修定，上述四个年度增速不可与上年数据直比；2015年省局对民航调查单位进行调整，2014年民航

主要指标（1978-2022年）

沿海港口旅客吞吐量（万人次）	沿海港口货物吞吐量（万吨）	机场旅客吞吐量（万人次）	机场货邮吞吐量（万吨）	民用汽车拥有量（辆）	民用机动船拥有量（艘）	净载重量（吨位）
159.6	2864.0	2.30	0.09	16083		
203.0	3148.3	3.13	0.18	17858	400	16624
217.2	3263.5	3.19	0.20	18388	461	21570
225.6	3307.8	4.87	0.16	20168	410	30971
246.4	3401.8	8.13	0.18	21697	493	43883
264.4	3519.6	5.66	0.19	23498	472	56166
270.2	4016.1	7.53	0.22	26644	525	59055
334.3	4381.0	14.07	0.32	35350	618	76051
354.5	4428.7	24.41	0.58	40698	564	151538
389.0	4609.7	29.64	0.72	48319	539	135098
412.1	4852.6	34.85	0.93	57353	573	757317
371.6	5091.8	37.28	1.07	60011	612	940772
327.1	4952.3	46.65	1.20	67026	593	880963
378.5	5472.0	62.33	1.59	73838	584	996085
437.6	5909.2	86.22	2.35	88963	591	1299183
457.2	5959.0	102.39	2.71	102853	610	1470323
624.0	6413.0	120.90	3.15	136023	604	1683232
646.0	6611.0	156.60	3.80	141611	631	1148256
688.0	6932.0	175.8	4.5	121281	564	906799
749.0	7600.0	194.0	4.7	131089	481	703197
789.0	8063.0	211.7	4.8	134696	488	842059

数据调整为可比口径，客货运量和客货周转量相应调整为可比口径；因统计口径发生变化，相关部门将2018年民航和沿海港口货物吞吐量数据调整为可比口径，客货运量和客货周转量相应调整为可比口径；因存在同期数调整及口径不可比情况，2020年客货运量、客货周转量数据不可与上年直比；2021年以后客货运量、客货周转量指标中不含铁路数据。

6−2 续表

年份	客运总量（万人次）	旅客周转量（万人公里）		货运总量（万吨）	货运周转量（万吨公里）	
			公路（万人公里）			水路（万吨公里）
1999	11081	765738	260653	21096	6017513	4438004
2000	11304	802766	266688	21756	7319743	5634808
2001	11535	876983	273585	21574	7712512	6011970
2002	12022	928813	290000	22672	8022147	6259378
2003	11261	852111	266220	22863	12659373	10772749
2004	12440	1080284	315560	24434	16222664	13968301
2005	12311	1102803	328999	25651	19233337	16877234
2006	12834	1232987	343816	28712	25032221	22600102
2007	15380	1352828	389795	31398	40996088	38394957
2008	16661	1552037	565490	24959	45863122	41992231
2009	17318	1631724	610008	28818	51313482	47197992
2010	12905	1571604	524909	32466	59383568	54758000
2011	13734	1749053	582641	36199	68212481	62972000
2012	14395	1879125	633502	40176	77894749	72388491
2013	13293	1888826	552536	41737	81352391	75954174
2014	13617	2084160	573752	44736	83357742	77830171
2015	10812	2069486	479047	42002	83136624	78263012
2016	10995	2217306	471980	43116	86382299	81372073
2017	11070	2347707	465030	44955	90074513	84620023
2018	11066	2369822	458224	46570	68098613	62206179
2019	11030	2432613	446768	34158	54116364	49382000
2020	6065	1213970	254789	25877	19763235	15073992
2021	4319	861847	211773	22811	7926080	4882257
2022	3711	604621	167866	21646	7601191	4544499

沿海港口旅客吞吐量（万人次）	沿海港口货物吞吐量（万吨）	机场旅客吞吐量（万人次）	机场货邮吞吐量（万吨）	民用汽车拥有量（辆）	民用机动船拥有量（艘）	净载重量（吨位）
836.0	9079.0	236.2	6.1	142897	471	1214795
693.0	9699.0	275.2	7.6	158823	469	1415584
767.0	10519.0	306.4	8.0	173192	391	1329784
787.6	11188.0	333.5	9.3	199584	329	1587965
513.9	12601.7	342.0	9.5	228579	280	2145635
614.7	14516.2	461.4	11.8	260781	307	2598600
615.4	17085.2	540.8	12.9	317018	317	2662393
616.1	20046.0	635.1	14.5	398218	358	3658048
643.9	22286.0	728.2	16.2	453622	398	3924805
586.8	24588.4	820.5	12.9	505309	360	4463079
602.1	27202.8	955.0	12.6	583668	298	5451939
612.0	31399.3	1070.4	14.1	698817	266	6461441
680.2	33690.8	1201.2	13.8	826035	281	6984094
638.4	37426.2	1333.7	13.7	942603	280	7473765
606.0	40746.2	1408.3	13.2	1026029	257	7487350
581.7	42336.8	1355.1	13.3	1149344	265	7667131
547.8	41481.9	1415.4	13.7	1250116	256	7786244
520.5	43660.0	1525.7	14.9	1372287	249	8194153
576.9	45517.4	1749.9	16.5	1475248	260	8380354
593.2	35138.8	1875.8	16.2	1583422	261	9868693
602.7	36641.4	2008.0	17.4	1694615	256	10256273
239.9	33400.5	858.8	12.3	1791153	179	839257
264.7	31552.7	1036.6	13.8	1895594	192	936629
211.0	30613.1	636.8	12.7	1982154	196	936182

6-3 境内公路线路里程

单位：公里

指标	公路里程	国道	省道	县道	乡道	村道
总计	**13401.2**	**1351.9**	**764.1**	**1136.8**	**2614.9**	**7533.5**
一、按等级分						
（一）等级公路	13143.1	1351.9	764.1	1136.8	2614.9	7275.3
境内高速公路	528.6	377.4	151.2			
一级	628.1	215.3	178.0	216.8	3.0	14.9
二级	2185.1	759.1	393.7	781.5	190.4	60.5
三级	3100.3		36.2	138.6	2290.2	635.4
四级	6700.9		4.9		131.3	6564.6
（二）等外公路	258.2					258.2
二、公路路面按高中低级分						
高级	6548.2	1351.9	703.3	1056.1	1576.2	1860.7
次高级	6591.6		60.7	80.7	1038.8	5411.3
中级和低级	261.4					261.4

6-4 旅客运输完成情况

指标	单位	2022年	增速 (%)
一、客运量	万人次	3710.8	-14.1
1.公路	万人次	3208.8	-11.2
2.水路	万人次	214.7	-2.7
3.航空	万人次	287.2	-40.9
国际航线	万人次	1.1	
国内航线	万人次	286.1	-41.1
二、旅客周转量	万人公里	604620.7	-29.8
1.公路	万人公里	167866.3	-20.7
2.水路	万人公里	17097.1	-6.5
3.航空	万人公里	419657.3	-33.6
国际航线	万人公里	1267.7	
国内航线	万人公里	418389.6	-33.8

6-5 货物运输完成情况

指标	单位	2022年	增速（%）
一、货运量	万吨	21645.7	-5.1
1.公路	万吨	16309.0	-11.4
2.水路	万吨	3817.3	36.9
3.航空	万吨	2.9	-21.4
国际航线	万吨	0.1	1783.2
国内航线	万吨	2.8	-23.8
4.管道	万吨	1516.5	-6.0
二、货物周转量	万吨公里	7601190.6	-4.1
1.公路	万吨公里	2790108.0	1.4
2.水路	万吨公里	4544498.9	-6.9
3.航空	万吨公里	5075.3	-11.7
国际航线	万吨公里	60.2	1947.6
国内航线	万吨公里	5015.1	-12.7
4.管道	万吨公里	261508.3	-8.9

6-6 沿海港口及航空港吞吐量

指标	单位	2022年	增速（%）
一、沿海港口吞吐量			
1.旅客吞吐量	万人次	211.0	–20.3
进港（上岸）	万人次	100.56	–22.6
出港（上船）	万人次	110.4	–18.0
2.货物吞吐量	万吨	30613.1	–3.0
#进港（卸船）	万吨	15078.8	–5.2
出港（装船）	万吨	15534.3	–0.8
#外贸货物吞吐量	万吨	13061.6	–5.8
#出港（装船）	万吨	3837.1	–1.5
3.集装箱吞吐量	万标箱	445.9	21.5
#外贸	万标箱	327.9	13.0
二、航空港吞吐量			
1.旅客吞吐量	万人次	636.8	–38.6
进港（下机）	万人次	310.0	–38.8
出港（蹬机）	万人次	326.8	–38.3
2.纯货邮吞吐量	万吨	12.7	–8.1
进港（卸机）	万吨	5.2	–10.0
出港（装机）	万吨	7.4	–6.7

注：纯货邮吞吐量不包含旅客行李。

6-7 民用运输船舶拥有量

指标	单位	2022年	2021年	增速（%）
一、机动船	艘	196	192	2.1
载客量	客位	25043	24948	0.4
净载重量	吨位	936182	936629	0.0
总功率	千瓦	468484	465248	0.7
1.客船	艘	14	22	-36.4
载客量	客位	2964	4198	-29.4
2.客货船	艘	40	33	21.2
载客量	客位	22079	20750	6.4
净载重量	吨位	51941	47809	8.6
3.货船	艘	137	131	4.6
净载重量	吨位	884241	888820	-0.5
4.拖船	艘	5	6	-16.7
二、驳船	艘	5	8	-37.5
净载重量	吨位	25350	36530	-30.6

6-8 民用车辆拥有量

指标	单位	2022年		2021年	
		总计	#私人	总计	#私人
一、民用汽车	辆	1982154	1730238	1895594	1671081
1.载客汽车	辆	1796120	1616390	1710479	1555086
#大型	辆	17645	586	18977	752
2.载货汽车	辆	177930	110853	177226	113203
#重型	辆	41042	13957	41260	13611
3.专项作业车	辆	8104	2995	7889	2792
#重型	辆	5082	2045	4888	1952
二、摩托车	辆	141142	126757	152366	142338
三、轮胎式拖拉机	台	75286		75257	75257
四、挂车（载货挂车）	辆	14968	1943	14847	1795
五、轮式专用机械车	辆	1485	397	1423	388
六、电车	辆	138		141	
七、机动车驾驶员	万人	269.0		261.6	
#汽车驾驶员	万人	257.8		257.8	

6–9　邮电业务完成情况

指标	单位	2022年	增速（%）
一、邮电业务总量			
邮政业务总量（2020年不变价格）	亿元	42.1	4.5
电信业务总量（2021年不变价格）	亿元	78.4	13.1
二、主要业务分类			
函件	万件	235.4	24.3
包裹	万件	6.1	36.3
快递	万件	28311.3	7.9
报纸	万份	8896.4	0.2
杂志	万份	518.8	–5.3
汇兑	万笔	0.7	–64.9
固定电话用户合计	万户	146.0	3.4
移动电话用户合计	万户	956.4	2.6
（固定）互联网宽带接入用户	万户	295.5	6.3

主要统计指标解释

【货（客）运量】指在一定时期内，各种运输工具实际运送的货物（旅客）数量。是反映运输业为国民经济和人民生活服务的数量指标，也是制定和检查运输生产计划，研究运输发展规模和速度的重要指标。货运按吨计算，客运按人计算。货物不论运输距离长短、货物类别，均按实际重量统计；旅客不论行程远近或票价多少，均按一人一次作为客运量统计。半价票、小孩票也按一人统计。

【货物（旅客）周转量】指在一定时期内，由各种运输工具运送的货物（旅客）数量与其相应运输距离的乘积之总和。是反映运输业生产总成果的重要指标，也是编制和检查运输生产计划，计算运输效率、劳动生产率以及核算运输单位主要基础资料。通常以吨公里和人公里为计算单位。计算货物周转量通常按发出站与到达站之间的最短距离，也就是计费距离计算。

【邮电业务总量】指以货币形式表现的邮电企业为社会提供各类邮政和电信服务的总数量。计算方法为各类邮政和电信服务业务的实物量分别乘以相应的不变单价，求出各类业务的货币量后加总求得。该指标反映了一定时期邮政和电信业务发展的总成果，是观察邮政和电信业务发展变化总趋势的综合性指标。

【公路里程】指在一定时期内实际达到《公路工程技术标准 JTG B01-2003》规定的技术等级的公路，并经公路主管部门正式验收交付使用的公路里程数。包括大、中城市的郊区公路，以及公路通过小城镇（指县城、集镇）街道的公路里程和公路桥梁长度、隧道长度、渡口的宽度以及分期修建的公路已验收交付使用的里程，不包括大、中城市的街道、厂矿、林区生产用道和农业生产用道的里程。两条或多条公路共同经由同一路段，只计算一次，不得重复计算里程长度。

【民用汽车拥有量】指报告期末，在公安交通管理部门按照《机动车注册登记工作规范》，已注册登记领有民用车辆牌照的全部汽车数量。

【民用运输船舶拥有量】指报告期末在水路运输管理部门注册登记的从事水上客、货运输活动的我国企业或私人拥有的营业性运输船舶（含我国企业或私人拥有的悬挂外国旗的船舶）数量。不包括非运输船舶及农业、渔业生产船舶。

【沿海港口货物吞吐量】指经由水路进、出港区范围，并经过装卸的货物数量。

【沿海港口旅客吞吐量】指由水路乘船进、出港区范围的旅客人数，不包括免票儿童、船舶船员人数、轮渡和港区内短途客运的旅客人数。

【集装箱吞吐量】指报告期内某港口进港和出港的标准集装箱数量。

【航空港旅客吞吐量】报告期内进港（机场）和出港的旅客人数，以人为计算单位。其中：成人和儿童按一人次计算，婴儿不计人次。

【航空港纯货邮吞吐量】报告期内货物和邮件的进出港（机场）数量，以公斤和吨为计算单位。其中货物包括外交信袋和快件。

七、国内贸易

Chapter 7 Domestic Trade

编辑：姜馀涛　徐瑞金

7-1 社会消费品零售总额（1992-2022年）

年份	社会消费品零售总额（亿元）	增速（%）
1992	114.0	
1993	140.6	23.3
1994	178.7	27.1
1995	253.2	41.7
1996	283.7	12.0
1997	318.8	12.4
1998	350.3	9.9
1999	375.5	7.2
2000	400.3	6.6
2001	426.6	6.6
2002	460.4	7.9
2003	430.2	-6.6
2004	477.9	11.1
2005	531.0	11.1
2006	596.4	12.3
2007	684.5	14.8
2008	806.6	17.8
2009	906.0	12.3
2010	1044.6	15.3
2011	1192.0	14.1
2012	1331.6	11.7
2013	1472.1	10.5
2014	1602.5	8.9
2015	1692.4	5.6
2016	1827.0	8.0
2017	1955.6	7.0
2018	2043.0	4.5
2019	2064.5	1.1
2020	1828.0	-11.5
2021	1909.7	4.5
2022	1846.9	-3.3

注：按国家统计局要求，根据第四次经济普查结果，对历史数据进行了修订。

7-2 社会消费品零售总额

地区	数值（亿元）	增速（%）
总计	**1846.9**	**-3.3**
中山区	366.6	2.3
西岗区	111.4	-3.2
沙河口区	213.2	1.0
甘井子区	407.7	-3.3
旅顺口区	47.1	-8.4
金普新区	397.1	-8.7
普兰店区	50.4	1.4
高新园区	36.8	-17.2
长兴岛	9.0	-1.0
瓦房店市	75.0	1.3
庄河市	124.7	-5.4
长海县	7.9	-0.4

7-3 限额以上批发和零售业

指标	法人企业数（个）	从业人员期末人数（人）	商品购进额		商品销售额	
				进口		通过公共网络实现
总计	**2121**	**63426**	**61188388.1**	**2648332.5**	**64891095.2**	**1776687.6**
一、批发业	1767	28843	54497060.6	2281137.3	57660372.7	1287878.7
1.按批发行业小类分						
农、林、牧、渔产品批发	107	1610	6302744.4	186474.6	6844332	8880
谷物、豆及薯类批发	66	1152	5208562.8	8506.3	5675801.5	
种子批发	3	77	10274.8		16269.1	
畜牧渔业饲料批发	18	102	170124.3	14359	226225.7	
棉、麻批发	1	9	8269.6	8269.6	8581.8	
林业产品批发	2	74	43096.8	8.9	44439.2	
渔业产品批发	2	7	16682.8	10466.1	17103.1	
其他农牧产品批发	15	189	845733.3	144864.7	855911.6	8880
食品、饮料及烟草制品批发	201	6193	5366750.9	312899.9	5776342	1031685.2
米、面制品及食用油批发	40	586	2944065.7	1555.1	2934216.9	
糕点、糖果及糖批发	2	51	12494.2		13093.3	
果品、蔬菜批发	15	161	69786.4	16926.2	75154.4	
肉、禽、蛋、奶及水产品批发	86	2788	1249094.7	244330	1344865.6	135663.5
盐及调味品批发	9	188	46156.3	1287.2	52748.5	217.7
营养和保健品批发	4	89	72504.6		75422.3	
酒、饮料及茶叶批发	12	455	99207.8		113718.2	
烟草制品批发	2	694	637992.8	20773.8	917744.1	888622.6
其他食品批发	31	1181	235448.4	28027.6	249378.7	7181.4
纺织、服装及家庭用品批发	113	3594	1722880.9	95473.5	1828504.1	59758
纺织品、针织品及原料批发	14	282	159055.9	81.4	169453.8	162.3
服装批发	59	2182	736556.7	27873.3	877259.2	
鞋帽批发	5	85	41194.9	215.8	44214.3	
化妆品及卫生用品批发	4	83	36636.1		35406.2	
厨具卫具及日用杂品批发	8	51	40352.3	5152.1	40331	
家用视听设备批发	2	12	36947.1		36403.8	
日用家电批发	9	336	348984.1	5558.3	376291.7	
其他家庭用品批发	12	563	323153.8	56592.6	249144.1	59595.7

法人企业商品购进、销售和库存

单位：万元

通过非自营平台实现	批发额	出口	零售额	通过公共网络实现	通过非自营平台实现	期末商品库存额	服务营业额	年末零售营业面积（平方米）
134714.3	**58193692.3**	**2147740.2**	**6623432.3**	**536208.7**	**109916.7**	**3112383.9**	**162890.5**	**3364853**
5662.4	57340740.2	2145325.9	245661.9	51279.4	217.7	2418971.1	41433.2	121597
	6843688.7	84323.6	449.1			441968.5	6912.8	200
	5675352.4	19879.1	449.1			371464.6	5831.2	200
	16269.1					4998		
	226225.7	8934.7				9344.4		
	8581.8					885.3		
	44439.2	10025.6				8.9		
	17103.1	6437.8				2209.6	0.2	
	855717.4	39046.4				53057.7	1081.4	
363.9	5683073.8	38342.4	48940.4	2748.6	217.7	578900.9	12891.7	33891
	2933055.5	2701.8	1161.4			344648.5	30	6462
	13091.1		2.2			353.1		5000
	75129.5	3544.8				1008.6		
146.2	1274704.9	19370.8	25857.8	1193.6		133025.7	5247.1	12797
217.7	52530.8	4638	217.7	217.7	217.7	3039.3		2177
	75422.3					2817.8	54.2	
	112721.6		996.6			30802.4		1700
	917744.1	2451.4				34350.5		
	228674	5635.6	20704.7	1337.3		28855	7560.4	5755
162.3	1774333.9	898286.3	54170.2	47052.3		80970.4	4450.2	930
162.3	169453.8	82738.8				925.1	10	
	877198.9	524038.1	60.3			34352.6	2608.7	20
	44214.3	15110.5				950.3		
	35091.5		314.7			2655.1	1598.3	475
	40331	10817.3				1834.8		
	36124.1		279.7			2878.9		100
	375833.7	255284.6	458			13704.5		234
	196086.6	10297	53057.5	47052.3		23669.1	233.2	101

7-3 续表 1

指标	法人企业数（个）	从业人员期末人数（人）	商品购进额	进口	商品销售额	通过公共网络实现
文化、体育用品及器材批发	16	258	82492.8	70.6	94416.7	269.3
文具用品批发	6	125	31447.5		33703.8	34.9
图书批发	1	6	3360.8	63.3	3398.4	234.4
首饰、工艺品及收藏品批发	8	116	41942.9		51030.1	
其他文化用品批发	1	11	5741.6	7.3	6284.4	
医药及医疗器材批发	68	3219	1454886	46133.3	1665303.3	29314.8
西药批发	30	1452	853669.1	2910.8	903686.2	2268.5
中药批发	10	1065	271733.4	546	301364.6	15098.3
动物用药品批发	1	29	3078.3		4101.6	
医疗用品及器材批发	27	673	326405.2	42676.5	456150.9	11948
矿产品、建材及化工产品批发	980	8645	34057662.9	1236875.5	34729296.2	101786.7
煤炭及制品批发	45	464	1971686.4	571026.1	2091511.8	
石油及制品批发	556	3961	19906845.9	503433.1	19978694.1	
非金属矿及制品批发	19	244	169920.4	7242.1	196697.2	
金属及金属矿批发	158	1597	5147304.3	26592.7	4963606.9	91154.9
建材批发	57	739	921368.9	29660.1	1296555.9	
化肥批发	6	70	98650.9		102635.9	
其他化工产品批发	139	1570	5841886.1	98921.4	6099594.4	10631.8
机械设备、五金产品及电子产品批发	215	4519	4409121.2	353635.7	5554918.3	49848.3
农业机械批发	3	38	12033.3	500.3	14242.4	128.7
汽车及零配件批发	32	453	792769.1	102479.7	883140.6	
五金产品批发	46	823	622680.2	18608.9	656964.9	
电气设备批发	17	370	177876.5	67475.2	205509	
计算机、软件及辅助设备批发	6	145	37026.7		41866.1	
通讯设备批发	8	321	108258.8		123058.6	
其他机械设备及电子产品批发	103	2369	2658476.6	164571.6	3630136.7	49719.6
贸易经纪与代理	10	81	63219.5	5668.7	66950.2	1062.3
其他批发业	57	724	1037302	43905.5	1100309.9	5274.1
再生物资回收与批发	13	125	68228.4		80110.9	
互联网批发	1	27	1232.5		1353.8	1353.8
其他未列明批发业	43	572	967841.1	43905.5	1018845.2	3920.3

单位：万元

通过非自营平台实现	批发额	出口	零售额	通过公共网络实现	通过非自营平台实现	期末商品库存额	服务营业额	年末零售营业面积（平方米）
	93466.2	35358.6	950.5	34.9		17879.4	6.1	2031
	33664.6	9107.5	39.2	34.9		5391.7	0.1	83
	3102.1		296.3			710.5	6	
	50415.1	19966.7	615			11774.1		1948
	6284.4	6284.4				3.1		
	1631508	27456.7	33795.3	327		124577.3	1096.5	5548
	872705.2	10059.8	30981			64823.9	393.6	1373
	301364.6	4011.8				25792.6	639	
	4101.6					0.1		
	453336.6	13385.1	2814.3	327		33960.7	63.9	4175
5089	34660189	660038.1	50608.6			855576	6802.1	60660
	2091511.7	4435.2	0.1			84289.1		1
	19925924	15893.2	38349.8			555305	394.3	54218
	191553.2	114158.5	5144			11698.5		500
	4960016.6	95634.5	3590.3			115537.6	181.7	2281
	1290339.8	79879.1	2137.8			28635.2		100
	102635.9					6139		
5089	6098207.8	350037.6	1386.6			53971.6	6226.1	3560
	5493719.8	340762.3	50248.5			252677.3	9099.5	16290
	14242.4	6388.5				1444.5		
	872650.4	4506	10490.2			77394.7	740.4	10381
	652652	74201.3	4312.9			45411	3573.9	500
	204631.4	4683.4	877.6			31826.4		154
	32967		8899.1			4308.7	876.1	922
	101344.1		21352.3			6297.1	791.8	3358
	3615232.5	250983.1	4316.4			85994.9	3117.3	975
	65082.7	10388.6	1867.5	794		4528.5	96	847
47.2	1095678.1	50369.3	4631.8	322.6		61892.8	78.3	1200
	77665.6		2445.3			9516.3		
	1078.4		275.4	275.4		314.9		50
47.2	1016934.1	50369.3	1911.1	47.2		52061.6	78.3	1150

7-3 续表 2

指标	法人企业数（个）	从业人员期末人数（人）	商品购进额	进口	商品销售额	通过公共网络实现
2.按登记注册类型分						
内资企业	1669	25469	50557854.9	1315306.3	52661245.4	1224281.8
国有企业	13	1189	3264350.7	20773.8	3927008.6	888622.6
有限责任公司	191	5227	11816362.9	670886	12253945.3	107830.1
国有独资公司	8	282	356543.3	2581.4	417589.9	49499.5
其他有限责任公司	183	4945	11459819.6	668304.6	11836355.4	58330.6
股份有限公司	11	414	1848627.1	2521.6	1959451.9	101884
私营企业	1453	18637	33500595.7	621124.9	34392829	125945.1
私营独资企业	18	187	281215.3	116.8	291375.4	91134.9
私营合伙企业	2	8	3366		8576.1	
私营有限责任公司	1426	18251	33167129.3	613205.3	34032548.1	34810.2
私营股份有限公司	7	191	48885.1	7802.8	60329.4	
其他企业	1	2	127918.5		128010.6	
港、澳、台商投资企业	23	950	471567	34443.2	555735.2	5542.8
与港澳台商合资经营企业	5	203	188041.6	17591	225805.9	
港澳台商独资经营企业	17	723	280554.3	15054.8	325909.1	5542.8
港澳台商投资股份有限公司	1	24	2971.1	1797.4	4020.2	
外商投资企业	75	2424	3467638.7	931387.8	4443392.1	58054.1
中外合资经营企业	14	959	341480.4	14162.5	239274.8	54161.7
外资企业	58	1399	2509291.9	347525.3	3581373.4	3892.4
其他外商投资企业	3	66	616866.4	569700	622743.9	
3.按控股情况分						
国有控股	71	4076	10298296.9	522385.2	11336017.1	954939.9
集体控股	9	147	428143.7	5511.4	442330.8	
私人控股	1597	21362	39919472.4	808000.4	40974013.1	269341.9
港澳台商控股	22	938	449120.7	17060.2	534584.8	5542.8
外商控股	68	2320	3402026.9	928180.1	4373426.9	58054.1
4.按经营形式分						
独立门店	515	9341	18881531.3	919227.3	20278677.8	1099547.9
连锁总店(总部)	2	559	63019		68521.6	7109.4
连锁直营店	4	530	236205.2		250496.5	1047.4
连锁加盟店	1	28	6300.7		7262	
其他	1245	18385	35310004.4	1361910	37055414.8	180174
5.按单位规模分						
大型	11	4103	4006990.7	140156.8	4553738.8	1045695.7
中型	242	12099	13199768.3	1516650.7	14087449.8	73532.2
小型	858	11188	17247535	511072.9	18999330.5	44805.9
微型	656	1453	20042766.6	113256.9	20019853.6	123844.9

单位：万元

通过非自营平台实现	批发额	出口	零售额	通过公共网络实现	通过非自营平台实现	期末商品库存额	服务营业额	年末零售营业面积（平方米）
5662.4	52411600.1	1911401.7	175674.7	2942.5	217.7	2141447.2	30532.3	107650
	3925897.7	8402.4	1110.9			164646.5	39.5	1309
217.7	12160631.2	719010.3	82726.3	2059.1	217.7	519721.7	13836.8	51328
	405878.1	69735.3	1124			10776.4	1036.3	6000
217.7	11754753.1	649275	81602.3	2059.1	217.7	508945.3	12800.5	45328
	1959451.9	47837.4				58816.9		
5444.7	34237608.7	1136151.6	91837.5	883.4		1398262.1	16656	55013
	286503.9	9509.7	4746.6			16504.3		4050
	8576.1							
5444.7	33882199.3	1107087.1	87090.9	883.4		1377374.1	16077.1	50963
	60329.4	19554.8				4383.7	578.9	
	128010.6							
	555299.6	74573.6	435.6			46778.5	799.6	8794
	225781.2	1461.4	24.7			17234.1		523
	325498.2	73112.2	410.9			26092	410.9	8271
	4020.2					3452.4	388.7	
	4373840.5	159350.6	69551.6	48336.9		230745.4	10101.3	5153
	169747.7	9060	69527.1	48317.6		53413.2	7138.2	5152
	3581354.1	148142.7	19.3	19.3		116909	2963.1	
	622738.7	2147.9	5.2			60423.2		1
217.7	11247136.2	283356	78293.1	1265.1	217.7	543229	3658.5	51237
	442330.8	401658.8				3767.4	392	
5444.7	40813243.5	1235605.5	97386.8	1677.4		1614663.2	26507.3	56414
	534149.2	74573.6	435.6			37554.2	799.6	8794
	4303880.5	150132	69546.4	48336.9		219757.3	10075.8	5152
264.9	20163988.1	185965.5	78602.3	352.5	217.7	678642.5	12037.2	96114
	44070.8		24450.8	1265.3		3290.5	6363.6	5300
	226418.8		24077.7	1047.4		3409.3		9100
	7241.5		20.5			376		300
5397.5	36899021	1959360.4	118510.6	48614.2		1733252.8	23032.4	10783
	4472176.8	215312	81562	49365		185457.5	6362	12100
162.3	14010169.5	572384.6	77280.3	346.3		824550.1	16472.7	20801
5500.1	18922432.2	1173818	76898.3	774.1	217.7	792107.5	18272.8	81343
	19935961.7	183811.3	9921.3	794		616856	325.7	7353

7–3 续表 3

指标	法人企业数（个）	从业人员期末人数（人）	商品购进额	进口	商品销售额	通过公共网络实现
二、零售业	354	34583	6691327.5	367195.2	7230722.5	488808.9
1.按零售行业小类分						
综合零售	42	11315	1201198.9	1669	1451141.1	309516.7
百货零售	16	6277	744655.1		951997.9	191003.5
超级市场零售	20	4062	421511.3		458764.9	118422.8
便利店零售	2	864	28718.4		32841.5	
其他综合零售	4	112	6314.1	1669	7536.8	90.4
食品、饮料及烟草制品专门零售	19	1298	74083.4	2270.9	92273.4	8735.8
粮油零售	1	4	904.3		961.4	
糕点、面包零售	2	577	3781.6		13935.2	
果品、蔬菜零售	3	215	33362.8		36142.8	19.7
肉、禽、蛋、奶及水产品零售	7	165	23495		25371.9	8716.1
酒、饮料及茶叶零售	2	34	2055.3		2008.6	
烟草制品零售	2	286	7853.7	2270.9	11164.7	
其他食品零售	2	17	2630.7		2688.8	
纺织、服装及日用品专门零售	19	2173	210496.2	215.8	253094.6	1245.7
纺织品及针织品零售	1	44	1036.8		2255.4	
服装零售	12	1338	120806.6	215.8	147082.9	1245.7
鞋帽零售	2	21	5727.2		6190.9	
化妆品及卫生用品零售	1	416	19880.9		28290	
厨具卫具及日用杂品零售	1	24	1970.9		2317.3	
钟表、眼镜零售	2	330	61073.8		66958.1	
文化、体育用品及器材专门零售	15	750	57369.7		62707.4	2247.5
体育用品及器材零售	1	202	10793		11280.2	
图书、报刊零售	6	416	31768.6		33352.6	2190.3
珠宝首饰零售	2	15	3933.2		4142.1	
乐器零售	5	107	7857.3		10421.4	57.2
其他文化用品零售	1	10	3017.6		3511.1	

单位：万元

通过非自营平台实现	批发额	出口	零售额	通过公共网络实现	通过非自营平台实现	期末商品库存额	服务营业额	年末零售营业面积（平方米）
129051.9	852952.1	2414.3	6377770.4	484929.3	109699	693412.8	121457.3	3243256
98575.9	158922		1292219.1	309516.7	98575.9	133723.9	46899.2	1471414
	158922		793075.9	191003.5		77368.4	33709.1	1133797
98485.5			458764.9	118422.8	98485.5	49800.4	13038.3	295050
			32841.5			3409.8	14.7	18103
90.4			7536.8	90.4	90.4	3145.3	137.1	24464
	1273.6		90999.8	8735.8		8552.9	12172	30201
			961.4			41.4		120
			13935.2			100.5	8586.2	7361
			36142.8	19.7		1731.2	1602.2	16661
	1273.6		24098.3	8716.1		2256.7		3170
			2008.6			893.8		1180
			11164.7			3191.3	1983.6	809
			2688.8			338		900
1245.5	45049.2		208045.4	1245.7	1245.5	78705.6	9371.7	221142
	1061.8		1193.6			20		1960
1245.5	9523.8		137559.1	1245.7	1245.5	18360.5	2266.9	188286
			6190.9			36.4	7104.8	1295
			28290			4142.2		20281
			2317.3					200
	34463.6		32494.5			56146.5		9120
	4.4		62703	87.8		18884.7	336.9	23586
			11280.2			806.9	277.4	5062
			33352.6	30.6		8710.8		14588
			4142.1			2303.4		518
	4.4		10417	57.2		5978.1	59.5	3360
			3511.1			1085.5		58

7-3 续表 4

指标	法人企业数（个）	从业人员期末人数（人）	商品购进额	进口	商品销售额	通过公共网络实现
医药及医疗器材专门零售	24	6873	320754.3	94679.6	448233.3	433.3
西药零售	22	6807	317147.4	94679.6	444410	433.3
中药零售	2	66	3606.9		3823.3	
汽车、摩托车、零配件和燃料及其他动力销售	199	10711	4574704	268359.9	4640297.5	112134.6
汽车新车零售	159	7182	2684021.8	220561.5	2621879.1	108804.8
汽车零配件零售	5	203	117692.9	47798.4	121344.3	
摩托车及零配件零售	1	11	657.7		801.2	
机动车燃油零售	33	3299	1772150.7		1894092.1	3329.8
机动车燃气零售	1	16	180.9		2180.8	
家用电器及电子产品专门零售	19	754	182508.1		185827.9	13148.4
家用视听设备零售	1	2	5505.4		5501.6	
日用家电零售	9	578	152685.2		154156.8	7778.9
计算机、软件及辅助设备零售	3	96	9946.8		10235.5	
通信设备零售	4	44	10052.2		11604.2	5369.5
其他电子产品零售	2	34	4318.5		4329.8	
五金、家具及室内装饰材料专门零售	6	298	24368.6		34479.8	1858.3
五金零售	2	40	3199.6		3399.7	
家具零售	2	249	16824.5		26434.1	1858.3
其他室内装饰材料零售	2	9	4344.5		4646	
货摊、无店铺及其他零售业	11	411	45844.3		62667.5	39488.6
互联网零售	6	333	30108.9		46024.4	39488.6
生活用燃料零售	5	78	15735.4		16643.1	

单位：万元

通过非自营平台实现	批发额	出口	零售额	通过公共网络实现	通过非自营平台实现	期末商品库存额	服务营业额	年末零售营业面积（平方米）
407.6	1604.5		446628.8	433.3	407.6	73251.8	22.3	171096
407.6	1604.5		442805.5	433.3	407.6	72590.2	22.3	169136
			3823.3			661.6		1960
3329.8	628012	2414.3	4012285.5	111355.8	3329.8	349576.3	50048.7	1199058
	119911.8	2414.3	2501967.3	108026		306492.3	46075.4	438999
			121344.3			13956.4	3940.6	13415
			801.2			146.6	2.3	80
3329.8	508100.2		1385991.9	3329.8	3329.8	28957.9	30.4	745264
			2180.8			23.1		1300
	2966.7		182861.2	13148.4		16551.2	1572.2	103889
	2966.7		2534.9			1199.1		240
			154156.8	7778.9		7160.4	744.4	102353
			10235.5			5493.6	582.3	414
			11604.2	5369.5		2203.5	245.5	450
			4329.8			494.6		432
1858.3	1359.9		33119.9	1858.3		5481.2	447.3	22150
			3399.7			348.6	371.7	2150
1858.3	1359.9		25074.2	1858.3		4064.1	75.6	20000
			4646			1068.5		
23634.8	13759.8		48907.7	38547.5	6140.2	8685.2	587	720
23634.8	5105.4		40919	38547.5	6140.2	8400.3	587	20
	8654.4		7988.7			284.9		700

7-3 续表 5

指标	法人企业数（个）	从业人员期末人数（人）	商品购进额	进口	商品销售额	通过公共网络实现
2.按登记注册类型分						
内资企业	321	28593	5332243.7	165555.1	5731516.6	316632.8
国有企业	7	451	347226.7		363821.9	2159.7
集体企业	1	33	4503.2		4977.1	
股份合作企业	3	38	7950.9		9423.6	
联营企业	1	10	6060.1		6617.5	
国有联营企业	1	10	6060.1		6617.5	
有限责任公司	98	12325	1443731	127186.8	1632043.2	62991.7
国有独资公司	3	520	26630.9		30105.8	
其他有限责任公司	95	11805	1417100.1	127186.8	1601937.4	62991.7
股份有限公司	5	5607	1806915.9		1920681.9	119340.6
私营企业	205	10068	1673752.5	36750.9	1753423.1	132140.8
私营独资企业	11	118	16735.1		18452	
私营合伙企业	1	10	1108.6		1254.3	
私营有限责任公司	191	9904	1651561.4	36750.9	1729119	132140.8
私营股份有限公司	2	36	4347.4		4597.8	
其他企业	1	61	42103.4	1617.4	40528.3	
港、澳、台商投资企业	15	3198	739771.9	144442.9	839615.3	67945.7
与港澳台商合资经营企业	6	2009	270847.1	111688.4	393103.8	12721.8
与港澳台商合作经营企业	1	61	26721.3		27170.1	
港澳台商独资经营企业	6	929	353925.5	19430.8	334415.1	55223.9
港澳台商投资股份有限公司	1	78	28611.8		29071.3	
其他港澳台投资企业	1	121	59666.2	13323.7	55855	
外商投资企业	18	2792	619311.9	57197.2	659590.6	104230.4
外资企业	18	2792	619311.9	57197.2	659590.6	104230.4

单位：万元

通过非自营平台实现	批发额	出口	零售额	通过公共网络实现	通过非自营平台实现	期末商品库存额	服务营业额	年末零售营业面积（平方米）
31672.1	818490.5	2414.3	4913026.1	313532	12319.2	556227.7	97453.5	2830429
	171832.4		191989.5			5997.7	393.5	55853
	1171.4		3805.7			463.5		220
	775.4		8648.2			176.3		2950
	355.1		6262.4			36.8		2596
	355.1		6262.4			36.8		2596
1196.1	58038.5		1574004.7	62991.7	1196.1	180666.1	22842.2	888907
			30105.8			2224.8		10479
1196.1	58038.5		1543898.9	62991.7	1196.1	178441.3	22842.2	878428
	467239.6		1453442.3	119340.6		80062.6	24804.4	1311907
30476	119078.1	2414.3	1634345	131199.7	11123.1	286980.2	48163.8	563996
	2046.2		16405.8			293.9		20560
			1254.3			1.5		400
30476	115546.6	2414.3	1613572.4	131199.7	11123.1	286228.4	48163.8	541465
	1485.3		3112.5			456.4		1571
			40528.3			1844.5	1249.6	4000
	12172.3		827443	67166.9		80924.2	6975	235804
			393103.8	12721.8		24282.4	410.7	174686
			27170.1			14733.6	814	4249
	12172.3		322242.8	54445.1		34906.5	4747	45669
			29071.3			1473.7	1003.3	6200
			55855			5528		5000
97379.8	22289.3		637301.3	104230.4	97379.8	56260.9	17028.8	177023
97379.8	22289.3		637301.3	104230.4	97379.8	56260.9	17028.8	177023

7-3 续表 6

指标	法人企业数（个）	从业人员期末人数（人）	商品购进额	进口	商品销售额	通过公共网络实现
3.按控股情况分						
国有控股	36	8261	2368544.8	1669	2498414.5	121621.3
集体控股	10	478	115018.4		117413.3	
私人控股	274	19782	2801619.5	163886.1	3067146.3	195011.5
港澳台商控股	14	3077	680105.7	131119.2	783760.3	67945.7
外商控股	19	2913	678978.1	70520.9	715445.6	104230.4
其他	1	72	47061		48542.5	
4.按经营形式分						
独立门店	256	18020	4908029.4	244055.9	5137866.3	141068.9
连锁总店(总部)	19	6391	326679.8	94679.6	436215.2	6090.8
连锁直营店	8	2182	228237.7		264133.4	99014.2
连锁加盟店	2	74	23362		21271.4	
其他	69	7916	1205018.6	28459.7	1371236.2	242635
5.按单位规模分						
大型	16	15658	2484000.6	94679.6	2883806.2	264256.5
中型	116	14457	2813210.8	248881.1	2907317.4	137159.4
小型	164	3916	927004.4	23634.5	931684.8	81201.2
微型	58	552	467111.7		507914.1	6191.8
6.按零售业态分						
有店铺零售	330	33927	6578947.5	367195.2	7092088.1	442034.9
便利店	2	864	28718.4		32841.5	
超市	32	4549	347470.7		388047.9	68253.4
仓储会员店	2	354	129760.1		135587.8	50189.1
百货店	17	6511	794240.8	1669	1007646.9	191094.1
购物中心	4	136	44773.7		47943.4	40856.1
专业店	120	13251	2730409	95714.9	2986108.1	15798.6
品牌专卖店	133	7712	2340295.1	269592.8	2331089.8	72513.8
集合店	20	550	163279.7	218.5	162822.7	3329.8
无店铺零售	24	656	112380		138634.4	46774

单位：万元

通过非自营平台实现	批发额	出口	零售额	通过公共网络实现	通过非自营平台实现	期末商品库存额	服务营业额	年末零售营业面积（平方米）
90.4	643625.4		1854789.1	119461.6	90.4	124210.8	29165.9	1417136
	7172.5		110240.8			12391.1	2603.8	34118
31581.7	149383.5	2414.3	2917762.8	194070.4	12228.8	415713	65683.8	1363192
	12172.3		771588	67166.9		75396.2	6975	230804
97379.8	22289.3		693156.3	104230.4	97379.8	61788.9	17028.8	182023
	18309.1		30233.4			3912.8		15983
87129	640951.1		4496915.2	138909.2	87129	480361.2	71058.2	1720953
3083.5	2923		433292.2	5167.7	2688	43600.3	37	284277
	18610.7		245522.7	99014.2		20165.5	6540.4	248344
	391.3		20880.1			3376	106.1	7283
38839.4	190076	2414.3	1181160.2	241838.2	19882	145909.8	43715.6	982399
89852.8	485850.3		2397955.9	264256.5	89852.8	188019.2	36265.7	1891716
16502.4	137939.9		2769377.5	135457.5	16106.8	362810.1	56467.3	956208
22696.7	49236.2	2414.3	882448.6	81183.2	3739.4	126782.4	16154.4	298521
	179925.7		327988.4	4032.1		15801.1	12569.9	96811
103558.8	846573.1	2414.3	6245515	439096.4	103558.8	670146.8	120870.3	3230574
			32841.5			3409.8	14.7	18103
48296.4	3204.2		384843.7	68253.4	48296.4	48917.3	9769.5	344694
50189.1			135587.8	50189.1	50189.1	9149.2	5251	11811
90.4	158922		848724.9	191094.1	90.4	81571.5	33101.1	1271361
			47943.4	40856.1		309	1095.5	15556
407.6	535839.5		2450268.6	13638.9	407.6	169022.4	10222.6	1174358
1245.5	145271.8	2414.3	2185818	71735	1245.5	339150	52163.1	362389
3329.8	3335.6		159487.1	3329.8	3329.8	18617.6	9252.8	32302
25493.1	6379		132255.4	45832.9	6140.2	23266	587	12682

7-4 限额以上住宿和餐饮业

指标	法人企业数（个）	从业人员期末人数（人）	营业额	客房收入	通过公共网络实现	通过非自营平台实现
总计	**250**	**21777**	**478094.5**	**102393.5**	**13846.3**	**4886.6**
一、住宿业	119	8573	178625.9	98450.4	13797.3	4884.2
1.按住宿业行业小类分						
旅游饭店	71	6685	130775.7	61043.7	7231.7	2801.1
经济型连锁酒店	12	441	14116.1	12933.6	2614.1	535.1
其他一般旅馆	27	1108	26211.1	18789.3	2524.7	1387.2
其他住宿业	9	339	7523.0	5683.8	1426.8	160.8
2.按登记注册类型分组						
内资企业	107	7040	133600.4	76192.1	10332.2	2528.2
国有企业	5	652	9523.3	2442.4	153.8	101.0
集体企业	3	78	1522.6	537.1	10.1	
有限责任公司	34	2718	49449.1	25027.5	2437.8	276.0
国有独资公司	3	122	2289.5	1079.9	18.7	0.3
其他有限责任公司	31	2596	47159.6	23947.6	2419.1	275.7
私营企业	65	3592	73105.4	48185.1	7730.5	2151.2
私营独资企业	4	312	4309.8	2674.4	82.3	
私营有限责任公司	61	3280	68795.6	45510.7	7648.2	2151.2
港、澳、台商投资企业	5	1201	35410.8	13570.9	3155.5	2356.0
与港澳台商合资经营企业	4	789	15704.9	8903.6	2765.6	2356.0
港澳台商独资经营企业	1	412	19705.9	4667.3	389.9	
外商投资企业	7	332	9614.7	8687.4	309.6	
中外合资经营企业	2	127	2265.0	1624.7		
外资企业	5	205	7349.7	7062.7	309.6	

法人企业经营情况

单位：万元

餐费收入	通过公共网络实现	通过非自营平台实现	商品销售收入	其他收入	外卖送餐服务收入	客房数（间）	床位数（个）	餐位数（位）	年末餐饮营业面积（平方米）
325497.8	**75396.3**	**5208.2**	**15103.1**	**35100.1**	**3353.3**	**23534**	**38512**	**134272**	**868297**
46320.7	1804.5	814.8	5375.8	28479.0		22591	36804	30389	569455
39331.5	1599.1	686.3	5092.4	25308.1		13193	20963	25888	396967
663.7			170.2	348.6		1592	2190	1024	45887
5284.3	205.4	128.5	104.8	2032.7		6710	12067	2186	91745
1041.2			8.4	789.6		1096	1584	1291	34856
35268.0	590.8	225.8	1759.7	20380.6		19218	32405	24567	498720
4030.6	0.6		15.4	3034.9		789	1768	1188	18418
980.7	46.4			4.8		181	320	332	9665
14967.2	7.3		1110.9	8343.5		8375	15287	12123	175081
628.5			1.0	580.1		249	444	1066	2541
14338.7	7.3		1109.9	7763.4		8126	14843	11057	172540
15289.5	536.5	225.8	633.4	8997.4		9873	15030	10924	295556
1613.1	76.9		1.5	20.8		636	1043	424	27840
13676.4	459.6	225.8	631.9	8976.6		9237	13987	10500	267716
10574.2	1213.7	589.0	3616.1	7649.6		2211	2672	3738	19788
4386.4	672.4	589.0	1886.2	528.7		1651	1924	3223	17226
6187.8	541.3		1729.9	7120.9		560	748	515	2562
478.5				448.8		1162	1727	2084	50947
387.3				253.0		461	678	1500	15200
91.2				195.8		701	1049	584	35747

7–4 续表 1

指标	法人企业数（个）	从业人员期末人数（人）	营业额	客房收入	通过公共网络实现	通过非自营平台实现
3.按控股情况分组						
国有控股	15	1502	25039.0	7721.2	615.1	200.2
集体控股	10	802	11855.6	4490.1	245.1	
私人控股	84	5375	107435.1	68774.6	12116.7	4684.0
港澳台商控股	3	614	25502.2	9275.6	510.8	
外商控股	7	280	8794.0	8188.9	309.6	
4.按经营形式分组						
独立门店	89	7315	148548.1	77151.2	6883.2	3537.2
连锁直营店	1	25	601.2	507.5	58.7	
连锁加盟店	13	335	8450.9	7442.5	3416.7	891.3
其他	16	898	21025.7	13349.2	3438.7	455.7
5.按单位规模分						
大型	1	412	19705.9	4667.3	389.9	
中型	13	3110	52126.5	18806.5	3177.1	2457.0
小型	95	4974	104229.1	72795.4	10197.9	2410.5
微型	10	77	2564.4	2181.2	32.4	16.7
二、餐饮业	131	13204	299468.6	3943.1	49.0	2.4
1.按餐饮业行业小类分						
正餐服务	102	4866	117711.4	3631.2	49.0	2.4
快餐服务	10	6743	135226.5			
饮料及冷饮服务	5	600	23893.0			
咖啡馆服务	3	524	21414.2			
其他饮料及冷饮服务	2	76	2478.8			
餐饮配送及外卖送餐服务	7	546	9548.2			
餐饮配送服务	6	517	9018.5			
外卖送餐服务	1	29	529.7			
其他餐饮业	7	449	13089.5	311.9		

单位：万元

餐费收入			商品销售收入	其他收入		客房数（间）	床位数（个）	餐位数（位）	年末餐饮营业面积（平方米）
	通过公共网络实现				外卖送餐服务收入				
		通过非自营平台实现							
8626.7	0.6		988.8	7702.3		2188	4012	4226	61742
6293.8	53.7		0.5	1071.2		1034	1693	3968	58279
23917.3	1174.2	814.8	2618.1	12125.1		16825	27790	17916	402342
7175.2	576.0		1768.4	7283.0		1274	1530	2031	7495
307.7				297.4		1270	1779	2248	39597
43036.1	1671.6	736.4	4339.7	24021.1		18391	30526	27988	469481
92.4				1.3		135	223	60	5000
309.0	131.8	77.3	79.4	620.0		1694	2482	660	52528
2883.2	1.1	1.1	956.7	3836.6		2371	3573	1681	42446
6187.8	541.3		1729.9	7120.9		560	748	515	2562
20048.4	732.4	589.0	3205.8	10065.8		3151	5270	7565	81275
19894.3	530.8	225.8	431.9	11107.5		18369	30029	21685	470952
190.2			8.2	184.8		511	757	624	14666
279177.1	73591.8	4393.4	9727.3	6621.1	3353.3	943	1708	103883	298842
110562.7	15541.9	1985.7	1983.0	1534.5	42.1	803	1558	49196	163481
125660.7	52246.3	2407.7	6028.4	3537.4	3183.4			45799	94836
21824.4	5761.1		1715.9	352.7	127.8			2421	11575
19382.1	3930.2		1679.9	352.2	127.8			2380	11100
2442.3	1830.9		36.0	0.5				41	475
8624.5	42.5			923.7					240
8384.4	42.5			634.1					240
240.1				289.6					
12504.8				272.8		140	150	6467	28710

7-4 续表 2

指标	法人企业数（个）	从业人员期末人数（人）	营业额	客房收入	通过公共网络实现	通过非自营平台实现
2.按登记注册类型分组						
内资企业	120	5861	146673.4	3943.1	49.0	2.4
集体企业	1	46	341.6			
有限责任公司	17	791	23995.6	1309.0	2.4	2.4
国有独资公司	1	57	1146.1			
其他有限责任公司	16	734	22849.5	1309.0	2.4	2.4
私营企业	102	5024	122336.2	2634.1	46.6	
私营独资企业	11	541	16565.8			
私营合伙企业	7	272	7654.4			
私营有限责任公司	84	4211	98116.0	2634.1	46.6	
港、澳、台商投资企业	6	3628	106386.0			
与港澳台商合资经营企业	1	190	2619.3			
港澳台商独资经营企业	5	3438	103766.7			
外商投资企业	5	3715	46409.2			
中外合资经营企业	1	15	218.2			
外资企业	4	3700	46191.0			
3.按控股情况分组						
国有控股	2	57	1913.0			
集体控股	1	46	341.6			
私人控股	118	5773	144637.0	3943.1	49.0	2.4
港澳台商控股	6	3628	106386.0			
外商控股	4	3700	46191.0			
4.按经营形式分组						
独立门店	92	3475	90970.6	3806.0	49.0	2.4
连锁总店(总部)	6	3447	103978.1			
连锁直营店	6	4252	63990.3			
连锁加盟店	3	95	1747.7			
其他	24	1935	38781.9	137.1		
5.按单位规模分						
大型	3	6542	98190.1			
中型	13	2633	99135.7	1726.7		
小型	98	3960	90195.8	1729.9	46.6	
微型	17	69	11947.0	486.5	2.4	2.4

单位：万元

餐费收入	通过公共网络实现	通过非自营平台实现	商品销售收入	其他收入	外卖送餐服务收入	客房数（间）	床位数（个）	餐位数（位）	年末餐饮营业面积（平方米）
134026.3	18886.9	2216.9	5466.0	3238.0	284.0	943	1708	54069	191901
341.6								1	2250
22384.7	1955.1	365.4	36.8	265.1		368	498	11104	54162
1146.1								1238	3700
21238.6	1955.1	365.4	36.8	265.1		368	498	9866	50462
111300.0	16931.8	1851.5	5429.2	2972.9	284.0	575	1210	42964	135489
15836.7	84.7	9.9	180.1	549.0				5281	21084
7654.4	400.4							771	2711
87808.9	16446.7	1841.6	5249.1	2423.9	284.0	575	1210	36912	111694
101814.1	38577.2	2151.0	2882.1	1689.8	1689.5			40957	64229
2619.3	42.5								240
99194.8	38534.7	2151.0	2882.1	1689.8	1689.5			40957	63989
43336.7	16127.7	25.5	1379.2	1693.3	1379.8			8857	42712
218.2								50	144
43118.5	16127.7	25.5	1379.2	1693.3	1379.8			8807	42568
1913.0								1238	3700
341.6								1	2250
131989.9	18886.9	2216.9	5466.0	3238.0	284.0	943	1708	52880	186095
101814.1	38577.2	2151.0	2882.1	1689.8	1689.5			40957	64229
43118.5	16127.7	25.5	1379.2	1693.3	1379.8			8807	42568
84812.3	13962.4	2037.7	575.6	1776.7	42.1	877	1596	43000	167957
99406.2	38629.3	2154.7	2882.1	1689.8	1689.5			40901	63367
60513.3	19253.2		1559.3	1917.7	1379.8			10124	48554
1505.8	1039.4	201.0		241.9	241.9			183	1575
32939.5	707.5		4710.3	995.0		66	112	9675	17389
90545.7	52395.0		4261.3	3383.1	3069.3			17250	77761
93194.0	4972.7	2151.0	3447.0	768.0		280	700	41131	53522
84130.9	16034.1	2183.0	1961.8	2373.2	284.0	584	876	43532	158768
11306.5	190.0	59.4	57.2	96.8		79	132	1970	8791

7-5 限额以上批发和零售业

指标	法人企业数（个）	执行《2006年企业会计准则》企业数	一、年初存货	流动资产合计	应收账款
总计	**2178**	**983**	**3292142.3**	**25984649.7**	**5756527.7**
一、批发业	1825	756	2742708.2	21764282.2	5558722.8
1.按批发行业小类分					
农、林、牧、渔产品批发	110	65	620387.6	1921402.7	364875.0
谷物、豆及薯类批发	67	45	538216.0	1562077.5	259939.8
种子批发	3	3	5014.3	10973.9	500.6
畜牧渔业饲料批发	18	9	5973.0	63635.5	21515.4
棉、麻批发	1		625.7	2031.3	294.8
林业产品批发	2	1		4728.8	518.8
渔业产品批发	4	1	1965.9	45697.4	37753.8
其他农牧产品批发	15	6	68592.7	232258.3	44351.8
食品、饮料及烟草制品批发	200	87	339131.2	1759488.2	207535.8
米、面制品及食用油批发	40	18	101628.9	284977.6	80785.9
糕点、糖果及糖批发	2	1	1870.6	572.3	76.8
果品、蔬菜批发	15	7	1681.2	33977.8	16902.8
肉、禽、蛋、奶及水产品批发	85	38	128938.9	514282.8	61901.3
盐及调味品批发	9	2	4631.9	22808.5	2164.0
营养和保健品批发	4	2	2188.1	29598.1	6470.5
酒、饮料及茶叶批发	12	4	33867.4	92351.8	20914.9
烟草制品批发	2	2	41425.0	709594.1	35.0
其他食品批发	31	13	22899.2	71325.2	18284.6
纺织、服装及家庭用品批发	115	55	75229.6	637086.6	240117.2
纺织品、针织品及原料批发	14	7	1820.6	36236.3	17242.3
服装批发	60	28	34527.7	326530.2	96831.6
鞋帽批发	5	1	1030.0	6973.6	932.2
化妆品及卫生用品批发	5	2	852.3	9042.3	1148.8
厨具卫具及日用杂品批发	8	2	1011.5	7464.3	587.6
家用视听设备批发	2	1	1791.0	15571.3	809.8
日用家电批发	9	5	11649.7	134003.0	99196.5
其他家庭用品批发	12	9	22546.8	101265.6	23368.4

法人企业财务状况

单位：万元

二、期末资产负债							
存货	固定资产原价	房屋和构筑物	机器设备	累计折旧	本年折旧	固定资产净额	在建工程
3080989.4	**6518439.5**	**1516892.4**	**3826387.7**	**2266853.8**	**1204087.1**	**4168488.8**	**700409.9**
2425898.8	5601971.3	1129391.3	3697387.7	1713070.1	1156486.1	3831500.1	638847.1
490948.8	82097.2	21645.3	1885.3	33482.1	3580.3	45722.4	7627.9
351697.8	55804.7	17416.1	1401.2	25921.1	2277.9	29577.2	7627.9
4871.8	2374.1	1390.3	218.6	1479.5	109.1	894.6	
12026.5	1646.8	942.5	180.0	1414.6	82.3	226.4	
792.0	189.4			173.5	15.9	15.9	
8.9	471.4			433.5	20.3	37.9	
2378.1	3102.0			1397.1	319.8	1.8	
119173.7	18508.8	1896.4	85.5	2662.8	755.0	14968.6	
315334.0	138603.8	41913.5	23104.2	86316.5	8104.2	41893.1	3371.6
84484.4	31286.9	4849.1	3012.3	16139.6	1281.4	13377.1	2481.6
353.7	259.3			60.7	0.8	198.6	
1623.5	4745.6		2390.7	2439.1	206.0	2118.8	
137048.0	21430.7	1350.3	3025.8	10884.1	1748.1	2619.5	642.9
2807.0	8032.6		161.5	5041.6	576.5	2867.0	
2665.3	325.9		6.0	304.0	5.3	21.9	
27642.3	1594.8		265.3	1090.5	175.9	409.4	
31074.4	55817.3	32195.7	6165.7	43352.7	2230.8	12464.6	246.5
27635.4	15110.7	3518.4	8076.9	7004.2	1879.4	7816.2	0.6
80462.3	72294.4	34338.4	3083.6	32774.6	3822.0	37291.9	
1271.2	6446.4	4290.0	616.1	3637.1	254.1	2803.8	
34059.1	57296.6	28463.2	1717.6	23450.4	2910.2	32004.9	
852.1	1382.7	625.0	14.1	832.6	165.5	351.1	
2628.9	774.3		228.4	627.1	27.8	70.8	
2352.8	1213.3	105.7		871.1	92.6	236.5	
2036.0	32.8			31.0	2.0	1.8	
13231.2	2450.2	718.2	386.8	1269.4	78.6	1180.8	
24031.0	2698.1	136.3	120.6	2055.9	291.2	642.2	

7-5 续表 1-1

指标	法人企业数(个)	执行《2006年企业会计准则》企业数	一、年初存货	流动资产合计	应收账款
文化、体育用品及器材批发	16	5	17822.8	54246.0	12954.9
文具用品批发	6	2	3347.1	16590.4	8465.7
图书批发	1	1	574.0	2700.6	452.9
首饰、工艺品及收藏品批发	8	2	13898.9	33422.8	3912.1
其他文化用品批发	1		2.8	1532.2	124.2
医药及医疗器材批发	68	41	119642.0	1084790.8	612621.3
西药批发	30	19	54637.0	593529.1	366527.8
中药批发	10	6	26410.9	267462.5	140390.3
动物用药品批发	1	1	0.1	3960.6	2445.0
医疗用品及器材批发	27	15	38594.0	219838.6	103258.2
矿产品、建材及化工产品批发	1032	367	1180197.2	12840032.0	2571748.9
煤炭及制品批发	45	21	294439.7	531222.7	91489.7
石油及制品批发	604	171	643506.3	8504517.5	1556028.4
非金属矿及制品批发	19	9	11425.3	57325.3	11859.3
金属及金属矿批发	159	64	120260.4	1652691.0	596057.5
建材批发	57	21	37972.3	387755.2	91800.2
化肥批发	6	3	6570.2	24519.1	2005.6
其他化工产品批发	142	78	66023.0	1682001.2	222508.2
机械设备、五金产品及电子产品批发	215	108	328339.9	3111570.7	1461941.8
农业机械批发	3	2	1046.6	7530.7	1746.2
汽车及零配件批发	32	16	128937.8	335316.5	43671.2
五金产品批发	46	23	35913.6	277663.2	101529.2
电气设备批发	17	8	27903.4	88413.1	34867.1
计算机、软件及辅助设备批发	6	2	4008.4	30754.0	13145.6
通讯设备批发	8	7	7049.2	15471.9	1627.3
其他机械设备及电子产品批发	103	50	123480.9	2356421.3	1265355.2
贸易经纪与代理	11	7	3780.5	18739.5	3336.9
贸易代理	11	7	3780.5	18739.5	3336.9
其他批发业	58	21	58177.4	336925.7	83591.0
再生物资回收与批发	13	2	13068.5	32509.6	10361.8
互联网批发	1		221.0	933.9	3.5
其他未列明批发业	44	19	44887.9	303482.2	73225.7

单位：万元

二、期末资产负债							
	固定资产原价			累计折旧		固定资产净额	在建工程
存货		房屋和构筑物	机器设备		本年折旧		
17371.3	1850.7	242.2	313.6	1390.3	194.3	460.1	
4925.9	981.2	142.8	92.5	838.4	40.8	142.7	
710.5	0.1			0.1	0.1	0.0	
11732.1	786.5	99.4	138.2	549.6	151.5	236.8	
2.8	82.9		82.9	2.2	1.9	80.6	
125693.7	39709.2	15473.4	6918.7	16073.1	2075.9	22824.4	4410.3
63347.8	17213.1	5215.5	2805.2	7708.8	1008.1	8954.4	4377.7
26243.5	13830.0	10257.9	1056.6	2115.9	158.2	11713.8	31.2
0.1	46.5			44.2		2.3	
36102.3	8619.6		3056.9	6204.2	909.6	2153.9	1.4
861547.3	639923.9	75831.7	28498.9	403054.9	40232.7	203096.1	2803.0
82966.1	11407.7	5697.5	2171.7	4948.1	1515.1	6075.6	83.2
556498.3	542575.4	55403.2	6266.5	338850.7	30670.0	171998.6	2536.7
10610.5	3894.7	179.8	1090.1	2444.3	1144.4	1337.1	
115809.3	34609.9	7419.4	5518.1	24544.5	3169.9	9249.2	147.1
27854.5	5676.5		1658.1	3511.6	752.7	1964.2	
5457.8	360.3		66.8	279.6	107.7	79.0	
62350.8	41399.4	7131.8	11727.6	28476.1	2872.9	12392.4	36.0
476807.7	4611533.2	936826.4	3630422.8	1132988.1	1096996.7	3472654.3	619514.8
1137.8	1747.0	95.0		1270.1	398.2	476.7	
109950.5	10920.0	2484.6	3339.0	6453.6	1030.3	3810.6	479.1
54636.6	13541.5	2668.5	1011.6	7054.8	937.2	2436.4	1422.6
29753.6	4278.7	1196.0	247.1	2348.4	229.0	1922.1	
3813.8	353.0	75.8	147.2	209.7	21.9	87.3	
5889.5	110.1			93.6	42.5	10.0	
271625.9	4580582.9	930306.5	3625677.9	1115557.9	1094337.6	3463911.2	617613.1
4600.0	1967.2	1080.2	389.4	887.7	92.7	918.4	
4600.0	1967.2	1080.2	389.4	887.7	92.7	918.4	
53133.7	13991.7	2040.2	2771.2	6102.8	1387.3	6639.4	1119.5
9424.1	1388.7		81.3	870.4	169.2	395.8	
314.9	24.6			23.4	0.1	0.0	
43394.7	12578.4	2040.2	2689.9	5209.0	1218.0	6243.6	1119.5

7-5 续表 1-2

指标	法人企业数（个）	执行《2006年企业会计准则》企业数	一、年初存货	流动资产合计	应收账款
2.按登记注册类型分					
内资企业	1726	689	2332809.5	19066263.6	4211734.7
国有企业	13	11	332260.1	987083.1	55013.5
有限责任公司	192	116	668030.6	4616551.3	1157794.2
国有独资公司	8	6	53136.0	260647.5	54171.4
其他有限责任公司	184	110	614894.6	4355903.8	1103622.8
股份有限公司	11	8	36939.6	280898.6	36885.0
私营企业	1509	553	1295579.2	13087059.8	2962042.0
私营独资企业	18	8	25054.0	75361.9	23585.8
私营合伙企业	2			2131.0	1064.5
私营有限责任公司	1482	542	1265365.0	12980684.1	2928937.0
私营股份有限公司	7	3	5160.2	28882.8	8454.7
其他企业	1	1		94670.8	
港、澳、台商投资企业	23	15	33899.2	324134.4	103148.6
与港澳台商合资经营企业	5	3	14450.2	154653.0	64475.8
港澳台商独资经营企业	17	12	15996.7	154672.9	36308.0
港澳台商投资股份有限公司	1		3452.3	14808.5	2364.8
外商投资企业	76	52	375999.5	2373884.2	1243839.5
中外合资经营企业	15	10	40562.2	106874.4	20860.4
外资企业	58	41	114104.4	2174076.5	1218596.8
其他外商投资企业	3	1	221332.9	92933.3	4382.3
3.按控股情况分					
国有控股	71	64	827755.4	3702899.1	660586.2
集体控股	9	9	3483.0	149322.3	102005.8
私人控股	1654	620	1520518.9	15251764.5	3453146.6
港澳台商控股	22	14	24044.0	310809.6	103376.9
外商控股	69	49	366906.9	2349486.7	1239607.3
4.按经营形式分					
独立门店	523	308	779669.3	6672149.0	2022296.9
连锁总店(总部)	2	1	2512.9	11448.6	3634.1
连锁直营店	4	2	9341.4	46501.0	7986.1
连锁加盟店	1		448.6	2908.2	
其他	1295	445	1950736.0	15031275.4	3524805.7

单位：万元

二、期末资产负债							
存货	固定资产原价	房屋和构筑物	机器设备	累计折旧	本年折旧	固定资产净额	在建工程
1973975.0	977164.8	200699.8	51442.2	579286.8	58813.1	357937.2	20091.6
162163.6	65447.1	36468.3	7569.4	47399.3	2681.6	16309.1	2578.6
587469.7	600532.5	95890.7	8491.2	356727.8	31215.9	241268.5	14597.4
11968.7	15265.6	8348.5	384.9	4557.3	324.2	10440.8	
575501.0	585266.9	87542.2	8106.3	352170.5	30891.7	230827.7	14597.4
55406.3	14545.2	9949.4	1109.6	7063.2	685.2	6875.7	
1168935.4	296639.2	58391.4	34272.0	168095.7	24230.2	93483.9	2915.6
15543.6	1888.4		230.4	1487.4	303.2	246.0	
1149177.8	282546.2	58391.4	33732.2	163178.3	23408.5	84463.5	2915.6
4214.0	12204.6		309.4	3430.0	518.5	8774.4	
	0.8			0.8	0.2		
43826.8	34187.0	3134.3	3494.3	11379.8	1709.5	6387.1	614.4
16811.6	2210.8		79.8	1588.5	157.7	59.9	
23562.8	31164.4	2586.4	3412.9	9155.5	1524.0	6151.2	614.4
3452.4	811.8	547.9	1.6	635.8	27.8	176.0	
408097.0	4590619.5	925557.2	3642451.2	1122403.5	1095963.5	3467175.8	618141.1
42481.7	16042.8	2980.8	7866.8	8238.6	1879.5	6932.9	4.9
301969.8	4574208.4	922576.4	3634231.5	1114036.4	1094073.0	3460003.1	618136.2
63645.5	368.3		352.9	128.5	11.0	239.8	
547919.1	552093.1	80958.7	12365.5	365803.9	29094.9	183531.1	4211.0
3617.8	2657.0	350.4	116.4	2135.8	73.0	521.1	
1441284.9	424356.7	119979.9	39511.0	212902.4	29766.6	174271.7	15880.6
34484.7	34223.6	3134.3	3466.1	11430.4	1703.0	6373.1	614.4
398592.3	4588640.9	924968.0	3641928.7	1120797.6	1095848.6	3466803.1	618141.1
886744.5	4838345.9	1028365.9	3658338.8	1241983.5	1108748.4	3587130.5	627846.9
2749.3	11016.0	2034.1	7518.8	4644.4	1503.3	6112.6	551.6
3901.7	3292.2		250.8	1692.2	54.7	1599.9	
332.8	67.7			35.6	18.6	32.1	
1532170.5	749249.5	98991.3	31279.3	464714.4	46161.1	236625.0	10448.6

7-5 续表 1-3

指标	法人企业数（个）	执行《2006年企业会计准则》企业数	一、年初存货	流动资产合计	应收账款
5.按单位规模分					
大型	11	10	349384.3	1270093.6	171078.6
中型	242	153	1145371.0	5220603.4	1398468.7
小型	858	337	675337.9	7523804.9	2554356.3
微型	714	256	572615.0	7749780.3	1434819.2
二、零售业	353	227	549434.1	4220367.5	197804.9
1.按零售行业小类分					
综合零售	42	31	129308.1	1797438.8	78830.1
百货零售	16	14	69606.4	1482371.4	75776.4
超级市场零售	20	13	53928.2	259325.9	1949.8
便利店零售	2	2	2865.4	11674.3	162.9
其他综合零售	4	2	2908.1	44067.2	941.0
食品、饮料及烟草制品专门零售	19	9	7595.5	37062.4	5904.5
粮油零售	1		37.8	255.0	206.8
糕点、面包零售	2		574.3	9645.1	358.8
果品、蔬菜零售	3	1	1309.7	11894.7	3338.2
肉、禽、蛋、奶及水产品零售	7	4	1443.3	5908.2	1658.4
酒、饮料及茶叶零售	2	1	656.9	1365.9	0.1
烟草制品零售	2	2	3244.9	6460.4	232.6
其他食品零售	2	1	328.6	1533.1	109.6
纺织、服装及日用品专门零售	19	13	69591.7	324848.4	17311.9
纺织品及针织品零售	1	1	73.7	229.7	91.6
服装零售	12	8	17076.8	210364.1	15395.6
鞋帽零售	2	1	35.6	55965.5	450.2
化妆品及卫生用品零售	1	1	3975.6	4287.8	
厨具卫具及日用杂品零售	1			213.6	150.2
钟表、眼镜零售	2	2	48430.0	53787.7	1224.3

单位：万元

二、期末资产负债							
存货	固定资产原价	房屋和构筑物	机器设备	累计折旧	本年折旧	固定资产净额	在建工程
176090.6	126974.3	33537.6	13615.1	83895.7	6899.5	36029.3	959.5
905216.8	689412.5	147885.4	28988.7	393885.5	36713.3	265884.5	14997.7
915067.7	4746560.5	945851.2	3646829.8	1215333.7	1108589.5	3522395.4	621651.2
429523.7	39024.0	2117.1	7954.1	19955.2	4283.8	7190.9	1238.7
655090.6	916468.2	387501.1	129000.0	553783.7	47601.0	336988.7	61562.8
139557.9	364896.3	85009.3	35173.9	250411.7	11716.9	110869.8	1068.0
74945.7	312517.2	80575.8	8498.5	212661.9	7800.9	96642.6	1001.2
58119.9	44180.9	4433.5	25915.4	31302.1	2702.3	12476.7	66.8
3228.0	6056.9		760.0	4980.5	1008.3	1076.4	
3264.3	2141.3			1467.2	205.4	674.1	
8321.8	5383.1		132.1	4104.9	537.8	1164.1	121.4
41.4							
594.0	3235.6			2463.3	319.8	772.3	121.4
1636.5	628.9			430.5	88.3	198.4	
2207.2	468.5		128.9	301.6	51.4	113.5	
776.6	374.8			314.1	17.3		
3054.8	476.5		3.2	400.7	26.6	75.8	
11.3	198.8			194.7	34.4	4.1	
71607.5	79852.9	56093.7	5325.0	49639.3	3396.9	28847.8	260.5
17.7	43.3			31.3	4.3	12.0	
18209.4	56655.2	46954.3	3010.7	38199.7	2516.4	18403.7	224.9
27.6	1439.8	1267.6	108.5	423.4	71.1	5.1	
3665.6	4494.5			2695.0	36.5	1496.8	35.6
	1.5			0.4	0.4	1.1	
49687.2	17218.6	7871.8	2205.8	8289.5	768.2	8929.1	

7-5 续表 1-4

指标	法人企业数（个）	执行《2006年企业会计准则》企业数	一、年初存货	流动资产合计	应收账款
文化、体育用品及器材专门零售	15	8	25468.3	72577.6	10827.9
体育用品及器材零售	1	1	1057.3	2089.2	164.4
图书、报刊零售	6	5	16417.4	56815.3	9656.5
珠宝首饰零售	2	2	1886.5	3136.1	30.6
乐器零售	5		5369.7	8018.4	732.0
其他文化用品零售	1		737.4	2518.6	244.4
医药及医疗器材专门零售	24	15	61450.2	188107.1	34370.5
西药零售	22	13	60945.4	186906.5	34231.8
中药零售	2	2	504.8	1200.6	138.7
汽车、摩托车、零配件和燃料及其他动力销售	198	137	226748.9	1678965.3	39351.1
汽车新车零售	159	117	194162.7	1585585.2	37025.5
汽车零配件零售	5	2	8890.7	90459.9	807.3
摩托车及零配件零售	1		282.1	214.1	66.0
机动车燃油零售	32	18	23413.4	2637.3	1423.1
机动车燃气零售	1			68.8	29.2
家用电器及电子产品专门零售	19	8	15831.5	85604.7	3975.0
家用视听设备零售	1	1	850.2	2097.7	949.1
日用家电零售	9	4	5637.1	69097.7	911.9
计算机、软件及辅助设备零售	3	2	3798.0	7451.2	808.5
通信设备零售	4	1	5010.1	5191.4	1064.5
其他电子产品零售	2		536.1	1766.7	241.0
五金、家具及室内装饰材料专门零售	6	1	5234.6	14248.0	2893.9
五金零售	2		1253.7	3485.4	1025.2
家具零售	2	1	3389.9	7348.8	512.2
其他室内装饰材料零售	2		591.0	3413.8	1356.5

单位：万元

二、期末资产负债							
存货	固定资产原价	房屋和构筑物	机器设备	累计折旧	本年折旧	固定资产净额	在建工程
14019.3	23741.6	271.3	2843.5	12576.7	141.9	9858.4	
806.9	4354.0			3123.8	–471.6	1228.2	
4195.8	18864.9	271.3	2715.1	9031.6	588.5	8529.0	
2228.4	215.0		128.4	208.4	11.6	6.5	
5702.7	307.7			212.9	13.4	94.7	
1085.5							
67228.5	10047.5	257.7	1342.0	6760.1	1792.6	3046.1	
66548.2	9759.9	257.7	1338.0	6597.1	1783.5	2921.5	
680.3	287.6		4.0	163.0	9.1	124.6	
323081.4	388710.1	210732.9	78594.0	205020.0	28060.7	164902.6	60110.5
284657.1	217549.8	105273.9	26223.8	106398.0	18661.5	96984.6	2674.5
13486.2	13133.2	7581.1	746.7	7047.9	947.5	5791.7	357.9
146.6	18.4			14.6	1.3	3.8	
24791.5	157734.3	97877.9	51349.1	91470.7	8424.0	61936.9	57078.1
	274.4		274.4	88.8	26.4	185.6	
17125.1	1770.3		260.8	1204.1	45.6	329.6	
1061.2	34.0		34.0	3.6	3.6	30.4	
8246.7	1452.4		186.7	982.9	37.2	291.2	
3206.8	92.2			86.2	2.0	6.0	
3725.8	37.9		34.1	37.7			
884.6	153.8		6.0	93.7	2.8	2.0	
5093.9	40197.7	34566.1	5241.6	23218.6	1746.2	16978.7	2.4
810.5	2180.0	1786.3	4.4	1471.5	46.5	708.5	
3655.5	38002.4	32779.8	5222.2	21742.2	1696.0	16259.9	2.4
627.9	15.3		15.0	4.9	3.7	10.3	

7-5 续表 1-5

指标	法人企业数(个)	执行《2006年企业会计准则》企业数	一、年初存货	流动资产合计	应收账款
货摊、无店铺及其他零售业	11	5	8205.3	21515.2	4340.0
互联网零售	6	3	7867.3	15133.1	2057.6
生活用燃料零售	5	2	338.0	6382.1	2282.4
2.按登记注册类型分					
内资企业	320	200	454427.2	3311289.7	186220.3
国有企业	6	6	2108.1	8793.7	1029.6
集体企业	1		410.2	563.6	33.5
股份合作企业	3	1	157.9	5171.4	479.6
联营企业	1	1	38.3	100.5	7.9
国有联营企业	1	1	38.3	100.5	7.9
有限责任公司	98	79	150325.8	939719.2	49774.3
国有独资公司	3	2	1668.7	27554.0	1180.1
其他有限责任公司	95	77	148657.1	912165.2	48594.2
股份有限公司	5	4	67330.1	1017500.4	69462.0
私营企业	205	108	233247.8	1334340.4	64808.7
私营独资企业	11	7	596.7	3453.3	1486.8
私营合伙企业	1	1	10.9	193.5	
私营有限责任公司	191	99	232392.4	1329344.9	63267.8
私营股份有限公司	2	1	247.8	1348.7	54.1
其他企业	1	1	809.0	5100.5	624.7
港、澳、台商投资企业	15	12	40823.5	512895.8	7685.5
与港澳台商合资经营企业	6	5	19781.8	244425.9	3957.8
与港澳台商合作经营企业	1	1	1547.8	13800.4	372.3
港澳台商独资经营企业	6	6	12494.2	149316.4	2785.3
港澳台商投资股份有限公司	1		1374.5	3970.6	314.0
其他港澳台投资企业	1		5625.2	101382.5	256.1
外商投资企业	18	15	54183.4	396182.0	3899.1
外资企业	18	15	54183.4	396182.0	3899.1

单位：万元

二、期末资产负债							
存货	固定资产原价	房屋和构筑物	机器设备	累计折旧	本年折旧	固定资产净额	在建工程
9055.2	1868.7	570.1	87.1	848.3	162.4	991.6	
8762.4	111.7		77.0	56.8	18.9	30.3	
292.8	1757.0	570.1	10.1	791.5	143.5	961.3	
536120.9	677705.7	306653.8	93992.6	398155.6	38272.6	257879.0	61294.1
4160.4	1836.2	449.8	186.8	725.7	222.6	1110.5	
410.2	430.2			297.4	21.1	132.8	
164.9	591.8	182.3	167.9	368.3	38.8	223.4	
38.7	396.4			188.8	21.8	207.6	
38.7	396.4			188.8	21.8	207.6	
168938.7	234974.5	131228.2	18871.4	136721.6	16962.0	85358.8	2500.7
2074.1	8919.3	271.3	2715.1	5386.6	2077.3	2228.6	31.2
166864.6	226055.2	130956.9	16156.3	131335.0	14884.7	83130.2	2469.5
75147.4	298010.9	122404.4	54021.4	181344.9	10805.2	111366.4	57726.9
285373.7	139123.2	52389.1	18402.6	77076.2	9967.7	58569.8	1066.5
553.8	1831.1	289.5	559.8	1030.7	151.3	770.2	79.3
1.5	104.2	33.5	45.6	61.0	9.0	43.2	
284527.7	136912.2	51995.4	17756.5	75822.8	9788.4	57702.9	987.2
290.7	275.7	70.7	40.7	161.7	19.0	53.5	
1886.9	2342.5		2342.5	1432.7	233.4	909.7	
65655.2	149910.9	35390.3	11056.1	103721.4	4656.0	44656.8	78.1
23771.5	107666.9	11432.3	7679.6	77885.2	2018.5	28572.6	19.7
1371.7	2264.9	1672.2	296.4	1797.2	73.0	446.8	
31378.4	32190.4	18212.1	2213.2	19312.8	1866.5	12574.9	58.4
2425.4	2280.6	1752.8	100.2	1159.9	160.6	1120.7	
6708.2	5508.1	2320.9	766.7	3566.3	537.4	1941.8	
53314.5	88851.6	45457.0	23951.3	51906.7	4672.4	34452.9	190.6
53314.5	88851.6	45457.0	23951.3	51906.7	4672.4	34452.9	190.6

7-5 续表 1-6

指标	法人企业数(个)	执行《2006年企业会计准则》企业数	一、年初存货	流动资产合计	应收账款
3.按控股情况分					
国有控股	35	33	103931.3	1088956.1	82426.9
集体控股	10	7	10793.6	42587.3	1580.4
私人控股	274	159	336828.7	2170841.2	102129.8
港澳台商控股	14	12	35198.3	411513.3	7429.4
外商控股	19	15	59808.6	497564.5	4155.2
其他	1	1	2873.6	8905.1	83.2
4.按经营形式分					
独立门店	255	163	379870.5	2311302.3	87470.6
连锁总店(总部)	19	12	38880.8	188223.1	21996.9
连锁直营店	8	7	19019.2	337047.1	2171.9
连锁加盟店	2		2542.3	9091.3	94.1
其他	69	45	109121.3	1374703.7	86071.4
5.按单位规模分					
大型	16	16	172214.1	1588113.4	116956.9
中型	116	86	261327.4	1679682.5	48318.0
小型	164	95	94255.9	797780.3	23899.8
微型	57	30	21636.7	154791.3	8630.2
6.按零售业态分					
有店铺零售	329	216	533568.3	4166506.4	188815.9
便利店	2	2	2865.4	11674.3	162.9
超市	32	18	52051.1	266945.0	3695.2
仓储会员店	2	1	9406.3	51529.2	216.1
百货店	17	16	73937.3	1588698.1	75685.3
购物中心	4	1	953.0	10694.5	1266.0
专业店	119	70	138232.9	841609.7	48384.2
品牌专卖店	133	95	246836.9	1282976.0	56697.2
集合店	20	13	9285.4	112379.6	2709.0
无店铺零售	24	11	15865.8	53861.1	8989.0

单位：万元

二、期末资产负债							
存货	固定资产原价	房屋和构筑物	机器设备	累计折旧	本年折旧	固定资产净额	在建工程
111300.5	302619.5	98162.9	54272.4	187762.6	13493.9	108244.9	57758.1
11882.4	7449.0	3129.9	663.5	4034.8	506.7	3414.2	32.0
409475.3	356266.9	196305.0	38577.1	202493.4	23498.3	138714.4	3504.0
58947.0	144402.8	33069.4	10289.4	100155.1	4118.6	42715.0	78.1
60022.7	94359.7	47777.9	24718.0	55473.0	5209.8	36394.7	190.6
3462.7	11370.3	9056.0	479.6	3864.8	773.7	7505.5	
441167.0	580690.4	333293.7	108197.0	325300.4	32439.7	232526.0	58185.3
41448.5	25479.4	2395.3	5788.6	18130.7	2643.0	6677.5	35.6
20758.7	38450.4	19304.4	4472.5	22613.5	1524.3	15836.9	206.3
3624.2	3934.8			1136.3	623.5	2250.4	2271.5
148092.2	267913.2	32507.7	10541.9	186602.8	10370.5	79697.9	864.1
180188.5	450653.2	161352.5	74626.9	295016.4	16564.6	150050.3	57933.9
335525.1	383402.2	204264.1	41528.2	215036.6	21259.7	154905.2	3028.4
123826.6	73370.7	18872.6	12150.7	40306.8	9078.4	30099.0	581.2
15550.4	9042.1	3011.9	694.2	3423.9	698.3	1934.2	19.3
637783.4	913036.7	387501.1	128728.3	551501.8	45885.4	335889.6	61531.6
3228.0	6056.9		760.0	4980.5	1008.3	1076.4	
56873.1	58877.6	4683.5	22086.7	42792.3	2809.3	15295.6	102.4
7948.2	3923.9		3895.9	1504.1	431.3	2419.8	
79603.8	343029.0	118049.3	11212.3	233157.0	9495.4	106674.3	1001.2
273.4	4748.5		47.9	2248.3	229.2	2498.9	
160547.2	258974.9	157585.6	62091.2	145379.5	14782.2	107671.7	59292.6
312915.3	227207.8	104641.9	28400.2	117711.3	16004.1	96256.8	859.8
16394.4	10218.1	2540.8	234.1	3728.8	1125.6	3996.1	275.6
17307.2	3431.5		271.7	2281.9	1715.6	1099.1	31.2

7-5 续表 2

指标	二、期末				
	无形资产	土地使用权	资产总计	流动负债合计	应付账款
总计	**334934.8**	**131500.6**	**34603440.4**	**24421289.6**	**4520115.2**
一、批发业	169128.2	21410.3	28008425.2	20273941.2	4122686.6
1.按批发行业小类分					
农、林、牧、渔产品批发	4634.7	2217.0	2140831.2	1877682.6	258660.9
谷物、豆及薯类批发	2292.6	2217.0	1736952.7	1617631.0	239951.1
种子批发	216.9		13275.8	2506.3	602.6
畜牧渔业饲料批发			75785.2	59770.2	9935.1
棉、麻批发			2047.2	853.7	31.6
林业产品批发			4766.8	3031.6	138.7
渔业产品批发			54510.0	5489.1	1764.2
其他农牧产品批发	2125.2		253493.5	188400.7	6237.6
食品、饮料及烟草制品批发	6081.0	1600.3	1933158.0	887283.9	227626.5
米、面制品及食用油批发	78.9	78.9	320097.5	212469.2	33755.4
糕点、糖果及糖批发			770.9	697.9	
果品、蔬菜批发	100.5	100.4	38483.6	33090.6	16152.8
肉、禽、蛋、奶及水产品批发	3383.2		569270.7	332559.8	101369.6
盐及调味品批发	962.8		31584.3	14131.8	7902.3
营养和保健品批发	17.4		29660.8	31047.1	3575.0
酒、饮料及茶叶批发	7.1		95187.1	90733.8	47640.8
烟草制品批发	1521.7	1421.0	759719.3	99847.3	681.8
其他食品批发	9.4		88383.8	72706.4	16548.8
纺织、服装及家庭用品批发	1348.3	506.7	732066.9	436213.5	252350.4
纺织品、针织品及原料批发	230.9	221.7	41442.8	21995.7	14169.5
服装批发	868.0	155.9	407201.0	229095.0	93704.5
鞋帽批发			7554.6	1878.6	20.8
化妆品及卫生用品批发			9200.7	5398.7	5195.3
厨具卫具及日用杂品批发			7886.8	7275.5	3671.0
家用视听设备批发			15573.1	3148.6	
日用家电批发	3.6		137478.8	112381.7	98167.9
其他家庭用品批发	245.8	129.1	105729.1	55039.7	37421.4

单位：万元

资产负债				三、损益及分配			
负债合计	所有者权益合计	实收资本	个人资本	营业收入	主营业务收入	营业成本	营业税金及附加
26842344.5	**7884357.0**	**5231698.9**	**499468.4**	**58775951.3**	**58271532.7**	**55971686.7**	**195633.0**
22096180.6	5932159.1	4493156.1	403148.9	52646582.5	52400676.9	50578826.6	168144.0
2009781.5	125564.5	228030.8	52648.2	6268669.2	6247204.7	6125097.0	4740.6
1680464.9	56557.8	188025.6	28485.0	5176936.9	5166550.8	5063453.7	4025.7
2529.9	10745.9	5935.4	3062.2	16313.9	16269.1	12133.5	13.5
59827.1	15958.1	13459.8	11951.0	212317.5	212303.2	203178.3	57.8
853.7	1193.5	1000.0	1000.0	7630.2	7630.2	7191.6	2.2
3031.6	1735.2	50.0	50.0	41597.7	41597.7	39185.8	13.6
48768.1	173.4	10.0		27933.6	17103.1	27979.6	7.0
214306.2	39200.6	19550.0	8100.0	785939.4	785750.6	771974.5	620.8
1083751.8	852433.9	244676.9	26623.0	5347087.1	5276952.2	4948123.6	121356.1
249026.7	71070.8	130819.6	9197.3	2753011.7	2750716.8	2717069.2	11602.2
697.9	73.0	10.0	10.0	11587.0	11587.0	11228.4	2.9
33837.6	5046.5	11579.1	1114.0	69488.4	69465.0	65332.8	25.1
484214.9	87683.0	49820.9	12164.3	1249350.7	1197100.7	1180504.1	914.2
14755.9	16828.4	9215.0	2439.0	47610.0	47034.0	43100.2	96.5
31047.1	−1386.3	1500.0	40.0	66793.4	66522.7	63954.4	33.0
91098.6	4088.5	7682.3	400.0	101454.9	101418.3	86415.4	82.8
100490.6	659228.7	14627.1		813614.7	807512.1	576315.4	108358.1
78582.5	9801.3	19422.9	1258.4	234176.3	225595.6	204203.7	241.3
473550.9	260023.7	55337.6	19132.2	1714144.9	1670158.3	1472464.2	1988.1
22432.4	19010.4	6779.0	3789.0	157656.3	157105.5	147823.6	57.3
247652.1	161271.0	32556.6	7714.2	825633.4	785102.5	681676.3	921.7
1878.6	5676.0	1579.0	1579.0	41438.9	41221.6	36989.4	25.2
7074.3	1912.0	210.0	150.0	33245.0	31549.9	31090.7	17.2
7275.5	611.3	408.0	290.0	37576.9	37375.7	35433.8	10.7
15525.4	47.7	100.0		32229.6	32229.6	31655.5	3.8
112381.7	25097.1	5255.0	1380.0	362569.2	362487.0	343491.5	283.7
59330.9	46398.2	8450.0	4230.0	223795.6	223086.5	164303.4	668.5

7–5 续表 2–1

指标	二、期末				
	无形资产	土地使用权	资产总计	流动负债合计	应付账款
文化、体育用品及器材批发	5.5		55374.4	39789.1	10049.1
文具用品批发	4.4		17270.5	11873.5	6720.3
图书批发			2700.6	2444.9	614.0
首饰、工艺品及收藏品批发	1.1		33690.4	24471.5	2576.7
其他文化用品批发			1712.9	999.2	138.1
医药及医疗器材批发	6736.5	4653.8	1221467.5	887130.8	289653.8
西药批发	3343.6	2290.4	635562.2	503743.8	156522.9
中药批发	2714.0	2363.4	287180.6	241020.9	70357.7
动物用药品批发			3962.9	2800.1	2768.2
医疗用品及器材批发	678.9		294761.8	139566.0	60005.0
矿产品、建材及化工产品批发	69236.9	10692.8	13975181.1	11118157.1	1831112.8
煤炭及制品批发	629.8		574164.1	433306.8	78976.3
石油及制品批发	65880.3	8748.3	9229094.6	7760625.7	1288431.7
非金属矿及制品批发			59069.8	39010.2	15773.9
金属及金属矿批发	1499.9	1413.1	1862182.9	1259924.3	202169.4
建材批发	77.9		448120.2	338522.1	75222.6
化肥批发			25813.3	21506.2	1799.3
其他化工产品批发	1149.0	531.4	1776736.2	1265261.8	168739.6
机械设备、五金产品及电子产品批发	72620.6	499.9	7564530.7	4813291.4	1155451.2
农业机械批发	9.4		8089.3	3722.2	1772.2
汽车及零配件批发	579.5	487.3	348403.9	203190.5	43411.1
五金产品批发	27.6		292370.1	142413.9	43331.4
电气设备批发	336.2		91165.5	48587.8	25590.6
计算机、软件及辅助设备批发	6.2		34316.1	26692.9	5692.6
通讯设备批发	0.7		15794.2	6338.5	688.4
其他机械设备及电子产品批发	71661.0	12.6	6774391.6	4382345.6	1034964.9
贸易经纪与代理	5828.4		20902.7	12180.8	1190.9
贸易代理	5828.4		20902.7	12180.8	1190.9
其他批发业	2636.3	1239.8	364912.7	202212.0	96591.0
再生物资回收与批发			33028.0	29012.1	13542.7
互联网批发			935.2	930.0	374.6
其他未列明批发业	2636.3	1239.8	330949.5	172269.9	82673.7

单位：万元

资产负债				三、损益及分配			
负债合计	所有者权益合计	实收资本	个人资本	营业收入	主营业务收入	营业成本	营业税金及附加
39789.2	15585.2	10038.2	5181.0	88143.2	88030.9	76792.1	98.2
11873.5	5397.0	3077.2	2520.0	30875.2	30874.7	26417.2	16.2
2445.0	255.6	100.0		3404.5	3398.4	3365.0	3.3
24471.5	9218.9	6850.0	2650.0	47580.3	47474.6	41930.1	76.4
999.2	713.7	11.0	11.0	6283.2	6283.2	5079.8	2.3
920744.0	300723.5	132420.1	15057.0	1475454.1	1471577.6	1281518.5	3377.5
521505.9	114056.3	61051.3	9317.0	791946.0	788929.8	731986.9	1447.5
248240.7	38939.9	38542.0	3650.0	270661.7	270252.3	239990.0	572.6
2800.1	1162.8	200.0		3629.8	3629.8	3164.2	7.9
148197.3	146564.5	32626.8	2090.0	409216.6	408765.7	306377.4	1349.5
12236193.0	1763418.2	1649534.6	232988.5	31210722.7	31135620.5	30530553.2	21235.9
494259.4	79904.7	52599.4	9781.3	1783398.6	1783218.6	1731221.4	1504.1
8610149.9	642985.4	814382.2	46258.0	18004662.5	17946591.4	17675349.6	11739.3
40811.6	18258.2	8840.0	4690.0	180232.7	178345.0	157345.9	170.1
1381445.6	480737.3	533829.5	60259.1	4414999.8	4411395.7	4329696.8	3008.7
352167.2	96360.2	35593.0	4390.0	1165153.8	1161893.5	1121091.7	994.2
21604.9	4208.4	2337.2	1295.5	124361.3	124361.3	119838.9	66.7
1335754.4	440964.0	201953.3	106314.6	5537914.0	5529815.0	5396008.9	3752.8
5063032.1	2497958.3	2041825.7	37674.2	5485696.3	5466429.8	5141976.7	14279.4
3906.7	4182.6	237.7	155.0	13331.4	13273.9	11162.6	20.9
254012.8	94391.1	47431.1	9054.5	793352.6	792741.6	738340.6	1268.9
200367.0	92003.1	23931.7	8060.9	673220.3	672842.5	633860.4	636.5
48948.7	42216.8	14772.1	3923.5	191145.8	189341.3	166300.9	312.3
26707.6	7608.5	3100.0	200.0	37635.4	37616.9	33345.3	38.3
6401.0	9308.4	8550.0	6550.0	110509.0	109477.4	100900.9	78.7
4522688.3	2248247.8	1943803.1	9730.3	3666501.8	3651136.2	3458066.0	11923.8
12826.2	8051.0	5500.0	1900.0	68025.7	62535.1	65141.1	66.0
12826.2	8051.0	5500.0	1900.0	68025.7	62535.1	65141.1	66.0
256511.9	108400.8	125792.2	11944.8	988639.3	982167.8	937160.2	1002.2
29012.1	4015.9	101205.0	1205.0	71007.0	70974.2	67016.0	38.1
930.0	5.2			1217.7	1217.7	1095.8	0.7
226569.8	104379.7	24587.2	10739.8	916414.6	909975.9	869048.4	963.4

7-5 续表 2-2

指标	二、期末				
	无形资产	土地使用权	资产总计	流动负债合计	应付账款
2.按登记注册类型分					
内资企业	96946.9	19934.4	20825745.1	15690034.3	2976954.5
国有企业	1599.8	1421.0	1048919.6	284380.8	37568.2
有限责任公司	80146.8	12914.4	5300576.3	3833689.0	1069687.3
国有独资公司	12.6	12.6	283687.1	201763.1	102177.9
其他有限责任公司	80134.2	12901.8	5016889.2	3631925.9	967509.4
股份有限公司	4480.8	2421.8	368583.5	270124.1	32299.0
私营企业	10719.5	3177.2	14012394.9	11211686.6	1837400.0
私营独资企业	181.5		75793.0	36632.3	8419.7
私营合伙企业			2131.0	1543.7	276.5
私营有限责任公司	10464.4	3177.2	13873440.5	11157431.0	1820452.6
私营股份有限公司	73.6		61030.4	16079.6	8251.2
其他企业			95270.8	90153.8	
港、澳、台商投资企业	1482.1	1350.4	347742.0	271105.9	118160.7
与港澳台商合资经营企业	99.9		158352.9	120553.0	36984.7
港澳台商独资经营企业	1372.9	1350.4	174395.3	136968.7	68180.3
港澳台商投资股份有限公司	9.3		14993.8	13584.2	12995.7
外商投资企业	70699.2	125.5	6834938.1	4312801.0	1027571.4
中外合资经营企业	542.3	125.5	135666.9	107250.6	79193.7
外资企业	70156.9		6606092.9	4115988.4	930705.7
其他外商投资企业			93178.3	89562.0	17672.0
3.按控股情况分					
国有控股	71882.6	13899.2	4197766.8	2491931.9	558133.3
集体控股			151429.5	118243.8	97973.9
私人控股	25194.1	6160.7	16518722.6	13104370.3	2332065.9
港澳台商控股	1477.8	1350.4	334397.9	255614.7	110519.9
外商控股	70573.7		6806108.4	4303780.5	1023993.6
4.按经营形式分					
独立门店	97798.3	13851.5	11241166.1	7548635.8	1516769.3
连锁总店(总部)	1.3		22012.7	21286.3	4918.0
连锁直营店	2534.6		77984.1	53439.5	15969.0
连锁加盟店			2940.3	515.1	5.6
其他	68794.0	7558.8	16664322.0	12650064.5	2585024.7

单位：万元

资产负债				三、损益及分配			
负债合计	所有者权益合计			营业收入		营业成本	营业税金及附加
		实收资本			主营业务收入		
			个人资本				
17318645.3	3527577.7	2436372.1	399251.9	47750153.1	47527260.5	46090546.8	153202.5
306895.3	742024.3	83342.4		3523538.2	3511930.8	3232534.2	110768.0
4108056.5	1184059.2	977736.6	19888.0	11201997.2	11157538.5	10857464.2	11516.2
219413.6	60818.0	43784.5		385774.7	374580.5	358587.5	462.0
3888642.9	1123241.2	933952.1	19888.0	10816222.5	10782958.0	10498876.7	11054.2
273327.7	95255.8	37152.8	2000.0	1736177.3	1734433.6	1707074.3	1248.1
12540212.0	1501121.4	1333140.3	377363.9	31175156.7	31010073.9	30180271.9	29601.8
37488.2	38584.0	101502.0	5027.0	262260.6	258221.2	255778.6	145.5
1543.7	587.3	51.9	51.9	7889.0	7889.0	2978.8	36.8
12483750.3	1418349.5	1218874.4	367245.0	30849297.2	30691953.5	29874688.5	29227.5
17429.8	43600.6	12712.0	5040.0	55709.9	52010.2	46826.0	192.0
90153.8	5117.0	5000.0		113283.7	113283.7	113202.2	68.4
319759.5	27982.5	80597.1	3077.2	506390.9	502309.6	441895.8	1318.0
120704.6	37648.3	11737.3	3000.0	201038.9	201038.9	164683.4	802.2
185470.7	−11075.4	66859.8	77.2	301426.9	297345.6	274031.3	512.7
13584.2	1409.6	2000.0		3925.1	3925.1	3181.1	3.1
4457775.8	2376598.9	1976186.9	819.8	4390038.5	4371106.8	4046384.0	13623.5
117519.1	17584.4	19232.7	287.9	221148.2	212760.6	171064.2	437.4
4250694.7	2355398.2	1956338.4	476.5	3616998.6	3606623.5	3330189.2	13004.1
89562.0	3616.3	615.8	55.4	551891.7	551722.7	545130.6	182.0
2623994.2	1570317.1	840540.6	1368.1	10150690.2	10117238.5	9619657.3	118237.1
118243.9	33185.6	8255.0		427408.6	426387.6	412593.1	268.3
14601501.6	1941154.4	1597347.9	397971.2	37255602.5	37066771.8	36137328.7	34771.8
304268.3	30129.6	78542.9	3077.2	486908.4	482827.1	420869.5	1323.0
4448172.6	2357372.4	1968469.7	732.4	4325972.8	4307451.9	3988378.0	13543.8
7973828.7	3271537.3	2330342.3	120812.8	18878924.5	18791648.7	18202247.3	129605.8
22778.7	−766.0	6800.0		63888.5	57178.4	47687.2	117.9
70474.3	7509.8	7700.0		230259.0	230228.8	215630.3	275.6
515.1	2425.2	2500.0	2500.0	6427.8	6427.8	5759.9	33.9
14028583.8	2651452.8	2145813.8	279836.1	33467082.7	33315193.2	32107501.9	38110.8

7-5 续表 2-3

指标	二、期末				
	无形资产	土地使用权	资产总计	流动负债合计	应付账款
5.按单位规模分					
大型	7529.1	1421.0	1625910.1	461616.6	136066.9
中型	64772.2	10059.6	6100095.6	4186037.5	1106495.6
小型	90432.1	9829.3	12399014.7	8999774.6	1796777.2
微型	6394.8	100.4	7883404.8	6626512.5	1083346.9
二、零售业	165806.6	110090.3	6595015.2	4147348.4	397428.6
1.按零售行业小类分					
综合零售	57771.3	32414.3	3481544.8	1949795.8	199014.9
百货零售	57548.3	32414.3	3030395.8	1627864.4	120447.8
超级市场零售	95.8		385773.5	242080.4	74441.8
便利店零售	126.4		15110.2	50766.9	3780.3
其他综合零售	0.8		50265.3	29084.1	345.0
食品、饮料及烟草制品专门零售	0.6		40299.9	27406.5	6221.4
粮油零售			255.0	136.1	
糕点、面包零售			12002.6	11950.0	980.7
果品、蔬菜零售	0.6		12184.4	6446.1	1594.7
肉、禽、蛋、奶及水产品零售			6206.2	6451.7	3172.9
酒、饮料及茶叶零售			1454.1	1356.5	41.7
烟草制品零售			6660.3	681.3	328.6
其他食品零售			1537.3	384.8	102.8
纺织、服装及日用品专门零售	160.4	92.2	379994.5	243176.8	39023.9
纺织品及针织品零售			551.0	872.3	624.0
服装零售	156.5	92.2	252035.9	125174.6	36586.0
鞋帽零售	3.9		57051.7	58069.3	439.1
化妆品及卫生用品零售			7392.5	5866.0	-60.7
厨具卫具及日用杂品零售			246.7	850.2	
钟表、眼镜零售			62716.7	52344.4	1435.5

单位：万元

资产负债				三、损益及分配			
负债合计	所有者权益合计			营业收入		营业成本	营业税金及附加
		实收资本			主营业务收入		
			个人资本				
477978.7	1147931.4	337403.1	4620.0	4102827.0	4088979.4	3618020.2	112686.4
4454465.1	1645630.5	1093826.9	170493.1	12861335.8	12779623.5	12152842.7	18125.4
9783847.7	2615167.0	2660182.7	153784.9	17557816.8	17526276.3	16918687.7	20670.5
7379889.1	523430.2	401743.4	74250.9	18124602.9	18005797.7	17889276.0	16661.7
4746163.9	1952197.9	738542.8	96319.5	6129368.8	5870855.8	5392860.1	27489.0
2279359.5	1203736.4	347623.0	68670.9	1122222.3	985798.1	868960.8	11179.1
1843351.7	1187044.1	201902.3	7170.9	649622.4	536371.1	493732.7	10011.2
325413.7	61910.9	129670.7	61000.0	434077.8	412698.7	346989.2	866.0
52446.6	–37336.4	3500.0		31461.5	29804.8	22984.0	73.8
58147.5	–7882.2	12550.0	500.0	7060.6	6923.5	5254.9	228.1
29363.5	10936.4	6963.0	1302.4	98612.5	96785.2	77221.8	187.5
136.7	118.3			880.8	880.8	822.3	0.6
12389.4	–386.8	1300.0	800.0	20715.9	20707.9	12589.5	71.9
7522.8	4661.6	1700.0		36140.3	34606.8	30942.4	27.8
6823.0	–616.8	583.0	502.4	24068.6	24068.4	20838.0	17.4
1356.5	97.6	320.0		2020.4	1790.5	1645.2	0.4
750.3	5910.0	2060.0		12269.4	12213.7	8120.5	68.1
384.8	1152.5	1000.0		2517.1	2517.1	2263.9	1.3
246601.7	133392.8	71416.9	1285.9	244245.5	231406.1	185112.4	1388.4
1073.7	–522.7	50.0		1996.1	1996.1	973.5	7.4
128398.1	123637.8	66790.0	1000.0	143655.1	131901.9	103486.3	1254.7
58069.3	–1017.6	500.0		12024.0	12024.0	11339.4	15.8
5866.0	1526.5	3291.0		25035.4	24178.3	17903.7	68.6
850.2	–603.5	235.9	235.9	2050.7	2050.7	1768.6	5.1
52344.4	10372.3	550.0	50.0	59484.2	59255.1	49640.9	36.8

7-5 续表 2-4

指标	二、期末				
	无形资产	土地使用权	资产总计	流动负债合计	应付账款
文化、体育用品及器材专门零售	3327.6		92561.7	30684.4	22167.6
体育用品及器材零售	3297.4		7537.4	2268.7	1218.8
图书、报刊零售	29.6		70835.6	18853.4	16744.6
珠宝首饰零售			3322.0	2018.1	8.0
乐器零售	0.6		8348.1	5211.6	2148.0
其他文化用品零售			2518.6	2332.6	2048.2
医药及医疗器材专门零售	826.2		221004.2	108497.0	48571.3
西药零售	225.3		218599.7	105833.6	47334.2
中药零售	600.9		2404.5	2663.4	1237.1
汽车、摩托车、零配件和燃料及其他动力销售	96596.3	70566.8	2213479.2	1692175.4	70768.3
汽车新车零售	12002.5	7561.8	1862904.3	1500022.8	58478.7
汽车零配件零售	112.1	111.8	98118.1	70627.6	4914.1
摩托车及零配件零售			217.9	270.2	104.3
机动车燃油零售	84481.7	62893.2	251551.1	121231.8	7248.2
机动车燃气零售			687.8	23.0	23.0
家用电器及电子产品专门零售			104657.3	30753.3	4175.6
家用视听设备零售			2128.3	1997.8	
日用家电零售			88031.8	17650.8	1970.9
计算机、软件及辅助设备零售			7478.9	6169.4	–687.6
通信设备零售			5191.6	4030.0	2762.0
其他电子产品零售			1826.7	905.3	130.3
五金、家具及室内装饰材料专门零售	7017.0	7017.0	38462.5	49490.0	3906.2
五金零售	234.5	234.5	4428.5	4554.8	890.0
家具零售	6782.5	6782.5	30609.9	41708.0	1034.5
其他室内装饰材料零售			3424.1	3227.2	1981.7

单位：万元

资产负债				三、损益及分配			
负债合计	所有者权益合计	实收资本	个人资本	营业收入	主营业务收入	营业成本	营业税金及附加
32342.7	60219.0	22922.6	50.0	59611.0	57842.3	41480.5	441.5
2849.0	4688.4	4942.6		10229.8	10229.8	6435.2	125.6
19931.4	50904.2	15957.0		33332.4	31614.5	23265.7	216.4
2018.1	1303.9	1073.0		3665.7	3665.7	3043.8	79.6
5211.6	3136.5	950.0	50.0	9275.9	9225.1	6052.9	19.7
2332.6	186.0			3107.2	3107.2	2682.9	0.2
156121.9	64882.3	17576.9	2227.0	418199.3	416156.3	304890.4	1022.4
153153.2	65446.5	17264.9	2129.0	414605.2	412562.2	301916.3	1017.9
2968.7	–564.2	312.0	98.0	3594.1	3594.1	2974.1	4.5
1805495.3	509779.4	230609.2	20837.8	3932348.7	3830305.4	3693817.6	12522.5
1588723.3	282454.6	205617.6	20077.6	2437569.3	2366354.1	2284374.8	9430.1
71705.4	26412.7	14535.0		116403.2	114129.5	102989.0	1499.6
270.2	–52.3	30.0		801.2	798.9	677.1	0.2
144773.4	200299.6	10276.6	760.2	1375555.6	1347003.5	1303819.2	1591.0
23.0	664.8	150.0		2019.4	2019.4	1957.5	1.6
102640.4	2016.9	13272.6	1020.0	166243.7	165275.2	154844.5	106.1
1997.8	130.5	50.0		4868.6	4868.6	4661.1	0.9
88888.5	–856.7	11217.6	520.0	137402.0	136434.2	128077.5	80.3
6169.5	1309.4	1000.0	500.0	9614.9	9614.9	9051.2	2.1
4679.3	512.3	320.0		10501.3	10501.3	9800.3	17.0
905.3	921.4	685.0		3856.9	3856.2	3254.4	5.8
75490.0	–37027.5	26843.6	435.5	31193.4	30839.4	21841.6	518.6
4554.8	–126.3	607.8	435.5	3366.4	3012.4	2690.6	45.2
67708.0	–37098.1	26235.8		23715.4	23715.4	15180.8	471.1
3227.2	196.9			4111.6	4111.6	3970.2	2.3

7-5 续表 2-5

指标	二、期末				
	无形资产	土地使用权	资产总计	流动负债合计	应付账款
货摊、无店铺及其他零售业	107.2		23011.1	15369.2	3579.4
互联网零售	12.3		15502.3	11682.2	2091.0
生活用燃料零售	94.9		7508.8	3687.0	1488.4
2.按登记注册类型分					
内资企业	146377.8	99630.4	5386888.1	3353436.7	310405.2
国有企业	343.5	343.4	10353.9	5559.2	1819.1
集体企业			696.4	115.7	
股份合作企业	35.6		5430.2	348.4	
联营企业			308.1		
国有联营企业			308.1		
有限责任公司	25148.5	22683.5	1929980.9	1309158.4	105384.2
国有独资公司	126.4		35169.6	31059.3	2762.2
其他有限责任公司	25022.1	22683.5	1894811.3	1278099.1	102622.0
股份有限公司	114350.6	73996.9	1850339.0	892297.0	85542.5
私营企业	6499.6	2606.6	1583662.7	1141406.9	117530.0
私营独资企业	678.4	525.1	5265.1	4935.6	937.1
私营合伙企业			236.7	3.0	0.8
私营有限责任公司	5670.2	2081.5	1576547.2	1135438.2	116592.1
私营股份有限公司	151.0		1613.7	1030.1	
其他企业			6116.9	4551.1	129.4
港、澳、台商投资企业	8765.9	3677.4	679366.0	484354.2	33291.1
与港澳台商合资经营企业	6258.7	1280.1	346590.4	193541.6	21693.3
与港澳台商合作经营企业	94.5		14773.1	8715.6	1711.2
港澳台商独资经营企业	2175.2	2159.8	207214.3	181973.1	9004.4
港澳台商投资股份有限公司			5102.3	5131.1	229.6
其他港澳台投资企业	237.5	237.5	105685.9	94992.8	652.6
外商投资企业	10662.9	6782.5	528761.1	309557.5	53732.3
外资企业	10662.9	6782.5	528761.1	309557.5	53732.3

单位：万元

资产负债				三、损益及分配			
负债合计	所有者权益合计	实收资本	个人资本	营业收入	主营业务收入	营业成本	营业税金及附加
18748.9	4262.2	1315.0	490.0	56692.4	56447.8	44690.5	122.9
12054.4	3447.9	875.0	110.0	41425.6	41190.6	30278.5	106.2
6694.5	814.3	440.0	380.0	15266.8	15257.2	14412.0	16.7
3821690.1	1666070.2	556789.5	96319.5	4799406.1	4593433.8	4218513.0	18691.3
5559.5	4794.4	2914.2	480.2	20481.8	20100.7	17296.8	29.4
115.7	580.7	80.0		4404.5	4404.5	3762.8	3.8
348.4	5081.8	231.6	50.0	8336.5	8332.7	7023.7	26.3
14.8	293.3	64.6		5779.2	5753.4	5370.5	4.9
14.8	293.3	64.6		5779.2	5753.4	5370.5	4.9
1522880.4	411277.5	269156.5	4108.0	1499630.4	1399399.8	1219912.8	6802.3
31531.5	3638.1	6000.0		29428.1	27786.0	22089.4	182.5
1491348.9	407639.4	263156.5	4108.0	1470202.3	1371613.8	1197823.4	6619.8
966029.5	977831.4	65021.9		1633484.0	1564564.4	1519694.7	6098.1
1322190.7	264645.3	218120.7	91681.3	1589732.3	1554395.0	1408801.6	5698.2
5107.4	157.7	636.1	220.0	16521.6	16518.9	15258.0	42.9
3.0	233.7	60.0		1110.0	1110.0	990.4	1.8
1316050.2	263670.3	217004.6	91261.3	1568018.8	1532684.2	1388826.7	5650.3
1030.1	583.6	420.0	200.0	4081.9	4081.9	3726.5	3.2
4551.1	1565.8	1200.0		37557.4	36483.3	36650.1	28.3
519509.2	159856.8	81740.8		715216.7	689832.6	651567.3	5670.0
227413.8	119176.6	58124.3		303704.2	286682.1	271648.5	2409.6
8715.7	6057.4			25295.8	24796.9	27308.0	46.8
183255.8	23958.5	20861.5		307470.0	300432.3	278377.0	3057.4
5131.1	−28.8	1100.0		26963.2	26614.7	25536.2	39.1
94992.8	10693.1	1655.0		51783.5	51306.6	48697.6	117.1
404964.6	126270.9	100012.5		614746.0	587589.4	522779.8	3127.7
404964.6	126270.9	100012.5		614746.0	587589.4	522779.8	3127.7

7-5 续表 2-6

指标	二、期末				
	无形资产	土地使用权	资产总计	流动负债合计	应付账款
3.按控股情况分					
国有控股	102663.9	62141.2	1935558.2	937329.3	112724.9
集体控股	303.4	302.5	48454.7	42564.9	3879.5
私人控股	43410.5	37186.7	3386422.6	2368881.2	192983.3
港澳台商控股	8528.4	3439.9	573680.1	389361.4	32638.5
外商控股	10900.4	7020.0	634447.0	404550.3	54384.9
其他			16452.6	4661.3	817.5
4.按经营形式分					
独立门店	116605.1	90780.7	3030894.9	2209052.9	201815.8
连锁总店(总部)	211.1		244119.3	107490.6	35585.4
连锁直营店	18075.1	18016.3	1174637.1	844088.6	29875.9
连锁加盟店	501.5		12421.2	9696.2	159.3
其他	30413.8	1293.3	2132942.7	977020.1	129992.2
5.按单位规模分					
大型	124574.1	78992.6	3280902.2	1765340.8	204920.7
中型	34007.6	27424.6	2251647.7	1514475.1	138282.0
小型	6763.1	3329.7	900048.3	765761.8	42861.5
微型	461.8	343.4	162417.0	101770.7	11364.4
6.按零售业态分					
有店铺零售	165794.3	110090.3	6538746.7	4114007.3	386584.9
便利店	126.4		15110.2	50766.9	3780.3
超市	258.4	30.0	390749.5	252207.1	56406.1
仓储会员店			64967.6	33886.9	20136.8
百货店	57416.5	32414.3	3151145.7	1677616.4	122760.3
购物中心	54.9		16393.1	13016.3	6538.8
专业店	98760.5	72021.3	1233129.6	826198.9	77767.4
品牌专卖店	7214.2	5397.8	1544120.4	1145396.4	95936.1
集合店	1963.4	226.9	123130.6	114918.4	3259.1
无店铺零售	12.3		56268.5	33341.1	10843.7

单位：万元

资产负债				三、损益及分配			
负债合计	所有者权益合计	实收资本	个人资本	营业收入	主营业务收入	营业成本	营业税金及附加
1017383.4	1011696.7	95438.0	2334.6	1888466.9	1813259.1	1737942.0	6324.2
42836.8	5617.9	4925.0	496.0	109026.8	106194.9	101729.6	159.9
2756619.4	637153.5	448426.5	93488.9	2756718.9	2629637.0	2337727.4	11666.6
424516.4	149163.7	80085.8		663433.2	638526.0	602869.7	5552.9
499957.4	136964.0	101667.5		666529.5	638896.0	571477.4	3244.8
4850.5	11602.1	8000.0		45193.5	44342.8	41114.0	540.6
2424252.7	706037.1	472085.1	79814.4	4384272.1	4257619.5	3969913.0	14621.0
244078.3	41.0	24738.0	1860.0	399860.4	392858.1	306269.4	935.6
900626.3	274010.8	135497.6	5230.9	196916.0	162569.4	139800.8	1607.7
10971.3	1449.9	720.0	520.0	20782.4	20676.2	18720.6	64.9
1166235.3	970659.1	105502.1	8894.2	1127537.9	1037132.6	958156.3	10259.8
1996671.8	1377752.3	238366.6		2496987.1	2365461.6	2139135.8	10911.8
1788581.7	463066.0	367632.4	82022.1	2612874.3	2524734.7	2331663.2	12179.3
834349.4	65698.9	103733.2	10807.2	858944.4	844899.3	775063.1	4052.8
126561.0	45680.7	28810.6	3490.2	160563.0	135760.2	146998.0	345.1
4703001.8	1939091.5	732394.3	96107.1	6002398.9	5744447.2	5285814.8	27225.7
52446.6	−37336.4	3500.0		31461.5	29804.8	22984.0	73.8
354654.7	37645.9	137816.0	61800.0	369169.7	348594.3	290522.3	832.7
44017.5	20950.1	2912.1		125855.7	122241.3	103417.2	302.8
1893985.3	1257160.4	214224.9	7389.9	707885.2	585402.3	535126.1	10802.9
15845.4	1544.8	1500.0	1500.0	43888.8	40802.1	41145.1	69.4
1009760.9	318532.8	132155.9	7219.6	2390048.8	2348373.4	2141105.9	6128.0
1215243.4	334511.3	224465.2	12732.4	2179938.3	2118139.1	2006040.9	8875.5
117048.0	6082.6	15820.2	5465.2	154150.9	151089.9	145473.3	140.6
43162.1	13106.4	6148.5	212.4	126969.9	126408.6	107045.3	263.3

7–5 续表 3

指标	三、损益						
	其他业务利润	销售费用	管理费用	研发费用	财务费用		
						利息收入	利息费用
总计	**67292.4**	**1180257.7**	**696922.4**	**11891.0**	**286455.2**	**60394.7**	**253489.5**
一、批发业	10435.0	745059.9	482664.1	11318.4	235055.7	46886.1	199347.1
1.按批发行业小类分							
农、林、牧、渔产品批发	1194.4	54425.4	29262.8	269.9	57684.5	2494.3	34806.0
谷物、豆及薯类批发	1180.1	44189.0	20928.7		50073.9	2400.0	28894.3
种子批发		1275.1	1358.1	166.3	2.1	3.4	0.7
畜牧渔业饲料批发	14.3	4722.9	2165.5	103.6	319.7	0.8	78.3
棉、麻批发		220.4	176.9		6.8	0.7	
林业产品批发		760.0	538.6		122.1	-0.9	-20.2
渔业产品批发		695.4	699.4		815.8	2.8	4.4
其他农牧产品批发		2562.6	3395.6		6344.1	87.5	5848.5
食品、饮料及烟草制品批发	3350.9	105146.8	84565.4	528.0	-19996.4	25823.7	3255.7
米、面制品及食用油批发	490.2	7448.0	7139.1		3922.5	468.4	2374.9
糕点、糖果及糖批发		266.4	37.4		0.3	-0.4	
果品、蔬菜批发		2715.9	2294.5		-101.1	-30.9	45.7
肉、禽、蛋、奶及水产品批发	578.7	56538.1	22118.1	527.5	568.3	1010.1	387.8
盐及调味品批发		2068.1	2255.3		-584.4	35.1	3.4
营养和保健品批发		1812.2	2028.7		19.8	2.0	0.2
酒、饮料及茶叶批发	650.6	5021.7	4370.2		-49.5	-82.5	-38.9
烟草制品批发	480.1	13554.5	30183.3		-24377.9	24520.5	
其他食品批发	1151.3	15721.9	14138.8	0.5	605.6	-98.6	482.6
纺织、服装及家庭用品批发	1685.4	89061.7	49563.9	627.0	-2965.3	429.0	821.4
纺织品、针织品及原料批发	8.8	3887.9	4682.5		-562.9	5.3	38.6
服装批发	1621.3	42026.5	31460.4	567.3	-2073.0	439.3	333.1
鞋帽批发		840.2	2382.3		-74.1	-19.9	
化妆品及卫生用品批发		664.8	1121.3		3.0	22.2	13.6
厨具卫具及日用杂品批发		1382.7	981.2	0.1	-16.5	0.2	-22.3
家用视听设备批发		86.8	245.4		-0.2	-5.9	
日用家电批发	23.5	7451.7	4449.1	59.6	-677.7	4.7	35.8
其他家庭用品批发	31.8	32721.1	4241.7		436.1	-16.9	422.6

单位：万元

及分配						四、工人成本及增值税		五、从事批发和零售业活动的从业人员平均人数（人）
投资收益	营业利润	营业外收入	营业外支出	利润总额	所得税费用	应付职工薪酬（本年贷方累计发生额）	应交增值税	
72347.4	**493468.6**	**123514.3**	**43716.9**	**576634.3**	**158109.2**	**661235.5**	**390657.1**	**72857**
19240.4	421358.9	87182.8	31798.1	480313.1	137329.2	361899.4	323733.1	38091
−31679.9	−37800.7	53485.0	14103.4	1399.1	4425.9	20766.4	12945.0	1546
−31890.1	−41330.3	52931.3	14018.8	−2588.7	3659.1	14565.3	8183.6	1073
125.0	1681.5	4.3	2.1	1683.7	280.0	1565.2	4.0	76
13.4	2057.4	24.6	9.1	2062.0	51.3	788.7	1352.5	114
2.5	34.8	3.1	0.7	37.2	0.9	118.2	36.8	9
	977.7	13.0	4.0	986.7	252.2	1159.7	2841.5	74
	−2263.7	60.0	0.3	−2204.0	2.2	43.1	0.1	12
69.3	1041.9	448.7	68.4	1422.2	180.2	2526.2	526.5	188
3126.8	102227.3	4379.5	2180.9	108760.8	33621.4	74042.6	87064.7	6351
57.8	−370.6	1461.6	200.4	710.0	266.5	4279.2	41071.0	566
−92.0	−40.5			−40.5	0.5	272.2	17.6	51
	−781.9	451.4	554.3	−884.8	18.2	738.0	164.5	167
0.7	−12007.3	1406.9	278.5	−6267.9	1595.4	23431.4	10005.8	2845
2395.2	3069.4	114.6	9.5	3174.5	27.2	1596.5	1164.9	182
	−1055.1	39.6	100.8	−1116.3	2.5	946.3	168.9	89
116.4	3990.8	746.8	−13.8	4656.0	1161.6	3088.5	434.5	481
646.9	110401.9	18.4	626.2	109794.1	30461.3	32086.8	31684.0	789
1.8	−979.4	140.2	425.0	−1264.3	88.2	7603.7	2353.5	1181
−1956.7	92648.3	1840.7	1034.5	93454.6	21918.8	54298.6	18864.3	3623
15.8	1803.5	490.6	16.5	2277.6	442.5	3229.6	146.4	277
−1856.9	61248.5	566.5	630.3	61184.8	14072.1	35049.5	11547.3	2210
	1275.9	23.2	167.6	1131.5	221.1	1410.2	101.9	86
	342.6	12.1	4.4	350.3	8.0	774.4	85.2	118
	−311.6	102.8	13.7	−222.5	5.3	597.1	−27.1	54
	239.0	0.2		239.2	2.0	211.9	24.2	12
	7226.8	424.5	11.4	7639.9	1771.5	3776.5	1576.8	330
−115.6	20823.6	220.8	190.6	20853.8	5396.3	9249.4	5409.6	536

7-5 续表 3-1

指标	三、损益						
	其他业务利润	销售费用	管理费用	研发费用	财务费用		
						利息收入	利息费用
文化、体育用品及器材批发	3.7	4175.6	5968.3		31.8	37.0	19.7
文具用品批发		1806.6	2758.1		-4.6	0.4	17.9
图书批发	3.7	95.3			0.7		
首饰、工艺品及收藏品批发		1993.1	2566.3		40.7	31.7	1.9
其他文化用品批发		280.6	643.9		-5.0	4.9	-0.1
医药及医疗器材批发	367.4	81479.2	46386.3	795.4	15260.9	614.1	8771.6
西药批发		16959.6	14361.6	717.1	11369.8	301.0	5418.5
中药批发	324.1	12052.8	11341.2		2768.9	226.7	2644.2
动物用药品批发		4.5	196.0			0.1	
医疗用品及器材批发	43.3	52462.3	20487.5	78.3	1122.2	86.3	708.9
矿产品、建材及化工产品批发	2239.5	323780.9	166701.9	945.8	51956.8	14824.8	37968.5
煤炭及制品批发	31.7	23995.4	13348.0		3100.3	692.0	3009.9
石油及制品批发	1456.4	172639.4	73586.5	94.5	28583.3	6011.0	19103.2
非金属矿及制品批发	191.4	12024.4	6129.8		413.6	2.7	301.9
金属及金属矿批发	414.5	37943.0	27522.7	0.2	19630.3	2734.0	6658.7
建材批发		16610.7	12614.0	746.8	-733.3	29.1	619.1
化肥批发		2265.6	1529.3		29.9	7.9	6.1
其他化工产品批发	145.5	58302.4	31971.6	104.3	932.7	5348.1	8269.6
机械设备、五金产品及电子产品批发	1580.9	72081.0	82450.3	7950.9	116531.2	1898.7	111592.6
农业机械批发		385.7	1098.6		196.0	17.5	28.6
汽车及零配件批发	495.9	8402.5	7074.6		4226.9	138.7	663.4
五金产品批发	92.1	11129.2	13336.1		653.8	104.4	823.1
电气设备批发	146.5	8009.5	6373.2	1237.7	1273.4	67.6	413.8
计算机、软件及辅助设备批发	18.5	1632.1	1505.7	121.3	414.6	13.4	19.8
通讯设备批发	390.2	5798.3	3447.8		154.1	7.6	39.3
其他机械设备及电子产品批发	437.7	36723.7	49614.3	6591.9	109612.4	1549.5	109604.6
贸易经纪与代理		1446.2	1793.9	0.1	217.5	2.0	25.0
贸易代理		1446.2	1793.9	0.1	217.5	2.0	25.0
其他批发业	12.8	13463.1	15971.3	201.3	16334.7	762.5	2086.6
再生物资回收与批发		825.9	1555.9		30.5	6.8	1.4
互联网批发		7.0	141.4		2.3		1.6
其他未列明批发业	12.8	12630.2	14274.0	201.3	16301.9	755.7	2083.6

单位：万元

及分配						四、工人成本及增值税		五、从事批发和零售业活动的从业人员平均人数（人）
投资收益	营业利润	营业外收入	营业外支出	利润总额	所得税费用	应付职工薪酬（本年贷方累计发生额）	应交增值税	
1.5	1032.0	280.6	141.4	1171.2	203.1	3035.7	1358.9	396
1.5	−117.0	132.5	78.4	−62.9	154.7	1466.9	131.3	124
	−65.6			−65.6		76.0		6
	933.0	143.6	62.9	1013.7	36.6	1027.4	1227.3	255
	281.6	4.5	0.1	286.0	11.8	465.4	0.3	11
8005.9	58966.6	1391.3	582.8	59775.1	12024.7	38179.3	26118.7	3509
−549.9	19788.4	797.0	13.6	20571.8	4840.0	12366.5	10427.9	1445
447.4	3513.0	164.0	19.6	3657.4	1084.8	9469.8	4409.9	1114
	257.3	31.7		289.0	12.1	113.7	22.1	29
8108.4	35407.9	398.6	549.6	35256.9	6087.8	16229.3	11258.8	921
24462.6	139330.5	16267.3	11088.4	143922.8	34820.5	97002.1	125930.4	17206
−483.3	6864.0	1062.9	340.7	7576.4	3012.2	5567.5	9269.2	438
15183.6	56903.5	10038.7	8665.3	58283.9	16989.8	42759.4	64739.5	12528
	3450.4	315.4	69.5	3696.3	775.3	2861.9	1515.3	227
9464.0	9414.0	2782.1	400.0	11778.9	3052.5	15773.6	22316.2	1590
−0.1	14329.9	783.3	179.4	14933.8	3082.1	7943.7	4975.8	746
	611.3	35.6	0.1	646.8	58.9	621.2	308.9	76
298.4	47757.4	1249.3	1433.4	47006.7	7849.7	21474.8	22805.5	1601
17190.1	67254.3	8692.9	1548.0	74402.1	28908.8	64700.0	40747.1	4604
	730.0	0.9	1.5	729.4	103.7	681.8	16.1	38
	33987.6	1030.0	92.8	34924.8	9205.8	6414.0	8439.2	457
228.5	13849.1	451.7	69.0	14234.7	2623.9	9020.5	4099.3	834
−15.0	7582.7	173.7	294.1	7462.3	1297.3	4756.5	2102.2	375
	700.4	19.2	0.7	718.9	194.9	1622.0	345.7	160
	101.7	64.3	11.3	154.7	15.4	3279.6	771.7	355
16976.6	10302.8	6953.1	1078.6	16177.3	15467.8	38925.6	24972.9	2385
0.2	−562.5	282.7	31.6	−311.4	36.9	1124.8	391.7	79
0.2	−562.5	282.7	31.6	−311.4	36.9	1124.8	391.7	79
89.9	−1736.9	562.8	1087.1	−2261.2	1369.1	8749.9	10312.3	777
	1540.0	33.5	654.3	919.2	55.2	865.9	408.2	124
	−29.5	1.1		−28.4		10.3	0.1	20
89.9	−3247.4	528.2	432.8	−3152.0	1313.9	7873.7	9904.0	633

7-5 续表 3-2

指标	三、损益						
	其他业务利润	销售费用	管理费用	研发费用	财务费用	利息收入	利息费用
2.按登记注册类型分							
内资企业	8404.0	613015.7	408817.1	11318.0	107551.7	44998.0	83893.3
国有企业	747.3	33897.0	34979.1		-11798.9	24615.9	11797.7
有限责任公司	2056.5	113068.5	65264.7	6173.2	45629.8	11894.1	36829.1
国有独资公司	228.6	9922.3	4854.0	4843.5	-8998.3	582.9	1058.7
其他有限责任公司	1827.9	103146.2	60410.7	1329.7	54628.1	11311.2	35770.4
股份有限公司	311.4	18264.1	6594.7	527.5	1815.8	946.9	1510.1
私营企业	5288.8	447786.1	301449.9	4617.3	72402.8	7541.1	33756.4
私营独资企业		3235.0	2154.8	0.1	1279.2	-31.5	429.9
私营合伙企业		4437.0	141.3		0.2		0.2
私营有限责任公司	5288.8	436242.4	296525.7	4050.0	71066.5	7581.3	33078.3
私营股份有限公司		3871.7	2628.1	567.2	56.9	-8.7	248.0
其他企业			528.7		-497.8		
港、澳、台商投资企业	-7.3	15658.8	15206.5	0.4	5762.6	-19.9	4143.1
与港澳台商合资经营企业		3577.6	4527.5		1955.0	77.6	258.2
港澳台商独资经营企业	-7.3	11990.2	10050.3	0.4	3717.7	-97.5	3884.9
港澳台商投资股份有限公司		91.0	628.7		89.9		
外商投资企业	2038.3	116385.4	58640.5		121741.4	1908.0	111310.7
中外合资经营企业	23.9	35059.7	10849.5		802.7	154.3	1225.7
外资企业	2014.4	80918.5	46238.4		120533.0	1739.7	109430.0
其他外商投资企业		407.2	1552.6		405.7	14.0	655.0
3.按控股情况分							
国有控股	2981.7	110635.0	70005.2	4968.2	7670.2	34624.1	26603.1
集体控股		7123.1	1542.0		-1910.6	-71.9	487.1
私人控股	5422.3	498940.5	339487.9	6349.8	101520.3	10593.9	56958.4
港澳台商控股	-7.3	14885.1	14938.6	0.4	5556.5	-19.1	3988.2
外商控股	2038.3	113476.2	56690.4		122219.3	1759.1	111310.3
4.按经营形式分							
独立门店	2002.2	158208.1	158941.4	2793.7	143781.3	32102.3	133528.5
连锁总店(总部)		7890.2	7200.0		529.8	-89.0	388.2
连锁直营店	0.8	11819.1	1198.7		876.6	927.6	33.2
连锁加盟店		644.8	68.4		0.3		
其他	8432.0	566497.7	315255.6	8524.7	89867.7	13945.2	65397.2

单位：万元

及分配						四、工人成本及增值税		五、从事批发和零售业活动的从业人员平均人数（人）
投资收益	营业利润	营业外收入	营业外支出	利润总额	所得税费用	应付职工薪酬（本年贷方累计发生额）	应交增值税	
−5264.2	344373.8	84194.4	29215.2	402922.4	101022.4	294577.3	264167.2	34489
−25067.7	94354.9	18967.0	1081.9	112059.4	31729.1	37931.3	35874.5	1252
16302.5	122349.3	43517.8	14022.3	151749.6	36484.7	80195.7	35232.2	5232
−599.6	15355.7	4703.7	164.5	19894.9	3775.6	8199.8	771.6	340
16902.1	106993.6	38814.1	13857.8	131854.7	32709.1	71995.9	34460.6	4892
68.2	1499.8	2533.2	43.0	3990.1	1183.8	8080.2	3234.1	429
3432.8	126187.5	19126.5	14068.0	135091.1	31616.7	168352.8	189822.9	27574
−3.3	−395.3	83.2	194.1	−506.2	29.6	1363.2	−276.9	201
2.4	52.1			52.1	0.6	49.6	300.0	8
3555.4	125014.7	19026.8	13847.8	134038.8	31366.2	163804.6	189375.9	27172
−121.7	1516.0	16.5	26.1	1506.4	220.3	3135.4	423.9	193
	−17.7	49.9		32.2	8.1	17.3	3.5	2
158.1	25435.4	798.6	98.6	26135.5	8651.4	15218.3	17585.5	983
−8.9	25419.3	630.4	5.7	26044.1	7017.6	4489.6	5708.2	202
167.0	84.9	164.2	90.0	159.1	1630.6	10400.9	11869.3	753
	−68.8	4.0	2.9	−67.7	3.2	327.8	8.0	28
24346.5	51549.7	2189.8	2484.3	51255.2	27655.4	52103.8	41980.4	2619
125.0	−3663.7	641.0	528.5	−3551.2	727.9	10211.3	9340.4	917
24221.5	50999.7	1548.1	1955.3	50592.5	25890.3	41299.6	32622.1	1650
	4213.7	0.7	0.5	4213.9	1037.2	592.9	17.9	52
−15411.3	195988.7	29261.9	1373.5	223696.5	60802.9	96820.9	53523.4	4172
0.5	7811.0	180.7	15.2	7908.9	1712.5	967.7	1024.2	157
10271.6	139485.9	55200.8	27852.7	170651.7	38600.6	198245.0	210492.7	30273
158.1	28222.3	823.0	98.6	28946.7	8790.9	15300.0	17716.0	971
24221.5	49851.0	1716.4	2458.1	49109.3	27422.3	50565.8	40976.8	2518
4181.9	88019.7	10432.8	3769.1	94388.6	47436.5	111232.1	99308.1	9730
	447.7	57.0	362.4	142.3	−23.7	3475.8	710.7	533
1013.5	650.3	246.3	1.5	895.1	−108.1	5864.2	1244.6	510
	−79.5	0.4		−79.1		268.0	60.7	28
14045.0	332320.7	76446.3	27665.1	384966.2	90024.5	241059.3	222409.0	27290

7-5 续表 3-3

指标	三、损益						
	其他业务利润	销售费用	管理费用	研发费用	财务费用	利息收入	利息费用
5.按单位规模分							
大型	1791.3	111095.5	55995.8	527.5	−16298.1	25636.2	10350.2
中型	5043.4	259455.6	189322.4	8543.8	58180.1	12035.0	43185.1
小型	2951.1	256175.6	190769.9	2201.8	158235.2	1727.7	133776.8
微型	649.2	118333.2	46576.0	45.3	34938.5	7487.2	12035.0
二、零售业	56857.4	435197.8	214258.3	572.6	51399.5	13508.6	54142.4
1.按零售行业小类分							
综合零售	39098.7	125010.7	73416.0		33834.1	9810.4	35356.3
百货零售	28116.9	42785.4	57763.8		28929.1	9293.5	32215.6
超级市场零售	10981.8	69039.5	12800.0		5032.0	414.5	3039.7
便利店零售		10981.3	2014.4		−93.4	3.7	65.5
其他综合零售		2204.5	837.8		−33.6	98.7	35.5
食品、饮料及烟草制品专门零售	1397.1	13272.4	6507.0	11.5	183.0	144.6	220.6
粮油零售		30.4	0.1		2.0		
糕点、面包零售	−12.8	4289.5	4236.4		41.5	80.7	78.6
果品、蔬菜零售	1172.5	3633.6	275.6		78.8	39.5	116.8
肉、禽、蛋、奶及水产品零售		2776.7	731.9		14.6		0.1
酒、饮料及茶叶零售	229.9	110.3	217.6		10.3		
烟草制品零售	7.5	2321.6	900.4		23.8	24.4	13.4
其他食品零售		110.3	145.0	11.5	12.0		11.7
纺织、服装及日用品专门零售	1035.1	34742.3	22048.5	412.9	−669.5	629.0	392.6
纺织品及针织品零售		937.4			8.7		
服装零售		21991.6	13770.6	412.9	−985.0	629.2	392.6
鞋帽零售		806.7	145.2		0.9	−0.2	
化妆品及卫生用品零售	857.1	8843.1	1424.0		52.4		
厨具卫具及日用杂品零售		541.4	71.9		17.0		
钟表、眼镜零售	178.0	1622.1	6636.8		236.5		

单位：万元

及分配						四、工人成本及增值税		五、从事批发和零售业活动的从业人员平均人数（人）
投资收益	营业利润	营业外收入	营业外支出	利润总额	所得税费用	应付职工薪酬（本年贷方累计发生额）	应交增值税	
−10244.7	204420.6	17916.6	1493.6	220843.6	54872.1	79572.1	52604.0	4144
19648.8	178305.3	48265.7	17655.8	208847.5	50648.9	161636.4	78012.5	12454
4065.8	13698.1	13476.7	5809.6	25528.2	25367.2	109335.5	88637.5	19670
5770.5	24934.9	7523.8	6839.1	25093.8	6441.0	11355.4	104479.1	1823
53107.0	72109.7	36331.5	11918.8	96321.2	20780.0	299336.1	66924.0	34766
40408.2	52748.3	2827.2	1811.5	53764.1	8762.9	78345.4	21982.4	11740
41715.6	58213.4	1453.0	445.3	59221.1	5567.2	49698.0	15456.1	6288
22.0	122.3	1284.5	1288.0	118.9	3186.9	22137.8	5984.8	4407
−1329.4	−5503.6	75.9	77.4	−5505.1		5654.6	500.2	929
	−83.8	13.8	0.8	−70.8	8.8	855.0	41.3	116
16.3	1394.1	126.1	77.8	1442.4	469.7	11119.6	1362.1	1182
	25.4			25.4	0.6	23.9	4.7	4
16.3	−395.1	30.9	43.2	−407.4	22.9	5233.3	615.3	620
	1183.3	65.9	30.5	1218.7	216.6	1867.8	160.0	227
	−310.1	5.2	2.2	−307.1	4.9	1078.8	180.0	170
	36.6	2.1		38.7	0.7	207.8	5.8	33
	881.2	2.0	0.4	882.8	224.0	2605.2	280.0	111
	−27.2	20.0	1.5	−8.7		102.8	116.3	17
119.6	−852.7	6030.8	346.6	4831.5	2442.3	19333.2	5019.1	2014
	63.7	2.9		66.6		341.4	117.7	50
119.6	2523.7	5075.9	18.6	7581.0	2170.2	12184.2	3288.8	1169
	−284.1	6.4	0.3	−278.0		108.0	626.8	21
	−4113.5	918.7	324.6	−3519.4		3311.1	497.9	416
	−353.3	13.4	0.1	−340.0		165.9	35.3	24
	1310.8	13.5	3.0	1321.3	272.1	3222.6	452.6	334

7-5 续表 3-4

指标	三、损益						
	其他业务利润	销售费用	管理费用	研发费用	财务费用		
						利息收入	利息费用
文化、体育用品及器材专门零售	1386.1	7893.0	5970.6		–1128.6	1266.2	3.0
体育用品及器材零售	–26.2	3242.2	1189.7		81.9		
图书、报刊零售	1408.7	2981.7	3757.2		–1252.9	1266.2	
珠宝首饰零售	3.6	85.0	308.7		31.0		
乐器零售		1569.5	505.0		11.1		3.0
其他文化用品零售		14.6	210.0		0.3		
医药及医疗器材专门零售	9.2	68892.0	30630.7		1151.4	564.3	1500.5
西药零售	9.2	68662.6	30284.0		1125.4	564.0	1477.0
中药零售		229.4	346.7		26.0	0.3	23.5
汽车、摩托车、零配件和燃料及其他动力销售	13931.2	157147.8	58576.2	81.7	14931.7	1471.3	14366.6
汽车新车零售	11382.0	93181.8	61736.5	81.5	12800.8	1954.8	11760.3
汽车零配件零售	222.8	4087.4	2529.9		–230.2	–525.3	354.1
摩托车及零配件零售			70.5		3.6		
机动车燃油零售	2326.4	59878.6	–5788.7	0.2	2357.2	41.8	2252.2
机动车燃气零售			28.0		0.3		
家用电器及电子产品专门零售		18159.3	4216.6	34.4	734.3	–379.3	7.7
家用视听设备零售		128.1	30.6		–2.3	2.5	0.2
日用家电零售		16959.4	3200.0		600.5	–385.5	–32.4
计算机、软件及辅助设备零售		338.9	312.3	34.4	23.2	3.7	
通信设备零售		601.3	230.4		85.4		39.9
其他电子产品零售		131.6	443.3		27.5		
五金、家具及室内装饰材料专门零售		3539.5	7348.2		2259.4	1.7	2218.8
五金零售		74.6	322.9		87.2	0.6	56.7
家具零售		3437.6	6986.8		2171.7	1.1	2162.1
其他室内装饰材料零售		27.3	38.5		0.5		

单位：万元

及分配						四、工人成本及增值税		五、从事批发和零售业活动的从业人员平均人数（人）
投资收益	营业利润	营业外收入	营业外支出	利润总额	所得税费用	应付职工薪酬（本年贷方累计发生额）	应交增值税	
24.7	4635.6	2642.7	133.7	7144.6	−166.6	6232.7	1241.9	757
24.7	−799.8	4.5	36.1	−831.4	−206.4	1527.8	396.7	221
	4436.8	2619.6	90.8	6965.6	15.4	3792.3	253.2	387
	113.7	0.4	6.0	108.1	0.7	74.9	348.8	15
	685.8	17.5	0.8	702.5	16.6	734.2	243.2	126
	199.1	0.7		199.8	7.1	103.5		8
38.0	12797.3	353.6	530.2	12620.7	3044.4	45548.2	7163.8	6955
38.0	12747.5	342.3	530.2	12559.6	3044.4	45162.0	7138.3	6890
	49.8	11.3		61.1		386.2	25.5	65
8591.4	16200.6	24093.6	8556.2	31535.5	6073.0	128004.0	27455.0	10659
8366.0	−2535.5	17751.5	7478.7	7534.8	4380.8	79827.3	18960.5	7281
	5554.1	347.6	24.0	5877.7	1251.6	3390.8	1827.7	202
	49.8	0.2		50.0	1.2	51.8		11
225.4	13100.2	5994.3	1053.5	18041.0	435.8	44669.6	6647.6	3149
	32.0			32.0	3.6	64.5	19.2	16
3867.6	−10129.5	89.6	434.8	−10473.5	6.9	6366.5	940.6	758
	50.1			50.1	1.2	19.9	9.5	2
3867.6	−9801.1	83.2	426.3	−10144.2	4.2	5562.5	791.7	586
	−147.4	5.7	0.1	−141.8		454.6	22.2	94
	−225.2	0.5		−223.5	1.5	215.8	17.7	42
	−5.9	0.2	8.4	−14.1		113.7	99.5	34
	−4413.4	64.7	17.5	−4366.2	3.9	2983.2	546.7	327
	145.7		1.8	143.9	0.1	201.7	71.1	50
	−4631.7	55.1	15.6	−4592.2	1.6	2740.9	428.9	268
	72.6	9.6	0.1	82.1	2.2	40.6	46.7	9

7-5 续表 3-5

指标	三、损益						
	其他业务利润	销售费用	管理费用	研发费用	财务费用		
						利息收入	利息费用
货摊、无店铺及其他零售业		6540.8	5544.5	32.1	103.7	0.4	76.3
互联网零售		6396.6	4912.3	32.0	83.0	0.4	76.3
生活用燃料零售		144.2	632.2	0.1	20.7		
2.按登记注册类型分							
内资企业	42675.2	329057.4	172470.2	572.6	43417.2	12786.0	47155.8
国有企业	3.7	1266.0	1389.2		15.3	3.2	5.4
集体企业		442.9	35.2		12.8		
股份合作企业		166.0	169.8		5.7	-6.6	13.1
联营企业		480.1	-94.5		5.2	0.6	4.6
国有联营企业		480.1	-94.5		5.2	0.6	4.6
有限责任公司	32383.3	143423.3	86479.9	0.1	28220.9	4563.9	28400.0
国有独资公司		7407.6	2531.4		-575.3	440.4	
其他有限责任公司	32383.3	136015.7	83948.5	0.1	28796.2	4123.5	28400.0
股份有限公司	2294.0	74502.9	13552.5		6119.6	6769.4	12074.3
私营企业	7994.2	107745.3	70383.9	572.5	9026.7	1456.4	6658.4
私营独资企业		326.7	796.8	0.2	44.5	-0.3	
私营合伙企业			51.1				
私营有限责任公司	7994.2	107313.1	69342.2	572.3	8977.0	1455.9	6658.4
私营股份有限公司		105.5	193.8		5.2	0.8	
其他企业		1030.9	554.2		11.0	-0.9	
港、澳、台商投资企业	4447.8	45132.2	19048.6		2185.2	1510.9	1895.1
与港澳台商合资经营企业	2863.7	22508.8	9884.5		1262.1	1124.9	443.7
与港澳台商合作经营企业		852.9	563.6		45.9	-45.9	85.9
港澳台商独资经营企业	1306.2	18609.6	6643.3		61.4	-69.1	86.5
港澳台商投资股份有限公司	277.9	1061.7	815.0		154.0	299.0	436.9
其他港澳台投资企业		2099.2	1142.2		661.8	202.0	842.1
外商投资企业	9734.4	61008.2	22739.5		5797.1	-788.3	5091.5
外资企业	9734.4	61008.2	22739.5		5797.1	-788.3	5091.5

单位：万元

及分配						四、工人成本及增值税		五、从事批发和零售业活动的从业人员平均人数（人）
投资收益	营业利润	营业外收入	营业外支出	利润总额	所得税费用	应付职工薪酬（本年贷方累计发生额）	应交增值税	
41.2	-270.6	103.2	10.5	-177.9	143.5	1403.3	1212.4	374
41.2	-311.4	103.1	8.7	-217.0	140.9	963.0	1131.4	310
	40.8	0.1	1.8	39.1	2.6	440.3	81.0	64
44733.8	59882.5	27730.1	10662.6	76748.8	13303.5	238348.6	49014.8	28182
	484.2	333.1	90.9	726.4	30.6	1687.3	253.8	167
	147.0			147.0	4.9	303.0	48.0	34
	944.8	10.4	12.3	942.9	170.3	214.8	180.7	38
	12.8	0.1		12.9	1.2	104.8	75.1	10
	12.8	0.1		12.9	1.2	104.8	75.1	10
23033.6	39695.9	15123.9	5605.4	49214.6	9011.5	93170.4	20331.8	12163
-1329.4	-3485.2	2000.0	76.6	-1561.8	178.9	5064.8	606.7	628
24363.0	43181.1	13123.9	5528.8	50776.4	8832.6	88105.6	19725.1	11535
21285.9	34384.6	6830.8	1279.6	39935.8	2032.8	66749.8	13320.5	5662
414.3	-15069.6	5401.1	3673.8	-13543.7	2038.6	75000.7	14759.2	10047
	52.0	2.2	0.5	53.7	10.6	592.8	568.3	117
	66.6			66.6	1.2	42.0	16.7	10
414.3	-15235.8	5398.9	3673.3	-13711.6	2024.7	74179.4	14142.5	9883
	47.6			47.6	2.1	186.5	31.7	37
	-717.2	30.7	0.6	-687.1	13.6	1117.8	45.7	61
8332.2	8808.4	2196.5	510.8	10494.1	3249.3	35277.2	9113.1	3238
	2610.9	235.2	146.3	2699.8	1945.2	18707.5	3748.4	2032
	-379.8	72.9	2.8	-309.7		1139.0	1844.2	74
8332.2	8154.5	1444.1	341.7	9256.9	1304.1	11812.8	2752.5	928
	-642.8	28.3	1.4	-615.9		1536.1	303.5	72
	-934.4	416.0	18.6	-537.0		2081.8	464.5	132
41.0	3418.8	6404.9	745.4	9078.3	4227.2	25710.3	8796.1	3346
41.0	3418.8	6404.9	745.4	9078.3	4227.2	25710.3	8796.1	3346

7-5 续表 3-6

指标	三、损益						
	其他业务利润	销售费用	管理费用	研发费用	财务费用	利息收入	利息费用
3.按控股情况分							
国有控股	5115.4	98031.6	22233.8		5156.8	8243.2	12516.1
集体控股	2364.2	3914.2	2549.9		314.1	162.4	407.5
私人控股	34707.5	225163.1	146896.9	572.6	37907.7	4380.5	34198.8
港澳台商控股	4447.8	43033.0	17906.4		1523.4	1308.9	1053.0
外商控股	9734.4	63107.4	23881.7		6458.9	-586.3	5933.6
其他	488.1	1948.5	789.6		38.6	-0.1	33.4
4.按经营形式分							
独立门店	26544.6	254261.7	115556.4	540.4	17455.7	4077.9	16143.8
连锁总店(总部)	857.1	76145.9	21578.5	32.0	1628.0	-378.1	1792.7
连锁直营店	22483.2	29960.5	18177.6		21761.5	1596.2	20931.3
连锁加盟店	102.9	1300.7	824.0		54.5	29.4	7.9
其他	6869.6	73529.0	58121.8	0.2	10499.8	8183.2	15266.7
5.按单位规模分							
大型	36344.5	215568.2	67898.8	412.9	28828.7	10489.4	34106.0
中型	12318.5	165798.4	108396.5	32.1	16564.0	2478.5	15876.6
小型	8013.8	43342.1	33274.5	93.1	5610.3	1183.9	3303.3
微型	180.6	10489.1	4688.5	34.5	396.5	-643.2	856.5
6.按零售业态分							
有店铺零售	56569.9	424954.6	206511.3	540.6	51229.8	13463.4	54042.2
便利店		10981.3	2014.4		-93.4	3.7	65.5
超市	9397.0	70559.8	15413.7		4570.0	380.0	3058.5
仓储会员店	3614.4	9810.6	3365.2	11.5	586.4	68.2	
百货店	28116.9	46057.5	64121.8		27834.3	10613.2	32278.1
购物中心		2269.7	1553.6		138.5	0.3	118.6
专业店	4093.5	178728.9	50590.9	34.7	7405.4	-154.0	7091.5
品牌专卖店	10883.6	98769.3	64632.3	413.0	10463.2	2533.5	11331.0
集合店	464.5	7777.5	4819.4	81.4	325.4	18.5	99.0
无店铺零售	287.5	10243.2	7747.0	32.0	169.7	45.2	100.2

单位：万元

及分配						四、工人成本及增值税		五、从事批发和零售业活动的从业人员平均人数（人）
投资收益	营业利润	营业外收入	营业外支出	利润总额	所得税费用	应付职工薪酬（本年贷方累计发生额）	应交增值税	
20057.7	37477.7	9683.7	1461.9	45699.5	2574.7	83024.6	15447.9	7918
17.3	419.7	509.4	26.1	903.0	374.3	3130.3	439.1	449
24658.8	21222.9	17408.2	9162.3	29267.6	10123.3	150777.9	33135.8	19736
8332.2	9742.8	1780.5	492.2	11031.1	3249.3	33195.4	8648.6	3106
41.0	2484.4	6820.9	764.0	8541.3	4227.2	27792.1	9260.6	3478
	762.2	128.8	12.3	878.7	231.2	1415.8	−8.0	79
8758.9	34020.4	25988.7	6031.6	53776.2	12097.7	181477.5	38559.9	17753
−1324.8	−9644.8	1092.0	1385.4	−9938.1	2779.5	41150.2	6867.7	6499
21320.2	7675.8	477.8	490.9	7662.7	141.5	12731.4	2954.0	2381
	−182.3	132.0	9.5	−59.8		636.7	−75.8	76
24352.7	40240.6	8641.0	4001.4	44880.2	5761.3	63340.3	18618.2	8057
38776.8	70436.0	8457.4	2758.2	76135.2	10018.8	136475.2	30344.2	15975
14457.5	8932.4	5889.5	1821.5	13000.5	9612.1	129944.0	24655.8	14298
−130.4	−4709.1	3678.0	843.5	−1874.6	884.3	30931.2	8791.5	3962
3.1	−2549.6	18306.6	6495.6	9060.1	264.8	1985.7	3132.5	531
53065.8	70394.5	36204.1	11810.5	94789.4	20419.1	294929.7	65126.1	34097
−1329.4	−5503.6	75.9	77.4	−5505.1		5654.6	500.2	929
70.5	−10150.8	2221.1	1616.3	−9545.9	1435.0	25539.9	4794.1	4873
	8381.7	40.7	11.8	8410.6	2090.6	2831.3	2111.7	376
41667.1	64426.8	1421.2	434.0	65414.0	7522.7	51303.3	16082.4	6388
	−1287.5	2938.9	1118.4	533.0	5.5	1477.8	187.9	136
7816.9	11389.4	16169.8	4012.7	23546.5	3564.7	117505.8	20974.5	12920
4837.6	4986.6	13186.9	4144.2	14030.5	5694.7	85091.6	19142.6	7915
3.1	−1848.1	149.6	395.7	−2094.2	105.9	5525.4	1332.7	560
41.2	1715.2	127.4	108.3	1531.8	360.9	4406.4	1797.9	669

7-6 限额以上住宿和餐饮业

指标	法人企业数（个）	执行《2006年企业会计准则》企业数	一、年初存货	流动资产合计	应收账款
总计	**250**	**135**	**45449.1**	**460985.2**	**38567.2**
一、住宿业	119	74	34698.4	298829.3	21492.4
1.按住宿业行业小类分					
旅游饭店	71	47	33720.6	240326.6	15747.7
一般旅馆	39	20	853.7	47525.8	3623.6
经济型连锁酒店	12	6	137.2	21968.8	1090.6
其他一般旅馆	27	14	716.5	25557.0	2533.0
其他住宿业	9	7	124.1	10976.9	2121.1
2.按登记注册类型分组					
内资企业	107	66	8693.4	225827.2	18607.0
国有企业	5	5	581.7	7654.6	832.9
集体企业	3		34.1	1410.2	472.5
有限责任公司	34	24	2012.5	74474.7	11123.0
国有独资公司	3	3	36.5	2717.8	260.3
其他有限责任公司	31	21	1976.0	71756.9	10862.7
私营企业	65	37	6065.1	142287.7	6178.6
私营独资企业	4	1	27.9	3233.0	462.3
私营有限责任公司	61	36	6037.2	139054.7	5716.3
港、澳、台商投资企业	5	4	25811.4	57907.1	1947.4
与港澳台商合资经营企业	4	3	821.1	20743.7	1199.8
港澳台商独资经营企业	1	1	24990.3	37163.4	747.6
外商投资企业	7	4	193.6	15095.0	938.0
中外合资经营企业	2	1	126.3	11121.8	119.7
外资企业	5	3	67.3	3973.2	818.3

法人企业财务状况

单位：万元

二、期末资产负债							
存货	固定资产原价			累计折旧		固定资产净额	在建工程
		房屋和构筑物	机器设备		本年折旧		
46120.4	**1101829.7**	**397598.5**	**65551.6**	**715478.8**	**47347.0**	**340212.2**	**73740.1**
34303.6	947636.0	382591.1	57784.2	617189.9	40653.7	297568.4	71786.1
33267.8	789241.4	345234.0	50223.6	529355.9	34054.7	235939.9	71654.7
908.5	119172.2	34472.3	7560.6	68025.3	5146.4	43192.9	41.4
140.0	20314.8	12368.7	6667.7	3792.8	1190.2	12217.8	
768.5	98857.4	22103.6	892.9	64232.5	3956.2	30975.1	41.4
127.3	39222.4	2884.8		19808.7	1452.6	18435.6	90.0
8741.1	501647.3	229034.5	51529.1	332230.6	30560.0	154740.0	71293.2
576.2	55142.9	18688.3	1374.9	35255.6	1220.5	19887.2	15780.4
371.4	6041.1			5816.3	214.1		
1933.9	223999.7	108397.7	21413.9	154593.4	19964.4	68447.0	27318.1
47.1	9053.7	8192.9	517.5	8114.5	276.6	939.2	
1886.8	214946.0	100204.8	20896.4	146478.9	19687.8	67507.8	27318.1
5859.6	216463.6	101948.5	28740.3	136565.3	9161.0	66405.8	28194.7
113.7	4866.3		116.3	1484.0	97.0	3094.9	
5745.9	211597.3	101948.5	28624.0	135081.3	9064.0	63310.9	28194.7
25412.6	310308.2	83294.7	3665.8	214979.6	5895.9	77127.8	492.9
723.0	103897.1	83294.7	3665.8	80359.8	1816.4	20880.7	492.9
24689.6	206411.1			134619.8	4079.5	56247.1	
149.9	135680.5	70261.9	2589.3	69979.7	4197.8	65700.6	
91.8	28704.3	10839.1	87.2	25109.6	133.5	3594.7	
58.1	106976.2	59422.8	2502.1	44870.1	4064.3	62105.9	

7-6 续表 1-1

指标	法人企业数（个）	执行《2006年企业会计准则》企业数	一、年初存货	流动资产合计	应收账款
3.按控股情况分组					
国有控股	15	13	1001.1	26647.0	3360.5
集体控股	10	5	493.7	25589.3	4366.3
私人控股	84	49	7697.0	180342.4	11822.5
港澳台商控股	3	2	25248.3	53194.9	1029.7
外商控股	7	5	258.3	13055.7	913.4
4.按经营形式分组					
独立门店	89	58	34284.4	273952.9	18924.5
连锁直营店	1	1	11.0	330.4	44.6
连锁加盟店	13	5	171.9	12830.7	1085.4
其他	16	10	231.1	11715.3	1437.9
5.按单位规模分					
大型	1	1	24990.3	37163.4	747.6
中型	13	12	4749.2	80218.8	5173.1
小型	95	56	4866.0	174573.5	14237.5
微型	10	5	92.9	6873.6	1334.2
二、餐饮业	131	61	10750.7	162155.9	17074.8
1.按餐饮业行业小类分					
正餐服务	102	44	8721.8	98079.2	7071.2
快餐服务	10	8	1252.3	33915.9	6073.1
饮料及冷饮服务	5	5	285.6	18230.5	89.8
咖啡馆服务	3	3	246.9	17976.4	80.7
其他饮料及冷饮服务	2	2	38.7	254.1	9.1
餐饮配送及外卖送餐服务	7	1	370.0	4738.8	3063.6
餐饮配送服务	6	1	370.0	4355.1	2840.3
外卖送餐服务	1			383.7	223.3
其他餐饮业	7	3	121.0	7191.5	777.1

单位：万元

二、期末资产负债							
存货	固定资产原价	房屋和构筑物	机器设备	累计折旧	本年折旧	固定资产净额	在建工程
999.6	118901.2	68556.9	8873.4	84937.4	2382.5	33856.4	15780.4
885.2	62690.5	26224.9	11056.1	42461.3	1508.5	20004.4	113.2
7301.5	389427.5	196633.7	33187.8	258194.6	27766.0	116888.4	55399.6
24933.9	234066.0	14059.1	717.4	154862.4	4745.1	61002.8	
183.4	142550.8	77116.5	3949.5	76734.2	4251.6	65816.4	492.9
33815.7	828569.7	308751.3	53922.2	571646.4	36289.9	224997.3	71786.1
9.5	164.7			161.8	1.8	2.9	
185.2	15835.9	13851.6	132.0	5090.8	406.6	10627.1	
293.2	103065.7	59988.2	3730.0	40290.9	3955.4	61941.1	
24689.6	206411.1			134619.8	4079.5	56247.1	
4738.7	251638.4	132622.6	22941.9	179780.9	5256.6	69200.5	35728.6
4807.8	459353.9	243356.1	33561.9	285782.9	30660.6	159888.0	35967.5
67.5	30232.6	6612.4	1280.4	17006.3	657.0	12232.8	90.0
11816.8	154193.7	15007.4	7767.4	98288.9	6693.3	42643.8	1954.0
9291.4	111087.0	10737.3	4272.6	73658.4	4555.8	25030.1	553.4
1583.5	33373.0		2586.3	19921.0	1468.1	12602.6	1048.7
261.1	2949.2		239.2	2007.0	302.0	938.0	252.3
226.7	2706.3		34.9	1918.2	265.4	783.9	252.3
34.4	242.9		204.3	88.8	36.6	154.1	
547.4	6193.4	4270.1	375.9	2356.4	333.2	3828.2	99.6
520.7	6099.2	4270.1	370.4	2278.0	323.5	3812.4	99.6
26.7	94.2		5.5	78.4	9.7	15.8	
133.4	591.1		293.4	346.1	34.2	244.9	

7-6 续表 1-2

指标	法人企业数(个)	执行《2006年企业会计准则》企业数	一、年初存货	流动资产合计	应收账款
2.按登记注册类型分组					
内资企业	120	53	8608.7	112057.7	10031.1
集体企业	1		6.5	164.5	35.1
有限责任公司	17	10	473.2	14288.3	421.9
国有独资公司	1	1	44.8	286.9	5.1
其他有限责任公司	16	9	428.4	14001.4	416.8
私营企业	102	43	8129.0	97604.9	9574.1
私营独资企业	11	4	382.7	3744.3	397.5
私营合伙企业	7	1	9.5	469.5	0.3
私营有限责任公司	84	38	7736.8	93391.1	9176.3
港、澳、台商投资企业	6	5	1575.1	47070.5	7147.3
与港澳台商合资经营企业	1	1	52.5	2002.7	1835.4
港澳台商独资经营企业	5	4	1522.6	45067.8	5311.9
外商投资企业	5	3	566.9	3027.7	-103.6
中外合资经营企业	1		51.6	33.5	20.9
外资企业	4	3	515.3	2994.2	-124.5
3.按控股情况分组					
国有控股	2	1	44.9	375.2	5.5
集体控股	1		6.5	164.5	35.1
私人控股	118	52	8608.9	111551.5	10011.4
港澳台商控股	6	5	1575.1	47070.5	7147.3
外商控股	4	3	515.3	2994.2	-124.5
4.按经营形式分组					
独立门店	92	42	7688.7	90850.0	5933.5
连锁总店(总部)	6	5	1538.3	45657.5	5096.6
连锁直营店	6	5	508.4	4073.6	36.3
连锁加盟店	3	1	41.6	1330.1	305.8
其他	24	8	973.7	20244.7	5702.6
5.按单位规模分					
大型	3	3	1196.7	20973.6	205.5
中型	13	11	2645.5	75698.7	8166.2
小型	98	37	5187.4	49290.8	7792.1
微型	17	10	1721.1	16192.8	911.0

单位：万元

二、期末资产负债							
	固定资产原价			累计折旧		固定资产净额	在建工程
存货		房屋和构筑物	机器设备		本年折旧		
9633.6	114375.1	15005.9	4874.9	73394.8	4864.4	28331.2	553.4
4.7	230.7		230.7	88.5	13.7	142.2	
492.1	4076.0	1360.8	1135.1	2603.7	268.6	1472.2	
44.8	12.8		12.8	1.1	1.1	11.6	
447.3	4063.2	1360.8	1122.3	2602.6	267.5	1460.6	
9136.8	110068.4	13645.1	3509.1	70702.6	4582.1	26716.8	553.4
325.1	24943.8		41.6	20139.4	997.4	4289.2	
123.7	336.0		79.4	244.5	52.3	91.4	
8688.0	84788.6	13645.1	3388.1	50318.7	3532.4	22336.2	553.4
1601.4	27993.3	1.5	2751.9	16666.9	1133.3	10714.6	838.8
71.4	1443.0	1.5	194.1	1039.0	77.5	404.0	99.6
1530.0	26550.3		2557.8	15627.9	1055.8	10310.6	739.2
581.8	11825.3		140.6	8227.2	695.6	3598.0	561.8
9.1	48.1		48.1	46.3		1.8	
572.7	11777.2		92.5	8180.9	695.6	3596.2	561.8
44.8	12.8		12.8	1.1	1.1	11.6	
4.7	230.7		230.7	88.5	13.7	142.2	
9593.2	114179.7	15005.9	4679.5	73351.5	4849.6	28179.2	553.4
1601.4	27993.3	1.5	2751.9	16666.9	1133.3	10714.6	838.8
572.7	11777.2		92.5	8180.9	695.6	3596.2	561.8
8497.3	103459.7	8979.0	3246.0	69965.2	4175.2	21700.7	465.1
1546.9	28159.3		2632.6	17075.1	1065.9	10472.4	739.2
607.8	10656.3		364.8	6949.2	724.6	3601.0	561.8
46.7	312.7		34.0	253.2	27.3	59.4	
1118.1	11605.7	6028.4	1490.0	4046.2	700.3	6810.3	187.9
1225.8	32445.6			19210.3	1525.4	12623.5	1065.0
3011.8	51417.8	11888.3	4118.7	37969.7	2238.5	13127.5	667.7
6252.0	46454.4	1758.3	3019.2	29024.0	2422.2	15824.3	221.3
1327.2	23875.9	1360.8	629.5	12084.9	507.2	1068.5	

7-6 续表 2

指标	二、期末				
	无形资产	土地使用权	资产总计	流动负债合计	应付账款
总计	**65446.3**	**24484.4**	**1120674.1**	**759270.7**	**48648.7**
一、住宿业	58480.9	22230.2	797944.0	536715.1	32215.2
1.按住宿业行业小类分					
旅游饭店	47511.5	11479.1	643678.7	429676.7	26807.7
一般旅馆	9893.2	9686.8	122258.4	77762.4	3637.2
经济型连锁酒店	9299.7	9264.4	48016.7	40797.3	2188.9
其他一般旅馆	593.5	422.4	74241.7	36965.1	1448.3
其他住宿业	1076.2	1064.3	32006.9	29276.0	1770.3
2.按登记注册类型分组					
内资企业	36468.1	19440.9	549033.1	465016.4	19197.0
国有企业	1.4		44179.0	10435.2	1651.3
集体企业	246.9		1821.0	6722.7	1230.5
有限责任公司	19094.4	3982.4	203861.8	194252.2	7820.5
国有独资公司	1342.6	1341.0	6626.9	8284.1	52.2
其他有限责任公司	17751.8	2641.4	197234.9	185968.1	7768.3
私营企业	17125.4	15458.5	299171.3	253606.3	8494.7
私营独资企业			6571.8	5128.8	1334.5
私营有限责任公司	17125.4	15458.5	292599.5	248477.5	7160.2
港、澳、台商投资企业	19691.4	492.5	160897.9	30796.6	7214.5
与港澳台商合资经营企业	4147.3	492.5	51935.5	23772.7	2416.9
港澳台商独资经营企业	15544.1		108962.4	7023.9	4797.6
外商投资企业	2321.4	2296.8	88013.0	40902.1	5803.7
中外合资经营企业	1200.7	1200.7	16850.9	20044.0	256.1
外资企业	1120.7	1096.1	71162.1	20858.1	5547.6

单位：万元

资产负债				三、损益及分配			
负债合计	所有者权益合计	实收资本	个人资本	营业收入	主营业务收入	营业成本	税金及附加
999455.3	**124327.3**	**439585.3**	**20688.6**	**464875.3**	**454709.3**	**226474.3**	**5756.0**
688227.0	112332.5	401638.7	16385.8	181335.1	178009.2	83920.4	5147.3
562434.1	83860.1	333333.6	15874.5	127548.5	124818.3	50510.7	4542.4
96342.3	25916.1	49024.7	511.3	46549.4	46024.1	31334.8	483.9
41207.8	6808.9	8123.4	60.0	21911.8	21790.5	18392.7	219.0
55134.5	19107.2	40901.3	451.3	24637.6	24233.6	12942.1	264.9
29450.6	2556.3	19280.4		7237.2	7166.8	2074.9	121.0
548017.8	3630.8	192646.1	15228.7	138367.7	135274.8	66062.4	2900.1
10439.5	33739.5	21644.0		9098.9	9095.5	8288.6	279.9
7894.8	−5243.2	50.5		1461.8	1306.4	795.9	36.7
221976.0	−18114.2	125876.3	354.4	48379.6	47474.9	19459.2	1522.3
10067.4	−3440.5	9580.0		2109.3	1816.2	1893.1	103.7
211908.6	−14673.7	116296.3	354.4	46270.3	45658.7	17566.1	1418.6
307707.5	−6751.3	45075.3	14874.3	79427.4	77398.0	37518.7	1061.2
5128.8	1443.0	3000.0		4113.1	4113.1	1512.7	55.9
302578.7	−8194.3	42075.3	14874.3	75314.3	73284.9	36006.0	1005.3
62149.5	98748.4	134445.1		33831.9	33692.5	13785.9	1778.8
40875.0	11060.5	30055.8		14867.4	14728.0	3941.0	613.7
21274.5	87687.9	104389.3		18964.5	18964.5	9844.9	1165.1
78059.7	9953.3	74547.5	1157.1	9135.5	9041.9	4072.1	468.4
26923.8	−10072.9	9199.9		2158.9	2158.9	583.1	9.0
51135.9	20026.2	65347.6	1157.1	6976.6	6883.0	3489.0	459.4

7-6 续表 2-1

指标	二、期末				
	无形资产	土地使用权	资产总计	流动负债合计	应付账款
3.按控股情况分组					
国有控股	2057.6	2023.3	86474.4	43212.4	3114.5
集体控股	3428.9	3159.8	50436.7	24434.5	5321.2
私人控股	35837.1	15458.5	439848.0	417203.0	12668.3
港澳台商控股	15544.1		132406.3	13528.4	5458.9
外商控股	1613.2	1588.6	88778.6	38336.8	5652.3
4.按经营形式分组					
独立门店	57960.3	21807.8	689460.4	476100.9	25460.6
连锁直营店			2428.7	71.5	35.9
连锁加盟店	22.2		28119.2	25354.8	581.7
其他	498.4	422.4	77935.7	35187.9	6137.0
5.按单位规模分					
大型	15544.1		108962.4	7023.9	4797.6
中型	8546.4	4890.3	211343.1	148598.0	6474.0
小型	33207.3	16156.8	451669.3	366198.2	20869.6
微型	1183.1	1183.1	25969.2	14895.0	74.0
二、餐饮业	6965.4	2254.2	322730.1	222555.6	16433.5
1.按餐饮业行业小类分					
正餐服务	3130.1	2254.2	165737.5	116735.3	7790.6
快餐服务	3516.6		116995.5	83017.7	5113.2
饮料及冷饮服务	312.2		23563.9	8593.0	719.6
咖啡馆服务	312.2		22846.3	8326.1	514.8
其他饮料及冷饮服务			717.6	266.9	204.8
餐饮配送及外卖送餐服务			8933.1	9018.1	1757.3
餐饮配送服务			8509.7	8620.2	1644.5
外卖送餐服务			423.4	397.9	112.8
其他餐饮业	6.5		7500.1	5191.5	1052.8

单位：万元

资产负债				三、损益及分配			
负债合计	所有者权益合计	实收资本	个人资本	营业收入	主营业务收入	营业成本	税金及附加
46666.3	39808.1	58572.4		23737.8	23150.2	16933.1	811.7
52401.2	−1133.9	28804.2		11299.4	10905.5	3113.0	275.6
484259.9	−42627.0	121602.5	15228.7	113416.5	111255.7	48243.7	2304.8
32646.4	99759.9	113994.1		24505.7	24415.7	11890.1	1240.2
72253.2	16525.4	78665.5	1157.1	8375.7	8282.1	3740.5	515.0
604734.5	87341.4	340806.8	15139.5	153141.9	150313.2	72779.4	4501.7
1737.8	690.9	1000.0		567.8	565.6	443.4	0.9
27243.5	875.7	9246.3	1196.3	7959.1	7578.2	3514.5	38.3
54511.2	23424.5	50585.6	50.0	19666.3	19552.2	7183.1	606.4
21274.5	87687.9	104389.3		18964.5	18964.5	9844.9	1165.1
160837.3	50505.8	77703.2	6188.0	50681.6	49228.4	23629.9	1735.8
483915.0	−32245.7	202082.8	7947.8	109073.0	107891.8	49153.5	2161.5
22200.2	6384.5	17463.4	2250.0	2616.0	1924.5	1292.1	84.9
311228.3	11994.8	37946.6	4302.8	283540.2	276700.1	142553.9	608.7
163566.3	2664.2	17478.3	3632.8	111356.3	105310.5	56618.6	443.1
122979.9	−5984.4	16532.6		128205.3	127967.0	61214.7	88.0
9685.8	13878.1	1869.7		22491.3	22490.5	10918.4	19.6
9369.6	13476.7	1719.7		20121.0	20121.0	10067.6	19.5
316.2	401.4	150.0		2370.3	2369.5	850.8	0.1
9024.3	−91.2	1446.0	120.0	9159.0	8860.9	8207.6	23.6
8626.4	−116.7	1446.0	120.0	8655.0	8356.9	7722.5	22.9
397.9	25.5			504.0	504.0	485.1	0.7
5972.0	1528.1	620.0	550.0	12328.3	12071.2	5594.6	34.4

7-6 续表 2-2

指标	二、期末				
	无形资产		资产总计	流动负债合计	
		土地使用权			应付账款
2.按登记注册类型分组					
内资企业	4096.9	2254.2	186172.7	135039.4	11122.4
集体企业			306.7	566.8	143.7
有限责任公司	984.5		18513.7	11998.4	1431.8
国有独资公司			298.6	339.2	339.2
其他有限责任公司	984.5		18215.1	11659.2	1092.6
私营企业	3112.4	2254.2	167352.3	122474.2	9546.9
私营独资企业			23001.4	7516.7	209.0
私营合伙企业			684.8	704.1	13.1
私营有限责任公司	3112.4	2254.2	143666.1	114253.4	9324.8
港、澳、台商投资企业	1193.7		106222.1	78810.0	4132.7
与港澳台商合资经营企业			2506.3	2986.4	575.9
港澳台商独资经营企业	1193.7		103715.8	75823.6	3556.8
外商投资企业	1674.8		30335.3	8706.2	1178.4
中外合资经营企业			35.3	40.0	12.8
外资企业	1674.8		30300.0	8666.2	1165.6
3.按控股情况分组					
国有控股			386.9	339.2	339.2
集体控股			306.7	566.8	143.7
私人控股	4096.9	2254.2	185514.4	134173.4	10652.3
港澳台商控股	1193.7		106222.1	78810.0	4132.7
外商控股	1674.8		30300.0	8666.2	1165.6
4.按经营形式分组					
独立门店	4056.4	2254.2	151227.8	104624.2	6488.8
连锁总店(总部)	1195.4		106129.2	77668.7	3649.9
连锁直营店	1711.4		30960.1	14711.6	1024.9
连锁加盟店			1639.4	431.4	59.3
其他	2.2		32773.6	25119.7	5210.6
5.按单位规模分					
大型	2651.9		87677.2	53588.5	2448.4
中型	604.5	35.1	122348.5	96175.6	5853.1
小型	2733.5	2219.1	81393.1	66977.4	7699.0
微型	975.5		31311.3	5814.1	433.0

单位：万元

资产负债				三、损益及分配			
负债合计	所有者权益合计			营业收入		营业成本	税金及附加
		实收资本			主营业务收入		
			个人资本				
188547.3	–1881.6	16409.6	4302.8	138751.5	132295.2	76297.4	505.7
566.8	–260.1	20.0		302.3	302.3	279.0	3.4
13862.5	4562.9	2142.1	700.0	22772.9	21685.0	11718.1	70.5
339.2	–40.6			1127.8	1127.8	1113.1	1.9
13523.3	4603.5	2142.1	700.0	21645.1	20557.2	10605.0	68.6
174118.0	–6184.4	14247.5	3602.8	115676.3	110307.9	64300.3	431.8
17570.5	5430.9	465.0	72.0	15687.5	15655.4	10564.9	206.9
714.1	–29.3			7308.2	7308.2	3429.6	11.1
155833.4	–11586.0	13782.5	3530.8	92680.6	87344.3	50305.8	213.8
98712.2	7509.9	17084.9		99793.0	99409.2	40521.2	68.9
2992.6	–486.3	1326.0		2365.1	2091.3	3429.0	19.5
95719.6	7996.2	15758.9		97427.9	97317.9	37092.2	49.4
23968.8	6366.5	4452.1		44995.7	44995.7	25735.3	34.1
40.0	–4.7	28.0		218.2	218.2	85.6	
23928.8	6371.2	4424.1		44777.5	44777.5	25649.7	34.1
339.2	–40.6			1894.7	1127.8	1749.3	1.9
566.8	–260.1	20.0		302.3	302.3	279.0	3.4
187681.3	–1585.6	16417.6	4302.8	136772.7	131083.3	74354.7	500.4
98712.2	7509.9	17084.9		99793.0	99409.2	40521.2	68.9
23928.8	6371.2	4424.1		44777.5	44777.5	25649.7	34.1
152275.0	–572.4	14201.6	4159.8	85447.1	79351.6	43495.2	423.7
98275.3	7853.9	18221.6		97648.7	97538.7	37225.2	49.2
30200.6	759.5	1851.4		61561.2	61551.2	36920.5	37.0
431.4	1208.0	840.0		1658.9	1420.6	552.8	0.1
30046.0	2745.8	2832.0	143.0	37224.3	36838.0	24360.2	98.7
88036.5	–359.3	7584.2		93730.8	93730.8	41378.9	67.2
110413.6	11934.9	12900.1		93139.1	92721.1	49770.6	304.8
83915.2	–2522.0	16760.1	3979.2	85623.1	84118.4	44659.1	189.8
28863.0	2941.2	702.2	323.6	11047.2	6129.8	6745.3	46.9

7−6 续表 3

指标	三、损益						
	其他业务利润	销售费用	管理费用	研发费用	财务费用		
						利息收入	利息费用
总计	**6487.5**	**157297.4**	**110505.0**	**121.6**	**10527.5**	**-50.7**	**4728.8**
一、住宿业	3651.8	51355.3	72958.5	121.5	6545.0	−252.5	4056.7
1.按住宿业行业小类分							
旅游饭店	2290.4	40945.0	57780.1	0.1	5042.5	−301.1	2638.9
一般旅馆	1350.1	7026.0	12235.2	121.4	1491.4	48.5	1417.7
经济型连锁酒店	730.1	1482.6	3422.6	121.4	7.9	−7.3	
其他一般旅馆	620.0	5543.4	8812.6		1483.5	55.8	1417.7
其他住宿业	11.3	3384.3	2943.2		11.1	0.1	0.1
2.按登记注册类型分组							
内资企业	3548.9	43696.8	51307.2	121.5	2473.4	−227.6	1762.7
国有企业		4920.9	4972.1		−69.4	4.5	
集体企业		819.5	400.7		2.7	−0.2	0.1
有限责任公司	1041.5	13724.7	20960.7	0.1	1299.8	−304.3	1056.0
国有独资公司	293.1	549.9	833.6		97.3	2.8	97.7
其他有限责任公司	748.4	13174.8	20127.1	0.1	1202.5	−307.1	958.3
私营企业	2507.4	24231.7	24973.7	121.4	1240.3	72.4	706.6
私营独资企业		1499.4	1393.7		28.0	0.1	19.7
私营有限责任公司	2507.4	22732.3	23580.0	121.4	1212.3	72.3	686.9
港、澳、台商投资企业	68.3	5858.7	16292.8		1631.7	−83.6	893.7
与港澳台商合资经营企业	68.3	4689.0	6781.4		1184.7	−83.6	893.7
港澳台商独资经营企业		1169.7	9511.4		447.0		
外商投资企业	34.6	1799.8	5358.5		2439.9	58.7	1400.3
中外合资经营企业	14.3	666.3	1109.3		−0.4	2.9	2.4
外资企业	20.3	1133.5	4249.2		2440.3	55.8	1397.9

单位：万元

及分配						四、工人成本及增值税		五、从事住宿和餐饮业活动的从业人员平均人数（人）
投资收益	营业利润	营业外收入	营业外支出	利润总额	所得税费用	应付职工薪酬（本年贷方累计发生额）	应交增值税	
520.0	**-35252.4**	**4297.4**	**14153.7**	**-44929.2**	**1993.7**	**117181.6**	**6653.9**	**22542**
177.8	−27037.9	2126.6	13628.7	−38360.4	385.4	52292.9	4603.5	8602
310.7	−20566.5	1810.1	13304.4	−32055.3	236.0	41164.6	3017.9	6709
−132.9	−5262.2	286.1	321.5	−5123.5	148.3	9453.4	1467.9	1536
	−1107.9	109.4	137.7	−1136.1	13.1	2376.3	926.3	426
−132.9	−4154.3	176.7	183.8	−3987.4	135.2	7077.1	541.6	1110
	−1209.2	30.4	2.8	−1181.6	1.1	1674.9	117.7	357
177.8	−16861.2	1679.5	13379.5	−28381.6	384.8	39283.5	3484.6	6962
	−3306.5	36.3	−3.7	−3266.5		5736.5	112.6	544
	−498.5	0.5	1630.2	−2128.2		364.2	24.2	103
202.2	−4904.5	706.0	11194.3	−15392.8	165.2	16788.4	1294.2	2816
43.1	−540.0	5.5	6.3	−540.8	5.0	1206.7	75.1	92
159.1	−4364.5	700.5	11188.0	−14852.0	160.2	15581.7	1219.1	2724
−24.4	−8151.7	936.7	558.7	−7594.1	219.6	16394.4	2053.6	3499
	−352.9	2.9	0.2	−350.2	12.9	1341.3	180.6	318
−24.4	−7798.8	933.8	558.5	−7243.9	206.7	15053.1	1873.0	3181
	−5112.6	326.2	231.1	−5017.5		10642.0	751.6	1300
	−1939.1	146.0	230.7	−2023.8		5635.9	431.8	876
	−3173.5	180.2	0.4	−2993.7		5006.1	319.8	424
	−5064.1	120.9	18.1	−4961.3	0.6	2367.4	367.3	340
	−230.4	30.8	2.5	−202.1		474.5	71.0	130
	−4833.7	90.1	15.6	−4759.2	0.6	1892.9	296.3	210

7-6 续表 3-1

指标	三、损益						
	其他业务利润	销售费用	管理费用	研发费用	财务费用	利息收入	利息费用
3.按控股情况分组							
国有控股	971.2	8433.1	9409.4		−190.2	−294.9	97.7
集体控股	67.9	5379.1	4780.1		963.3	−6.1	960.7
私人控股	2524.1	34271.0	41973.1	121.5	2576.6	93.6	1600.4
港澳台商控股	68.3	1795.9	11392.1		755.6	−103.0	
外商控股	20.3	1476.2	5403.8		2439.7	57.9	1397.9
4.按经营形式分组							
独立门店	2508.5	43532.4	61165.9		5347.9	−271.0	4045.0
连锁直营店	1.7	105.7	85.4		85.1	0.4	
连锁加盟店	16.7	3308.7	1843.3	121.4	10.0	14.7	11.6
其他	1124.9	4408.5	9863.9	0.1	1102.0	3.4	0.1
5.按单位规模分							
大型		1169.7	9511.4		447.0		
中型	1145.8	18715.0	18755.7		424.0	−392.1	893.7
小型	2494.7	31015.9	43537.4	121.5	5674.5	139.3	3162.7
微型	11.3	454.7	1154.0		−0.5	0.3	0.3
二、餐饮业	2835.7	105942.1	37546.5	0.1	3982.5	201.8	672.1
1.按餐饮业行业小类分							
正餐服务	1773.3	42970.3	17418.2	0.1	1085.2	5.8	548.3
快餐服务		51631.3	14960.8		2871.1	407.5	−0.8
饮料及冷饮服务		9232.8	1530.0		−105.3	−221.7	
咖啡馆服务		7608.8	1368.6		−111.8	−221.7	
其他饮料及冷饮服务		1624.0	161.4		6.5		
餐饮配送及外卖送餐服务	1.1	663.2	2691.0		15.8	1.1	12.5
餐饮配送服务	1.1	663.2	2659.8		13.9	1.1	12.5
外卖送餐服务			31.2		1.9		
其他餐饮业	1061.3	1444.5	946.5		115.7	9.1	112.1

单位：万元

及分配						四、工人成本及增值税		五、从事住宿和餐饮业活动的从业人员平均人数（人）
投资收益	营业利润	营业外收入	营业外支出	利润总额	所得税费用	应付职工薪酬（本年贷方累计发生额）	应交增值税	
187.2	−4686.7	155.5	9.1	−4540.3	162.9	12491.2	568.2	1358
	−2979.5	53.3	1638.2	−4564.4	0.2	4259.6	328.7	847
−9.4	−11528.8	1475.5	11734.2	−21607.9	221.7	26479.8	2846.4	5445
	−2568.2	208.4	3.4	−2363.2		6598.9	526.4	647
	−5274.7	233.9	243.8	−5284.6	0.6	2463.4	333.8	305
174.8	−23458.7	1974.7	13472.3	−34950.7	129.0	45096.6	3924.6	7383
	−152.3	3.3		−149.0		188.8	2.7	27
3.0	−363.7	91.4	25.8	−124.1	10.3	1635.4	179.6	315
	−3063.2	57.2	130.6	−3136.6	246.1	5372.1	496.6	877
	−3173.5	180.2	0.4	−2993.7		5006.1	319.8	424
118.2	−7042.8	204.8	166.1	−7004.1	215.1	18994.1	1053.4	3079
59.6	−16255.2	1684.3	11668.1	−26233.4	166.4	27887.7	3172.9	4975
	−566.4	57.3	1794.1	−2129.2	3.9	405.0	57.4	124
342.2	−8214.5	2170.8	525.0	−6568.8	1608.3	64888.7	2050.4	13940
19.7	−7702.3	1343.1	139.6	−6498.9	147.2	23852.1	1787.5	5284
322.5	−1063.1	609.4	169.8	−623.5	869.3	30874.4	−30.3	7053
	1030.5	95.2	190.4	935.3	45.2	3211.6	−201.4	645
	1300.1	92.9	62.0	1331.0	143.6	2734.3	−201.4	556
	−269.6	2.3	128.4	−395.7	−98.4	477.3		89
	−2449.4	48.6	0.1	−2400.9	1.4	4600.1	106.2	557
	−2434.5	45.0	0.1	−2389.6	1.4	4484.5	102.0	528
	−14.9	3.6		−11.3		115.6	4.2	29
	1969.8	74.5	25.1	2019.2	545.2	2350.5	388.4	401

7-6 续表 3-2

指标	三、损益						
	其他业务利润	销售费用	管理费用	研发费用	财务费用		
						利息收入	利息费用
2.按登记注册类型分组							
内资企业	2834.2	41783.0	22183.3	0.1	1353.0	16.5	648.5
集体企业		12.5	9.2				
有限责任公司	1068.0	6110.8	3371.2		174.8	9.8	112.4
国有独资公司			22.3		-0.2	0.2	
其他有限责任公司	1068.0	6110.8	3348.9		175.0	9.6	112.4
私营企业	1766.2	35659.7	18802.9	0.1	1178.2	6.7	536.1
私营独资企业		1572.6	3600.7		108.8		26.2
私营合伙企业		1721.6	1713.7		41.1		
私营有限责任公司	1766.2	32365.5	13488.5	0.1	1028.3	6.7	509.9
港、澳、台商投资企业	1.5	52576.8	10883.4		1614.7	185.3	12.4
与港澳台商合资经营企业			977.2		11.4	1.0	12.4
港澳台商独资经营企业	1.5	52576.8	9906.2		1603.3	184.3	
外商投资企业		11582.3	4479.8		1014.8		11.2
中外合资经营企业		13.8	127.9		6.8		
外资企业		11568.5	4351.9		1008.0		11.2
3.按控股情况分组							
国有控股			151.4		-0.2	0.2	
集体控股		12.5	9.2				
私人控股	2834.2	41784.3	22150.6	0.1	1360.0	16.3	648.5
港澳台商控股	1.5	52576.8	10883.4		1614.7	185.3	12.4
外商控股		11568.5	4351.9		1008.0		11.2
4.按经营形式分组							
独立门店	2655.4	30870.0	13649.7	0.1	1230.3	4.2	649.3
连锁总店(总部)		52749.9	10010.1		1616.4	184.3	11.2
连锁直营店		16040.2	5120.3		1042.7	-0.2	
连锁加盟店		286.9	719.8		7.7		
其他	180.3	5995.1	8046.6		85.4	13.5	11.6
5.按单位规模分							
大型		41757.2	6348.6		3038.6	-221.7	
中型	1.1	31913.9	14574.3		151.8	419.4	506.2
小型	2834.6	29237.8	14807.8	0.1	781.3	3.6	164.8
微型		3033.2	1815.8		10.8	0.5	1.1

单位：万元

及分配						四、工人成本及增值税		五、从事住宿和餐饮业活动的从业人员平均人数（人）
投资收益	营业利润	营业外收入	营业外支出	利润总额	所得税费用	应付职工薪酬（本年贷方累计发生额）	应交增值税	
19.7	-6099.9	1363.6	258.2	-4994.6	493.4	27869.0	-2080.4	6246
	-1.8	0.5	24.0	-25.3		65.3	20.3	39
	1115.6	156.4	5.8	1266.2	562.9	4036.3	544.1	754
	-38.7			-38.7		158.4	30.5	30
	1154.3	156.4	5.8	1304.9	562.9	3877.9	513.6	724
19.7	-7213.7	1206.7	228.4	-6235.5	-69.5	23767.4	-2644.8	5453
	-321.5	59.6	10.5	-272.4	5.4	1666.3	-203.8	552
	407.3	24.3	0.2	431.4		1718.0	130.8	270
19.7	-7299.5	1122.8	217.7	-6394.5	-74.9	20383.1	-2571.8	4631
322.5	-4902.6	290.5	157.5	-4769.6	249.4	25833.8	2873.2	3980
	-2079.2			-2079.2		2869.1	37.3	212
322.5	-2823.4	290.5	157.5	-2690.4	249.4	22964.7	2835.9	3768
	2788.0	516.7	109.3	3195.4	865.5	11185.9	1257.6	3714
	-9.8	1.6		-8.2		88.7	0.5	15
	2797.8	515.1	109.3	3203.6	865.5	11097.2	1257.1	3699
	-37.1	0.3		-36.8		158.4	30.5	59
	-1.8	0.5	24.0	-25.3		65.3	20.3	39
19.7	-6070.8	1364.4	234.2	-4940.7	493.4	27734.0	-2130.7	6163
322.5	-4902.6	290.5	157.5	-4769.6	249.4	25833.8	2873.2	3980
	2797.8	515.1	109.3	3203.6	865.5	11097.2	1257.1	3699
19.7	-6938.0	1110.6	230.3	-6057.7	-55.3	17358.7	1516.4	3627
322.5	-2958.7	292.7	157.5	-2823.5	249.4	22919.3	2829.7	3777
	3025.9	561.8	112.1	3475.5	863.4	13411.1	998.8	4274
	-14.5	20.0		5.5	0.5	390.9	-3961.4	95
	-1329.2	185.7	25.1	-1168.6	550.3	10808.7	666.9	2167
	2161.4	610.5	162.7	2609.2	1008.6	29493.7	3938.1	6820
322.5	-2962.1	668.1	115.1	-2409.1	652.4	16703.9	727.5	3061
19.7	-6809.7	820.2	245.6	-6235.2	-60.2	18297.8	-2737.0	3692
	-604.1	72.0	1.6	-533.7	7.5	393.3	121.8	367

主要统计指标解释

【社会消费品零售总额】指企业（单位、个体户）通过交易直接售给个人、社会集团非生产、非经营用的实物商品金额，以及提供餐饮服务所取得的收入金额。个人包括城乡居民和入境人员，社会集团包括机关、社会团体、部队、学校、企事业单位、居委会或村委会等。

【商品购进额】指从本企业以外的单位和个人购进（包括从国外直接进口）作为转卖或加工后转卖的商品金额（含增值税）。本指标反映批发和零售业从国内外市场上购进商品的总价。

【商品销售额】指对本单位以外的单位和个人出售的商品金额（包括售给本单位消费用的商品，含增值税），本指标反映批发和零售业在国内市场上销售商品以及出口商品的总量。

【期末商品库存额】对于批发和零售业法人企业和个体经营户，是指取得所有权的全部商品金额（含增值税）；对于批发和零售业产业活动单位，是指期末实际在库且归属法人具有所有权的全部商品金额（含增值税）。这个指标反映批发和零售业的商品库存情况，以及对市场商品供应的保证程度。

【营业额】指住宿和餐饮业单位在经营活动中因提供服务或销售商品等取得的全部收入，包括：客房收入、餐费收入、商品销售额（含增值税）和其他收入。

【客房收入】指住宿和餐饮业单位在经营活动中因提供服务或销售商品等取得的全部收入，包括：客房收入、餐费收入、商品销售额（含增值税）和其他收入。

【餐费收入】指住宿和餐饮业企业提供就餐服务取得的收入。包括经烹饪、调制加工后出售的各种食品，如主食、炒菜、凉拌菜等的收入。

【商品销售收入】指住宿和餐饮业企业出售商品的销售总额（含增值税）。

【其他收入】指营业额中除客房收入、餐费收入、商品销售额（含增值税）以外的其他收入。包括娱乐、健身和商务服务等。

批发和零售业统计限额标准

<table>
<tr><th>行业类别</th><th>统计指标名称</th><th>限额标准</th></tr>
<tr><td>批发业</td><td rowspan="2">年主营业务收入</td><td>2000万元</td></tr>
<tr><td>零售业</td><td>500万元</td></tr>
</table>

住宿和餐饮业统计限额标准

<table>
<tr><th>行业类别</th><th>统计指标名称</th><th>限额标准</th></tr>
<tr><td>住宿业</td><td rowspan="2">年主营业务收入</td><td rowspan="2">200万元</td></tr>
<tr><td>餐饮业</td></tr>
</table>

八、外经、外贸与旅游业

Chapter 8 Foreign Economic Relations, Trade and Tourism

编辑：姜馀涛　杨　梅

8-1 利用外资和进出口情况（1984-2022年）

单位：亿美元

年份	项目（个）	实际利用外资	进出口总额	出口额	进口额
1984	21	0.0			
1985	50	0.1	0.9	0.8	0.1
1986	26	0.3	2.5	2.0	0.5
1987	31	0.5	3.6	2.8	0.8
1988	127	0.7	5.1	4.2	1.0
1989	144	0.7	8.2	5.6	2.5
1990	185	1.8	9.3	6.7	2.6
1991	252	2.6	14.0	10.0	4.1
1992	785	3.1	19.0	12.4	6.6
1993	1655	6.7	27.4	15.7	11.6
1994	1013	8.1	37.1	20.0	17.0
1995	1073	7.1	41.4	25.3	16.2
1996	802	10.1	43.7	26.3	17.4
1997	812	13.2	51.0	30.2	20.9
1998	760	12.4	56.7	34.5	22.2
1999	621	11.7	69.7	40.6	29.1
2000	697	13.1	107.1	54.8	52.3
2001	723	14.5	113.3	60.3	53.0
2002	832	16.0	129.9	71.5	58.4
2003	879	22.1	155.4	82.9	72.5
2004	963	22.0	194.3	101.5	92.8
2005	1058	10.0	235.2	124.3	110.9
2006	853	22.4	293.2	156.6	136.7
2007	680	31.6	363.0	196.9	166.1
2008	507	50.1	449.1	238.4	210.7
2009	473	60.2	403.5	208.2	195.3
2010	472	100.3	502.0	260.5	241.5
2011	365	110.1	585.3	303.5	281.8
2012	283	123.5	625.6	336.9	288.7
2013	240	136.0	676.5	367.5	309.0
2014	223	140.0（新口径25.0）	645.9	294.9	351.0
2015	222	27.0	550.9	258.0	292.9
2016	206	30.0	514.7	244.1	270.6
2017	185	32.5	4132.2	1745.8	2386.4
2018	219	26.8	4701.4	1889.6	2811.8
2019	241	8.7（商务部口径6.5）	4352.8	1914.8	2438.0
2020	247	6.6	3852.9	1672.5	2180.4
2021	329	16.7	4248.5	1931.7	2316.8
2022	346	20.3	4792.1	2086.7	2705.4

注：1.本表数据由市商务局提供。
2.实际利用外资数据，2005—2014年为调整后口径；2015—2019年为全省新调整口径；2020年始为商务部口径。
3.进出口总额、出口额、进口额数据，2017年始计量单位为亿元（人民币）；2020年始为经营所在地口径。

8-2 利用外资情况

指标	单位	合计	合资企业	合作企业	独资企业	其他
项目数						
2022年	个	346	129		217	
2021年	个	329	115		214	
实际使用外资						
2022年	万美元	203271	17447		185667	157
2021年	万美元	167237	17794		149443	

注：本表数据由市商务局提供。

8-3 对外经济合作情况

指标	单位	2022年	2021年
一、对外承包工程			
完成营业额	万美元	31026	19038
派出人数	人	219	254
在境外人数	人	277	267
二、对外劳务合作			
劳务人员实际收入总额	万美元	14891	18716
派出人数	人	4748	2494
在境外人数	人	11657	14473

注：本表数据由市商务局提供。

8-4 利用外资国别（地区）分布情况

国别（地区）	项目个数（个）		实际利用外资金额（万美元）	
	2022年	2021年	2022年	2021年
合计	**346**	**329**	**203271**	**167237**
亚洲	281	247	187334	144452
#中国香港	101	57	55207	45010
中国台湾	21	14		3
新加坡	21	5	1687	8533
日本	42	59	3175	12916
韩国	51	93	127265	77890
非洲	15	28		232
欧洲	24	31	13083	3523
#德国	4	4	1825	
法国	1		6764	
意大利	1		2821	179
英国	4	6	1	
荷兰		1	570	11
卢森堡			1000	998
俄罗斯	7	11		50
南美洲	4	3	2521	16551
#英属维尔京群岛	1	2	2521	16551
北美洲	17	22	326	1100
#加拿大	9	7		20
美国	8	15	326	1080
大洋洲	7	4	7	1379
#澳大利亚	7	3		
其他				

注：1.本表数据由市商务局提供。
2.外商投资项目个数存在多国别合资情况，故分国别（地区）数据加总大于全市合计数。

8-5 外商直接投资行业分布情况

行业	项目个数（个）		外商直接投资额（万美元）	
	2022年	2021年	2022年	2021年
合计	**346**	**329**	**203271**	**167237**
第一产业	2	2	104	
#农业				
第二产业	26	21	136094	97585
采矿业				
制造业	16	20	135616	97541
#农副食品加工业		1	38	
食品制造业	2	1	15	316
橡胶和塑料制品业			1570	998
金属制品业			2881	4949
通用设备制造业	6	3	554	3567
专用设备制造业	1	7	126543	77533
汽车制造业		1	645	1768
电气机械和器材制造业	2	2	7	5357
计算机、通信和其他电子设备制造业		1	101	105
电力、热力、燃气及水生产和供应业	6		478	35
建筑业	4	1		9
第三产业	318	306	67073	69652
批发和零售业	118	146	1414	3474
交通运输、仓储和邮政业	9	6	218	1006
住宿和餐饮业	7	17	397	7
信息传输、软件和信息技术服务业	8	16	1020	1501
金融业	1	1	6673	
房地产业	4	6	11287	38950
租赁和商务服务业	81	58	3223	15517
科学研究和技术服务业	77	39	8193	4979
水利、环境和公共设施管理业			32983	4218
居民服务、修理和其他服务业		4	8	
教育				
卫生和社会工作	1	2		
文化、体育和娱乐业	12	10	1657	
公共管理、社会保障和社会组织		1		

注：本表数据由市商务局提供。

8-6 地区（在地经营单位）进出口分企业类型情况

单位：亿元

企业类型	进出口总额		出口额		进口额	
	2022年	2021年	2022年	2021年	2022年	2021年
合计	**4791.9**	**4250.6**	**2087.1**	**1932.6**	**2704.9**	**2318.0**
国有企业	651.3	651.9	225.9	208.9	425.3	443.0
外资企业	1472.8	1469.6	863.7	891.2	609.2	578.4
#合作企业	11.8	11.2	10	9.9	1.9	1.3
合资企业	329.2	291.1	201	171.9	128.2	119.3
独资企业	1131.8	1167.3	652.7	709.4	479.1	457.8
集体企业	21.2	23.9	20.8	23.0	0.3	0.9
私营企业	2631.7	2094.6	974.7	807.3	1657	1287.2
个体工商户	2.8	2.5	1.5	1.7	1.3	0.8
其他	12.2	8.1	0.4	0.5	11.7	7.6

注：本表数据由大连海关提供。

8-7 旅游收入和接待游客情况

指标	单位	数值
一、旅游收入合计	亿元	558.6
二、接待游客数	万人次	7685.7

注：本表数据由市文化和旅游局提供。

8-8 旅行社基本情况

指标	单位	2022年	2021年
旅行社数	家	514	494
#国际旅行社	家	71	71
年末职工人数	人	1632	1695
接待旅游人数	万人次	90.57	35.13
#国际旅游者	万人次		
国内旅游者	万人次	90.57	35.13
本市居民出境旅游	万人次		

注：本表数据由市文化和旅游局提供。

8-9 星级宾馆酒店数量及接待能力

指标	单位	2022年	2021年
一、星级宾馆酒店	个	74	80
五星级	个	10	10
四星级	个	25	25
三星级	个	23	27
二星级	个	16	18
一星级	个		
二、客房总数	万间	1.39	1.44
床位总数	万张	2.14	2.33

注：本表数据由市文化和旅游局提供。

8-10 会展业情况

指标	单位	2022年	2021年
展会数	个	25	67
展出面积	万平方米	29.44	70.07
参展企业	家	3165	8569
#国外参展企业	家	118	228
参展客商	万人次	1.8	4.17
#国外参展客商	人次	60	16
观众	万人次	65.9	142.56
#国外观众	万人次		

注：本表数据由中国国际贸易促进委员会大连市分会提供。

主要统计指标解释

一、利用外资

【批准企业（项目）个数】是指外商直接投资管理部门批准设立的外商投资企业个数、批准的合作开发项目个数。

【实际利用外资金额】是指批准的合同外资金额的实际执行数，外国及港澳台投资者根据批准外商投资企业的合同（章程）的规定实际缴付的出资额和企业投资总额内外国及港澳台投资者以自己的境外自有资金实际直接向企业提供的贷款。

【外商直接投资】是指外国及港澳台投资者在我国境内通过设立外商投资企业、与中方投资者共同进行石油资源的合作勘探开发以及设立外国公司分支机构等方式进行投资。

外国及港澳台投资者可以用现金、实物、技术等投资，还可以用从外商投资企业获得的利润进行再投资。

二、对外经济合作

【对外承包工程】对外承包工程指我市企业法人或者其他经济组织按照国际通行做法，在国外及港澳台地区承揽、实施工程建设项目的勘察、设计、施工、监理、设备材料采购、安装调试、工程咨询、工程管理等经营活动。

【对外劳务合作】对外劳务合作指我市企业法人与国（境）外允许招收或雇用外籍劳务人员的公司、中介机构或私人雇主签订合同，并按合同约定的条件有组织地招聘、选拔、派遣我国公民到国（境）外为外方雇主提供劳务服务并进行管理的经济活动。

三、对外贸易

【进出口总额】是指实际进、出我国口岸、国境，并能引起我国境内物质资源增加或减少的进出口货物总金额。包括我国境内法人和其他组织以一般贸易、国家间或国际组织无偿援助和赠送的物资、补偿贸易、加工贸易、易货贸易、寄售代销贸易等方式进出口的货物、租赁期一年及以上的租赁进出口货物、边境小额贸易、保税区和保税仓库进出境货物等的金额合计。进出口总额用以观察一个国家在对外贸易方面的总规模。我国规定出口货物按离岸价格统计，进口货物按到岸价格统计。

【自营进出口总额】 本年鉴自营进出口口径范围指大连市所属企业实现的进出口额，不包括经营地在大连的辽宁省省属企业和部分中央直属企业实现的进出口额。

四、国际旅游

【入境游客】指报告期内来中国（大陆）观光、度假、探亲、就医疗养、购物、参加会议或从事经济、文化、体育、宗教活动的外国人、港澳台同胞等游客（即入境旅游人数）。统计时，入境游客按每入境一次统计 1 人次。入境游客包括入境过夜游客和入境一日游游客。

【国际旅游外汇收入】入境游客在中国（大陆）境内旅行、游览过程中用于交通、参观游览、住宿、餐饮、购物、娱乐等全部花费。

九、财政与金融

Chapter 9 Government Finance and Financial Intermediation

编辑：武文静 徐 杰
魏 林 刘亚非

9-1 财政收支（1980-2022年）

单位：万元

年份	地区财政收入	地方财政一般公共预算收入	各项税收	地区财政支出	地方财政一般公共预算支出
1980		106092			38652
1981	218907	95129	13172	82021	33425
1982	227281	88857	14331	98495	40326
1983	265933	48628	17913	75581	43495
1984	307630	48822	22379	102581	52959
1985	392423	157175	176611	113405	68770
1986	417363	193317	188869	152114	94698
1987	448807	222026	207653	200235	129092
1988	443295	220138	233837	182124	143024
1989	483183	254585	268546	206760	172127
1990	461523	240546	264932	229972	195110
1991	604191	311166	288052	264189	228793
1992	679723	293304	312042	269788	219847
1993	760724	432060	426681	359573	307620
1994	882394	350286	329844	472826	404444
1995	996547	429187	416881	703560	563070
1996	1066300	503910	471768	808102	643797
1997	1325635	581457	517282	827309	731523
1998	1434474	643524	572343	1029126	797183
1999	1893007	709227	630919	1185254	846809
2000	2285545	776055	722967	1156908	950531
2001	3024000	952000	890000	1454000	1147000
2002	3284000	987573	904812	1800386	1311000
2003	4298151	1105405	984805	2059119	1474000
2004	5064809	1171712	1001955	2351470	1703000
2005	5826477	1514247	1303569	4210161	2077009
2006	7154938	1961357	1621158	5588391	2665249
2007	9506678	2679757	2211492	6888593	3445728
2008	5684428	3390691	2699095	6362033	4100017
2009	8355756	4002338	3183543	8773026	4711687
2010		5008310	3985636		6114368
2011		6511226	5148541		7349406
2012		7501085	5979981		8909590
2013		8501646	6778282		10835360
2014		7808645	6153385		9894552
2015		5799130	4731042		9106922
2016		6119041	4866238		8702783
2017		6576367	5152897		9198403
2018		7039774	5387132		10014898
2019		6928397	4982815		10162849
2020		7026822	4715077		10019838
2021		7375978	5088278		9800549
2022		6697660	4161953		9910839

9-2 金融机构存贷款（1978-2022年）

单位：万元

年份	金融机构本外币存款余额	金融机构人民币存款余额	金融机构本外币贷款余额	金融机构人民币贷款余额	金融机构人民币现金收入	金融机构人民币现金支出	城乡居民人民币储蓄存款余额	城乡居民人均人民币储蓄存款余额（元/人）
1978		91100		281100	123000	126000	37400	84
1979		111400		296200	156000	160000	51300	114
1980		95900		162500	200028	200330	48405	106
1981		110500		193100	240475	240672	63014	137
1982		133800		202100	254216	252781	78924	169
1983		151900		217000	320597	321498	100974	213
1984		204300		255300	397371	401719	139328	291
1985		434900		796200	503136	512890	194260	402
1986		578900		1087000	664377	657795	279265	572
1987		699000		1290900	889463	888546	396446	801
1988		872400		1514000	1336136	1407654	515281	1025
1989		1057100		1817200	1635000	1635000	673535	1321
1990		1424500		2216100	1808358	1840440	936621	1817
1991		2312200		3001300	2122754	2212515	1219642	2350
1992		3131500		3607000	3074517	3246325	1519946	2915
1993		3945600		4369600	5035742	5387236	1959584	3733
1994		5272400		5200000	6129019	6612728	2712526	5125
1995		6751800		6514900	8091287	8446920	3891647	7300
1996		9027739		7777302	10029700	10521275	5294278	9877
1997		10014612		9143563	12905365	13415549	6076959	11277
1998	11409400	11060485	12180400	9995509	18264583	18711089	6889832	12717
1999	14173800	12243494	13568300	11215037	22185063	22594081	7556796	13884
2000	16071800	13746799	13169300	11624734	25682996	26007693	7776033	14179
2001	18126400	15639000	14739200	13072000	28740000	29048000	8390000	15169
2002	21153870	18418000	16603413	15010000	34976000	35293000	9548000	17163
2003	25206000	22633000	21008000	18793000	42410000	42854000	11302000	20218
2004	29357600	26924700	22997500	20700300	52616900	52900400	13032900	23248
2005	34510267	32141275	25551647	23698720	56261269	56640051	15325987	25458
2006	39748378	37213409	29745310	28082806	67466306	67882816	17360940	28767
2007	44539015	41824265	34181846	32441615	82148190	82596751	18369933	30293
2008	55351639	53036705	40627148	37108156	75007216	75678450	23889658	39131
2009	72113868	68747790	53894741	48942788	78635487	79236332	29306487	47692
2010	88872946	85035192	68119954	61589983	86719757	87691459	33748155	52485
2011	93950797	90926669	79188790	71658388			37444898	55581
2012	107677779	103223415	91117244	81273830			41604680	60728
2013	119536466	114817355	101849897	91085545			44837717	64580
2014	121530312	116137779	109593553	99263729			49433069	70994
2015	138644566	133387085	116802503	106960603			51078913	73106
2016	147016540	141794778	118034982	110047982			52776562	75535
2017	141429346	135622338	119545222	112127788			54144951	
2018	139990608	134850580	120061890.1	113459615.5				
2019	146336386	141638282	125262517	119974672				
2020	160037547	155125012	129523823	126284685				
2021	170814696	165374355	135403111	132846667				
2022	189113662	184214459	142351081	139879181				

注：1.本表数据根据人民银行提供历史数据及近年报表整理。
2.1985年、1997年分别执行新贷款口径，数据与以前年度不可比。

9-3 地方财政一般公共预算收入

单位：万元

指标	2022年	2021年
合计	**6697660**	**7375978**
一、税收收入	4161953	5088278
增值税	1453283	2006706
留抵退税	–880854	–154866
企业所得税	876106	1035913
个人所得税	271855	269745
资源税	5122	3829
城市维护建设税	320030	367109
房产税	317680	292077
印花税	119027	90504
城镇土地使用税	161072	159495
土地增值税	124512	243281
车船税	104844	94186
耕地占用税	10619	9533
契税	379625	502726
环境保护税	13676	12625
其他税收收入	4502	549
二、非税收入	2535707	2287700
专项收入	524282	370820
行政事业性收费收入	134343	152320
罚没收入	564125	267567
国有资本经营收入	7271	70949
国有资源(资产)有偿使用收入	1170870	1246602
捐赠收入	2369	147
政府住房基金收入	131235	165038
其他收入	1212	14257

注：本表数据由市财政局提供。

9-4 地方财政一般公共预算支出

单位：万元

指标	2022年	2021年
合计	**9910839**	**9800549**
一般公共服务	812916	795647
国防	5817	4881
公共安全	694533	651392
教育	1259457	1251675
科学技术	149017	212689
文化旅游体育与传媒支出	134656	122309
社会保障和就业	2019557	1953338
卫生健康支出	827577	798452
节能环保	70984	209379
城乡社区支出	1450759	1401927
农林水支出	394620	370157
交通运输	330265	311691
资源勘探工业信息等支出	446791	354627
商业服务业等支出	96619	105787
金融支出	25952	106779
援助其他地区支出	284	2550
自然资源海洋气象等支出	67834	76005
住房保障支出	457595	403778
粮油物资储备支出	3301	1555
灾害防治及应急管理支出	75801	89770
债务付息支出	558101	511310
债务发行费用支出	1662	3010
其他支出	26741	61841

注：本表数据由市财政局提供。

9-5 金融机构本外币信贷收支

单位：万元

指标	2022年余额	2021年余额
资金来源总计	**202979169**	**187946879**
一、各项存款	189113662	170814696
1.住户存款	102375175	88412814
2.非金融企业存款	37556278	38981277
3.机关团体存款	15724725	14054561
4.财政性存款	463514	1151776
5.非银行业金融机构存款	32228402	27376601
6.其他存款	765568	837668
二、所有者权益	2171623	1608858
#实收资本	2564676	2568076
三、其他	11693884	15523324
资金运用总计	**202979169**	**187946879**
一、各项贷款	142351081	135403111
1.短期贷款	33727864	34762842
2.中长期贷款	93012934	86827368
3.其他贷款	1080757	889308
4.票据融资	13904475	12061596
5.各项垫款	625051	861997
二、有价证券、投资及其他	60628088	52543768

注：1.本表数据由中国人民银行大连市中心支行提供
2.住户存款包括储蓄存款、结构性存款和保证金存款。

9-6 保险业经营情况

单位：万元

指标	2022年	2021年
一、原保险保费收入	4007557	3782050
1.财产险	996698	899946
#企财险	61039	51075
家财险	12336	8598
机动车辆保险	530376	504007
船舶保险	21281	9958
货物运输保险	28770	27506
农业险	42817	34122
2.人身险	3010859	2882103
寿险	2439700	2298563
意外伤害险	38128	42647
健康保险	533031	540893
二、赔款及给付支出	1094419	1282095
1.财产险	591027	786198
#企财险	27432	19590
家财险	3929	4444
机动车辆保险	331906	378482
船舶保险	7228	6238
货物运输保险	15402	20147
农业险	37182	27510
2.人身险赔款支出	71846	75984
3.人身险给付支出	431546	419914
#满期给付支出	175344	170262
三、机构情况（含中介）		
保险公司、分公司	50	50
#外资公司数	10	10
保险中介机构	58	60
保险营销代理人人数（人）	41787	47699

注：1.本表数据由保险行业监督管理委员会大连监管局提供。
2.2022年保险营销代理人人数包含保险专业中介的代理人数，2021年数据做同口径调整。

9–7 证券业经营情况

指标	数值（亿元）	同比增速（%）
一、证券成交金额	34777.2	–9.5
股票成交额	20868.3	–15.5
#A股成交额	20808.4	–15.7
B股成交额	15.1	21.4
基金	943.0	–8.5
债券	12607.9	3.6
债券现货成交额	949.7	26.8
债券回购成交额	11658.2	2.0
其他	358.0	–32.3
二、证券机构客户资产合计	3690.1	–16.4
#客户交易结算资金差额	106.4	–14.9
托管股份总市值	3583.7	–16.5
三、期末从业人员数（人）	1783.0	–0.7
四、资金帐户数 （万户）	206.1	–13.4

注：本表数据由市证监局提供。

主要统计指标解释

【财政收入】指国家财政参与社会产品分配所取得的收入，是实现国家职能的财力保证。地方财政收入主要包括各项税收和非税收入。

【财政支出】指国家财政将筹集起来的资金进行分配使用，以满足经济建设和各项事业的需要。地方财政支出包括一般公共服务，公共安全支出，地方统筹的各项社会事业支出等。

【信贷资金】指金融机构以信用方式积聚和分配的货币资金。金融机构信贷资金的来源有各项存款、金融债券、对国际金融机构负债、流通中现金、其他项目等；信贷资金的运用有各项贷款、有价证券及投资、金银占款、外汇占款、财政借款及在国际金融机构中的资产等。

【存款】指企业、机关、团体或居民根据资金必须收回的原则，把货币资金存入银行或其他信贷机构保管并取得一定利息的一种信用活动形式。根据存款对象或性质的不同可划分为企业存款、财政存款、机关团体存款、住户存款、农业存款、信托及委托类存款、其他存款等科目。它是银行信贷资金的主要来源。

【贷款】指银行或其他信贷机构根据资金必须归还的原则，按一定利率，为企业、个人等提供资金的一种信用活动形式。我国银行贷款分为短期贷款、中长期贷款、委托及信托类贷款、其他类贷款等。

【保险公司】在中国境内的、经过保险监督管理部门批准设立，并依法登记注册的各类商业保险公司。

【保险金额】指保险人承担赔偿或者给付保险金责任的最高限额。

【保费】指投保人为取得保险人在约定范围内所承担赔偿责任而支付给保险人的费用。

【赔款】指保险人根据保险合同的规定，向被保险人支付的赔偿保险责任损失的金额。

【给付】包括死伤医疗给付和满期给付。死伤医疗给付是指保险人根据人寿保险及长期健康保险合同的规定，因被保险人在保险期内发生保险责任范围内的保险事故支付给被保险人（或受益人）的金额。满期给付是指被保险人生存期满，保险人按人寿保险合同规定支付给被保险人的满期保险金额。

十、城市公用事业

Chapter 10 Urban Public Utilities

编辑：陈文龙　夏英杰
魏　来

10-1 城市园林绿化情况

指标	单位	数值
建成区绿化覆盖面积	公顷	20373.7
建成区绿地面积	公顷	19789.7
建成区公园绿地面积	公顷	4644.2
建成区绿地率	%	44.6
建成区绿化覆盖率	%	45.9
建成区人均公园绿地面积	平方米/人	12.1
建成区公园	个	144
建成区公园面积	公顷	3469.9
建成区面积	平方公里	444

注：1.本表数据为市辖区口径，即不含瓦房店市、庄河市、长兴岛及长海县。
　　2.绿化数据由市城市管理局提供，建成区面积数据由市住房和城乡建设局提供。

10–2 城市供水、排水与供气情况

指标	数值	指标	数值
供水		**液化石油气**	
综合生产能力（万立方米/日）	222	储气能力（吨）	7863
供水管道长度（公里）	7051	供气管道长度（公里）	112.9
供水总量（万立方米）	44748	供气总量（吨）	280736
用水人口（万人）	394	#居民家庭	11092
用水普及率（%）	100	用气总人口（万人）	15.0
排水		**天然气**	
排水管道长度（公里）	3315	储气能力（吨）	351
污水年排放量（万立方米）	54880	供气管道长度（公里）	6835.5
污水处理厂（座）	28	供气总量（万立方米）	55943.4
污水年处理量（万立方米）	53497	#居民家庭	14945.4
污水处理率（%）	97.5	用气总人口（万人）	376.2
人工煤气		燃气普及率（%）	98.5
煤气生产能力（万立方米/日）	0		
储气能力（万立方米）	0		
供气管道长度（公里）	0		
煤气供气总量（万立方米）	7063.9		
#居民家庭	3517.3		
用气总人口（万人）	0		

注：1.本表数据为市辖区口径，即不含瓦房店市、庄河市、长兴岛及长海县。
2.供水数据由市水务局提供，排水数据由市城市管理局提供；人工煤气、液化石油气、天然气数据由市住房和城乡建设局提供。
3.人工煤气置换天然气工作至2022年（2018年开始，历时5年）全部完成，结束了我市115年的人工煤气供应历史。

10-3 城市道路、环境卫生与公共交通情况

指标	数值	指标	数值
一、道路长度（公里）	3666.2	2.运营线路长度（公里）	5426.8
二、道路面积（万平方米）	7198	公共汽车	5190.8
＃人行道面积	273	＃无轨电车	7.5
三、桥梁数（座）	472	有轨电车	23.4
四、道路照明灯盏数（盏）	325895	轻轨	147
五、环境卫生		地铁	65.6
环卫专用车辆设备总数（辆）	2617	3.客运量（万人次）	69224.4
清运生活垃圾（万吨）	189.6	公共汽车	54535.1
生活垃圾无害化处理量（万吨）	189.6	＃无轨电车	478.2
道路清扫保洁面积（万平方米）	6267.4	有轨电车	1035.4
＃机械化	3828.4	轻轨	4398.7
公共厕所（座）	1864	地铁	9255.2
生活垃圾无害化处理厂（座）	8	4.年末出租汽车数量（辆）	11776
六、公共交通		客运量（万人次）	19042.7
1.年末运营车辆数（辆）	5851		
公共汽车	5118		
＃无轨电车	65		
有轨电车	73		
轻轨	288		
地铁	372		

注：1.本表数据为市辖区口径，即不含瓦房店市、庄河市、长兴岛及长海县。
2.道路、桥梁和环卫数据由市城市管理局提供；公共交通数据由市交通运输局提供。
3.公共厕所统计口径有调整，包括实体公厕、内厕开放、旅游公厕、公园公厕及当年新建公厕数量。

十一、能源

Chapter 11 Energy

编辑：李　莹　常　阳
刘燕喃　周彦言
籍　阳　肖　蔚
张嘉富

11-1 年主营业务收入2000万元及

指标	单位	年初库存量	购进量	
				购自省外
原煤	吨	1773013	27119286	23184417
无烟煤	吨	286771	5439149	5420700
炼焦烟煤	吨	268	3078	
一般烟煤	吨	1383974	18657442	16482314
褐煤	吨	102000	3019618	1281403
洗精煤（用于炼焦）	吨			
其他洗煤	吨	33447	203283	27474
煤制品	吨	2505	95141	55413
焦炭	吨	24436	683928	681219
其他焦化产品	吨		1098	
焦炉煤气	万立方米			
高炉煤气	万立方米			
转炉煤气	万立方米			
发生炉煤气	万立方米		92	
天然气	万立方米	81	82611	
液化天然气	吨	70	12573	73
煤层气	万立方米		78456	
原油	吨	4144166	41851095	27754505
汽油	吨	41	11169	143
煤油	吨	4	701	22
柴油	吨	2110	67941	612
燃料油	吨	2906	444041	398828
液化石油气	吨	4941	1086546	37965
炼厂干气	吨		1042154	
石脑油	吨	66318	4717558	2860482
润滑油	吨	11	502	12
石蜡	吨		2407	
溶剂油	吨	158	478	
石油焦	吨	15970	25563	
石油沥青	吨	27354	463906	231503
其他石油制品	吨	771032	239403	78105
热力	百万千焦		60891572	
电力	万千瓦时		1725972	
煤矸石（用于燃料）	吨		68	
城市生活垃圾（用于燃料）	吨	16466	465430	
生物燃料	吨标准煤	1630	112119	
余热余压	百万千焦		26295	
工业废料（用于燃料）	吨		118	
其他燃料	吨标准煤	14	1779	
能源合计	吨标准煤			

以上工业企业能源购进、消费及库存情况

购进金额（千元）	工业生产消费量			年末库存量
		用于原材料	运输工具消费	
26646422	27172103	862047		1667692.2
7253505	5459275	862047		265856.19
4643	3099			247.11
17496039	18823939			1165740.4
1892235	2885791			235848.5
238911	218060			18191.61
137931	97478			168
1917073	666887			41477.12
10432	442	441.7		656.43
	238937			
	18681			
3049	1888			
2287780	54683		5	60.66
85318	12242		64.77	88.06
903296	342751	176112.11		
216088842	43095341			2899919.01
104050	11183		10184.39	37.79
4417	684			20.34
514142	71397		48231.5	1906.52
2154318	690642			6829.73
6239117	1150671	444628.56		3876.77
3830067	2611882	840357.55		
26907949	4712680	3927893.48		71196
14689	487	71.95		18.73
23080	2407			
3970	485			25.19
85444	37218	4560.99		2985.23
2216910	684309			29719.99
1316167	6390515	6129853.14		898839.1
2753685	124605613			
10732709	2586585		12180.56	
87				
2128	896996			16652.28
197978	112169			882.12
954	49567334			
129	118			
8005	1212760			8.14
305429050	117993403	18024264.14		

11-2 年主营业务收入2000万元及

指标	单位	工业生产消费量		
			加工转换投入	
				火力发电
原煤	吨	26242885	24075299	8192624
#无烟煤	吨	5435003	4430868	
炼焦烟煤	吨			
一般烟煤	吨	17922751	16762259	6195168
褐煤	吨	2885132	2882172	1997456
洗精煤（用于炼焦）	吨			
其他洗煤	吨	107713	107713	
煤制品	吨	36116		
焦炭	吨	660057		
其他焦化产品	吨			
焦炉煤气	万立方米			
高炉煤气	万立方米	238937		
转炉煤气	万立方米	18681		
发生炉煤气	万立方米	1796		
天然气	万立方米	26605	5964	
液化天然气	吨			
煤层气	万立方米	342727	166615	
原油	吨	43095341	43087826	
汽油	吨	728		
煤油	吨			
柴油	吨	24826	1146	609
燃料油	吨	649315	607872	26848
液化石油气	吨	1129951	672290	
炼厂干气	吨	2611882	289682	10641
石脑油	吨	4712677	784783	
润滑油	吨			
石蜡	吨			
溶剂油	吨			
石油焦	吨			
石油沥青	吨	676720	676720	
其他石油制品	吨	6388491	258638	
热力	百万千焦	114932976		
电力	万千瓦时	1218735		
煤矸石（用于燃料）	吨			
城市生活垃圾（用于燃料）	吨	895514	895514	895514
生物燃料	吨标准煤	60371		
余热余压	百万千焦	49543117	47629065	47629065
工业废料（用于燃料）	吨			
其他燃料	吨标准煤	1212321	234960	
能源合计	吨标准煤	114521250	85283568	6730217

以上工业企业能源加工转换与回收利用情况

供热	炼油及煤制油	制气	煤制品加工	能源加工转换产出	回收利用
11470144		4412531			
18337		4412531			
10567091					
884716					
83177			24536		
				31250	
					238936.63
					18681.4
				7063.92	
1750	3640	573.71			
	166615.04			342937.16	281.21
	43087826.46				
				6372330.59	
				2016539.38	
537				8714727.65	
188813	392210.73			3621994.77	
	645925.75	26364.18		1662120.03	
79121	199919.52			2768071.49	
	784783.02			3325110.86	
				194318	
				166384.87	
	676720.16			1855918.76	
	258637.8			14256378.13	
				196776240.9	
				2243628.43	
					60371.47
					49543117.01
	234959.73			1210975.19	
7939988	66986804.06	3605457.42	21100.96	77345769.12	2108991.94

11-3 年主营业务收入2000万元及以上工业企业综合能源消费量情况

单位：吨标准煤

指标	综合能源消费量
总计	**38538642**
一、采矿业	6562
#有色金属矿采选业	296
非金属矿采选业	6265
二、制造业	34621201
#农副食品加工业	246637
食品制造业	61494
酒、饮料和精制茶制造业	98768
纺织业	28740
纺织服装、服饰业	17688
皮革、毛皮、羽毛及其制品和制鞋业	6205
木材加工和木、竹、藤、棕、草制品业	21021
家具制造业	8969
造纸和纸制品业	81234
印刷和记录媒介复制业	13908
文教、工美、体育和娱乐用品制造业	3016
石油加工、炼焦和核燃料加工业	19804637
化学原料和化学制品制造业	10451437
医药制造业	41427
化学纤维制造业	2013
橡胶和塑料制品业	124277
非金属矿物制品业	1240803
黑色金属冶炼和压延加工业	1151676
有色金属冶炼和压延加工业	31180
金属制品业	176716
通用设备制造业	235864
专用设备制造业	75301
汽车制造业	183215
铁路、船舶、航空航天和其他运输设备制造业	82261
电气机械和器材制造业	107051
计算机、通信和其他电子设备制造业	273189
仪器仪表制造业	5572
其他制造业	9863
废弃资源综合利用业	4755
金属制品、机械和设备修理业	32281
三、电力、热力、燃气及水生产和供应业	3910879
电力、热力生产和供应业	3788279
燃气生产和供应业	56060
水的生产和供应业	66541

11-4 年主营业务收入2000万元及以上工业企业主要能源品种分行业消费情况

指标	原煤 (吨)	无烟煤 (吨)	炼焦烟煤 (吨)	一般烟煤 (吨)	褐煤 (吨)
总计	**27172103**	**5459275**	**3099**	**18823939**	**2885791**
一、采矿业	800			800	
#有色金属矿采选业					
非金属矿采选业	800			800	
二、制造业	14447382	5459275	3099	8984349	659
#农副食品加工业	48307	3077	3097	42083	50
食品制造业	25098	2126		22972	
酒、饮料和精制茶制造业	113566			113566	
纺织业	480			480	
纺织服装、服饰业	470	120		350	
皮革、毛皮、羽毛及其制品和制鞋业					
木材加工和木、竹、藤、棕、草制品业	4426	1366	1	3059	
家具制造业					
造纸和纸制品业	175	175			
印刷和记录媒介复制业	1431			1431	
文教、工美、体育和娱乐用品制造业	214			214	
石油加工、炼焦和核燃料加工业	10334418	5292915		5041503	
化学原料和化学制品制造业	2458438	1270		2457168	
医药制造业	3778			3778	
化学纤维制造业					
橡胶和塑料制品业	9683			9683	
非金属矿物制品业	1181323	6964		1174359	
黑色金属冶炼和压延加工业	244316	142088		102229	
有色金属冶炼和压延加工业	3000	3000			
金属制品业	1198	97		493	609
通用设备制造业	5038	658		4380	
专用设备制造业	112			112	
汽车制造业	5420	5420			
铁路、船舶、航空航天和其他运输设备制造业	5737			5737	
电气机械和器材制造业	755			755	
计算机、通信和其他电子设备制造业					
仪器仪表制造业					
其他制造业					
废弃资源综合利用业					
金属制品、机械和设备修理业					
三、电力、热力、燃气及水生产和供应业	12723921			9838789	2885132
电力、热力生产和供应业	12723904			9838772	2885132
燃气生产和供应业	4			4	
水的生产和供应业	13			13	

11-4 续表 1

指标	其他洗煤（吨）	煤制品（吨）	焦炭（吨）	其他焦化产品（吨）	高炉煤气（万立方米）	转炉煤气（万立方米）
总计	**218060**	**97478**	**666887**	**442**	**238937**	**18681**
一、采矿业						
#有色金属矿采选业						
非金属矿采选业						
二、制造业	134883	97478	666882	442	238937	18681
#农副食品加工业	20744	959	218			
食品制造业	630		1790			
酒、饮料和精制茶制造业						
纺织业						
纺织服装、服饰业						
皮革、毛皮、羽毛及其制品和制鞋业						
木材加工和木、竹、藤、棕、草制品业						
家具制造业						
造纸和纸制品业	82116					
印刷和记录媒介复制业	865					
文教、工美、体育和娱乐用品制造业						
石油加工、炼焦和核燃料加工业	24536	36116				
化学原料和化学制品制造业	1494					
医药制造业						
化学纤维制造业						
橡胶和塑料制品业	3549					
非金属矿物制品业				442		
黑色金属冶炼和压延加工业		60389	660066		238937	18681
有色金属冶炼和压延加工业						
金属制品业	509		2685			
通用设备制造业	415		1695			
专用设备制造业	24		271			
汽车制造业			31			
铁路、船舶、航空航天和其他运输设备制造业			127			
电气机械和器材制造业						
计算机、通信和其他电子设备制造业						
仪器仪表制造业						
其他制造业						
废弃资源综合利用业						
金属制品、机械和设备修理业		14				
三、电力、热力、燃气及水生产和供应业	83177		5			
电力、热力生产和供应业	83177		5			
燃气生产和供应业						
水的生产和供应业						

其他煤气（万立方米）	天然气（万立方米）	液化天然气（吨）	氢气（万立方米）	原油（吨）	汽油（吨）	煤油（吨）	柴油（吨）	燃料油（吨）	液化石油气（吨）
1888	**54683**	**12242**	**342751**	**43095341**	**11183**	**684**	**71397**	**690642**	**1150671**
61					41		2038		
61									
					41		2038		
31	50779	12179	342751	43095341	10261	684	65092	690095	1121800
	1582	1023			345		13270	1477	649
	919	504			266		734	252	135
	288				17		80		
	975				45		36		7
	137				417		331		
	174				19		26		
		2			247		552		
	13				81		187		329
	128				34		537		148
	248				176		292		12
	83				52		48		
	18890		341022	43095341	27		2560	644439	257820
	2560	830	1710		986		7304	4784	846320
	606				221		47	121	
					5		10		195
	717	65			287		601	4	283
	2892	30			371		14820	35271	373
	5888				156		3584	80	3
	1297				14		120		
	3187	3301			869	30	2378		1703
	1397	1853			2031	165	2662	152	1047
	868	13			641		637		7599
	1587	1930	19		1111		1726		2850
31	397	962			386	489	5977	1649	2189
	2505				846		819	8	65
	3240				240		65		10
	22				198		17		65
	27				31		19		
	88				32		349		
	65	1666			108		5304	1860	
1796	3904	63			882		4267	547	28871
	1715				330		3588	272	
1796	2176	63			299		19		28871
	14				252		660	274	

11-4 续表 2

指标	炼厂干气（吨）	石脑油（吨）	润滑油（吨）	石蜡（吨）	溶剂油（吨）	石油焦（吨）	石油沥青（吨）
总计	**2611882**	**4712680**	**487**	**2407**	**485**	**37218**	**684309**
一、采矿业							
#有色金属矿采选业							
非金属矿采选业							
二、制造业	2611882	4712680	487	2407	485	37218	684309
#农副食品加工业					340		
食品制造业							
酒、饮料和精制茶制造业							
纺织业							
纺织服装、服饰业							
皮革、毛皮、羽毛及其制品和制鞋业							
木材加工和木、竹、藤、棕、草制品业							
家具制造业							
造纸和纸制品业							
印刷和记录媒介复制业							
文教、工美、体育和娱乐用品制造业							
石油加工、炼焦和核燃料加工业	1613787						676720
化学原料和化学制品制造业	998095	4712680	3	2400	145		
医药制造业							
化学纤维制造业			7				
橡胶和塑料制品业			2				
非金属矿物制品业			4			37218	7589
黑色金属冶炼和压延加工业			2				
有色金属冶炼和压延加工业							
金属制品业			113	7			
通用设备制造业			350				
专用设备制造业			5				
汽车制造业			2				
铁路、船舶、航空航天和其他运输设备制造业							
电气机械和器材制造业							
计算机、通信和其他电子设备制造业							
仪器仪表制造业							
其他制造业							
废弃资源综合利用业							
金属制品、机械和设备修理业							
三、电力、热力、燃气及水生产和供应业							
电力、热力生产和供应业							
燃气生产和供应业							
水的生产和供应业							

其他石油制品（吨）	热力（百万千焦）	电力（万千瓦时）	城市生活垃圾（用于燃料）（吨）	生物燃料（吨标准煤）	余热余压（百万千焦）	工业废料（用于燃料）（吨）	其他燃料（吨标准煤）
6390515	**124605613**	**2586585**	**896996**	**112169**	**49567334**	**118**	**1212760**
		2244					
		152					
		2091					
6390515	124482662	2064333	1482	112169	49567334	118	1212760
1456	1738137	57385	172	19751			
	340226	11489					3
	1471	12768					
	13565	12069					
	180533	4799		2320			35
		2908		254			
	32198	11892	1310	309			
		5257		1382			
	14491	17336		525			
	53674	4384		1133			
		1316					
6388498	71896697	575131		63458	5671074		1210975
	44959882	393458		240	39519977		1346
	394119	11067		3061			
		1340					
	1053305	49720		7561	727		
	33005	102787		9660	3727814		
	26864	151502			629947		
		10074					
1	180551	90354		1870			110
308	1327737	123674		305	17795		
	225343	33052		341		118	
180	701255	99232					
3	627280	27347					
	279579	49917					
	179383	181863					
	33021	3032					
	141252	3807					
	49094	1098					
69		14275					290
	122951	520009	895514				
	107667	462620	895514				
		5235					
	15284	52154					

11-5 年主营业务收入2000万元及

指标	单位	购入合计	
			进口
原煤	吨	27119286	
#无烟煤	吨	5439149	
炼焦烟煤	吨	3078	
一般烟煤	吨	18657442	
褐煤	吨	3019618	
洗精煤（用于炼焦）	吨		
其他洗煤	吨	203283	
煤制品	吨	95141	
焦炭	吨	683928	
其他焦化产品	吨	1098	
焦炉煤气	万立方米		
高炉煤气	万立方米		
转炉煤气	万立方米		
发生炉煤气	万立方米	92	
天然气	万立方米	82611	
液化天然气	吨	12573	
煤层气	万立方米	78456	
原油	吨	41851095	24694768
汽油	吨	11169	
煤油	吨	701	
柴油	吨	67941	
燃料油	吨	444041	
液化石油气	吨	1086546	
炼厂干气	吨	1042154	
石脑油	吨	4717558	1906360
润滑油	吨	502	
石蜡	吨	2407	
溶剂油	吨	478	
石油焦	吨	25563	
石油沥青	吨	463906	
其他石油制品	吨	239403	
热力	百万千焦	60891572	
电力	万千瓦时	1725972	
煤矸石（用于燃料）	吨	68	
城市生活垃圾（用于燃料）	吨	465430	
生物燃料	吨标准煤	112119	
余热余压	百万千焦	26295	
工业废料（用于燃料）	吨	118	
其他燃料	吨标准煤	1779	

以上工业企业主要能源地区流向情况

外省购入	外市购入	销售合计	出口	售与外省	售与外市
23184417	24939	2000			
5420700					
16482314	24939	2000			
1281403					
27474					
55413		31250			
681219					
		5268			
	3640	13181			
73					
		78634			
3059737					
143		6357099	990025	3215139	
22		2021117	606603	1216318	
612		8656275	325539	3117885	385579.62
398828		3002125	311732	2000720	97598.21
37965	9966	1598856		503331	41580.89
		1198344			
954122		3185552		431077	156251.08
12		69881		61908	
		184333		108808	
		170510			170510.16
231503	92584	1634445		1084584	203299.24
78105		7710233	32672	5467666	102460.08
		129162380			
		6204223			
		6806			

11-6 全社会用电量情况

单位：万千瓦时

指标	用电量
总计	**4480114**
一、全行业用电合计	3772754
第一产业	96025
第二产业	2836020
第三产业	840709
二、城乡居民生活用电合计	707360
城镇居民	495442
乡村居民	211918
全行业用电总计	**3772754**
一、农、林、牧、渔业	98702
农业	39411
林业	567
畜牧业	26315
渔业	29732
农、林、牧、渔专业及辅助性活动	2677
#排灌	224
二、工业	2798948
1.采矿业	9022
煤炭开采和洗选业	
石油和天然气开采业	26
黑色金属矿采选业	86
有色金属矿采选业	1182
非金属矿采选业	7500
其他采矿业	228

11-6 续表 1

单位：万千瓦时

指标	用电量
2.制造业	2003593
农副食品加工业	61219
食品制造业	29494
酒、饮料及精制茶制造业	3703
烟草制品业	
纺织业	10815
纺织服装、服饰业	12682
皮革、毛皮、羽毛及其制品和制鞋业	3577
木材加工和木、竹、藤、棕、草制品业	21686
家具制造业	10330
造纸和纸制品业	20512
印刷和记录媒介复制业	3548
文教、工美、体育和娱乐用品制造业	3216
石油、煤炭及其他燃料加工业	469130
化学原料和化学制品制造业	207915
医药制造业	18485
化学纤维制造业	4974
橡胶和塑料制品业	77821
非金属矿物制品业	104907
黑色金属冶炼和压延加工业	122754
有色金属冶炼和压延加工业	27531
金属制品业	134283
通用设备制造业	246263
专用设备制造业	21651

11-6 续表 2

单位：万千瓦时

指标	用电量
汽车制造业	56039
铁路、船舶、航空航天和其他运输设备制造业	70167
电气机械和器材制造业	42206
计算机、通信和其他电子设备制造业	175889
仪器仪表制造业	4697
其他制造业	31393
废弃资源综合利用业	5485
金属制品、机械和设备修理业	1221
3. 电力、热力、燃气及水生产和供应业	786333
电力、热力生产和供应业	709374
#电厂生产全部耗用电量	548680
线路损失电量	96035
燃气生产和供应业	6364
水的生产和供应业	70595
三、建筑业	38293
房屋建筑业	24216
土木工程建筑业	7875
建筑安装业	1983
建筑装饰、装修和其他建筑业	4219
四、交通运输、仓储和邮政业	125696
铁路运输业	32473

11-6 续表 3

单位：万千瓦时

指标	用电量
道路运输业	23894
水上运输业	3188
航空运输业	3023
管道运输业	1824
多式联运和运输代理业	31352
装卸搬运和仓储业	28485
邮政业	1457
五、信息传输、计算机服务和软件业	60823
电信、广播电视和卫星传输服务	20091
互联网和相关服务	24670
软件和信息技术服务业	16062
六、批发和零售业	199490
七、住宿和餐饮业	73260
八、金融业	15964
九、房地产业	111512
十、租赁和商务服务业	28842
十一、公共服务及管理组织	221224
科学研究和技术服务业	14975
水利、环境和公共设施管理业	23759
居民服务、修理和其他服务业	31153
教育、文化、体育和娱乐业	72236
卫生和社会工作	31061
公共管理和社会组织、国际组织	48040

11-7 年主营业务收入2000万元及以上工业企业取水情况

单位：立方米

指标	取水量		外供水量	
	2022年	2021年	2022年	2021年
总计	**1462324181**	**1497296034**	**1152015518**	**1185790291**
地表淡水	1173906185	1242043538	549879172	586555756
地下淡水	6453155	6938349		
自来水	88203043	96499886	557974390	567629145
海水	125879653	86139628		
陆地苦咸水	493	490		
矿井水	5319	10819		
雨水	176920	8500		
再生水（中水）	30623120	32869542		
海水淡化水		6716901		
其他水	37076292	26068381	44161956	31605390

补充资料：

外排水量	449840930 立方米
重复用水量	9102866011 立方米
直流冷却水量（海水）	14157947366 立方米
污水处理企业污水处理量	422383420 立方米

11-8 年主营业务收入2000万元及以上工业企业取水总量分行业消费情况

单位：立方米

指标	取水量	外供水量	用水量
总计	**1462324181**	**1152015518**	**310308663**
一、采矿业	57508		57508
#有色金属矿采选业	6080		6080
非金属矿采选业	51428		51428
二、制造业	272662570	39669544	232993026
#农副食品加工业	8721769		8721769
食品制造业	2628595		2628595
酒、饮料和精制茶制造业	2967510		2967510
纺织业	904008		904008
纺织服装、服饰业	1069538		1069538
皮革、毛皮、羽毛及其制品和制鞋业	159396		159396
木材加工和木、竹、藤、棕、草制品业	354089		354089
家具制造业	156281		156281
造纸和纸制品业	1638733		1638733
印刷和记录媒介复制业	152516		152516
文教、工美、体育和娱乐用品制造业	36760		36760
石油加工、炼焦和核燃料加工业	122628867	21771574	100857293
化学原料和化学制品制造业	85807113	17897970	67909143
医药制造业	1700909		1700909

11-8 续表

单位：立方米

指标	取水量	外供水量	用水量
化学纤维制造业	1546		1546
橡胶和塑料制品业	1508838		1508838
非金属矿物制品业	3324325		3324325
黑色金属冶炼和压延加工业	4818033		4818033
有色金属冶炼和压延加工业	266023		266023
金属制品业	1768522		1768522
通用设备制造业	4086638		4086638
专用设备制造业	1869813		1869813
汽车制造业	2833522		2833522
铁路、船舶、航空航天和其他运输设备制造业	3125938		3125938
电气机械和器材制造业	1869545		1869545
计算机、通信和其他电子设备制造业	15920881		15920881
仪器仪表制造业	158435		158435
其他制造业	601033		601033
废弃资源综合利用业	204916		204916
金属制品、机械和设备修理业	1378478		1378478
三、电力、热力、燃气及水生产和供应业	1189604103	1112345974	77258129
电力、热力生产和供应业	45320884	4492412	40828472
燃气生产和供应业	316841		316841
水的生产和供应业	1143966378	1107853562	36112816

主要统计指标解释

【**标准煤**】亦称煤当量，指具有统一规定的标准热值的一种能源标准计量单位。我国规定每千克标准煤的热值为 7000 千卡。把不同的品种、不同品质的能源按各自不同的热值，以 7000 千卡为一个计量单位换算成标准燃料，即为标准煤。

【**当量热值**】亦称理论热值（或实际发热值），是指某种能源一个度量单位本身所含热量。当量热值是能源统计中经常使用的一个热值概念，其热值的计算可根据试样在充氧的弹筒中（放有浸没氧弹的水的容器）完全燃烧所放出的热量（用燃烧后水温升高计算出来的）进行实测。

【**等价热值**】能源统计经常使用的一个热值概念，指加工转换产出的某种二次能源与相应投入的一次能源的当量，即获得一个度量单位的某种二次能源所消耗的、以热值表示的一次能源量，也就是消耗一个度量单位的某种二次能源，等价于消耗了以热值表示的一次能源量。因此，等价热值是个变动值，随着能源加工转换工艺的提高和能源管理工作的加强，转换损失逐渐减少，等价热值会不断降低。所以，等价热值是对二次能源及消耗工质而言。

等价热值 = 二次能源具有的热值 / 加工转换效率

= 加工转换投入的一次能源具有的热量 / 二次能源产量

【**能源消费量统计的原则**】

1. 谁消费、谁统计。即不论其所有权的归属，由哪个单位消费，就由哪个单位统计其消费量。

2. 何时投入使用，何时计算消费量。企业的能源消费，在时间、工艺界限上，以投入第一道生产工序为标志，即投入第一道生产工序即计算消费；何时投入第一道生产工序，何时计算消费量。

3. 在计算综合能源消费量时，不应重复计算，应扣除二次能源的产出量和余热、余能的回收利用量。

4. 耗能工质（如水、氧气、压缩空气等），不论是外购的还是自产自用的，均不统计在能源消费量中（计算单位产品能耗时是否包括耗能工质，视统计指标的具体规定而定）。

5. 企业自产的能源，作为企业生产另一种产品的原料或燃料，是否计算消费量，视以下两种情况而定：一是自产的能源如果计算产量，消费时则计算消费量，二是自产的能源如果不计算产量，消费时则不计算消费量，视同产品生产过程中的半成品和中间产品。原则是：计算产量，则计算消费；不计算产量，则不计算消费。

【**工业企业的能源消费量**】指工业企业在工业生产活动和非工业生产活动中消费的能源，包括工业生产活动中作为燃料、动力、原料、辅助材料使用的能源，生产工艺中使用的能源，用于能源加工转换的能源；非工业生产活动中使用的能源。具体包括：

1. 用于本企业产品生产、工业性作业和其他生产性活动的能源。

2. 用于技术更新改造措施、新技术研究和新产品试制以及科学试验等方面的能源。

3. 用于经营维修、建筑及设备大修理、机电设备和交通运输工具等方面的能源。

4. 用于劳动保护的能源。

5. 生产交通运输工具的企业（如造船厂、汽车制造厂），向成品轮船、汽车中添加动力用油，应算作企业的能源消费，但不作为工业生产消费，应作为非工业生产消费和交通运输工具消费。

6. 其他非生产消费的能源。

【工业生产能源消费】指工业企业为进行工业生产活动所消费的能源。主要包括：

1. 用于本企业产品生产、工业性作业的能源，包括用作原料、材料、燃料、动力的能源；作为能源加工转换企业，还包括用作加工转换的能源。

2. 产品生产过程中作为辅助材料使用的能源。

3. 生产工艺过程使用的能源。

4. 新技术研究、新产品试制、科学试验使用的能源。

5. 为了工业生产活动而在进行的各种修理过程中使用的能源。

6. 生产区内的劳动保护用能等。

【非工业生产能源消费】指在工业企业能源消费中，除“工业生产能源消费”以外的能源消费，即非工业生产用能和工业企业附属的不从事工业生产活动的非独立核算单位用能。比如本企业施工单位进行技术更新改造、维修等过程用能，非生产区的劳动保护用能，科研单位、农场、车队、学校、医院、食堂、托儿所等单位用能。但是必须注意，上述单位如果是独立核算的，其用能既不能包括在“工业企业能源消费”中，亦不能包括在“非工业生产能源消费”中。

生产交通运输工具的企业（如造船厂、汽车制造厂），向成品轮船、汽车中添加动力用油，应算作企业的非工业生产消费。

【综合能源消费量】指企业在报告期内工业生产实际消费的各种能源（扣除能源加工转换和能源回收利用等重复因素）的总和。计算综合能源消费量时，需要将各种能源品种的消费量换算成按照标准计量单位（如：吨标准煤）计量的消费量。

【取水量】指企业从各种水源直接提取或者从市场购买的用于厂区、办公区内工业生产活动的水量，以实际获得的新水量为准。

用于工业生产活动的水量，包括主要生产用水、辅助生产用水（如机修、运输、空压站等）和附属生产用水（如绿化、办公室、浴室、食堂、厕所、保健站等），不包括非工业生产单位的用水量（如基建用水、厂内居民家庭用水和企业附属幼儿园、学校、对外营业的浴室、游泳池等的用水量）和居民生活用水量。

取水量包括企业取自地表、地下、城镇供水工程的水，外购的再生水（中水）、其他水或水的产品，以及企业为生产外供水或水产品而取用的水。不包括重复用水量、直流冷却水量、未利用直接排放的矿井水和雨水量、污水处理企业处理的污（废）水量、水力发电动力用水量。

【外供水量】指企业外供给其他单位的水或水产品的量，以离厂水量为准。包括外供给其他企业或市场的原水、自来水、再生水（中水）、海水淡化水、矿泉水、纯净水等。不包括直流冷却水量、未利用直接排放的矿井水和雨水量、北方地区供暖企业供给城镇热力网内循环的热水量、进入城镇污水管网和直接排到自然环境中的水量。

【用水量】指企业所使用的水量。

用水量 = 取水量 – 外供水量

【外排水量】指完成生产过程和生产活动之后，经过企业厂区、办公区所有排水口排到企业外部的水量。包括进入城镇污水管网的污（废）水量、直接排到自然环境中的水量。不包括外供水量、直流冷却水量、未利用就直接排放的矿井水量。

【污水处理企业污水处理量】指污水处理企业取自企业外部并实际处理的污（废）水量。

十二、科教文卫体与其他社会事业

Chapter 12 Science, Education, Culture, Health, Sports and Other Social Undertakings

编辑：万 红 耿 英
康丽华 肖 江

12-1 各级各类学校概况

指标	学校数（所）	毕业生数（人）	招生数（人）	在校生数（人）
研究生培养机构	（12）	17332	22721	66236
#普通高校研究生	（11）	17327	22714	66214
普通高等学校（本专科）	31	85564	88498	334572
#市属	2	8317	8653	32254
成人高校	7	24986	35125	67312
#独立设置成人高校	7	3946	6623	10034
高中阶段学校	155	47227	54212	153912
普通高中	84	29540	33650	94474
职业中专（职业高中）	29	5248	6555	19707
普通中等专业学校	19	6031	6491	18576
中等技工学校	23	6314	7516	21044
农广校	（1）	94		111
九年义务教育阶段学校	629	105979	116523	549279
小学	386	54150	61952	386608
初中	231	51440	54115	159895
特殊教育学校	11	377	446	2759
工读学校	1	12	10	17
幼儿园	1284	41631	44129	147375

注：1.本表数据由市教育局提供。
2.学校数中带括号的不计校数。

12-1 续表

指标	教职工数（人）	专任教师	校舍建筑面积（平方米）
研究生培养机构		8969	
#普通高校研究生		8945	
普通高等学校（本专科）	28064	19066	11754397
#市属	2349	1508	1038124
成人高校	637	383	108925
#独立设置成人高校	637	383	108925
高中阶段学校	16054	12540	4190593
普通高中	9705	8284	2249357
职业中专（职业高中）	2032	1442	498813
普通中等专业学校	1964	1337	675454
中等技工学校	2353	1477	766969
农广校			
九年义务教育阶段学校	39780	36173	5442340
小学	22955	21143	2680792
初中	16325	14620	2705990
特殊教育学校	465	384	55557
工读学校	35	26	
幼儿园	27866	13451	1851849

12-2 普通高等

学校	校本部教职员工	专任教师	正副教授
合计	**28064**	**19066**	**9614**
部属院校	8037	5588	3762
大连理工大学	4295	2903	2242
大连海事大学	2411	1653	1051
大连民族大学	1331	1032	469
省属院校	10854	6955	3646
大连交通大学	1525	1039	556
大连工业大学	1362	869	508
大连海洋大学	1179	842	420
辽宁师范大学	1894	1235	665
大连外国语大学	1056	720	327
东北财经大学	1766	955	568
大连医科大学	1199	690	389
辽宁警察学院	462	262	128
辽宁税务高等专科学校			
辽宁轻工职业学院	411	343	85

注：本表数据由市教育局提供。

学校教职工情况

单位：人

中级	初级和无职称	教辅人员	科研机构人员	其他附设机构人员
6855	**2597**	**2384**	**463**	**136**
1632	194	448	403	127
594	67	126	403	60
551	51	197		67
487	76	125		
2987	322	1301	58	5
438	45	161		
357	4	170		
393	29	59		
546	24	285		
346	47	68		5
344	43	200	58	
272	29	285		
123	11	67		
168	90	6		

12-2 续表

学校	校本部教职员工	专任教师	正副教授
市属院校	2349	1508	718
大连职业技术学院	691	469	183
大连大学	1658	1039	535
民办院校	6824	5015	1488
辽宁对外经贸学院	566	387	209
大连商务职业学院			
大连理工大学城市学院	387	297	172
大连工业大学艺术与信息工程学院	330	270	73
大连科技学院	579	394	162
大连医科大学中山学院	396	308	100
大连财经学院	823	579	111
大连艺术学院	889	636	177
大连东软信息学院	996	749	232
大连软件职业学院	72	34	4
大连翻译职业学院	16		
大连枫叶职业技术学院	484	424	119
大连航运职业技术学院	379	296	49
大连装备制造职业技术学院	271	169	14
大连汽车职业技术学院	246	165	34
辽宁师范大学海华学院	390	307	32

			科研机构人员	其他附设机构人员
		教辅人员		
中级	初级和无职称			
714	76	277	1	
229	57	61	1	
485	19	216		
1522	2005	358	1	4
76	102	37		
67	58	21		
101	96	5		
159	73	47		
131	77	12		
154	314	42		
307	152	24	1	4
210	307	52		
15	15	12		
71	234	7		
76	171	59		
45	110	2		
24	107	26		
86	189	12		

12-3 普通高校及科研院所研究生人数

单位：人

学校	毕业生	招生	在学研究生
合计	**17332**	**22721**	**66236**
大连理工大学	5302	7352	23205
大连海事大学	2390	2946	8526
大连交通大学	909	1376	3334
大连工业大学	777	1195	3371
大连海洋大学	480	1109	3121
大连医科大学	1660	2120	6388
辽宁师范大学	2089	2264	6244
大连外国语大学	496	626	1549
东北财经大学	2512	2615	7289
大连大学	455	618	1849
大连民族大学	257	493	1338
大连测控技术研究所	5	7	22

注：1.本表数据由市教育局提供。
2.大连测控技术研究所不计校数。

12-4 普通高等学校本专科生情况

单位：人

学校	招生	在校学生	毕业生
合计	**88498**	**334572**	**85564**
部属院校	15565	61860	14376
大连理工大学	6347	25734	6095
大连海事大学	4417	17791	4025
大连民族大学	4801	18335	4256
省属院校	28653	103812	26113
大连交通大学	4234	15633	3677
大连工业大学	3700	14072	3518
大连海洋大学	4837	14810	3725
辽宁师范大学	3703	13983	3455
大连外国语大学	3192	12745	3232
东北财经大学	2784	9529	2837
大连医科大学	2089	8365	1586
辽宁警察学院	1348	5391	1357
辽宁税务高等专科学校			
辽宁轻工职业学院	2766	9284	2726
市属院校	8653	32254	8317
大连职业技术学院	5046	17485	4754
大连大学	3607	14769	3563
民办院校	35627	136646	36758
辽宁对外经贸学院	2991	11616	2927
大连商务职业学院			
大连理工大学城市学院	1740	6800	1424
大连工业大学艺术与信息工程学院	2073	7775	1810
大连科技学院	3279	14952	3096
大连医科大学中山学院	1287	4978	1063
大连财经学院	3652	13705	5867
大连艺术学院	3425	12394	3223
大连东软信息学院	5982	20197	4049
大连软件职业学院	917	4214	188
大连翻译职业学院			
大连枫叶职业技术学院	2647	10228	2239
大连航运职业技术学院	1666	7237	2460
大连装备制造职业技术学院	2069	5971	4848
大连汽车职业技术学院	1834	8881	1730
辽宁师范大学海华学院	2065	7698	1834

注：本表数据由市教育局提供。

12-5 普通高等学校办学条件

学校	建筑面积（平方米）	占地面积（平方米）	图书藏量（万册）	教学用计算机（台）
合计	**11754397**	**22288402**	**3411**	**190557**
部属院校	3676295	6072984	837	75177
大连理工大学	2119575	3571268	377	46930
大连海事大学	957397	1419151	246	17275
大连民族大学	599323	1082565	214	10972
省属院校	3877759	7045028	1201	68995
大连交通大学	546083	820864	132	11495
大连工业大学	398895	521899	97	9668
大连海洋大学	358100	610895	121	7107
辽宁师范大学	551574	920369	206	10807
大连外国语大学	539188	1261565	207	5343
东北财经大学	512324	650205	193	10200
大连医科大学	642744	1509710	115	6512
辽宁警察学院	181503	590298	74	4637
辽宁税务高等专科学校				
辽宁轻工职业学院	147350	159222	57	3226
市属院校	1038124	2019286	252	16293
大连职业技术学院	538235	921903	92	6744
大连大学	499889	1097383	160	9549
民办院校	3162219	7151104	1122	30092
辽宁对外经贸学院	323979	562763	132	3408
大连商务职业学院				
大连理工大学城市学院	170881	484481	78	4005
大连工业大学艺术与信息工程学院	255340	513734	58	2347
大连科技学院	276424	746649	101	2183
大连医科大学中山学院	172990	607229	51	1571
大连财经学院	329106	532618	161	4758
大连艺术学院	381948	681220	113	2835
大连东软信息学院	538347	832857	159	2327
大连软件职业学院	66488	61334	25	36
大连翻译职业学院	39401	23397	29	178
大连枫叶职业技术学院	100417	557958	85	1232
大连航运职业技术学院	154514	363600	36	790
大连装备制造职业技术学院	76545	174299	21	821
大连汽车职业技术学院	115391	392671	20	674
辽宁师范大学海华学院	160448	616294	53	2927

注：本表数据由市教育局提供。

12-6 文化艺术工作情况

指标	单位	数值
艺术表演团体		
剧团数	个	4
从业人员	人	362
演出场次	场次	408
#国内演出	场次	408
#农村演出	场次	123
国内演出观众人次	人次	197232
艺术表演场所		
机构数	个	5
从业人员	人	26
演（映）出场次	场	183
#艺术演出场次	场	170
#电影放映场次	场	
观众人次合计	千人次	71
#艺术演出观众人次	千人次	62
公共图书馆		
机构数	个	13
从业人员	人	361
总藏量	册、件	12736660
累计发放有效借书证数	个	822369
本年新购藏量	册、件	291586
公用房屋建筑面积	平方米	127938
阅览室座席数	个	7476
群众艺术馆、文化馆		
机构数	个	13
从业人员	人	217
举办展览个数	个	264
组织文艺活动次数	次	761
馆办文艺团体	个	69
群众业余文艺团队	个	634
文化站		
机构数	个	148
从业人员	人	335
举办展览个数	个	145
组织文艺活动次数	次	2045

注：本表数据由市文化和旅游局提供。

12–7 档案工作情况

指标	单位	合计	
			各级各类档案馆
机构数	个	23	12
从业人员	人	196	180
专职	人	196	180
兼职	人		
馆藏档案			
全宗	个	1993	1993
案卷	万卷	236.9	236.86
总排架长度	米	65765.5	65765.5
以件为保管单位档案	万件	385.4	385.4
录音、录像、影片档案	盘	3735	3735
照片档案	万张	13.2	13.18
底图	万张		
电子档案	GB	9035.8	9035.8
微缩胶片	万幅	75	75
馆藏档案历史分期			
中华人民共和国成立前档案	卷	12289	12289
中华人民共和国成立后档案	卷	2356343	2356343
档案利用			
已开放档案	万卷	82.7	82.71
	万件	54.1	54.07
开放档案目录			
案卷级	万条	32.1	32.1
文件级	万条	160.8	160.8
本年利用档案	卷（件）次	140554	140554
政务信息公开场所			
本年利用政府公开信息人次	人次	327	327
本年利用政府公开信息件次	件次	508	508
机读目录			
案卷级	万条	149.0	149.0
文件级	万条	2124.6	2124.6
档案信息网站建设	个	2	1
总收入	万元	3350.2	3350.2
总支出	万元	3427.7	3427.7
年末固定资产原价	万元	14448.4	14448.4
建筑面积	平方米	79641.7	79641.7
#库房	平方米	33990.5	33990.5

注：本表数据由市档案局提供。

12-8 文联工作情况

单位：个、项

指标	单位	数值
文艺家协会	个	13
获省级以上奖项	项	249
#国家级奖项	项	81
举办大赛	个	
展览和展演活动	个	30
专题座谈、研讨会	个	12
培训班	个	6
其他活动	项	20

注：本表数据由市文联提供。

12-9 广播电视覆盖情况

地区	广播人口综合覆盖		无线广播综合覆盖	
	人口（万人）	覆盖率（%）	人口（万人）	覆盖率（%）
大连市	603.61	100.00	603.61	100.00

注：本表数据由市文化和旅游局提供。

12-9 续表

地区	电视人口综合覆盖		无线电视综合覆盖	
	人口（万人）	覆盖率（%）	人口（万人）	覆盖率（%）
大连市	603.61	100.00	603.61	100.00

12-10 公共体育场馆综合情况

指标	场馆数（个）	使用场次（场次）	从业人员（人）
合计	**519**	**75418**	**1537**
按系统分			
体育系统	148	32560	611
教育系统	109	19625	593
其他系统	262	23233	333
按级别分			
市级	8	13425	126
区县级	511	61993	1411
按场馆性质分			
体育场	361	1964	241
#用于体育活动	361	1655	219
体育馆	88	61210	520
#用于体育活动	88	59091	456
有固定看台灯管球场	7	948	205
#用于体育活动	7	948	205
游泳池	26	3147	257
#室内	23	2968	257
运动场	24	4860	69
训练房	13	3289	245
其他			

注：本表数据由市体育局提供。

12-11　举办体育业务情况

地区	举办运动会或比赛		举办全民健身活动（次）		参加活动（人次）
	举办综合运动会（次）	举办单项比赛（次）		1000人以上的活动	
合计	**1**	**306**	**394**	**27**	**672867**
市本级		19	247	17	627540
中山区		4	11	1	2570
西岗区		9	6	1	3190
沙河口区		7	17	1	4200
甘井子区		135	25	3	7500
旅顺口区		16	6	0	1600
金普新区		79	13	1	4700
普兰店区		9	15	1	7300
保税区					
高新区		2	16		3157
长兴岛	1		6	1	2400
花园口					
瓦房店市		13	14	1	4200
庄河市		11	16		4170
长海县		2	2		340

注：本表数据由市体育局提供。

12-12　社区健身设施建设情况

指标	建设项目（条、个）	器材（件）	占地面积（平方米）	建筑面积（平方米）
室外全民健身公园、广场	580	6066	220377	3000
健身路径	2831	19632	169066	34065
小篮板	438	770	268118	72369
乒乓球台	373	65	8649	6600
室内全民健身中心	25	474	20635	58432
篮排球房	12	6	8760	12348
羽毛球房	8	79	4650	6038
乒乓球房	72	545	6347	10335
棋牌室	15	47	1011	1243
健身房	80	920	15911	17674
游泳池	26	4	9092	14819
青少年俱乐部	32	40	3070	2584

注：本表数据由市体育局提供。

12-13 卫生

指标	机构数（个）	实有床位数（张）	从业人员（人）		
				卫生技术人员	
					执业医师
合计	**4027**	**51318**	**77091**	**63592**	**22665**
医院	233	47608	54518	44568	14955
综合医院	127	31824	38657	32249	10736
中医院	37	4316	4167	3412	1273
中西结合医院	2	592	968	821	326
专科医院	55	9821	10395	7889	2570
护理院	12	1055	331	197	50
疗养院					
社区卫生服务中心（站）	181	539	4477	3518	1340
卫生院	89	2756	2558	1890	591
门诊部	207		3193	2594	1168
急救中心（站）	3		315	165	84
采供血机构	2		234	176	26
妇幼保健院（所、站）	10	415	1167	975	394
专科疾病防治院（所、站）	2		11	8	2
疾病预防控制机构	12		829	608	261
卫生监督机构	12		389	334	
其他卫生机构	26		673	449	89
诊所、卫生所、医务室	2519		7601	7181	3635
村卫生室	731		1126	1126	120

注：本表数据由市卫健委提供。

机构情况

执业助理医师	注册护士	药师（士）	技师（士）	其他	其他技术人员	仅从事管理的人员	工勤人员
1566	**30643**	**2369**	**3758**	**2591**	**2649**	**3471**	**7379**
338	23573	1698	2927	1077	1844	2532	5574
214	17295	1119	2107	778	1074	1719	3615
70	1516	236	225	92	115	235	405
1	370	41	80	3	35	38	74
48	4270	294	503	204	617	522	1367
5	122	8	12		3	18	113
105	1495	301	188	89	210	216	533
225	733	131	110	100	193	95	380
87	1118	87	108	26	64	166	369
	79	2			16	4	130
3	77		38	32	27	22	9
28	414	24	88	27	67	36	89
	2	1	2	1		3	
14	24	2	178	129	88	93	40
				334	3	43	9
3	169	6	105	77	85	68	71
428	2940	116	14	48	52	193	175
335	19	1		651			

12-14 医院卫生院床位与医生护士情况

地区	实有数		
	医院、社区、卫生院床位（张）	执业（助理）医师（人）	注册护士（人）
合计	**50903**	**24231**	**30643**
中山区	5217	2290	3278
西岗区	3920	2763	3468
沙河口区	8579	5693	7634
甘井子区	5856	3030	3560
高新区	1248	434	613
旅顺口区	1414	672	444
金普新区	7410	3424	4503
普兰店区	3775	1580	1831
瓦房店市	8387	2419	3257
庄河市	4797	1791	1871
长海县	300	135	184

注：1.本表数据由市卫健委提供。
2.本年新增高新区统计数据。

12-15 残联工作情况

指标	单位	数值
一、康复		
白内障复明手术	例	887
低视力配用助视器	人	
盲人定向行走训练	人	
新收训聋儿	人	35
肢体残疾康复训练	人	526
辅助器具供应服务		
辅助器具供应	件	4225
矫形器装配	例	322
普及型假肢装配	例	171
二、教育		
达到普通高等院校录取分数线	人	49
高等特殊教育院校录取	人	
职业技术年培训	人	2831
#农村	人	835
未入学学龄残疾儿童少年	人	
本年度资助残疾儿童少年入学	人	2057
三、就业		
城镇残疾人就业	人	1928
城镇残疾人未就业	人	4387
农村残疾人就业	人	1347
农村残疾人未就业	人	1398

注：本表数据由市残联提供。

12-15 续表

指标	单位	数值
四、残疾人社会保障与救助资金来源及使用		
当年保障与救助经费	万元	22402.4
残疾人康复支出	万元	3058.23
残疾人就业及培训支出	万元	2448.37
社会救助支出	万元	6253
#生活困难补助金支出	万元	3781
#残疾人助学支出	万元	2472
五、机构建设		
盲人协会	个	10
聋人协会	个	8
肢残人协会	个	10
智力残疾人及亲友协会	个	8
精神残疾人及亲友协会	个	8
按摩机构	个	128
六、宣传、文化体育及维权		
报刊专栏	个	1
广播专题发稿量	个	
电视专栏	个	1
盲人有声读物阅览室	个	14
残疾人文化艺术类比赛及展览	个	3
体育活动场所	个	10
残疾人体育基地	个	1
参赛残疾人运动员	人次	124
普法宣传教育活动	次	5

12–16 结婚及离婚登记情况

地区	内地居民登记结婚（对）	再婚（人）	恢复结婚（对）	内地居民准予登记离婚（对）
合计	**33330**	**12707**	**3216**	**10435**
中山区	2124	730	355	1088
西岗区	2809	819	297	1469
沙河口区	4836	1400	540	954
甘井子区	5174	1958	546	1673
旅顺口区	1709	644	103	410
金普新区	6667	2722	424	1883
普兰店区	2669	1096	236	932
瓦房店市	3884	1744	422	837
庄河市	3190	1437	279	1099
长海县	268	157	14	90

注：本表数据由市民政局提供。

12-17　工会基本情况

指标	单位	数值
基层工会数	个	11391
工会会员	人	1684334
专职工会工作人员	人	1758
兼职工会工作人员	人	39589
建立职代会制度单位数	个	9027
实行厂务公开单位数	个	8008
工会小组劳动保护检查员	人	8775
工会劳动保护监督组织受理举报案件数	件	100
工会参加安全生产检查次数	次	17595
工会参加处理工伤事故数	件	224
建立工会劳动法律监督组织的单位数	个	3414
工会劳动法律监督员人数	人	5202
本年度工会劳动法律监督组织受理的违法、违规案件数	件	14
建立工会经费审查组织的基层工会数	个	9624
职代会职工代表人数	人	52734
建立董事会单位数	个	569
职工董事人数	人	199
建立监事会单位数	个	506
职工监事人数	人	207

注：本表数据由市总工会提供。

12-18 市区环境质量情况

指标	单位	数值
中心城区自然降尘年均值	吨／平方公里·30天	4.1
市区二氧化硫年均值	毫克/立方米	0.009
市区二氧化氮年均值	毫克/立方米	0.024
市区一氧化碳年均值	毫克/立方米	1.0
市区可吸入颗粒物年均浓度	毫克/立方米	0.041
交通干线噪声均值	分贝	68.6
功能区环境噪声均值（昼间）	分贝	
功能区环境噪声均值（夜间）	分贝	
大连市降水（PH平均值）		6.17
酸雨频度	%	1
环境空气质量优良天数	天	338
#指数达到一级天数	天	167
指数达到二级天数	天	171
空气质量良好天数比例	%	92.6

注：1.本表数据由市生态环境局提供。

2.中心城区范围包括中山区、西岗区、沙河口区、甘井子区和高新区五个区域；市区范围包括中心城区、旅顺口区和金普新区。

12-19 废水排放及处理情况

指标	单位	数值
废水排放总量	万吨	32553.76
＃工业废水	万吨	6765.10
生活污水	万吨	25739.04
化学需氧量（COD）排放总量	吨	19944.00
＃工业废水	吨	2428.71
生活污水	吨	17501.63
氨氮排放量	吨	608.92
＃工业废水	吨	61.02
生活污水	吨	546.92
生活污水总磷排放量	吨	129.33
废水处理总量	万吨	65447.41
＃工业废水	万吨	5963.98
生活污水	万吨	56128.52
化学需氧量去除量	吨	139815.56
氨氮去除量	吨	15000.77
总磷去除量	吨	3048.76
工业废水治理设施数	套	448
污水处理厂	座	46
污水处理能力	万吨/日	221.63

注：本表数据由市生态环境局提供。

12-20 工业固体废物、废水治理情况

指标	单位	数值
工业固体废物产生量	万吨	707.96
#危险废物	吨	242506.3
一般工业固体废物综合利用量	万吨	666.2
#综合利用往年贮存量	万吨	0.17
一般工业固体废物综合利用率	%	97.4
一般工业固体废物处置量	万吨	16.3
#处置往年贮存量	万吨	0.03
一般工业固体废物处置率	%	2.4
危险废物利用处置量	万吨	24.23
危险废弃物综合利用处置率	%	99.92
工业化学需氧量去除量	吨	101287.4
工业氨氮去除量	吨	2107.6
工业石油类去除量	吨	1600.4
工业挥发酚去除量	吨	67.91
工业氰化物去除量	吨	2.01

注：本表数据由市生态环境局提供。

12-21 海区海洋环境质量情况

单位：平方公里

指标	2022年	2021年
一、二类水质海域	29257	29456
三类水质海域	421	452
四类水质海域	181	76
劣四类水质海域	241	116

注：本表数据由市生态环境局提供。

12–22 法院审结案件情况

单位：件

指标	数值
受理各类案件	144483
#刑事	8202
民商事	130739
行政	3570
审结各类案件	132741
#刑事	7591
民商事	119955
行政	3244
执行	59695
执结	55453

注：本表数据由市法院提供。

12–23 律师办理各类法律事务情况

单位：件

指标	数值
担任法律顾问（家）	3742
刑事诉讼辩护及代理	2998
民事案件诉讼代理	42387
经济案件诉讼代理	8710
行政案件诉讼代理	1185
非诉讼法律事务	8993
涉外及港澳台法律事务	
代写法律事务文书	20740

注：本表数据由市司法局提供。

12-24 公证工作情况

单位：件

指标	数值
公证机构（个）	12
办理公证文件	68146
国内公证	49740
#经济公证	4212
民事公证	38964
涉外公证	15269
#涉港、澳、台公证	420

注：本表数据由市司法局提供。

12-25 审计工作情况

指标	单位	数值
审计单位	个	211
审计调查单位	个	18
违规金额	万元	69129
应上交财政	万元	54384
已上交财政	万元	78858
移送司法、纪检监察机关处理案件	件	12
审计提出建议	条	1244
提交审计专题、综合性报告和信息简报	篇	196
被批示采用的审计专题、综合性报告和信息简报	篇	122

注：本表数据由市审计局提供。

12-26 各类技术合同情况

合同类别	合同（项）	合同金额（亿元）	
			技术交易额
合计	**6754**	**427.37**	**131.35**
技术开发	5401	43.89	43.57
技术转让	364	12.18	11.47
技术许可	160	12.14	11.51
技术咨询	104	7.02	7.02
技术服务	725	352.14	57.79

注：本表数据由市科技局提供。

12-27 国内专利授权情况

单位：件

地区	国内专利授权			
		发明	实用新型	外观设计
合计	**25473**	**4284**	**20068**	**1121**
中山区	671	54	544	73
西岗区	895	47	794	54
沙河口区	2360	1119	1112	129
甘井子区	4296	230	3844	222
旅顺口区	1267	77	1139	51
高新区	3982	2175	1661	146
金普新区	8470	493	7636	341
普兰店区	706	13	673	20
瓦房店市	1608	22	1548	38
长兴岛	332	18	314	
庄河市	854	35	773	46
长海县	22		22	
其他	10	1	8	1

注：本表数据由市市场监督管理局提供。

12–28 质量技术监督情况

指标	单位	数值
荣获辽宁省省长质量奖及提名奖	个	3
荣获大连市市长质量奖及提名奖	个	
获质量管理体系认证企业	家	505
强制性产品认证企业	家	22
制定农业标准规范	项	3
获得国家农业标准化示范区	个	1
计量器具		
计量器具受检	万台、万件	43.82
#强制检定器具	万台、万件	43.82
特种设备		
特种设备事故结案率	%	100
特种设备作业人员上岗率	%	100

注：本表数据由市市场监督管理局提供。

12-29 共青团组织情况

单位：人

指标	数值
现有团员	178126
#女团员	101531
#少数民族团员	19593
团员入党情况	
"推优"数	2917
经"推优"入党的团员数	880
发展新团员数	9289
#女团员	2294
团组织数（个）	
基层团委数	713
团总支数	197
团支部数	9470
基层团工委数	131
专职团干部配备数	273
少先队基层组织个数	565
少先队员人数	405752
#女性	206573
辅导员人数	565
#女性	450

注：本表数据由团市委提供。

12-30 妇联工作情况

指标	单位	从业人员
各类家长学校	个	3889
家长学校当年培训学员人次	万人次	16.7
妇女干部特邀陪审员制度覆盖率	%	100
市、县级建立“12338”妇女维护热线	个	13
妇女儿童活动中心	个	1
#县城		1
家庭暴力投诉案件	件	81
#受理		81
接受技术培训人数	人	3147
建立农村妇女专业技术协会或农村妇女专业合作社	个	9
“三八绿色工程”工程		
基地个数	个	
基地亩数	亩	
脱贫户数	户	
扶持妇女人数	人	144
下岗失业妇女再就业服务机构	个	
下岗失业妇女从事家政服务	人	1039
实现再就业妇女人数	人	1065

注：本表数据由市妇联提供。

十三、物价与居民收支

Chapter 13 Prices and Households' Income and Expenditure

编辑：林　林　赵　威

13-1 居民消费价格指数（1978-2022年）

上年=100

年份	居民消费价格总指数	消费品价格指数	食品类	衣着类	日用品类	文化娱乐用品类	药及医疗用品类	燃料类	服务项目价格指数
1978	100.8	100.6	100.7	99.6	100.1	100.2	100.4	100.0	103.0
1979	101.4	101.5	102.7	97.9	102.1	101.9	102.1	100.0	100.0
1980	105.2	105.6	106.6	101.0	102.3	100.2	102.8	102.4	100.4
1981	101.3	101.3	101.8	100.4	100.8	100.0	101.6	111.0	100.9
1982	101.7	101.8	102.5	98.6	99.5	99.8	102.1	100.0	100.5
1983	103.1	103.2	105.2	100.4	100.2	99.4	105.3	102.0	102.1

13-1 续表 1

上年=100

年份	居民消费价格总指数	消费品价格指数	食品类	衣着类	日用品类	文化娱乐用品类	书报杂志类	药及医疗用品类	建筑材料类	燃料类	服务项目价格指数
1984	106.8	107.3	110.6	100.8	100.7	100.8	110.9	106.2		100.0	101.9
1985	112.8	113.2	118.6	101.4	103.2	102.7	120.0	106.9		108.1	108.3
1986	108.4	108.3	109.4	107.1	104.9	101.1	126.7	100.9		113.5	109.8
1987	109.6	110.0	112.4	107.8	106.5	100.1	100.0	110.4		111.0	104.5
1988	118.8	120.0	124.1	115.2	113.2	114.8	120.2	126.2	109.1	104.4	105.5
1989	115.7	116.4	113.3	122.2	118.0	119.1	152.4	119.9	128.6	103.4	108.0
1990	103.6	101.9	103.8	106.4	97.8	92.4	109.9	103.4	102.6	117.7	124.9
1991	107.4	105.7	106.7	106.8	105.3	96.3	98.4	98.2	97.1	142.9	123.2
1992	111.4	109.8	112.1	109.0	102.6	94.6	100.1	109.3	97.6	174.7	125.9
1993	121.4	118.3	118.8	124.3	109.7	100.1	106.0	110.7	139.4	186.2	152.6

13-1 续表 2

上年=100

年份	居民消费价格总指数	消费品价格指数	食品	衣着类	家庭设备及用品	医疗保健	交通和通讯工具	娱乐教育文化用品	居住	服务项目价格指数
1994	124.5	123.6	128.4	122.7	110.7	112.1	89.3	114.9	114.5	136.6
1995	115.7	115.5	118.6	116.8	107.3	108.6	93.6	104.5	107.3	118.5
1996	108.8	109.0	108.0	106.2	103.8	103.9	94.4	112.2	137.5	106.7
1997	103.7	102.0	101.0	102.8	102.7	102.3	99.0	101.7	106.9	120.9
1998	100.3	98.8	96.0	101.2	98.7	105.4	90.1	98.4	110.0	113.9
1999	99.5	96.9	96.0	92.8	96.9	103.4	93.8	93.5	105.9	118.5
2000	99.6	99.4	98.9	97.2	93.3	98.9	98.0	99.2	112.5	101.0

13−1 续表 3

上年=100

年份	居民消费价格总指数	服务项目价格指数	消费品价格指数	食品	烟酒及用品	衣着	家庭设备用品及维修服务	医疗保健和个人用品	交通和通讯	娱乐教育文化用品及服务	居住
2001	99.5	102.2	98.9	102.3	100.3	93.9	93.1	100.0	99.3	97.0	100.5
2002	98.0	98.6	97.7	98.8	100.5	93.7	95.7	98.6	99.9	95.5	99.4
2003	100.6	102.8	99.9	103.2	96.8	96.1	97.8	99.2	98.2	102.2	100.1
2004	102.6	103.4	102.4	106.9	102.0	100.4	99.5	96.6	97.9	102.1	103.1
2005	101.4	106.0	100.0	100.7	101.8	101.9	101.9	99.0	97.7	106.7	102.9

13−1 续表 4

上年=100

年份	居民消费价格总指数	服务项目价格指数	消费品价格指数	食品	烟酒及用品	衣着	家庭设备用品及维修服务	医疗保健和个人用品	交通和通信	娱乐教育文化用品及服务	居住
2006	101.4	102.3	101.0	102.5	100.2	100.8	101.5	100.5	98.2	96.1	108.0
2007	104.0	102.7	104.5	110.2	100.0	97.5	102.3	102.9	98.3	97.6	104.7
2008	104.4	101.6	105.7	110.6	102.6	97.1	107.1	104.6	97.7	97.6	103.0
2009	100.2	97.4	101.3	103.5	100.5	100.8	100.6	102.1	96.9	97.5	94.1
2010	102.7	101.9	103.0	107.4	100.7	92.9	101.0	102.2	99.9	99.8	104.3

13−1 续表 5

上年=100

年份	居民消费价格总指数	服务项目价格指数	消费品价格指数	食品	烟酒	衣着	家庭设备用品及维修服务	医疗保健和个人用品	交通和通信	娱乐教育文化用品及服务	居住
2011	105.4	104.6	105.8	110.7	100.9	102.5	104.8	104.5	100.2	100.7	105.9
2012	103.4	103.2	103.4	105.3	103.5	100.6	106.2	103.6	101.1	102.2	102.4
2013	102.5	103.1	102.2	103.4	101.0	101.3	102.5	103.0	101.1	100.9	103.2
2014	102.0	102.0	102.0	102.5	100.6	103.9	101.1	101.3	100.7	102.4	101.4
2015	101.6	102.1	101.4	101.6	102.8	103.8	102.1	101.2	98.2	103.5	101.6

13−1 续表 6

上年=100

年份	居民消费价格总指数	服务价格指数	消费品价格指数	食品烟酒	衣着	居住	生活用品及服务	交通和通信	教育文化和娱乐	医疗保健	其他用品和服务
2016	101.9	101.0	102.3	102.8	102.8	101.3	102.1	99.6	101.7	101.8	102.5
2017	102.1	103.6	101.3	100.7	101.0	101.2	102.3	101.3	105.7	106.9	101.2
2018	103.0	104.6	102.1	103.6	100.2	101.3	100.6	101.3	105.5	111.5	98.0
2019	102.4	100.8	103.3	105.9	102.0	100.8	100.7	98.6	101.5	102.3	102.2
2020	102.1	100.7	102.9	106.7	100.0	100.5	100.8	95.8	100.6	102.3	105.0

13−1 续表 7

上年=100

年份	居民消费价格指数	服务价格指数	消费品价格指数	食品烟酒	衣着	居住	生活用品及服务	交通通信	教育文化娱乐	医疗保健	其他用品及服务
2021	101.4	100.6	102.0	101.0	101.7	100.6	99.9	104.5	102.7	100.1	99.3
2022	102.2	100.8	103.1	102.7	99.7	100.1	101.5	106.5	103.6	100.1	101.3

13-2 居民消费价格指数

上年=100

项目	指数	项目	指数
居民消费价格指数	102.2	（2）薯类	108.7
非食品烟酒价格指数	102.0	薯类	108.7
食品（10版口径）指数	102.9	（3）豆类	110.4
非食品（10版口径）指数	101.9	干豆	104.1
服务价格指数	100.8	豆制品	112.5
工业品价格指数	103.4	（4）食用油	104.4
鲜活食品价格指数	103.3	食用植物油	104.7
消费品价格指数	103.1	食用动物油	88.8
能源价格指数	113.7	（5）菜及食用菌	103.6
非食品价格指数	101.9	鲜菜	102.8
扣除食品和能源价格指数	100.6	鲜菌	107.7
扣除能源的工业品价格指数	100.0	干菜干菌及制品	108.2
扣除鲜菜鲜果价格指数	102.0	（6）畜肉类	97.0
扣除自有住房价格指数	102.8	猪肉	96.3
居住(扣自有住房)价格指数	104.2	牛肉	98.7
扣除租赁房房租和自有住房价格指数	102.9	羊肉	94.6
一、食品烟酒	102.7	其他畜肉及副产品	97.4
1.食品	103.2	畜肉制品	97.2
（1）粮食	101.7	（7）禽肉类	102.9
大米	99.8	鸡	103.7
面粉	103.8	鸭	99.7
其他粮食	103.9	其他禽肉及制品	101.9
粮食制品	103.0	（8）水产品	101.5

13-2 续表 1

上年=100

项目	指数	项目	指数
淡水鱼	93.2	增味剂	101.6
海水鱼	102.0	其他调味品	106.0
虾蟹类	100.8	(14) 其他食品类	103.6
其他水产品及制品	103.0	方便食品	101.5
(9) 蛋类	110.2	淀粉及制品	103.4
鸡蛋	110.8	其他食品	105.6
其他蛋及制品	104.5	2.茶及饮料	103.4
(10) 奶类	102.6	茶叶	102.5
鲜奶	102.5	固体咖啡	103.3
酸奶	104.9	其他固体饮料	100.9
奶粉	101.5	饮用水	100.6
其他奶制品	101.0	果汁饮料	99.7
(11) 干鲜瓜果类	108.0	其他液体饮料	106.1
鲜果	108.9	3.烟酒	100.0
坚果	103.8	(1) 卷烟	100.2
瓜果制品	102.4	卷烟	100.2
(12) 糖果糕点类	104.9	(2) 酒类	99.8
食糖	97.7	白酒	99.2
糖果	102.2	葡萄酒	98.3
糕点	106.1	啤酒	100.7
其他糖果糕点	103.7	其他酒类	100.3
(13) 调味品	105.1	4.在外餐饮	101.8
食用盐	101.4	餐馆餐饮	100.9
酱油	104.3	饮品店餐饮	100.4
食醋	108.7	外卖	103.3

13-2 续表 2 上年=100

项目	指数	项目	指数
其他在外餐饮	108.7	（5）衣着服务费	100.3
二、衣着	99.7	衣着洗涤保养	100.0
1.服装	99.7	其他衣着服务	101.3
（1）男式服装	101.5	2.鞋类	99.7
男式外套	100.1	（1）鞋	99.7
男式针织衫	103.7	男鞋	102.3
男式衬衫T恤	100.6	女鞋	99.0
男式裤子	104.9	童鞋	98.7
男式内衣	99.9	（2）鞋类服务	100.0
（2）女式服装	99.5	鞋类服务	100.0
女式外套	101.7	三、居住	100.1
女式针织衫	96.3	1.租赁房房租	98.1
女式衬衫T恤	99.0	公房房租	100.0
女式裤子	104.3	私房房租	98.0
女式裙子	99.1	2.住房保养维修及管理	101.5
女式内衣	96.2	（1）住房装潢材料	101.7
（3）儿童服装	97.3	木地板	101.0
婴儿服装	99.1	瓷砖	100.0
儿童上衣	99.5	水泥	96.2
儿童裤子	91.8	涂料	108.3
儿童裙子	92.2	板材	101.3
儿童内衣	102.2	管材	104.3
（4）衣着材料及配件	99.9	厨卫设备	99.3
袜子	97.3	门窗	102.7
帽子	101.4	其他住房装潢材料	100.5
其他衣着材料及配件	101.1	（2）住房维修管理费用	101.3

13-2 续表 3

上年=100

项目	指数	项目	指数
物业管理费	100.0	其他室内装饰品	101.3
装潢维修费	103.5	2.家用器具	100.7
其他住房费用	100.0	（1）大型家用器具	100.4
3.水电燃料	106.7	洗衣机	100.0
（1）水	100.0	电冰箱（柜）	99.2
水	100.0	抽油烟机	98.5
（2）电	100.0	空调器	102.1
电	100.0	热水器	99.9
（3）燃气	101.1	炉具灶具	102.3
管道燃气	100.0	吸尘器	105.2
液化石油气	106.5	空气净化器	99.8
（4）其他水电燃料类	112.1	净水器	101.6
其他水电燃料类	112.1	其他大型家用器具	99.9
4.自有住房	97.7	（2）小家电	101.9
自有住房	97.7	厨房小家电	101.7
四、生活用品及服务	101.5	生活小家电	102.2
1.家具及室内装饰品	99.8	3.家用纺织品	101.1
（1）家具	100.0	（1）床上用品	101.5
柜	100.0	被子	103.7
床	100.0	床单被套	100.0
桌	100.0	其他床上用品	100.0
椅	100.0	（2）窗帘门帘	100.0
沙发	100.0	窗帘门帘	100.0
其他家具	100.0	（3）其他家用纺织品	100.0
（2）室内装饰品	98.7	其他家用纺织品	100.0
灯具	97.1	4.家庭日用杂品	101.9

13-2 续表4

上年=100

项目	指数	项目	指数
（1）洗涤卫生用品	102.6	家政服务	105.9
清洗用品	98.8	母婴护理服务	107.0
清洁用具	101.5	家庭维修服务	100.0
清洁用纸	105.5	其他家庭服务	100.0
（2）厨具餐具茶具	102.9	五、交通通信	106.5
厨具	103.3	1.交通	108.9
餐具	104.0	（1）交通工具	98.7
茶具	99.9	燃油小汽车	98.7
（3）其他家庭日用杂品	99.6	新能源小汽车	100.8
配电附件	100.2	电动自行车	83.8
雨具	103.8	自行车	109.7
其他日用杂品	98.9	其他交通工具	100.0
5.个人护理用品	101.9	（2）交通工具用燃料	121.3
（1）化妆品	102.5	汽油	121.5
清洁化妆品	101.4	柴油	123.4
护肤化妆品	103.1	其他车用能源	99.2
彩妆化妆品	102.6	（3）交通工具使用和维修	99.9
化妆器具	102.7	停车费	100.0
（2）其他护理用品类	100.3	车辆使用费	100.0
清洁类护理用品	102.3	交通工具零配件	100.0
护发美发用品	100.6	车辆修理与保养	99.8
护理器具	101.9	（4）交通费	105.2
其他护理用品	95.9	市内公共交通	110.7
6.家庭服务	103.9	出租汽车	100.0

13-2 续表 5

上年=100

项目	指数	项目	指数
飞机票	111.1	幼儿早期教育	100.0
火车票	99.3	学前教育	109.4
长途汽车	96.2	小学初中教育	100.0
网约车	102.9	高中中职教育	100.0
交通工具租赁费	113.7	高等教育	111.0
其他交通费	99.8	课外教育	100.0
2.通信	98.5	专业技能培训	101.6
(1) 通信工具	95.8	其他教育服务	101.9
电话机	95.6	2.文化娱乐	103.8
其他通信工具及零配件	98.7	(1) 文娱耐用消费品	99.8
(2) 通信服务	100.0	电视机	94.5
电话费	100.0	照相机	104.4
家庭宽带服务	100.0	台式计算机	107.1
其他通信服务	100.0	笔记本电脑	99.8
(3) 邮递服务	100.0	平板电脑	102.6
邮递服务	100.0	乐器	100.5
六、教育文化娱乐	103.6	音响	91.0
1.教育	103.5	可穿戴智能设备	104.4
(1) 教育用品	101.7	其他文娱耐用消费品	101.0
工具书	100.0	(2) 其他文娱用品	102.8
教材	100.6	书报杂志及音像制品	110.7
参考资料	104.3	纸张文具	100.2
其他教育用品	98.9	体育户外用品	105.1
(2) 教育服务	103.6	游戏用品和玩具	99.5

13-2 续表 6

上年=100

项目	指数	项目	指数
园艺花卉及用品	100.0	解热镇痛药	97.0
宠物及用品	104.8	抗肿瘤药	102.1
其他文化娱乐用品	100.0	激素及影响内分泌药	86.8
(3) 文化娱乐服务	103.1	心血管系统用药	96.4
电影及演出票	102.9	血液系统用药	98.6
景点门票	107.8	治疗精神障碍药	97.4
电视服务	100.0	神经系统用药	98.0
健身活动	100.0	泌尿系统用药	99.2
宠物服务	100.0	维生素、矿物质类药	96.8
网络文娱服务	107.6	调节水、电解质及酸碱平衡药	99.7
儿童娱乐项目	100.0	其他西药	97.7
其他文娱服务	100.0	(3) 滋补保健品	100.0
(4) 旅游	107.3	滋补保健品	100.0
旅行社收费	109.4	(4) 医疗卫生器具	99.3
其他旅游	101.7	医疗卫生器具	99.3
七、医疗保健	100.1	(5) 保健器具	100.0
1.药品及医疗器具	98.4	保健器具	100.0
(1) 中药	100.7	2.医疗服务	100.8
中药材	104.9	(1) 综合医疗类	102.0
中成药	99.5	一般医疗服务	104.4
(2) 西药	97.0	一般治疗操作	100.0
抗微生物药	99.9	护理	100.0
消化系统用药	99.0	其他综合医疗服务	100.0
呼吸系统用药	96.9	(2) 诊断类	100.3

13-2 续表 7

上年=100

项目	指数	项目	指数
病理学诊断	100.0	(3) 其他杂项用品	100.6
实验室诊断	100.2	箱包	100.4
影像学诊断	100.0	眼镜	101.5
临床诊断	101.8	2.其他服务	100.0
(3) 治疗类	100.0	(1) 在外住宿	91.5
临床手术治疗	100.0	宾馆住宿	101.3
临床非手术治疗	100.0	其他住宿	75.9
(4) 康复类	100.0	(2) 美容美发洗浴	102.1
康复医疗	100.0	美容	100.0
(5) 中医医疗服务类	106.1	美发	100.0
中医治疗	106.1	洗浴	104.0
(6) 其他医疗保健服务	100.0	(3) 养老服务	100.1
其他医疗保健服务	100.0	养老服务	100.1
八、其他用品及服务	101.3	(4) 金融及保险服务	101.2
1.其他用品	103.0	金融服务	100.0
(1) 首饰手表	104.3	车辆保险	103.0
金饰品	104.1	旅行保险	100.0
银饰品	100.0	其他保险	100.0
铂金饰品	103.8	(5) 中介法律及其他服务	100.0
手表	105.7	中介服务	100.0
(2) 母婴用品	104.7	法律服务	100.0
母婴洗护喂养用品	105.3	其他杂项服务	100.0
其他母婴用品	103.5		

13-3 居民消费价格

项目	1月	2月	3月	4月	5月
居民消费价格指数	100.8	100.6	100.0	100.0	100.3
非食品烟酒价格指数	100.3	100.5	100.4	100.3	100.0
食品（10版口径）指数	102.3	101.2	99.1	99.0	101.0
非食品（10版口径）指数	100.3	100.4	100.4	100.3	100.0
服务价格指数	100.6	100.0	99.7	100.2	100.1
工业品价格指数	100.0	101.0	101.2	100.4	99.9
鲜活食品价格指数	104.7	102.0	98.1	97.7	101.7
消费品价格指数	101.0	101.0	100.3	99.8	100.4
能源价格指数	100.9	102.9	103.4	101.3	100.3
非食品价格指数	100.3	100.5	100.3	100.3	100.1
扣除食品和能源价格指数	100.3	100.2	99.9	100.1	100.0
扣除能源的工业品价格指数	99.7	100.3	100.4	100.1	99.8
扣除鲜菜鲜果价格指数	100.7	100.4	100.2	100.3	100.3
扣除自有住房价格指数	101.0	100.7	100.0	100.1	100.4
居住(扣自有住房)价格指数	100.0	100.0	100.1	99.8	99.9
扣除租赁房房租和自有住房价格指数	101.0	100.7	99.9	100.1	100.4
一、食品烟酒	102.1	101.1	99.2	99.1	101.0
粮食	100.2	100.3	100.6	100.2	100.2
鲜菜	108.1	102.8	102.0	85.0	80.9
畜肉类	98.4	97.5	97.8	99.6	101.8
水产品	111.3	102.5	98.0	99.7	103.9
蛋类	103.6	90.9	102.8	110.1	105.7
鲜果	100.5	107.9	94.5	100.6	114.5
二、衣着	99.2	100.2	100.5	100.1	99.9
三、居住	99.8	100.1	100.4	99.5	99.7
四、生活用品及服务	99.7	100.6	100.1	100.6	100.3
五、交通通信	101.1	102.0	101.0	101.8	100.2
六、教育文化娱乐	101.2	100.0	99.6	100.2	100.1
七、医疗保健	100.1	100.0	100.1	100.0	100.1
八、其他用品及服务	101.6	99.5	101.3	100.1	100.8

各月环比指数

上月=100

6月	7月	8月	9月	10月	11月	12月
100.1	100.5	100.1	100.1	99.4	99.7	100.4
100.6	99.7	99.8	99.8	99.9	99.9	99.8
98.8	102.8	100.8	101.1	98.0	98.9	102.1
100.6	99.7	99.9	99.8	99.9	99.9	99.8
100.4	99.9	100.2	99.6	99.8	99.7	100.2
100.7	99.5	99.4	99.9	100.1	100.2	99.4
96.1	106.8	101.8	102.2	95.6	97.1	105.1
99.9	100.9	100.1	100.4	99.2	99.7	100.5
103.3	98.3	97.6	99.4	99.4	101.0	97.0
100.6	99.7	99.9	99.8	99.9	100.0	99.8
100.2	99.9	100.2	99.8	100.0	99.8	100.2
99.7	99.9	100.2	100.1	100.4	100.0	100.3
100.6	100.2	99.9	99.9	99.7	99.8	99.8
100.2	100.6	100.1	100.1	99.4	99.6	100.5
99.9	100.0	100.0	100.0	99.9	100.0	100.0
100.2	100.6	100.1	100.1	99.3	99.5	100.5
98.9	102.7	100.8	101.0	98.1	98.9	101.9
99.8	99.8	99.8	100.1	100.3	99.9	100.4
94.1	114.3	111.2	104.5	87.2	95.9	118.7
101.9	113.2	99.2	103.2	102.9	98.2	96.2
103.2	102.0	96.9	95.3	88.2	98.9	104.3
87.9	99.8	108.8	106.9	105.1	98.1	97.5
89.3	102.0	100.3	105.5	99.9	96.8	107.3
99.6	99.4	100.2	100.4	100.8	100.4	99.8
99.6	99.7	100.1	100.0	99.9	100.3	99.9
100.0	100.7	100.1	100.0	100.3	99.6	101.1
102.9	98.5	98.6	99.0	99.2	99.8	98.6
101.1	100.6	99.9	99.8	100.1	99.5	100.0
99.7	100.0	100.0	99.9	100.0	100.0	100.0
100.2	99.1	101.9	98.7	99.5	99.6	100.5

13-4 居民消费

项目	1月	2月	3月	4月	5月
居民消费价格指数	101.3	101.2	101.9	102.1	102.4
非食品烟酒价格指数	102.3	102.3	102.8	102.6	102.6
食品（10版口径）指数	98.7	98.3	99.8	100.9	102.0
非食品（10版口径）指数	102.3	102.3	102.7	102.6	102.5
服务价格指数	101.8	101.1	101.5	100.8	101.0
工业品价格指数	102.9	103.7	104.3	104.8	104.6
鲜活食品价格指数	94.5	94.0	97.9	99.7	101.9
消费品价格指数	101.0	101.2	102.2	103.0	103.3
能源价格指数	114.9	116.4	117.3	119.2	118.6
非食品价格指数	102.1	102.1	102.5	102.4	102.5
扣除食品和能源价格指数	100.8	100.6	100.9	100.6	100.7
扣除能源的工业品价格指数	99.2	99.8	100.2	100.2	100.0
扣除鲜菜鲜果价格指数	101.3	101.1	101.6	101.9	102.1
扣除自有住房价格指数	101.8	101.6	102.4	102.8	103.1
居住(扣自有住房)价格指数	106.9	106.9	106.7	106.3	106.3
扣除租赁房房租和自有住房价格指数	101.8	101.6	102.5	102.8	103.1
一、食品烟酒	98.8	98.4	99.8	100.8	101.8
粮食	101.2	100.9	101.3	102.0	102.1
鲜菜	101.7	99.3	118.7	115.6	104.5
畜肉类	75.7	75.2	79.0	84.1	89.4
水产品	106.2	102.6	100.3	98.8	96.5
蛋类	104.8	104.9	111.4	117.3	119.3
鲜果	102.2	104.0	99.4	101.8	111.9
二、衣着	99.5	99.7	99.6	99.8	99.8
三、居住	101.3	101.5	101.6	100.9	101.0
四、生活用品及服务	99.6	100.3	100.5	100.8	101.4
五、交通通信	106.6	107.6	107.5	108.8	108.5
六、教育文化娱乐	105.0	103.0	104.9	103.9	103.8
七、医疗保健	100.2	100.2	100.4	100.1	100.1
八、其他用品及服务	100.0	100.1	102.7	101.6	101.2

价格各月同比指数

上年同月=100

6月	7月	8月	9月	10月	11月	12月
102.8	102.8	103.0	103.5	101.9	101.1	102.0
103.2	102.2	101.8	101.4	100.6	100.9	101.0
101.8	104.8	106.6	110.0	105.8	101.6	105.1
103.2	102.1	101.8	101.3	100.6	100.9	101.0
101.6	100.6	100.3	100.0	100.0	100.3	100.3
105.3	104.1	103.7	103.1	101.4	101.7	101.9
100.6	107.6	111.5	119.4	109.4	99.5	108.3
103.6	104.3	104.8	105.9	103.2	101.6	103.2
121.4	117.4	115.0	112.0	104.6	105.2	104.6
103.1	102.2	101.9	101.5	100.8	101.1	101.1
101.1	100.5	100.4	100.3	100.3	100.6	100.7
100.0	99.7	100.0	100.1	100.2	100.4	100.9
102.8	102.6	102.5	102.6	101.9	101.6	101.7
103.7	103.7	104.0	104.5	102.6	101.5	102.5
106.0	106.1	105.6	103.1	98.4	99.6	99.7
103.8	103.8	104.1	104.6	102.6	101.5	102.5
101.7	104.5	106.2	109.4	105.4	101.5	104.8
101.8	102.0	101.9	101.9	102.2	101.2	101.7
104.3	109.5	114.1	128.7	87.6	71.0	96.6
96.5	110.6	111.2	118.3	122.0	112.8	109.2
97.6	99.4	103.2	109.6	101.2	101.6	102.4
104.1	108.4	103.6	108.1	119.5	105.9	115.6
102.2	107.8	115.8	121.5	114.4	109.3	118.0
100.0	99.2	99.3	99.4	99.8	100.1	100.5
100.2	100.3	99.7	99.3	97.8	99.0	99.2
101.7	102.0	102.0	102.2	102.4	102.5	103.1
111.4	107.3	106.1	105.4	103.5	102.9	102.7
105.6	104.7	103.7	102.3	102.2	102.4	102.0
99.9	99.8	100.0	100.1	100.1	100.1	99.9
101.4	98.9	102.0	101.6	101.4	101.9	102.6

13-5 居民消费

项目	1月	2月	3月	4月	5月
居民消费价格指数	101.3	101.2	101.5	101.6	101.8
非食品烟酒价格指数	102.3	102.3	102.5	102.5	102.5
食品（10版口径）指数	98.7	98.5	98.9	99.4	99.9
非食品（10版口径）指数	102.3	102.3	102.4	102.5	102.5
服务价格指数	101.8	101.5	101.5	101.3	101.3
工业品价格指数	102.9	103.3	103.7	103.9	104.1
鲜活食品价格指数	94.5	94.3	95.5	96.5	97.5
消费品价格指数	101.0	101.1	101.5	101.8	102.1
能源价格指数	114.9	115.7	116.2	117.0	117.3
非食品价格指数	102.1	102.1	102.2	102.3	102.3
扣除食品和能源价格指数	100.8	100.7	100.8	100.7	100.7
扣除能源的工业品价格指数	99.2	99.5	99.7	99.8	99.9
扣除鲜菜鲜果价格指数	101.3	101.2	101.4	101.5	101.6
扣除自有住房价格指数	101.8	101.7	101.9	102.1	102.3
居住(扣自有住房)价格指数	106.9	106.9	106.8	106.7	106.6
扣除租赁房房租和自有住房价格指数	101.8	101.7	102.0	102.2	102.4
一、食品烟酒	98.8	98.6	99.0	99.4	99.9
粮食	101.2	101.1	101.1	101.3	101.5
鲜菜	101.7	100.5	106.1	108.1	107.5
畜肉类	75.7	75.4	76.6	78.3	80.3
水产品	106.2	104.3	103.0	101.9	100.7
蛋类	104.8	104.8	106.9	109.5	111.5
鲜果	102.2	103.1	101.8	101.8	103.9
二、衣着	99.5	99.6	99.6	99.6	99.7
三、居住	101.3	101.4	101.5	101.3	101.3
四、生活用品及服务	99.6	99.9	100.1	100.3	100.5
五、交通通信	106.6	107.1	107.2	107.6	107.8
六、教育文化娱乐	105.0	104.0	104.3	104.2	104.1
七、医疗保健	100.2	100.2	100.3	100.2	100.2
八、其他用品及服务	100.0	100.0	100.9	101.1	101.1

价格各月累计比指数

上年同期=100

6月	7月	8月	9月	10月	11月	12月
102.0	102.1	102.2	102.3	102.3	102.2	102.2
102.6	102.6	102.5	102.4	102.2	102.1	102.0
100.2	100.8	101.5	102.4	102.8	102.7	102.9
102.6	102.5	102.4	102.3	102.1	102.0	101.9
101.3	101.2	101.1	101.0	100.9	100.8	100.8
104.3	104.2	104.2	104.0	103.8	103.6	103.4
98.0	99.3	100.7	102.6	103.2	102.9	103.3
102.4	102.6	102.9	103.2	103.2	103.1	103.1
118.0	117.9	117.5	116.9	115.6	114.5	113.7
102.5	102.4	102.3	102.2	102.1	102.0	101.9
100.8	100.7	100.7	100.7	100.6	100.6	100.6
99.9	99.9	99.9	99.9	99.9	100.0	100.0
101.8	101.9	102.0	102.0	102.0	102.0	102.0
102.6	102.7	102.9	103.1	103.0	102.9	102.8
106.5	106.5	106.3	106.0	105.2	104.6	104.2
102.6	102.8	102.9	103.1	103.1	102.9	102.9
100.2	100.8	101.5	102.3	102.6	102.5	102.7
101.5	101.6	101.6	101.7	101.7	101.7	101.7
107.1	107.4	108.2	110.2	107.7	103.4	102.8
82.6	86.1	88.9	91.7	94.4	95.9	97.0
100.2	100.0	100.4	101.4	101.4	101.4	101.5
110.2	110.0	109.1	109.0	110.1	109.6	110.2
103.6	104.2	105.5	107.2	107.9	108.0	108.9
99.7	99.7	99.6	99.6	99.6	99.7	99.7
101.1	101.0	100.8	100.7	100.4	100.2	100.1
100.7	100.9	101.0	101.2	101.3	101.4	101.5
108.4	108.2	108.0	107.7	107.2	106.8	106.5
104.4	104.4	104.3	104.1	103.9	103.8	103.6
100.2	100.1	100.1	100.1	100.1	100.1	100.1
101.2	100.8	101.0	101.0	101.1	101.1	101.3

13-6 调查住户家庭基本情况

指标	单位	城镇住户	农村住户
户均人口	人	2.51	2.56
住房和耐用消费品拥有情况			
一、现住房建筑面积	平方米/人	31.79	39.29
二、耐用消费品百户拥有情况			
家用汽车	辆	41.31	29.46
#新能源汽车	辆	0.28	0.29
摩托车	辆	6.18	60.29
助力车	台	5.61	39.14
洗衣机	台	98.95	92.57
电冰箱（柜）	台	111.37	132.00
微波炉	台	67.22	30.00
彩色电视机	台	105.27	112.00
空调	台	87.10	42.57
热水器	台	95.40	37.14
烤箱	台	11.00	3.14
洗碗机	台	3.41	0.86
排油烟机	台	90.57	18.86
固定电话	线	17.96	26.86
移动电话	部	219.05	219.43
计算机	台	60.76	28.57
照相机	台	17.60	5.14
乐器	架	12.28	2.86
健身器材	台	5.68	1.43
空气净化器（含新风系统）	台	11.14	1.14
地面清洁电器	台	31.52	4.86

13-7 城乡居民人均可支配收入及消费支出情况

单位：元

指标	城镇住户	农村住户
可支配收入	**51904**	**24759**
一、工资性收入	30253	8365
二、经营净收入	3438	12577
三、财产净收入	3758	375
四、转移净收入	14455	3442
消费支出	**33023**	**13609**
一、食品烟酒	9743	4185
二、衣着	2193	820
三、居住	7756	2621
四、生活用品及服务	2092	632
五、交通通信	4129	2085
六、教育文化娱乐	3506	1371
七、医疗保健	2670	1538
八、其他用品和服务	934	357

主要统计指标解释

【**可支配收入**】指调查户在调查期内获得的、可用于最终消费支出和储蓄的总和，即调查户可以用来自由支配的收入。可支配收入既包括现金，也包括实物收入。按照收入的来源，可支配收入包含四项，分别为：工资性收入、经营净收入、财产净收入和转移净收入。计算公式为：

可支配收入 = 工资性收入 + 经营净收入 + 财产净收入 + 转移净收入

其中：经营净收入 = 经营收入 – 经营费用 – 生产性固定资产折旧 – 生产税

财产净收入 = 财产性收入 – 财产性支出

转移净收入 = 转移性收入 – 转移性支出

【**消费支出**】指住户用于满足家庭日常生活消费需要的全部支出，包括用于消费品的支出和用于服务性消费的支出。根据用途不同，消费支出可划分为食品烟酒、衣着、居住、生活用品及服务、交通通信、教育文化娱乐、医疗保健、其他用品及服务八大类。根据来源不同，消费支出可划分为现金消费支出、实物消费支出（含自产自用、来自单位、来自政府和其他社会组织）。

【**居民消费价格指数**】是度量居民生活消费品和服务价格水平随着时间变动的相对数，综合反映居民购买的生活消费品和服务价格水平的变动情况。

附录

Appendix

编辑：陈文龙　夏英杰
于　颖

附录一

中华人民共和国2022年国民经济和社会发展统计公报[1]

国家统计局

2023年2月28日

2022年是党和国家历史上极为重要的一年。党的二十大胜利召开，擘画了全面建设社会主义现代化国家、以中国式现代化全面推进中华民族伟大复兴的宏伟蓝图。面对风高浪急的国际环境和艰巨繁重的国内改革发展稳定任务，在以习近平同志为核心的党中央坚强领导下，各地区各部门坚持以习近平新时代中国特色社会主义思想为指导，按照党中央、国务院决策部署，统筹国内国际两个大局，统筹疫情防控和经济社会发展，统筹发展和安全，坚持稳中求进工作总基调，完整、准确、全面贯彻新发展理念，加快构建新发展格局，着力推动高质量发展，加大宏观调控力度，应对超预期因素冲击，经济保持增长，发展质量稳步提升，创新驱动深入推进，改革开放蹄疾步稳，就业物价总体平稳，粮食安全、能源安全和人民生活得到有效保障，经济社会大局保持稳定，全面建设社会主义现代化国家新征程迈出坚实步伐。

一、综合

初步核算，全年国内生产总值[2]1210207亿元，比上年增长3.0%。其中，第一产业增加值88345亿元，比上年增长4.1%；第二产业增加值483164亿元，增长3.8%；第三产业增加值638698亿元，增长2.3%。第一产业增加值占国内生产总值比重为7.3%，第二产业增加值比重为39.9%，第三产业增加值比重为52.8%。全年最终消费支出拉动国内生产总值增长1.0个百分点，资本形成总额拉动国内生产总值增长1.5个百分点，货物和服务净出口拉动国内生产总值增长0.5个百分点。全年人均国内生产总值85698元，比上年增长3.0%。国民总收入[3]1197215亿元，比上年增长2.8%。全员劳动生产率[4]为152977元/人，比上年提高4.2%。

图1 2018-2022年国内生产总值及其增长速度

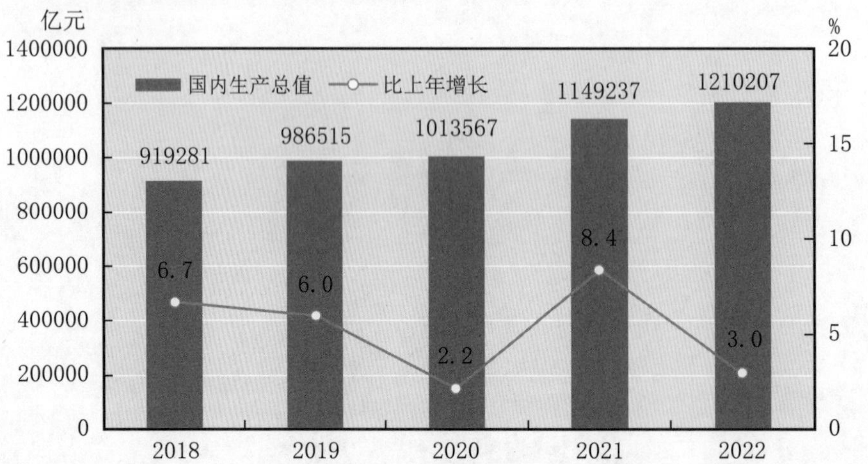

图2 2018-2022年三次产业增加值占国内生产总值比重

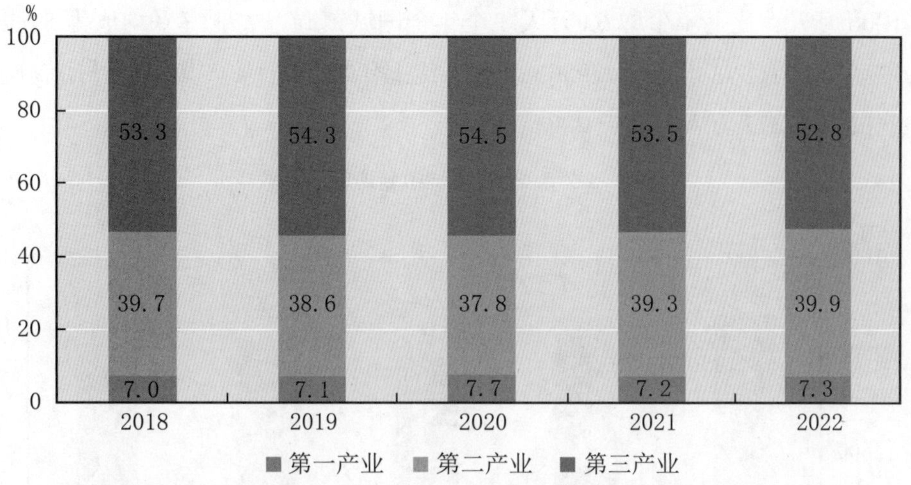

图3 2018-2022年全员劳动生产率[5]

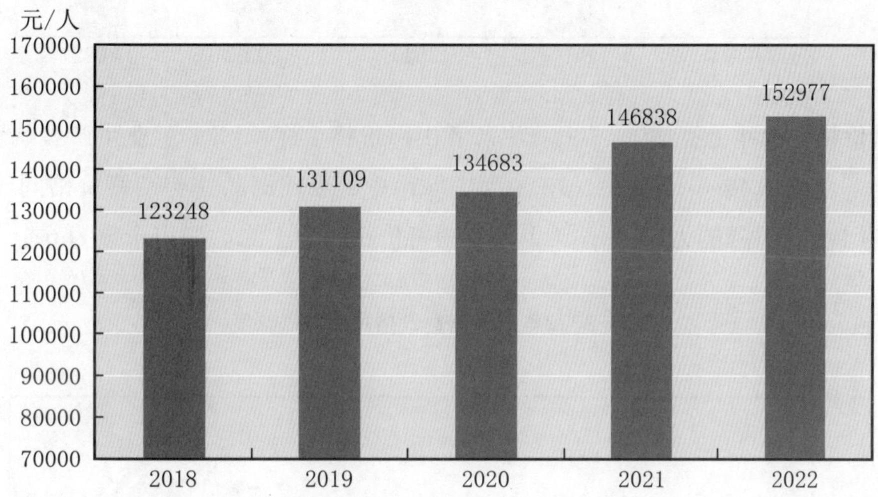

年末全国人口[6]141175万人，比上年末减少85万人，其中城镇常住人口92071万人。全年出生人口956万人，出生率为6.77‰；死亡人口1041万人，死亡率为7.37‰；自然增长率为-0.60‰。

表1 2022年年末人口数及其构成

指标	年末数（万人）	比重（%）
全国人口	141175	100.0
其中：城镇	92071	65.2
乡村	49104	34.8
其中：男性	72206	51.1
女性	68969	48.9
其中：0–15岁（含不满16周岁）[7]	25615	18.1
16–59岁（含不满60周岁）	87556	62.0
60周岁及以上	28004	19.8
其中：65周岁及以上	20978	14.9

年末全国就业人员 73351 万人，其中城镇就业人员 45931 万人，占全国就业人员比重为 62.6%。全年城镇新增就业 1206 万人，比上年少增 63 万人。全年全国城镇调查失业率平均值为 5.6%。年末全国城镇调查失业率为 5.5%。全国农民工[8]总量 29562 万人，比上年增长 1.1%。其中，外出农民工 17190 万人，增长 0.1%；本地农民工 12372 万人，增长 2.4%。

图4　2018–2022年城镇新增就业人数

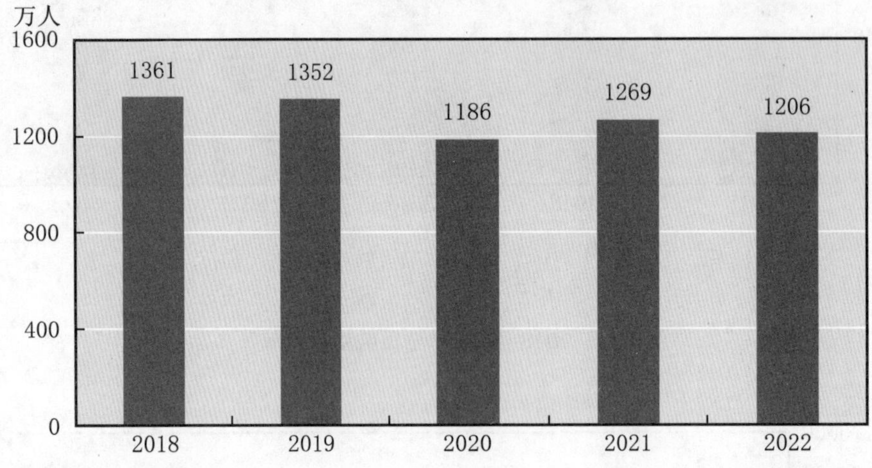

全年居民消费价格比上年上涨 2.0%。工业生产者出厂价格上涨 4.1%。工业生产者购进价格上涨 6.1%。农产品生产者价格[9]上涨 0.4%。12 月份，70 个大中城市中，新建商品住宅销售价格同比上涨的城市个数为 16 个，持平的为 1 个，下降的为 53 个；二手住宅销售价格同比上涨的城市个数为 6 个，下降的为 64 个。

图5　2022年居民消费价格月度涨跌幅度

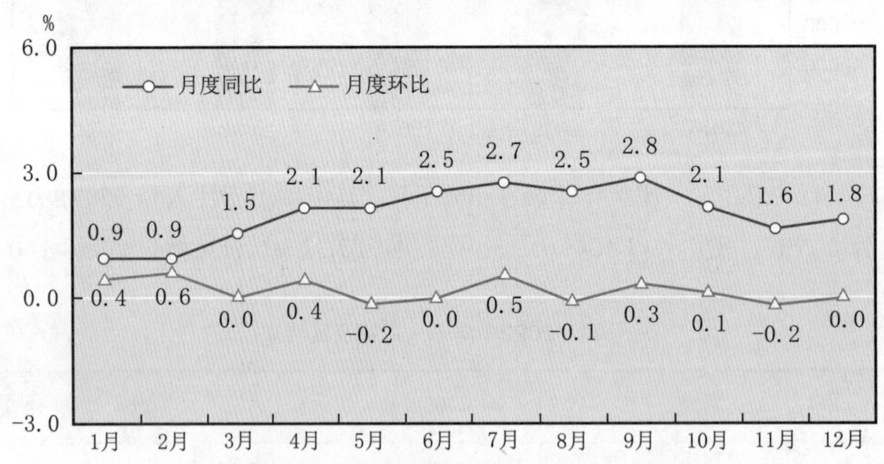

表2　2022 年居民消费价格比上年涨跌幅度

单位：%

指标	全国	城市	农村
居民消费价格	2.0	2.0	2.0
其中：食品烟酒	2.4	2.6	2.1
衣　着	0.5	0.6	0.3

续表

指标	全国		
		城市	农村
居　住[10]	0.7	0.5	1.3
生活用品及服务	1.2	1.2	1.0
交通通信	5.2	5.2	5.0
教育文化娱乐	1.8	1.9	1.7
医疗保健	0.6	0.6	0.8
其他用品及服务	1.6	1.5	2.0

年末国家外汇储备 31277 亿美元，比上年末减少 1225 亿美元。全年人民币平均汇率为 1 美元兑 6.7261 元人民币，比上年贬值 4.1%。

图6　2018-2022年年末国家外汇储备

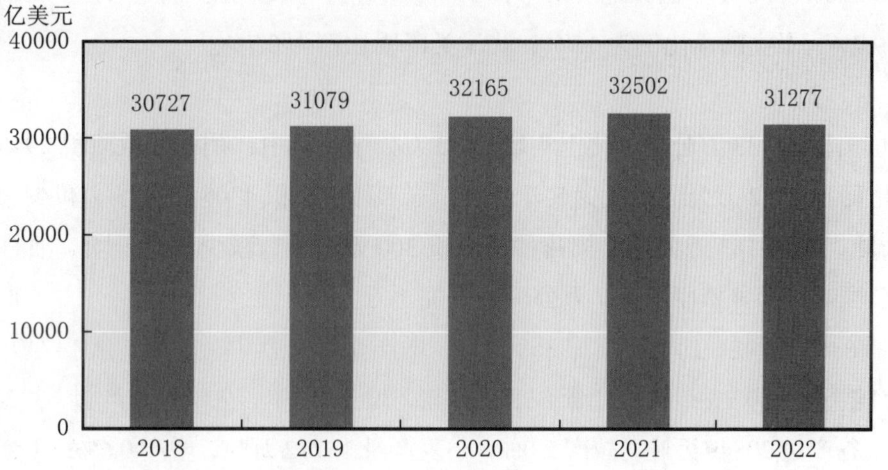

新产业新业态新模式较快成长。全年规模以上工业中，高技术制造业[11]增加值比上年增长 7.4%，占规模以上工业增加值的比重为 15.5%；装备制造业[12]增加值增长 5.6%，占规模以上工业增加值的比重为 31.8%。全年规模以上服务业[13]中，战略性新兴服务业[14]企业营业收入比上年增长 4.8%。全年高技术产业投资[15]比上年增长 18.9%。全年新能源汽车产量 700.3 万辆，比上年增长 90.5%；太阳能电池（光伏电池）产量 3.4 亿千瓦，增长 46.8%。全年电子商务交易额[16]438299 亿元，按可比口径计算，比上年增长 3.5%。全年网上零售额[17]137853 亿元，按可比口径计算，比上年增长 4.0%。全年新登记市场主体 2908 万户，日均新登记企业 2.4 万户，年末市场主体总数近 1.7 亿户。

城乡区域协调发展稳步推进。年末全国常住人口城镇化率为 65.22%，比上年末提高 0.50 个百分点。分区域看[18]，全年东部地区生产总值 622018 亿元，比上年增长 2.5%；中部地区生产总值 266513 亿元，增长 4.0%；西部地区生产总值 256985 亿元，增长 3.2%；东北地区生产总值 57946 亿元，增长 1.3%。全年京津冀地区生产总值 100293 亿元，比上年增长 2.0%；长江经济带地区生产总值 559766 亿元，增长 3.0%；长江三角洲地区生产总值 290289 亿元，增长 2.5%。粤港澳大湾区建设、黄河流域生态保护和高质量发展等区域重大战略扎实推进。

图7 2018-2022年年末常住人口城镇化率

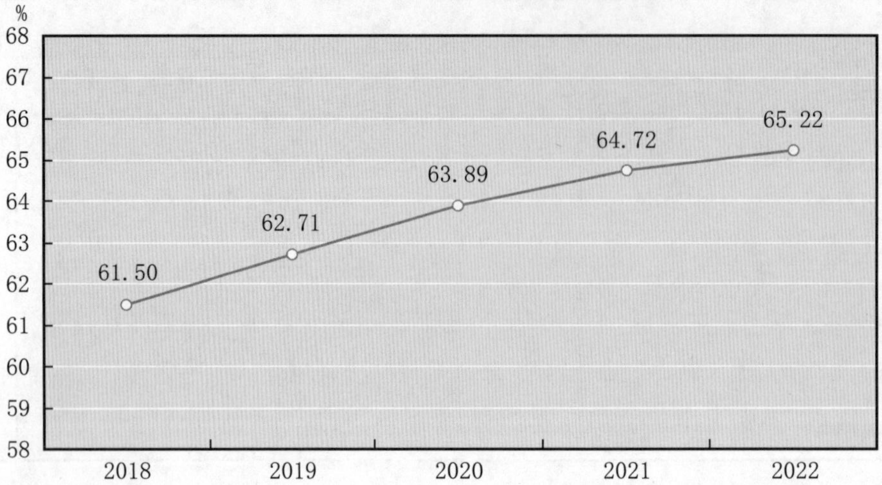

绿色转型发展迈出新步伐。全年全国万元国内生产总值能耗[19]比上年下降0.1%。全年水电、核电、风电、太阳能发电等清洁能源发电量29599亿千瓦时，比上年增长8.5%。在监测的339个地级及以上城市中，全年空气质量达标的城市占62.8%，未达标的城市占37.2%；细颗粒物（$PM_{2.5}$）年平均浓度29微克/立方米，比上年下降3.3%。3641个国家地表水考核断面中，全年水质优良（Ⅰ～Ⅲ类）断面比例为87.9%，Ⅳ类断面比例为9.7%，Ⅴ类断面比例为1.7%，劣Ⅴ类断面比例为0.7%。

二、农业

全年粮食种植面积11833万公顷，比上年增加70万公顷。其中，稻谷种植面积2945万公顷，减少47万公顷；小麦种植面积2352万公顷，减少5万公顷；玉米种植面积4307万公顷，减少25万公顷；大豆种植面积1024万公顷，增加183万公顷。棉花种植面积300万公顷，减少3万公顷。油料种植面积1314万公顷，增加4万公顷。糖料种植面积147万公顷，增加1万公顷。

全年粮食产量68653万吨，比上年增加368万吨，增产0.5%。其中，夏粮产量14740万吨，增产1.0%；早稻产量2812万吨，增产0.4%；秋粮产量51100万吨，增产0.4%。全年谷物产量63324万吨，比上年增产0.1%。其中，稻谷产量20849万吨，减产2.0%；小麦产量13772万吨，增产0.6%；玉米产量27720万吨，增产1.7%。大豆产量2028万吨，增产23.7%。

图8 2018-2022年粮食产量

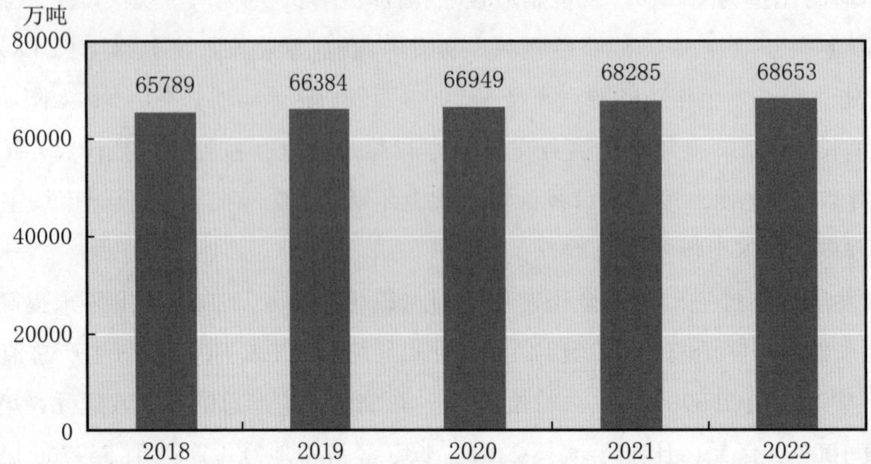

全年棉花产量598万吨，比上年增产4.3%。油料产量3653万吨，增产1.1%。糖料产量11444万吨，减产0.1%。茶叶产量335万吨，增产5.7%。

全年猪牛羊禽肉产量 9227 万吨，比上年增长 3.8%。其中，猪肉产量 5541 万吨，增长 4.6%；牛肉产量 718 万吨，增长 3.0%；羊肉产量 525 万吨，增长 2.0%；禽肉产量 2443 万吨，增长 2.6%。禽蛋产量 3456 万吨，增长 1.4%。牛奶产量 3932 万吨，增长 6.8%。年末生猪存栏 45256 万头，比上年末增长 0.7%；全年生猪出栏 69995 万头，比上年增长 4.3%。

全年水产品产量 6869 万吨，比上年增长 2.7%。其中，养殖水产品产量 5568 万吨，增长 3.2%；捕捞水产品产量 1301 万吨，增长 0.4%。

全年木材产量 10693 万立方米，比上年下降 7.7%。

全年新增耕地灌溉面积 78 万公顷，新增高效节水灌溉面积 161 万公顷。

三、工业和建筑业

全年全部工业增加值 401644 亿元，比上年增长 3.4%。规模以上工业增加值增长 3.6%。在规模以上工业中，分经济类型看，国有控股企业增加值增长 3.3%；股份制企业增长 4.8%，外商及港澳台商投资企业下降 1.0%；私营企业增长 2.9%。分门类看，采矿业增长 7.3%，制造业增长 3.0%，电力、热力、燃气及水生产和供应业增长 5.0%。

图9　2018–2022年全部工业增加值及其增长速度

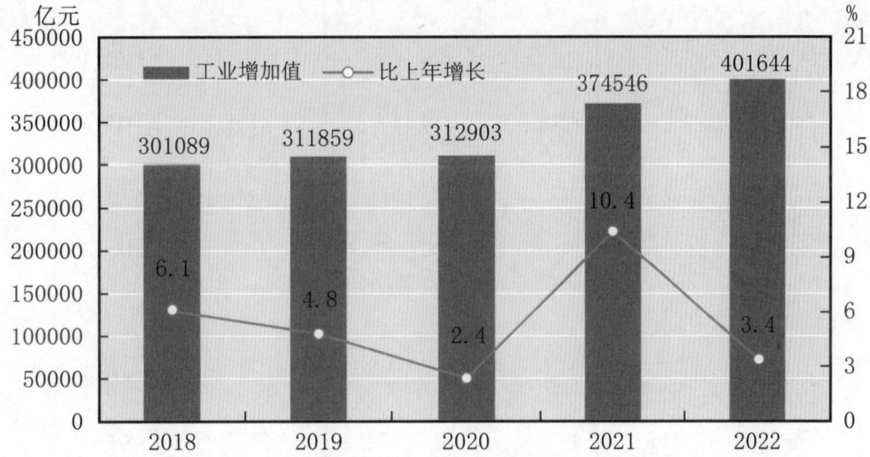

全年规模以上工业中，农副食品加工业增加值比上年增长 0.7%，纺织业下降 2.7%，化学原料和化学制品制造业增长 6.6%，非金属矿物制品业下降 1.5%，黑色金属冶炼和压延加工业增长 1.2%，通用设备制造业下降 1.2%，专用设备制造业增长 3.6%，汽车制造业增长 6.3%，电气机械和器材制造业增长 11.9%，计算机、通信和其他电子设备制造业增长 7.6%，电力、热力生产和供应业增长 5.1%。

表3　2022年主要工业产品产量及其增长速度[20]

产品名称	单位	产量	比上年增长（%）
纱	万吨	2719.1	–5.4
布	亿米	467.5	–6.9
化学纤维	万吨	6697.8	–0.2
成品糖	万吨	1486.8	2.6

续表

产品名称	单位	产量	比上年增长（%）
卷烟	亿支	24321.5	0.6
彩色电视机	万台	19578.3	5.8
家用电冰箱	万台	8664.4	-3.6
房间空气调节器	万台	22247.3	1.9
一次能源生产总量	亿吨标准煤	46.6	9.2
原煤	亿吨	45.6	10.5
原油	万吨	20472.2	2.9
天然气	亿立方米	2201.1	6.0
发电量	亿千瓦时	88487.1	3.7
其中：火电[21]	亿千瓦时	58887.9	1.4
水电	亿千瓦时	13522.0	1.0
核电	亿千瓦时	4177.8	2.5
风电	亿千瓦时	7626.7	16.2
太阳能发电	亿千瓦时	4272.7	31.2
粗钢	万吨	101795.9	-1.7
钢材[22]	万吨	134033.5	0.3
十种有色金属	万吨	6793.6	4.9
其中：精炼铜（电解铜）	万吨	1106.3	5.5
原铝（电解铝）	万吨	4021.4	4.4
水泥	亿吨	21.3	-10.5
硫酸（折100%）	万吨	9504.6	1.3
烧碱（折100%）	万吨	3980.5	2.3
乙烯	万吨	2897.5	2.5
化肥（折100%）	万吨	5573.3	0.5
发电机组（发电设备）	万千瓦	18376.1	15.0
汽车	万辆	2718.0	3.5
其中：新能源汽车	万辆	700.3	90.5
大中型拖拉机	万台	40.0	-2.8

续表

产品名称	单位	产量	比上年增长（%）
集成电路	亿块	3241.9	−9.8
程控交换机	万线	883.8	26.3
移动通信手持机	万台	156080.0	−6.1
微型计算机设备	万台	43418.2	−7.0
工业机器人	万套	44.3	21.0
太阳能电池（光伏电池）	万千瓦	34364.2	46.8
充电桩	万个	191.5	80.3

年末全国发电装机容量256405万千瓦，比上年末增长7.8%。其中[23]，火电装机容量133239万千瓦，增长2.7%；水电装机容量41350万千瓦，增长5.8%；核电装机容量5553万千瓦，增长4.3%；并网风电装机容量36544万千瓦，增长11.2%；并网太阳能发电装机容量39261万千瓦，增长28.1%。

全年规模以上工业企业利润84039亿元，比上年下降[24]4.0%。分经济类型看，国有控股企业利润23792亿元，比上年增长3.0%；股份制企业61611亿元，下降2.7%，外商及港澳台商投资企业20040亿元，下降9.5%；私营企业26638亿元，下降7.2%。分门类看，采矿业利润15574亿元，比上年增长48.6%；制造业64150亿元，下降13.4%；电力、热力、燃气及水生产和供应业4315亿元，增长41.8%。全年规模以上工业企业每百元营业收入中的成本为84.72元，比上年增加0.91元；营业收入利润率为6.09%，下降0.64个百分点。年末规模以上工业企业资产负债率为56.6%，比上年末上升0.3个百分点。全年全国工业产能利用率[25]为75.6%。

全年建筑业增加值83383亿元，比上年增长5.5%。全国具有资质等级的总承包和专业承包建筑业企业利润8369亿元，比上年下降1.2%，其中国有控股企业3922亿元，增长8.4%。

图10　2018–2022年建筑业增加值及其增长速度

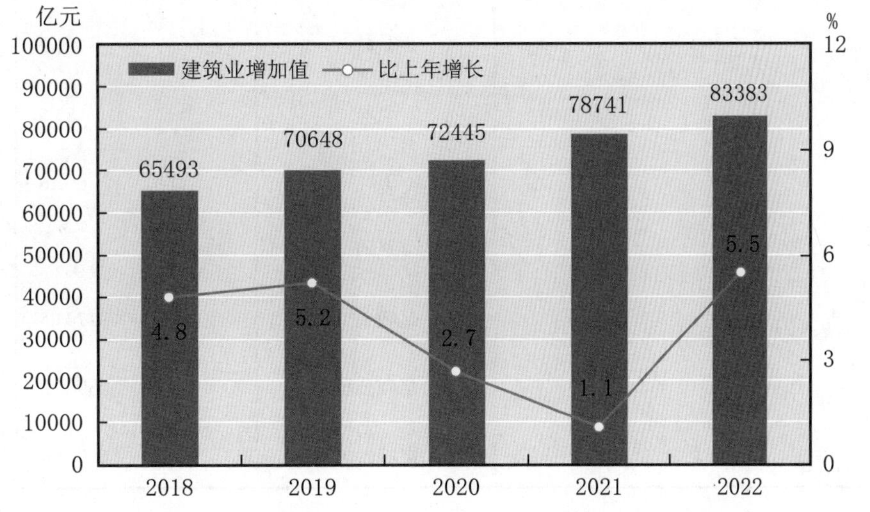

四、服务业

全年批发和零售业增加值114518亿元，比上年增长0.9%；交通运输、仓储和邮政业增加值49674亿元，下降0.8%；住宿和餐饮业增加值17855亿元，下降2.3%；金融业增加值96811亿元，增长5.6%；房地产业增加值73821亿元，下降5.1%；信息传输、软件和信息技术服务业增加值47934亿元，增长9.1%；租赁和商务服务业增加值39153亿元，增长3.4%。全年规模以上服务业企业营业收入比上年增长2.7%，利润总额增长8.5%。

图11 2018-2022年服务业增加值及其增长速度

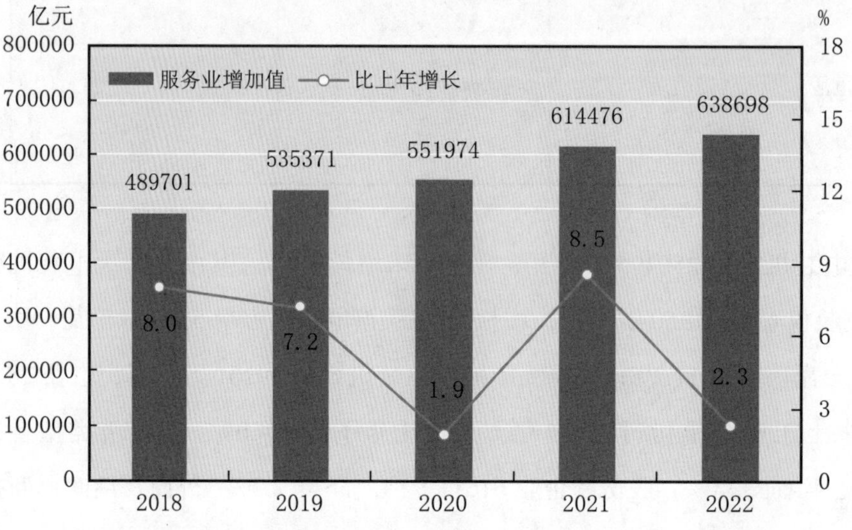

全年货物运输总量[26]515亿吨，货物运输周转量231744亿吨公里。全年港口完成货物吞吐量157亿吨，比上年增长0.9%，其中外贸货物吞吐量46亿吨，下降1.9%。港口集装箱吞吐量29587万标准箱，增长4.7%。

表4 2022年各种运输方式完成货物运输量及其增长速度

指标	单位	绝对数	比上年增长（%）
货物运输总量	亿吨	514.7	-3.0
铁路	亿吨	49.3	4.5
公路	亿吨	371.2	-5.5
水路	亿吨	85.5	3.8
民航	万吨	607.6	-17.0
管道	亿吨	8.6	3.1
货物运输周转量	亿吨公里	231743.5	3.4
铁路	亿吨公里	35906.5	8.2
公路	亿吨公里	68958.0	-1.2

续表

指标	单位	绝对数	比上年增长（%）
水路	亿吨公里	121003.1	4.7
民航	亿吨公里	254.1	−8.7
管道	亿吨公里	5621.8	3.7

全年旅客运输总量 56 亿人次，比上年下降 32.7%。旅客运输周转量 12921 亿人公里，下降 34.6%。

表5　2022年各种运输方式完成旅客运输量及其增长速度

指标	单位	绝对数	比上年增长（%）
旅客运输总量	亿人次	55.9	−32.7
铁路	亿人次	16.7	−35.9
公路	亿人次	35.5	−30.3
水路	亿人次	1.2	−28.8
民航	亿人次	2.5	−42.9
旅客运输周转量	亿人公里	12921.4	−34.6
铁路	亿人公里	6577.5	−31.3
公路	亿人公里	2407.5	−33.7
水路	亿人公里	22.6	−31.7
民航	亿人公里	3913.7	−40.1

年末全国民用汽车保有量 31903 万辆（包括三轮汽车和低速货车 719 万辆），比上年末增加 1752 万辆，其中私人汽车保有量 27873 万辆，增加 1627 万辆。民用轿车保有量 17740 万辆，增加 1003 万辆，其中私人轿车保有量 16685 万辆，增加 954 万辆。

全年完成邮政行业业务总量[27]14317 亿元，比上年增长 4.5%。邮政业全年完成邮政函件业务 9.4 亿件，包裹业务 0.2 亿件，快递业务量 1105.8 亿件，快递业务收入 10567 亿元。全年完成电信业务总量[28]17498 亿元，比上年增长 21.3%。年末移动电话基站数[29]1083 万个，其中 4G 基站 603 万个，5G 基站 231 万个。全国电话用户总数 186286 万户，其中移动电话用户 168344 万户。移动电话普及率为 119.2 部 / 百人。固定互联网宽带接入用户[30]58965 万户，比上年末增加 5386 万户，其中 100M 速率及以上的宽带接入用户[31]55380 万户，增加 5513 万户。蜂窝物联网终端用户[32]18.45 亿户，增加 4.47 亿户。互联网上网人数 10.67 亿人，其中手机上网人数[33]10.65 亿人。互联网普及率为 75.6%，其中农村地区互联网普及率为 61.9%。全年移动互联网用户接入流量 2618 亿 GB，比上年增长 18.1%。全年软件和信息技术服务业[34]完成软件业务收入 108126 亿元，按可比口径计算，比上年增长 11.2%。

图12 2018-2022年快递业务量及其增长速度

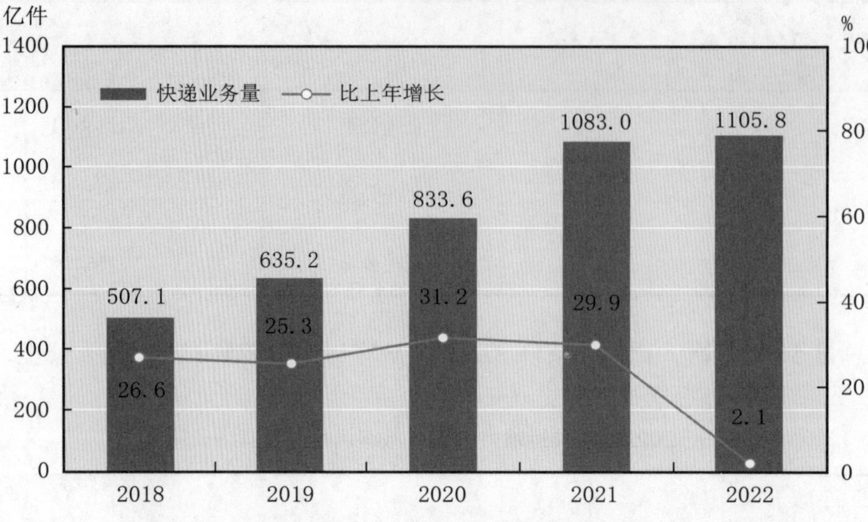

图13 2018-2022年年末固定互联网宽带接入用户数

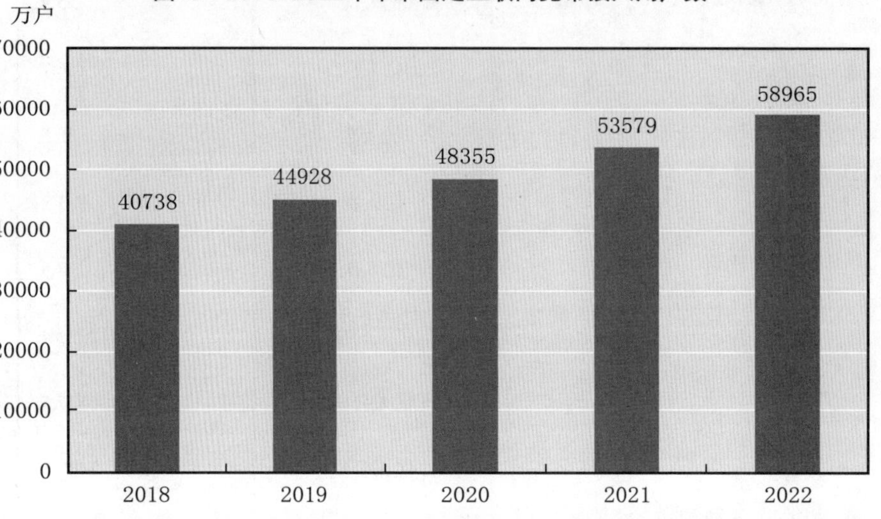

五、国内贸易

全年社会消费品零售总额439733亿元，比上年下降0.2%。按经营地统计，城镇消费品零售额380448亿元，下降0.3%；乡村消费品零售额59285亿元，与上年基本持平。按消费类型统计，商品零售额395792亿元，增长0.5%；餐饮收入额43941亿元，下降6.3%。

图14 2018-2022年社会消费品零售总额及其增长速度

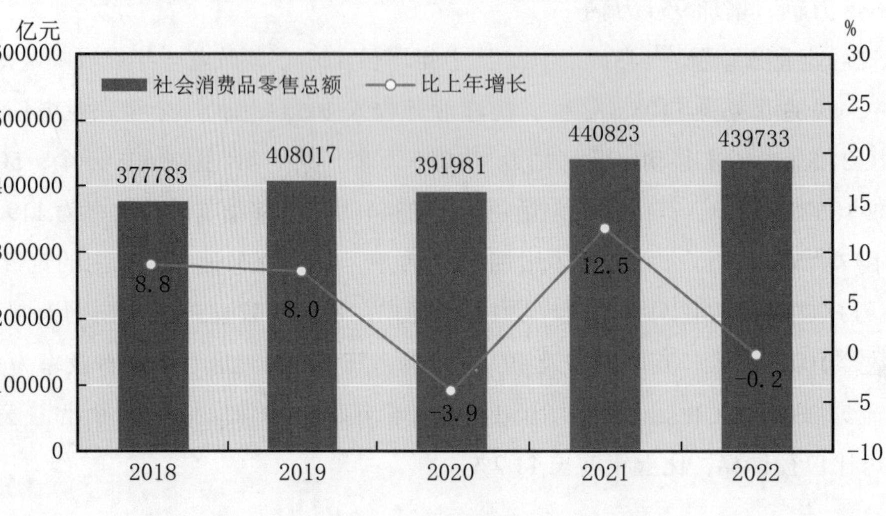

全年限额以上单位商品零售额中，粮油、食品类零售额比上年增长 8.7%，饮料类增长 5.3%，烟酒类增长 2.3%，服装、鞋帽、针纺织品类下降 6.5%，化妆品类下降 4.5%，金银珠宝类下降 1.1%，日用品类下降 0.7%，家用电器和音像器材类下降 3.9%，中西药品类增长 12.4%，文化办公用品类增长 4.4%，家具类下降 7.5%，通讯器材类下降 3.4%，石油及制品类增长 9.7%，汽车类增长 0.7%，建筑及装潢材料类下降 6.2%。

全年实物商品网上零售额 119642 亿元，按可比口径计算，比上年增长 6.2%，占社会消费品零售总额的比重为 27.2%。

六、固定资产投资

全年全社会固定资产投资 579556 亿元，比上年增长 4.9%。固定资产投资（不含农户）572138 亿元，增长 5.1%。在固定资产投资（不含农户）中，分区域看[35]，东部地区投资增长 3.6%，中部地区投资增长 8.9%，西部地区投资增长 4.7%，东北地区投资增长 1.2%。

在固定资产投资（不含农户）中，第一产业投资 14293 亿元，比上年增长 0.2%；第二产业投资 184004 亿元，增长 10.3%；第三产业投资 373842 亿元，增长 3.0%。民间固定资产投资[36]310145 亿元，增长 0.9%。基础设施投资[37]增长 9.4%。社会领域投资[38]增长 10.9%。

图15　2022年三次产业投资占固定资产投资（不含农户）比重

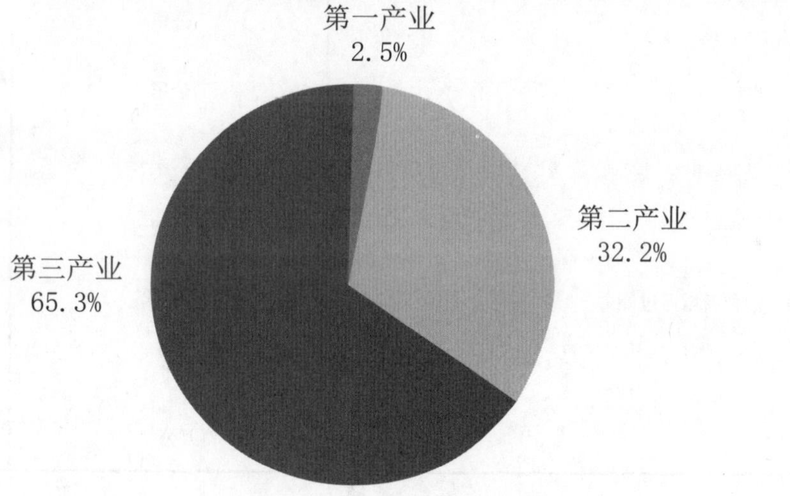

表6　2022年分行业固定资产投资（不含农户）增长速度

行业	比上年增长（%）	行业	比上年增长（%）
总计	5.1	金融业	10.5
农、林、牧、渔业	4.2	房地产业[39]	−8.4
采矿业	4.5	租赁和商务服务业	14.5
制造业	9.1	科学研究和技术服务业	21.0
电力、热力、燃气及水生产和供应业	19.3	水利、环境和公共设施管理业	10.3

续表

行业	比上年增长（%）	行业	比上年增长（%）
建筑业	2.0	居民服务、修理和其他服务业	21.8
批发和零售业	5.3	教育	5.4
交通运输、仓储和邮政业	9.1	卫生和社会工作	26.1
住宿和餐饮业	7.5	文化、体育和娱乐业	3.5
信息传输、软件和信息技术服务业	21.8	公共管理、社会保障和社会组织	42.1

表7　2022年固定资产投资新增主要生产与运营能力

指标	单位	绝对数
新增220千伏及以上变电设备	万千伏安	25839
新建铁路投产里程	公里	4100
其中：高速铁路	公里	2082
增、新建铁路复线投产里程	公里	2658
电气化铁路投产里程	公里	3452
新改建高速公路里程	公里	8771
港口万吨级及以上码头泊位新增通过能力	万吨/年	25561
新增民用运输机场	个	6
新增光缆线路长度	万公里	477

全年房地产开发投资132895亿元，比上年下降10.0%。其中住宅投资100646亿元，下降9.5%；办公楼投资5291亿元，下降11.4%；商业营业用房投资10647亿元，下降14.4%。年末商品房待售面积56366万平方米，比上年末增加5343万平方米，其中商品住宅待售面积26947万平方米，增加4186万平方米。

全年全国各类棚户区改造开工134万套，基本建成181万套；全国保障性租赁住房开工建设和筹集265万套（间）。全年全国新开工改造城镇老旧小区5.25万个，涉及居民876万户。

表8　2022年房地产开发和销售主要指标及其增长速度

指标	单位	绝对数	比上年增长（%）
投资额	亿元	132895	−10.0
其中：住宅	亿元	100646	−9.5

续表

指标	单位	绝对数	比上年增长（%）
房屋施工面积	万平方米	904999	−7.2
其中：住宅	万平方米	639696	−7.3
房屋新开工面积	万平方米	120587	−39.4
其中：住宅	万平方米	88135	−39.8
房屋竣工面积	万平方米	86222	−15.0
其中：住宅	万平方米	62539	−14.3
商品房销售面积	万平方米	135837	−24.3
其中：住宅	万平方米	114631	−26.8
本年到位资金	亿元	148979	−25.9
其中：国内贷款	亿元	17388	−25.4
个人按揭贷款	亿元	23815	−26.5

七、对外经济

全年货物进出口总额420678亿元，比上年增长7.7%。其中，出口239654亿元，增长10.5%；进口181024亿元，增长4.3%。货物进出口顺差58630亿元，比上年增加15330亿元。对“一带一路”[40]沿线国家进出口总额138339亿元，比上年增长19.4%。其中，出口78877亿元，增长20.0%；进口59461亿元，增长18.7%。对《区域全面经济伙伴关系协定》（RCEP）其他成员国[41]进出口额129499亿元，比上年增长7.5%。

图16　2018-2022年货物进出口总额

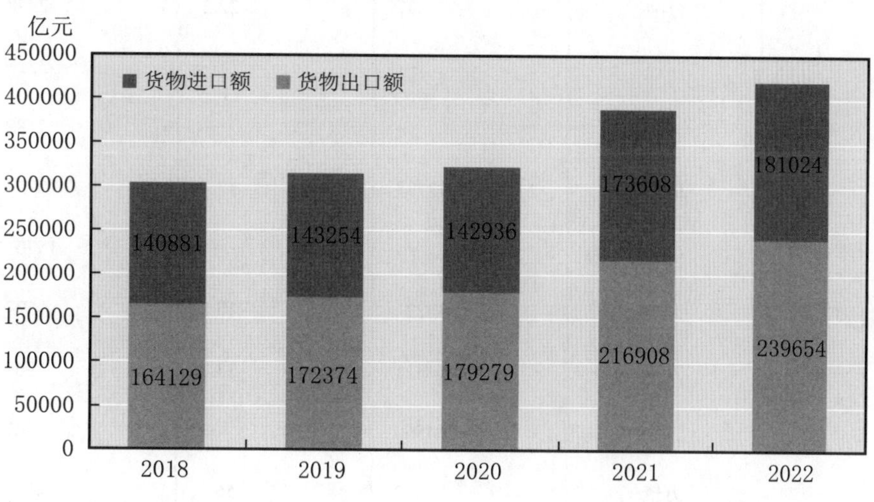

表9 2022年货物进出口总额及其增长速度

指标	金额（亿元）	比上年增长（%）
货物进出口总额	420678	7.7
货物出口额	239654	10.5
其中：一般贸易	152468	15.4
加工贸易	53952	1.1
其中：机电产品	136973	7.0
高新技术产品	63391	0.3
货物进口额	181024	4.3
其中：一般贸易	115624	6.7
加工贸易	30574	−3.2
其中：机电产品	69661	−5.4
高新技术产品	50864	−6.0
货物进出口顺差	58630	35.4

表10 2022年主要商品出口数量、金额及其增长速度

商品名称	单位	数量	比上年增长（%）	金额（亿元）	比上年增长（%）
钢材	万吨	6732	0.9	6427	22.3
纺织纱线、织物及制品	—	—	—	9836	4.9
服装及衣着附件	—	—	—	11713	6.7
鞋靴	万双	929318	6.6	3844	24.4
家具及其零件	—	—	—	4639	−2.5
箱包及类似容器	万吨	297	22.2	2378	32.6
玩具	—	—	—	3229	9.1
塑料制品	—	—	—	7188	12.7
集成电路	亿个	2734	−12.0	10254	3.5
自动数据处理设备及其零部件	—	—	—	15701	−4.7
手机	万台	82224	−13.8	9527	0.9
集装箱	万个	321	−33.7	967	−36.1
液晶平板显示模组	万个	164560	—	1807	—
汽车（包括底盘）	万辆	332	56.8	4054	82.2

表11 2022年主要商品进口数量、金额及其增长速度

商品名称	单位	数量	比上年增长（%）	金额（亿元）	比上年增长（%）
大豆	万吨	9108	−5.6	4085	18.1
食用植物油	万吨	648	−37.6	606	−14.1
铁矿砂及其精矿	万吨	110686	−1.5	8498	−27.9
煤及褐煤	万吨	29320	−9.2	2855	22.2
原油	万吨	50828	−0.9	24350	45.9
成品油	万吨	2645	−2.5	1309	21.2
天然气	万吨	10925	−9.9	4683	30.3
初级形状的塑料	万吨	3058	−10.0	3734	−5.5
纸浆	万吨	2916	−1.8	1492	15.1
钢材	万吨	1057	−25.9	1136	−6.1
未锻轧铜及铜材	万吨	587	6.2	3610	6.5
集成电路	亿个	5384	−15.3	27663	−0.9
汽车（包括底盘）	万辆	88	−6.5	3529	1.2

表12 2022年对主要国家和地区货物进出口金额、增长速度及其比重

国家和地区	出口额（亿元）	比上年增长（%）	占全部出口比重（%）	进口额（亿元）	比上年增长（%）	占全部进口比重（%）
东盟	37907	21.7	15.8	27247	6.8	15.1
欧盟	37434	11.9	15.6	19034	−4.9	10.5
美国	38706	4.2	16.2	11834	1.9	6.5
韩国	10843	13.0	4.5	13278	−3.7	7.3
日本	11537	7.7	4.8	12295	−7.5	6.8
中国台湾	5423	7.2	2.3	15840	−1.8	8.8
中国香港	19883	−12.0	8.3	527	−16.0	0.3
俄罗斯	5123	17.5	2.1	7638	48.6	4.2
巴西	4128	19.3	1.7	7294	2.6	4.0
印度	7896	25.5	3.3	1160	−36.2	0.6
南非	1615	18.6	0.7	2173	2.0	1.2

全年服务进出口总额59802亿元，比上年增长12.9%。其中，服务出口28522亿元，增长12.1%；服务进口31279亿元，增长13.5%。服务进出口逆差2757亿元。

全年外商直接投资[42]新设立企业38497家，比上年下降19.2%。实际使用外商直接投资金额12327亿元，增长6.3%，折1891亿美元，增长8.0%。其中"一带一路"沿线国家对华直接投资（含通过部分自由港对华投资）新设立企业4519家，下降15.3%；对华直接投资金额891亿元，增长17.2%，折137亿美元，增长18.6%。全年高技术产业实际使用外资4449亿元，增长28.3%，折683亿美元，增长30.9%。

表13　2022年外商直接投资及其增长速度

行业	企业数（家）	比上年增长（%）	实际使用金额（亿元）	比上年增长（%）
总计	38497	−19.2	12327	6.3
其中：农、林、牧、渔业	420	−14.5	80	44.6
制造业	3570	−19.9	3237	46.1
电力、热力、燃气及水生产和供应业	523	12.5	276	10.8
交通运输、仓储和邮政业	602	−13.1	347	−1.1
信息传输、软件和信息技术服务业	3059	−24.5	1548	15.1
批发和零售业	10894	−18.6	961	−12.5
房地产业	581	−48.4	914	−41.8
租赁和商务服务业	7473	−19.6	2148	−2.1
居民服务、修理和其他服务业	411	−21.3	19	−38.6

全年对外非金融类直接投资额7859亿元，比上年增长7.2%，折1169亿美元，增长2.8%。其中，对"一带一路"沿线国家非金融类直接投资额1410亿元，增长7.7%，折210亿美元，增长3.3%。

表14　2022年对外非金融类直接投资额及其增长速度

行业	金额（亿美元）	比上年增长（%）
总计	1168.5	2.8
其中：农、林、牧、渔业	8.3	−26.5
采矿业	50.1	0.6
制造业	216.0	17.4
电力、热力、燃气及水生产和供应业	35.2	−28.0
建筑业	64.0	14.9
批发和零售业	211.0	19.5

续表

行业	金额（亿美元）	比上年增长（%）
交通运输、仓储和邮政业	45.6	−10.6
信息传输、软件和信息技术服务业	54.9	−27.1
房地产业	24.2	−2.8
租赁和商务服务业	387.6	5.8

全年对外承包工程完成营业额10425亿元，比上年增长4.3%，折1550亿美元，与上年基本持平。其中，对“一带一路”沿线国家完成营业额849亿美元，下降5.3%，占对外承包工程完成营业额比重为54.8%。对外劳务合作派出各类劳务人员26万人。

八、财政金融

全年全国一般公共预算收入203703亿元，比上年增长0.6%；其中税收收入166614亿元，下降3.5%。全国一般公共预算支出260609亿元，比上年增长6.1%。全年新增减税降费及退税缓税缓费超4.2万亿元，其中累计退到纳税人账户的增值税留抵退税款2.46万亿元，新增减税降费超1万亿元，办理缓税缓费超7500亿元。

图17 2018-2022年全国一般公共预算收入

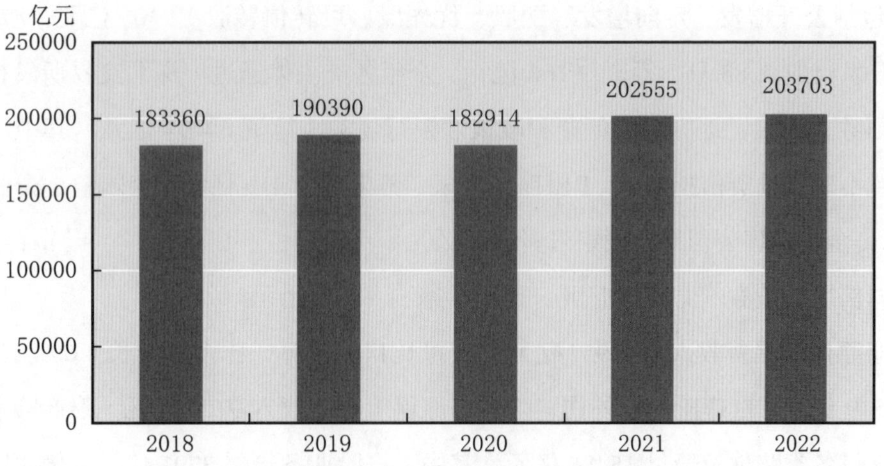

注：图中2018年至2021年数据为全国一般公共预算收入决算数，2022年为执行数。

年末广义货币供应量（M_2）余额266.4万亿元，比上年末增长11.8%；狭义货币供应量（M_1）余额67.2万亿元，增长3.7%；流通中货币（M_0）余额10.5万亿元，增长15.3%。

全年社会融资规模增量[43]32.0万亿元，按可比口径计算，比上年多0.7万亿元。年末社会融资规模存量[44]344.2万亿元，按可比口径计算，比上年末增长9.6%，其中对实体经济发放的人民币贷款余额212.4万亿元，增长10.9%。年末全部金融机构本外币各项存款余额264.4万亿元，比年初增加25.9万亿元，其中人民币各项存款余额258.5万亿元，增加26.3万亿元。全部金融机构本外币各项贷款余额219.1万亿元，增加20.6万亿元，其中人民币各项贷款余额214.0万亿元，增加21.3万亿元。人民币普惠金融贷款[45]余额32.1万亿元，增加5.6万亿元。

表15　2022年年末全部金融机构本外币存贷款余额及其增长速度

指标	年末数（亿元）	比上年末增长（%）
各项存款	2644472	10.8
其中：境内住户存款	1212110	17.3
其中：人民币	1203387	17.4
境内非金融企业存款	779398	6.8
各项贷款	2191029	10.4
其中：境内短期贷款	560304	7.7
境内中长期贷款	1427739	10.6

年末主要农村金融机构（农村信用社、农村合作银行、农村商业银行）人民币贷款余额 267195 亿元，比年初增加 24702 亿元。全部金融机构人民币消费贷款余额 560361 亿元，增加 11522 亿元。其中，住户短期消费贷款余额 93473 亿元，减少 90 亿元；住户中长期消费贷款余额 466888 亿元，增加 11613 亿元。

全年沪深交易所 A 股累计筹资 [46]15109 亿元，比上年减少 1634 亿元。沪深交易所首次公开发行上市 A 股 341 只，筹资 5704 亿元，比上年增加 353 亿元，其中科创板股票 123 只，筹资 2520 亿元；沪深交易所 A 股再融资（包括公开增发、定向增发、配股、优先股、可转债转股）9405 亿元，减少 1986 亿元。北京证券交易所公开发行股票 83 只，筹资 [47]164 亿元。全年各类主体通过沪深北交易所发行债券（包括公司债券、资产支持证券、国债、地方政府债券和政策性银行债券）筹资 64494 亿元，其中沪深交易所共发行上市基础设施领域不动产投资信托基金（REITs）13 只，募集资金 419 亿元。全国中小企业股份转让系统 [48]挂牌公司 6580 家，全年挂牌公司累计股票筹资 232 亿元。

全年发行公司信用类债券 [49]13.7 万亿元，比上年减少 1.0 万亿元。

全年保险公司原保险保费收入 [50]46957 亿元，按可比口径计算，比上年增长 4.6%。其中，寿险业务原保险保费收入 24519 亿元，健康险和意外伤害险业务原保险保费收入 9726 亿元，财产险业务原保险保费收入 12712 亿元。支付各类赔款及给付 15485 亿元。其中，寿险业务给付 3791 亿元，健康险和意外伤害险业务赔款及给付 3937 亿元，财产险业务赔款 7757 亿元。

九、居民收入消费和社会保障

全年全国居民人均可支配收入 36883 元，比上年增长 5.0%，扣除价格因素，实际增长 2.9%。全国居民人均可支配收入中位数 [51]31370 元，增长 4.7%。按常住地分，城镇居民人均可支配收入 49283 元，比上年增长 3.9%，扣除价格因素，实际增长 1.9%。城镇居民人均可支配收入中位数 45123 元，增长 3.7%。农村居民人均可支配收入 20133 元，比上年增长 6.3%，扣除价格因素，实际增长 4.2%。农村居民人均可支配收入中位数 17734 元，增长 4.9%。城乡居民人均可支配收入比值为 2.45，比上年缩小 0.05。按全国居民五等份收入分组 [52]，低收入组人均可支配收入 8601 元，中间偏下收入组人均可支配收入 19303 元，中间收入组人均可支配收入 30598 元，中间偏上收入组人均可支配收入 47397 元，高收入组人均可支配收入

90116元。全国农民工人均月收入4615元，比上年增长4.1%。全年脱贫县[53]农村居民人均可支配收入15111元，比上年增长7.5%，扣除价格因素，实际增长5.4%。

全年全国居民人均消费支出24538元，比上年增长1.8%，扣除价格因素，实际下降0.2%。其中，人均服务性消费支出[54]10590元，比上年下降0.5%，占居民人均消费支出的比重为43.2%。按常住地分，城镇居民人均消费支出30391元，增长0.3%，扣除价格因素，实际下降1.7%；农村居民人均消费支出16632元，增长4.5%，扣除价格因素，实际增长2.5%。全国居民恩格尔系数为30.5%，其中城镇为29.5%，农村为33.0%。

图18　2018-2022年全国居民人均可支配收入及其增长速度

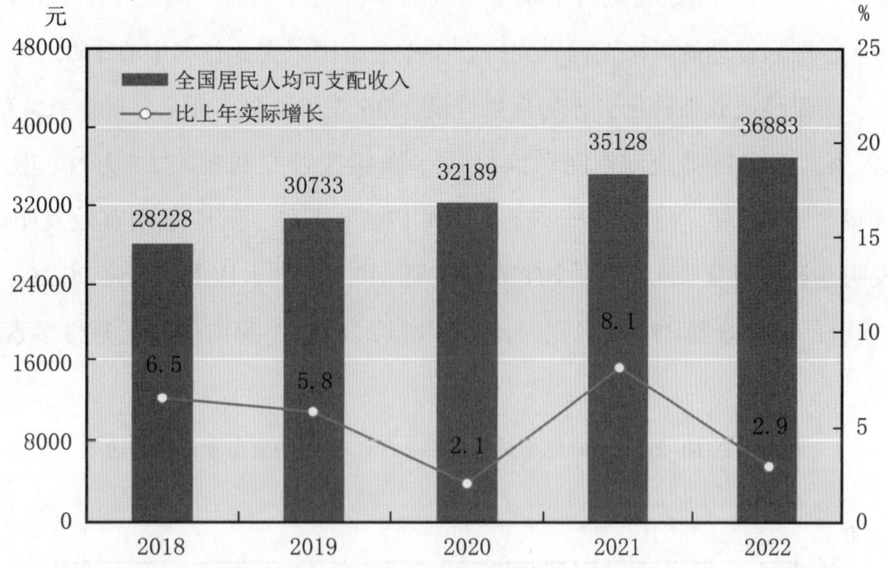

图19　2022年全国居民人均消费支出及其构成

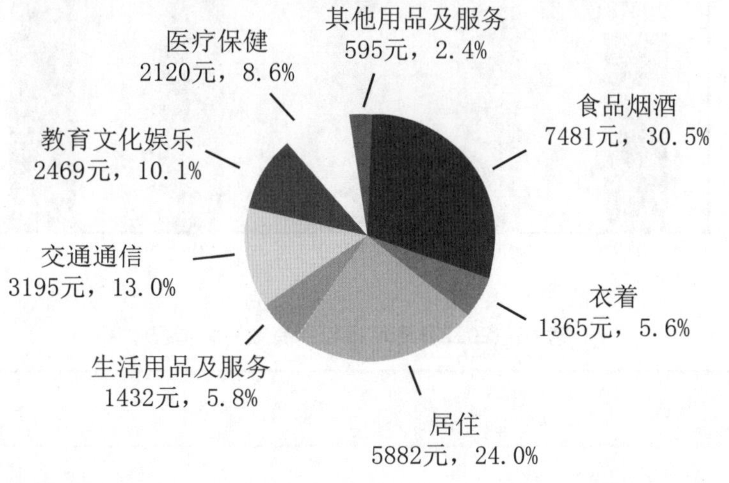

年末全国参加城镇职工基本养老保险人数50349万人，比上年末增加2275万人。参加城乡居民基本养老保险人数54952万人，增加155万人。参加基本医疗保险人数[55]134570万人，其中参加职工基本医疗保险人数36242万人，参加城乡居民基本医疗保险人数98328万人。参加失业保险人数23807万人，增加849万人。年末全国领取失业保险金人数297万人。参加工伤保险人数29111万人，增加825万人，其中参加工伤保险的农民工9127万人，增加41万人。参加生育保险人数24608万人，增加856万人。年末全国共有 683 万人享受城市最低生活保障，3349 万人享受农村最低生活保障，435 万人享受农村特困人员[56]救助供养，全年临时救助[57]1083 万人次。全年领取国家定期抚恤金、定期生活补助金的退役军人和其他优抚对象 827 万人。

年末全国共有各类提供住宿的民政服务机构 4.3 万个，其中养老机构 4.0 万个，儿童福利和救助保护机构 899 个。民政服务床位[58]849.1 万张，其中养老服务床位 822.3 万张，儿童福利和救助保护机构床位 10.0 万张。年末共有社区服务中心 2.9 万个，社区服务站 50.9 万个。

十、科学技术和教育

全年研究与试验发展（R&D）经费支出 30870 亿元，比上年增长 10.4%，与国内生产总值之比为 2.55%，其中基础研究经费 1951 亿元。国家自然科学基金共资助 5.19 万个项目。截至年末，正在运行的国家重点实验室 533 个，纳入新序列管理的国家工程研究中心 191 个，国家企业技术中心 1601 家，大众创业万众创新示范基地 212 家。国家科技成果转化引导基金累计设立 36 支子基金，资金总规模 624 亿元。国家级科技企业孵化器[59]1425 家，国家备案众创空间[60]2441 家。全年授予专利权 432.3 万件，比上年下降 6.0%；PCT 专利申请受理量[61]7.4 万件。截至年末，有效专利 1787.9 万件，其中境内有效发明专利 328.0 万件。每万人口高价值发明专利拥有量[62]9.4 件。全年商标注册 617.7 万件，比上年下降 20.2%。全年共签订技术合同 77 万项，技术合同成交金额 47791 亿元，比上年增长 28.2%。我国公民具备科学素质[63]的比例达到 12.93%。

图20　2018-2022年研究与试验发展（R&D）经费支出及其增长速度

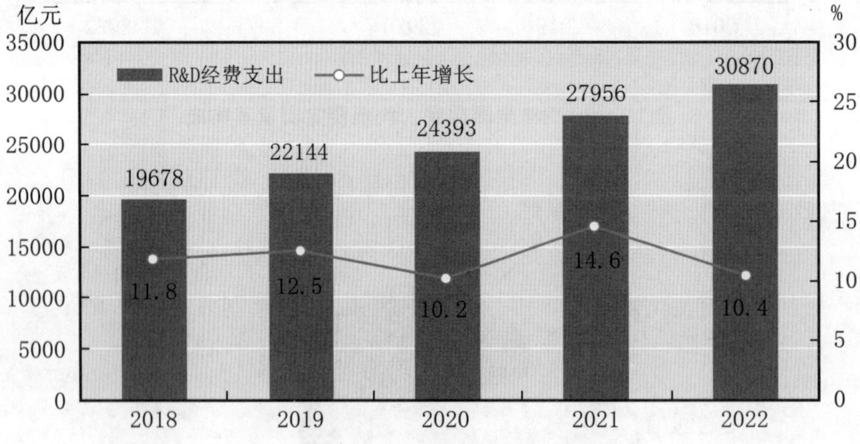

表16　2022年专利授权和有效专利情况

指标	专利数（万件）	比上年增长（%）
专利授权数	432.3	-6.0
其中：境内专利授权	418.7	-5.9
其中：发明专利授权	79.8	14.7
其中：境内发明专利授权	68.9	19.2
年末有效专利数	1787.9	15.9

续表

指标	专利数（万件）	比上年增长（%）
其中：境内有效专利	1671.9	17.0
其中：有效发明专利	421.2	17.1
其中：境内有效发明专利	328.0	21.3

全年成功完成62次宇航发射。问天实验舱、梦天实验舱发射成功，神舟十四号、十五号等任务相继实施，中国空间站全面建成。嫦娥五号发现月球新矿物“嫦娥石”。句芒号陆地生态系统碳监测卫星、大气环境监测卫星成功发射运行。长征八号运载火箭实现一箭22星发射。第三艘航空母舰福建舰下水。国产C919大型客机获得型号合格证并交付首架。投入商业运行的华龙一号自主三代核电机组保持安全稳定运行。

年末全国共有国家质检中心869家。全国现有产品质量、体系和服务认证机构1128个，累计完成对94万家企业的认证。全年制定、修订国家标准2266项，其中新制定1382项。全年制造业产品质量合格率[64]为93.29%。

全年研究生教育招生124.2万人，在学研究生365.4万人，毕业生86.2万人。普通、职业本专科[65]招生1014.5万人，在校生3659.4万人，毕业生967.3万人。中等职业教育[66]招生650.7万人，在校生1784.7万人，毕业生519.2万人。普通高中招生947.5万人，在校生2713.9万人，毕业生824.1万人。初中招生1731.4万人，在校生5120.6万人，毕业生1623.9万人。普通小学招生1701.4万人，在校生10732.0万人，毕业生1740.6万人。特殊教育招生14.6万人，在校生91.9万人，毕业生15.9万人。学前教育在园幼儿4627.5万人。九年义务教育巩固率为95.5%，高中阶段毛入学率为91.6%。

图21　2018-2022年本专科、中等职业教育及普通高中招生人数

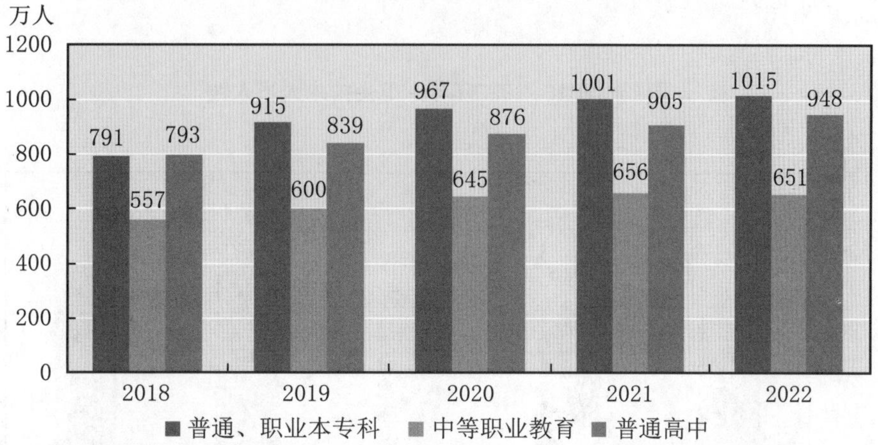

十一、文化旅游、卫生健康和体育

年末全国文化和旅游系统共有艺术表演团体2023个。全国共有公共图书馆3303个，总流通[67]72375万人次；文化馆3503个。有线电视实际用户1.99亿户，其中有线数字电视实际用户1.90亿户。年末广播节目综合人口覆盖率为99.6%，电视节目综合人口覆盖率为99.8%。全年生产电视剧160部5283集，电视动画片89094分钟。全年生产故事影片380部，科教、纪录、动画和特种影片[68]105部。出版各类报纸266亿份，各类期刊20亿册，图书114亿册（张），人均图书拥有量[69]8.09册（张）。年末全国共有档案

馆 4136 个，已开放各类档案 20886 万卷（件）。全年全国规模以上文化及相关产业企业营业收入 121805 亿元，按可比口径计算，比上年增长 0.9%。

全年国内游客 25.3 亿人次，比上年下降 22.1%。其中，城镇居民游客 19.3 亿人次，下降 17.7%；农村居民游客 6.0 亿人次，下降 33.5%。国内旅游收入 20444 亿元，下降 30.0%。其中，城镇居民游客花费 16881 亿元，下降 28.6%；农村居民游客花费 3563 亿元，下降 35.8%。

图22 2018-2022年国内游客人次及其增长速度

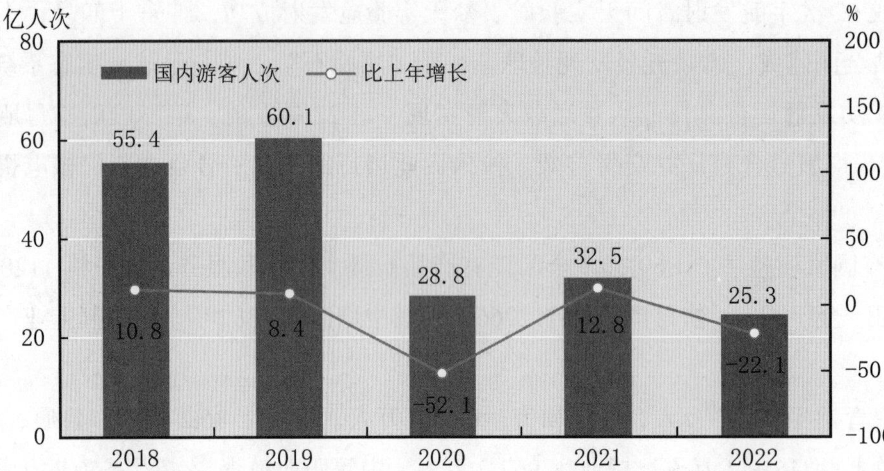

年末全国共有医疗卫生机构 103.3 万个，其中医院 3.7 万个，在医院中有公立医院 1.2 万个，民营医院 2.5 万个；基层医疗卫生机构 98.0 万个，其中乡镇卫生院 3.4 万个，社区卫生服务中心（站）3.6 万个，门诊部（所）32.1 万个，村卫生室 58.8 万个；专业公共卫生机构 1.3 万个，其中疾病预防控制中心 3385 个，卫生监督所（中心）2796 个。年末卫生技术人员 1155 万人，其中执业医师和执业助理医师 440 万人，注册护士 520 万人。医疗卫生机构床位 975 万张，其中医院 766 万张，乡镇卫生院 145 万张。全年总诊疗人次[70]84.0 亿人次，出院人数[71]2.5 亿人。

图23 2018-2022年年末卫生技术人员人数

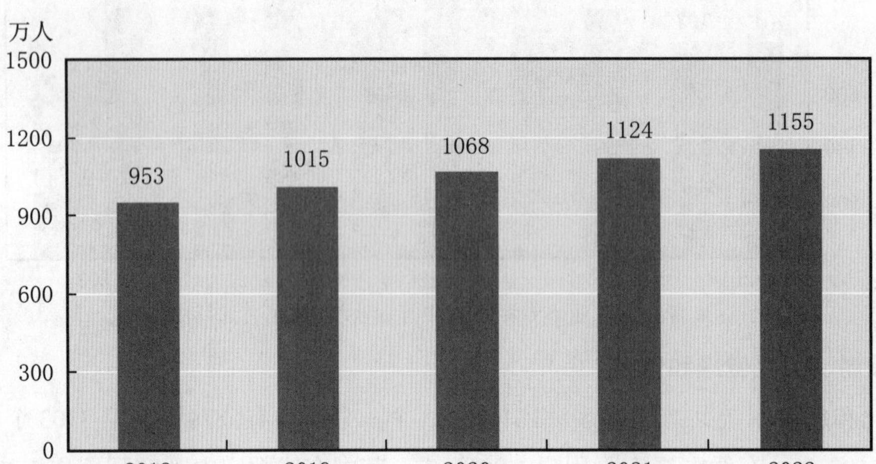

年末全国共有体育场地[72]422.7 万个，体育场地面积[73]37.0 亿平方米，人均体育场地面积 2.62 平方米。全年我国运动员在 15 个运动大项中获得 93 个世界冠军，共创 11 项世界纪录。在北京第 24 届冬奥会上，我国运动员共获得 9 枚金牌，奖牌总数 15 枚。全年我国残疾人运动员在 5 项国际赛事中获得 41 个世界冠军。在北京第 13 届冬残奥会上，我国运动员共获得 18 枚金牌，奖牌总数 61 枚，位列冬残奥会金牌榜和奖牌榜双第一位。

十二、资源、环境和应急管理

全年全国国有建设用地供应总量[74]76.6 万公顷，比上年增长 10.9%。其中，工矿仓储用地 19.8 万公顷，增长 13.2%；房地产用地[75]11.0 万公顷，下降 19.4%；基础设施用地 45.8 万公顷，增长 20.7%。

全年水资源总量 26634 亿立方米。全年总用水量 5997 亿立方米，比上年增长 1.3%。其中，生活用水下降 0.5%，工业用水下降 7.7%，农业用水增长 3.7%，人工生态环境补水增长 8.3%。万元国内生产总值用水量[76]53 立方米，下降 1.6%。万元工业增加值用水量 27 立方米，下降 10.8%。人均用水量 425 立方米，增长 1.3%。

全年完成造林面积 383 万公顷，其中人工造林面积 120 万公顷，占全部造林面积的 31.4%。种草改良面积[77]321 万公顷。截至年末，国家公园 5 个。新增水土流失治理面积 6.3 万平方公里。

初步核算，全年能源消费总量 54.1 亿吨标准煤，比上年增长 2.9%。煤炭消费量增长 4.3%，原油消费量下降 3.1%，天然气消费量下降 1.2%，电力消费量增长 3.6%。煤炭消费量占能源消费总量的 56.2%，比上年上升 0.3 个百分点；天然气、水电、核电、风电、太阳能发电等清洁能源消费量占能源消费总量的 25.9%，上升 0.4 个百分点。重点耗能工业企业单位电石综合能耗下降 1.6%，单位合成氨综合能耗下降 0.8%，吨钢综合能耗上升 1.7%，单位电解铝综合能耗下降 0.4%，每千瓦时火力发电标准煤耗下降 0.2%。全国万元国内生产总值二氧化碳排放[78]下降 0.8%。

图24　2018-2022年清洁能源消费量占能源消费总量的比重

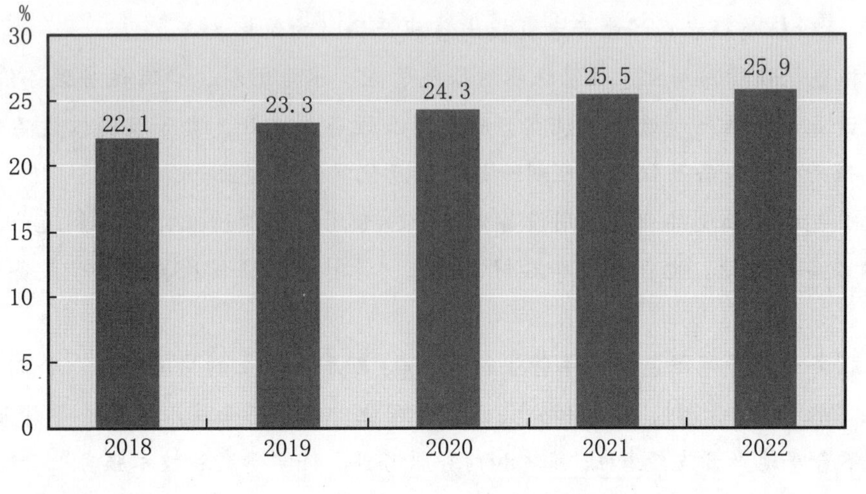

全年近岸海域海水水质[79]达到国家一、二类海水水质标准的面积占 81.9%，三类海水占 4.1%，四类、劣四类海水占 14.0%。

在开展城市区域声环境监测的 320 个城市中，全年昼间声环境质量好的城市占 5.0%，较好的占 66.3%，一般的占 27.2%，较差的占 1.2%，差的占 0.3%。

全年平均气温为 10.51℃，比上年下降 0.02℃。共有 4 个台风登陆。

全年农作物受灾面积 1207 万公顷，其中绝收 135 万公顷。全年因洪涝和地质灾害造成直接经济损失 1303 亿元，因干旱灾害造成直接经济损失 513 亿元，因低温冷冻和雪灾造成直接经济损失 125 亿元，因海洋灾害造成直接经济损失24亿元。全年大陆地区共发生5.0级以上地震27次，造成直接经济损失224亿元。全年共发生森林火灾709起，受害森林面积约0.5万公顷。

全年各类生产安全事故共死亡20963人。工矿商贸企业就业人员10万人生产安全事故死亡人数1.097人，比上年下降20.2%；煤矿百万吨死亡人数0.054人，上升22.7%。道路交通事故万车死亡人数1.46人，下降7.0%。

注释：

[1] 本公报中数据均为初步统计数。各项统计数据均未包括香港特别行政区、澳门特别行政区和台湾省。部分数据因四舍五入的原因，存在总计与分项合计不等的情况。

[2] 国内生产总值、三次产业及相关行业增加值、地区生产总值、人均国内生产总值和国民总收入绝对数按现价计算，增长速度按不变价格计算。

[3] 国民总收入，原称国民生产总值，是指一个国家或地区所有常住单位在一定时期内所获得的初次分配收入总额，等于国内生产总值加上来自国外的初次分配收入净额。

[4] 全员劳动生产率为国内生产总值（按2020年价格计算）与全部就业人员的比率。

[5] 见注释[4]。

[6] 全国人口是指我国大陆31个省、自治区、直辖市和现役军人的人口，不包括居住在31个省、自治区、直辖市的港澳台居民和外籍人员。

[7]2022年年末，0−14岁（含不满15周岁）人口为23908万人，15−59岁（含不满60周岁）人口为89263万人。

[8] 年度农民工数量包括年内在本乡镇以外从业6个月及以上的外出农民工和在本乡镇内从事非农产业6个月及以上的本地农民工。

[9] 农产品生产者价格是指农产品生产者直接出售其产品时的价格。

[10] 居住类价格包括租赁房房租、住房保养维修及管理、水电燃料、自有住房服务价格。

[11] 高技术制造业包括医药制造业，航空、航天器及设备制造业，电子及通信设备制造业，计算机及办公设备制造业，医疗仪器设备及仪器仪表制造业，信息化学品制造业。

[12] 装备制造业包括金属制品业，通用设备制造业，专用设备制造业，汽车制造业，铁路、船舶、航空航天和其他运输设备制造业，电气机械和器材制造业，计算机、通信和其他电子设备制造业，仪器仪表制造业。

[13] 规模以上服务业统计范围包括：年营业收入2000万元及以上的交通运输、仓储和邮政业，信息传输、软件和信息技术服务业，水利、环境和公共设施管理业，卫生行业法人单位；年营业收入1000万元及以上的房地产业（不含房地产开发经营），租赁和商务服务业，科学研究和技术服务业，教育行业法人单位；以及年营业收入500万元及以上的居民服务、修理和其他服务业，文化、体育和娱乐业，社会工作行业法人单位。

[14] 战略性新兴服务业包括新一代信息技术产业、高端装备制造产业、新材料产业、生物产业、新能源汽车产业、新能源产业、节能环保产业和数字创意产业等八大产业中的服务业相关行业，以及新技术与创新创业等相关服务业。2022年战略性新兴服务业企业营业收入增速按可比口径计算。

[15] 高技术产业投资包括医药制造、航空航天器及设备制造等六大类高技术制造业投资和信息服务、电子商务服务等九大类高技术服务业投资。

[16] 电子商务交易额是指通过电子商务交易平台（包括企业自建平台和第三方平台）实现的商品和服

务交易额，包括对单位和对个人交易额。

[17] 网上零售额是指通过公共网络交易平台（主要从事实物商品交易的网上平台，包括自建网站和第三方平台）实现的商品和服务零售额。

[18] 东部地区是指北京、天津、河北、上海、江苏、浙江、福建、山东、广东和海南10省（市）；中部地区是指山西、安徽、江西、河南、湖北和湖南6省；西部地区是指内蒙古、广西、重庆、四川、贵州、云南、西藏、陕西、甘肃、青海、宁夏和新疆12省（区、市）；东北地区是指辽宁、吉林和黑龙江3省。

[19] 万元国内生产总值能耗按2020年价格计算。

[20]2021年部分产品产量数据进行了核实调整，2022年产量增速按可比口径计算。

[21] 火电包括燃煤发电量，燃油发电量，燃气发电量，余热、余压、余气发电量，垃圾焚烧发电量，生物质发电量。

[22] 钢材产量数据中含企业之间重复加工钢材。

[23] 少量发电装机容量（如地热等）公报中未列出。

[24] 由于统计调查制度规定的调查范围变动、统计执法、剔除重复数据等因素，2022年规模以上工业企业财务指标增速及变化按可比口径计算。

[25] 产能利用率是指实际产出与生产能力（均以价值量计量）的比率。企业的实际产出是指企业报告期内的工业总产值；企业的生产能力是指报告期内，在劳动力、原材料、燃料、运输等保证供给的情况下，生产设备（机械）保持正常运行，企业可实现并能长期维持的产品产出。

[26] 货物运输总量及周转量包括铁路、公路、水路、民航和管道五种运输方式完成量，2022年增速按可比口径计算。

[27] 邮政行业业务总量按2020年价格计算。

[28] 电信业务总量按上年价格计算。

[29] 移动电话基站数是指报告期末为小区服务的无线收发信设备，处理基站与移动台之间的无线通信，在移动交换机与移动台之间起中继作用，监视无线传输质量的全套设备数。

[30] 固定互联网宽带接入用户是指报告期末在电信企业登记注册，通过xDSL、FTTx+LAN、FTTH/0以及其他宽带接入方式和普通专线接入公众互联网的用户。

[31]100M速率及以上的宽带接入用户是指报告期末下行速率大于或等于100Mbit/s的宽带接入用户。

[32] 蜂窝物联网终端用户是指报告期末接入移动通信网络并开通物联网业务的用户。物联网终端即连接传感网络层和传输网络层，实现远程采集数据及向网络层发送数据的物联网设备。

[33] 手机上网人数是指过去半年通过手机接入并使用互联网的人数。

[34] 软件和信息技术服务业包括软件开发、集成电路设计、信息系统集成和物联网技术服务、运行维护服务、信息处理和存储支持服务、信息技术咨询服务、数字内容服务和其他信息技术服务等行业。

[35] 见注释[18]。

[36] 民间固定资产投资是指具有集体、私营、个人性质的内资企事业单位以及由其控股（包括绝对控股和相对控股）的企业单位建造或购置固定资产的投资。

[37] 基础设施投资包括铁路运输业、道路运输业、水上运输业、航空运输业、管道运输业、多式联运和运输代理业、装卸搬运业、邮政业、电信广播电视和卫星传输服务业、互联网和相关服务业、水利管理业、生态保护和环境治理业、公共设施管理业投资。

[38] 社会领域投资包括教育，卫生和社会工作，文化、体育和娱乐业投资。

[39] 房地产业投资除房地产开发投资外，还包括建设单位自建房屋以及物业管理、中介服务和其他房地产投资。

[40]“一带一路”是指“丝绸之路经济带”和“21世纪海上丝绸之路”。

[41]《区域全面经济伙伴关系协定》（RCEP）其他成员国包括印度尼西亚、马来西亚、菲律宾、泰国、新加坡、文莱、柬埔寨、老挝、缅甸、越南、日本、韩国、澳大利亚、新西兰。

[42]2022年外商投资统计调查制度进行修订，外商直接投资新设立企业数量、实际使用外商直接投资金额为包含银行、证券、保险领域的全口径数据，增速按可比口径计算。

[43] 社会融资规模增量是指一定时期内实体经济从金融体系获得的资金总额。

[44] 社会融资规模存量是指一定时期末（月末、季末或年末）实体经济从金融体系获得的资金余额。

[45] 普惠金融贷款包括单户授信小于1000万元的小微型企业贷款、个体工商户经营性贷款、小微企业主经营性贷款、农户生产经营贷款、建档立卡贫困人口消费贷款、创业担保贷款和助学贷款。

[46] 沪深交易所股票筹资额按上市日统计，筹资额包括了可转债实际转股金额，2021年、2022年可转债实际转股金额分别为1342亿元、934亿元。

[47] 北京证券交易所股票筹资额按上市日统计。

[48] 全国中小企业股份转让系统是2012年经国务院批准的全国性证券交易场所。全年全国中小企业股份转让系统挂牌公司累计筹资不含优先股，股票筹资按新增股份挂牌日统计。

[49] 公司信用类债券包括非金融企业债务融资工具、企业债券以及公司债、可转债等。

[50] 原保险保费收入是指保险企业确认的原保险合同保费收入。

[51] 人均可支配收入中位数是指将所有调查户按人均收入水平从低到高（或从高到低）顺序排列，处于最中间位置调查户的人均可支配收入。

[52] 全国居民五等份收入分组是指将所有调查户按人均收入水平从低到高顺序排列，平均分为五个等份，处于最低20%的收入家庭为低收入组，依此类推依次为中间偏下收入组、中间收入组、中间偏上收入组、高收入组。

[53] 脱贫县包括原832个国家扶贫开发工作重点县和集中连片特困地区县，以及新疆阿克苏地区7个市县。

[54] 服务性消费支出是指住户用于各种生活服务的消费支出，包括餐饮服务、衣着鞋类加工服务、居住服务、家庭服务、交通通信服务、教育文化娱乐服务、医疗服务和其他服务。

[55]2022年，基本医疗保险参保人数统计口径发生变化，剔除部分重复参保人数。

[56] 农村特困人员是指无劳动能力，无生活来源，无法定赡养、抚养、扶养义务人或者其法定义务人无履行义务能力的农村老年人、残疾人以及未满16周岁的未成年人。

[57] 临时救助是指国家对遭遇突发事件、意外伤害、重大疾病或其他特殊原因导致基本生活陷入困境，其他社会救助制度暂时无法覆盖或救助之后基本生活暂时仍有严重困难的家庭或个人给予的应急性、过渡性的救助。

[58] 民政服务床位除收养性机构外，还包括救助类机构、社区类机构的床位。

[59] 国家级科技企业孵化器是指符合《科技企业孵化器管理办法》规定的，以促进科技成果转化、培育科技企业和企业家精神为宗旨，提供物理空间、共享设施和专业化服务的科技创业服务机构，且经过科学技术部批准确定的科技企业孵化器。

[60] 国家备案众创空间是指符合《发展众创空间工作指引》规定的新型创新创业服务平台，且按照《国家众创空间备案暂行规定》经科学技术部审核备案的众创空间。

[61]PCT专利申请受理量是指国家知识产权局作为PCT专利申请受理局受理的PCT专利申请数量。PCT（Patent Cooperation Treaty）即专利合作条约，是专利领域的一项国际合作条约。

[62] 每万人口高价值发明专利拥有量是指每万人口本国居民拥有的经国家知识产权局授权的符合下列

任一条件的有效发明专利数量：战略性新兴产业的发明专利；在海外有同族专利权的发明专利；维持年限超过10年的发明专利；实现较高质押融资金额的发明专利；获得国家科学技术奖、中国专利奖的发明专利。

[63] 公民具备科学素质是指崇尚科学精神，树立科学思想，掌握基本科学方法，了解必要科技知识，并具有应用其分析判断事物和解决实际问题的能力。公民具备科学素质比例数据是面向18–69岁公民开展抽样调查获得。

[64] 制造业产品质量合格率是指以产品质量检验为手段，按照规定的方法、程序和标准实施质量抽样检测，判定为质量合格的样品数占全部抽样样品数的百分比，统计调查样本覆盖制造业的29个行业。

[65] 普通、职业本专科包括普通本科、职业本科、高职（专科）。

[66] 中等职业教育包括普通中专、成人中专、职业高中和技工学校。

[67] 总流通人次是指本年度内到图书馆场馆接受图书馆服务的总人次，包括借阅书刊、咨询问题以及参加各类读者活动等。

[68] 特种影片是指采用与常规影院放映在技术、设备、节目方面不同的电影展示方式，如巨幕电影、立体电影、立体特效（4D）电影、动感电影、球幕电影等。

[69] 人均图书拥有量是指在一年内全国平均每人能拥有的当年出版图书册数。

[70] 总诊疗人次是指所有诊疗工作的总人次数，包括门诊、急诊、出诊、预约诊疗、单项健康检查、健康咨询指导（不含健康讲座、核酸检测）人次。

[71] 出院人数是指报告期内所有住院后出院的人数，包括医嘱离院、医嘱转其他医疗机构、非医嘱离院、死亡及其他人数，不含家庭病床撤床人数。

[72] 体育场地调查对象不包括军队、铁路系统所属体育场地。

[73] 体育场地面积是指体育训练、比赛、健身场地的有效面积。

[74] 国有建设用地供应总量是指报告期内市、县人民政府根据年度土地供应计划依法以出让、划拨、租赁等方式与用地单位或个人签订出让合同或签发划拨决定书、完成交易的国有建设用地总量。

[75] 房地产用地是指商服用地和住宅用地的总和。

[76] 万元国内生产总值用水量、万元工业增加值用水量按2020年价格计算。

[77] 种草改良面积是指通过实施播种、栽种等措施增加牧草数量的面积以及通过压盐压碱压沙、土壤改良、围栏封育等措施使草原原生植被、生态得到改善的面积之和。

[78] 万元国内生产总值二氧化碳排放按2020年价格计算。

[79] 近岸海域海水水质采用面积法进行评价。

资料来源：

本公报中城镇新增就业、养老保险、失业保险、工伤保险、技工学校数据来自人力资源和社会保障部；外汇储备、汇率数据来自国家外汇管理局；市场主体、质量检验、国家标准制定修订、制造业产品质量合格率数据来自国家市场监督管理总局；环境监测等数据来自生态环境部；水产品产量、新增高效节水灌溉面积数据来自农业农村部；木材产量、造林面积、种草改良面积、国家公园数据来自国家林业和草原局；新增耕地灌溉面积、水资源总量、用水量、新增水土流失治理面积数据来自水利部；发电装机容量、新增220千伏及以上变电设备、电力消费量数据来自中国电力企业联合会；港口货物吞吐量、港口集装箱吞吐量、公路运输、水路运输、新改建高速公路里程、港口万吨级及以上码头泊位新增通过能力数据来自交通运输部；铁路运输、新建铁路投产里程、增新建铁路复线投产里程、电气化铁路投产里程数据来自中国国家铁路集团有限公司；民航运输、新增民用运输机场数据来自中国民用航空局；管道运输数据来自中国石油天然气集团有限公司、中国石油化工集团有限公司、中国海洋石油集团有限公司、国家石油天然气管网集团有限公司；民用汽车保有量、道路交通事故数据来自公安部；邮政业务数据来自国家邮政局；通信业、软件业务收入、新增光缆线路长度等数据来自工业和信息化部；互联网上网人数、互联网普及率数据来自中国互联网络信息中心；棚户区改造、保障性租赁住房、城镇老旧小区改造数据来自住房和城乡建设部；货物进出口数据来自海关总署；服务进出口、外商直接投资、对外直接投资、对外承包工程、对外劳务合作等数据来自商务部；财政数据来自财政部；新增减税降费及退税缓税缓费数据来自国家税务总局；货币金融、公司信用类债券数据来自中国人民银行；境内交易场所筹资数据来自中国证券监督管理委员会；保险业数据来自中国银行保险监督管理委员会；医疗保险、生育保险数据来自国家医疗保障局；城乡低保、农村特困人员救助供养、临时救助、民政服务数据来自民政部；优抚对象数据来自退役军人事务部；国家自然科学基金资助项目数据来自国家自然科学基金委员会；国家重点实验室、国家科技成果转化引导基金、国家级科技企业孵化器、国家备案众创空间、技术合同等数据来自科学技术部；国家工程研究中心、国家企业技术中心、大众创业万众创新示范基地等数据来自国家发展和改革委员会；专利、商标数据来自国家知识产权局；公民具备科学素质比例数据来自中国科协；宇航发射数据来自国家国防科技工业局；教育数据来自教育部；艺术表演团体、公共图书馆、文化馆、旅游数据来自文化和旅游部；电视、广播数据来自国家广播电视总局；电影数据来自国家电影局；报纸、期刊、图书数据来自国家新闻出版署；档案数据来自国家档案局；医疗卫生数据来自国家卫生健康委员会；体育数据来自国家体育总局；残疾人运动员数据来自中国残疾人联合会；国有建设用地供应、海洋灾害造成直接经济损失数据来自自然资源部；平均气温、台风登陆数据来自中国气象局；农作物受灾面积、洪涝和地质灾害造成直接经济损失、干旱灾害造成直接经济损失、低温冷冻和雪灾造成直接经济损失、地震次数、地震灾害造成直接经济损失、森林火灾、受害森林面积、生产安全事故数据来自应急管理部；其他数据均来自国家统计局。

附录二

2022 年辽宁省国民经济和社会发展统计公报

辽宁省统计局

2023 年 3 月 16 日

根据年快报统计[1]，现将 2022 年全省国民经济和社会发展情况公报如下：

2022 年，全省坚持以习近平新时代中国特色社会主义思想为指导，全面贯彻落实党的十九大、十九届历次全会和党的二十大精神，在省委、省政府的坚强领导下，坚持稳中求进工作总基调，完整、准确、全面贯彻新发展理念，主动服务和融入新发展格局，扎实推动高质量发展，坚决落实疫情要防住、经济要稳住、发展要安全的要求，统筹发展和安全，全省经济保持稳定恢复、回稳向上的良好态势，社会事业不断进步，民生保障有力有效，社会大局和谐稳定。

一、经济总量

初步核算，全年地区生产总值[2]28975.1 亿元，比上年增长 2.1%。其中，第一产业增加值 2597.6 亿元，增长 2.8%；第二产业增加值 11755.8 亿元，下降 0.1%；第三产业增加值 14621.7 亿元，增长 3.4%。全年人均地区生产总值 68775 元，比上年增长 2.8%。

二、农业

全年粮食作物播种面积 3561.5 千公顷，比上年增加 18.0 千公顷。其中，水稻播种面积 516.4 千公顷，减少 4.2 千公顷；玉米播种面积 2758.0 千公顷，增加 33.8 千公顷；其他谷物[3]播种面积 106.5 千公顷，减少 15.0 千公顷。全年经济作物播种面积 765.3 千公顷，比上年减少 20.0 千公顷。其中，油料作物播种面积 311.4 千公顷，减少 23.4 千公顷；蔬菜及食用菌播种面积 336.0 千公顷，增加 7.2 千公顷。全年果园面积 339.8 千公顷，比上年减少 7.3 千公顷。

全年粮食产量 2484.5 万吨，为历史第二高产年，比上年减少 54.2 万吨，下降 2.1%。其中，水稻产量 425.6 万吨，增长 0.2%；玉米产量 1959.2 万吨，下降 2.5%；其他谷物产量 46.4 万吨，下降 9.3%。全年油料产量 113.4 万吨，比上年下降 2.4%。全年蔬菜及食用菌产量 2055.4 万吨，比上年增长 3.3%。全年水果产量 879.7 万吨，比上年增长 2.7%。

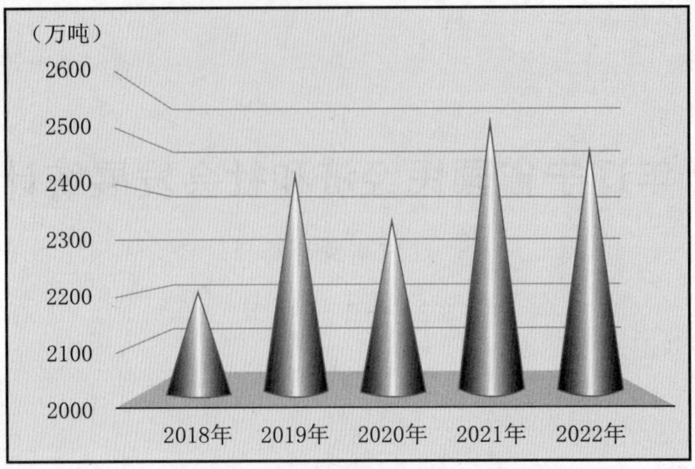

2018–2022年辽宁粮食总产量

全年造林作业面积81.7千公顷，森林抚育面积23.6千公顷，育苗面积21.0千公顷，义务植树0.6亿株。全年林木采伐蓄积量313.0万立方米。

全年猪牛羊禽肉产量444.3万吨，比上年增长2.5%。其中，猪肉产量242.6万吨，增长1.6%；牛肉产量32.3万吨，增长2.7%；羊肉产量6.7万吨，下降3.0%；禽肉产量162.8万吨，增长4.2%。全年禽蛋产量315.8万吨，比上年下降2.9%。全年生牛奶产量134.7万吨，比上年下降3.0%。全年生猪出栏2894.3万头，比上年增长1.5%；年末生猪存栏1414.6万头，增长8.1%。

全年水产品产量（不含远洋捕捞）472.0万吨，比上年增长3.0%。其中，海洋捕捞48.6万吨，增长2.1%；海水养殖338.3万吨，增长4.0%；淡水捕捞3.7万吨，增长0.5%；淡水养殖81.4万吨，下降0.4%。

年末有高标准农田面积2274.0千公顷，比上年末增加260.7千公顷。全年测土配方施肥面积4298.7千公顷，比上年增加26.1千公顷。年末农业机械总动力[4]（不包括渔船）2642.1万千瓦，比上年末增加78.8万千瓦。全年新增高效节水灌溉面积22.9千公顷。

三、工业和建筑业

全年规模以上工业[5]增加值比上年下降1.5%，其中高技术制造业增加值增长16.6%。

分经济类型看，全年规模以上国有控股企业增加值比上年下降1.5%；股份制企业增加值下降2.6%，外商及港澳台商投资企业增加值增长1.4%；私营企业增加值下降4.2%。

分门类看，全年规模以上采矿业增加值比上年下降3.3%，制造业增加值下降1.8%，电力、热力、燃气及水生产和供应业增加值增长3.7%。

分行业看，全年规模以上装备制造业增加值比上年增长2.2%，占规模以上工业增加值的比重为27.2%。其中，计算机、通信和其他电子设备制造业增加值增长28.5%，铁路、船舶、航空航天和其他运输设备制造业增加值增长7.5%，专用设备制造业增加值增长6.8%，通用设备制造业增加值增长4.4%，汽车制造业增加值持平。全年石化工业增加值比上年下降3.5%，占规模以上工业增加值的比重为33.6%。其中，化学原料和化学制品制造业增加值增长10.3%，石油、煤炭及其他燃料加工业增加值下降10.9%。全年冶金工业增加值比上年下降6.8%，占规模以上工业增加值的比重为14.5%。其中，黑色金属矿采选业增加值下降4.6%，黑色金属冶炼和压延加工业增加值下降7.4%。全年农产品加工业增加值比上年下降2.3%，占规模以上工业增加值的比重为7.9%。其中，烟草制品业增加值增长10.6%，农副食品加工业增加值下降0.1%，食品制造业增加值下降4.3%。

2022年规模以上工业主要产品产量及增长速度

产品名称	单位	产量	比上年增长（%）
铁矿石原矿	万吨	15549.0	1.5
乙烯	万吨	399.5	-9.2
水泥	万吨	3838.4	-21.8
平板玻璃	万重量箱	5311.1	-4.7
生铁	万吨	7101.4	1.1
粗钢	万吨	7451.6	-0.7
钢材	万吨	7727.5	-4.6
金属切削机床	万台	3.4	-18.5
金属冶炼设备	万吨	17.3	18.9
汽车	万辆	76.6	-5.2
新能源汽车	万辆	10.1	39.1
民用钢质船舶	万载重吨	223.4	25.9
工业机器人	万套	0.5	1.7
光缆	万芯千米	1074.7	23.7
原煤	万吨	3158.1	1.3
原油	万吨	984.1	-6.8
天然气	亿立方米	8.4	6.4
原油加工量	万吨	9738.8	-6.3

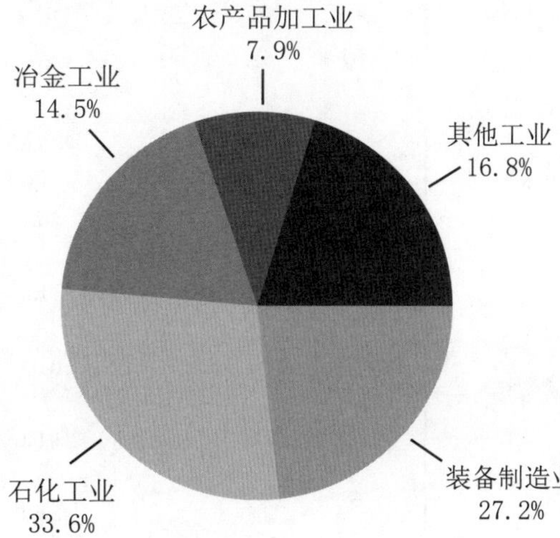

2022年辽宁规模以上工业增加值行业构成

全年规模以上工业产品销售率为99.1%。其中，国有控股企业产品销售率为99.8%；股份制企业产品销售率为98.8%，外商及港澳台商投资企业产品销售率为100.0%；私营企业产品销售率为97.8%。全年规模以上工业企业实现出口交货值2848.3亿元，比上年增长14.9%。

全年规模以上工业企业营业收入35854.2亿元，比上年增长0.3%；利润总额1540.9亿元，下降10.2%。

全年具有建筑业资质等级的总承包和专业承包建筑企业共签订工程合同额7979.9亿元，比上年下降3.1%。其中，本年新签订工程合同额4658.2亿元，下降6.3%。

四、国内贸易

全年社会消费品零售总额9526.2亿元，比上年下降2.6%。其中，限额以上单位[6]消费品零售额3510.8亿元，下降1.9%。

分经营地看，全年城镇消费品零售额8085.9亿元，比上年下降2.8%；乡村消费品零售额1440.4亿元，下降1.8%。

分消费类型看，全年商品零售额8837.1亿元，比上年下降2.4%；餐饮收入额689.1亿元，下降5.9%。

全年实物商品网上零售额1818.1亿元，比上年增长14.2%。其中，限额以上单位网上零售额583.7亿元，增长6.6%。

2022年限额以上批发零售业商品零售类值

类别	商品零售额（亿元）	比上年增长（%）
粮油、食品类	352.4	7.4
饮料类	34.8	-11.7
烟酒类	57.1	-3.7
服装、鞋帽、针纺织品类	248.0	-15.6
化妆品类	47.4	-12.2
金银珠宝类	85.5	2.4
日用品类	110.8	-1.4
五金、电料类	5.6	-22.7
体育、娱乐用品类	26.4	-0.2
书报杂志类	11.8	-7.1
电子出版物及音像制品类	0.06	-84.5
家用电器和音像器材类	153.4	-13.6
中西药品类	244.3	7.7
文化办公用品类	78.1	-5.0

续表

类别	商品零售额（亿元）	比上年增长（%）
家具类	11.4	-11.0
通讯器材类	110.2	-3.7
煤炭及制品类	3.2	64.6
石油及制品类	653.2	13.1
建筑及装潢材料类	21.4	0.1
机电产品及设备类	9.5	17.7
汽车类	1010.7	-5.3
新能源汽车	86.6	269.9
棉麻类	0.02	-5.6

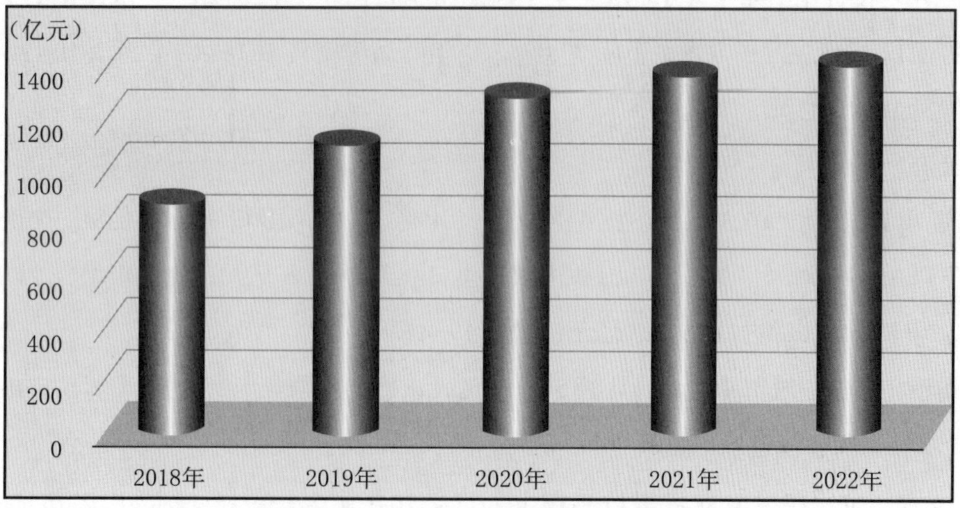

2018–2022年实物商品网上零售额

五、固定资产投资

全年固定资产投资（不含农户）[7] 比上年增长 3.6%。

分产业看，全年第一产业投资比上年增长 1.4%；第二产业投资增长 6.1%，其中工业投资增长 6.1%；第三产业投资增长 2.4%。

分经济类型看，全年国有控股投资比上年增长 24.2%，港澳台商控股投资增长 4.6%，外商控股投资增长 24.8%；民间投资下降 7.6%。

分建设性质看，全年新建投资比上年增长 18.1%，扩建投资增长 0.2%，改建和技术改造投资增长 33.3%。

全年基础设施投资比上年增长 38.8%。其中，公共设施管理业投资增长 67.7%，道路运输业投资增长

52.1%，电力、热力生产和供应业投资增长23.9%，电信、广播电视和卫星传输服务投资增长13.6%，水的生产和供应业投资下降31.4%。

全年高技术产业投资比上年增长16.3%。其中，高技术制造业投资增长4.9%，高技术服务业投资增长35.8%。在高技术制造业中，航空、航天器及设备制造业投资增长2.4倍，医疗仪器设备及仪器仪表制造业投资增长13.7%，电子及通信设备制造业投资增长9.9%，医药制造业投资下降48.6%。

全年建设项目13000个，比上年增加1448个，完成投资增长19.1%。其中，亿元以上建设项目3839个，增加463个，完成投资增长23.3%；10亿元以上建设项目414个，增加49个，完成投资增长27.5%。全年新开工建设项目5877个，比上年增加913个，完成投资增长51.7%。其中，亿元以上新开工建设项目1106个，增加256个，完成投资增长84.7%；10亿元以上新开工建设项目108个，增加63个，完成投资增长1.8倍。

从重点建设项目看，沈阳中德园基础及公共设施建设项目，大连海力士非易失性储存器一期项目，北京至哈尔滨高速公路绥中至盘锦段改扩建工程，徐大堡核电厂3、4号机组项目，本溪至集安高速公路项目，赤峰至绥中高速公路凌源至绥中段项目，辽河干流防洪提升工程，锦州港航道改扩建工程项目，辽宁清原抽水蓄能电站项目等建设进展顺利。

全年房地产开发投资比上年下降18.6%。全年商品房销售面积2182.5万平方米，比上年下降36.4%。其中，住宅销售面积1983.2万平方米，下降37.0%。全年商品房销售额1814.7亿元，比上年下降40.8%。其中，住宅销售额1659.7亿元，下降41.8%。

六、对外经济

全年货物进出口总额7907.3亿元，比上年增长2.4%。其中，出口3584.6亿元，增长8.2%；进口4322.8亿元，下降2.0%。对“一带一路”沿线国家进出口总额2951.6亿元，比上年增长21.2%。其中，出口1035.8亿元，增长24.9%；进口1915.7亿元，增长19.4%。

分贸易方式看，全年一般贸易进出口总额5451.7亿元，比上年增长5.2%；加工贸易进出口总额1577.8亿元，下降13.5%；保税物流进出口总额767.8亿元，增长20.2%。

分经济类型看，全年国有企业进出口总额1417.3亿元，比上年下降13.1%；民营企业进出口总额3565.7亿元，增长13.1%；外商投资企业进出口总额2910.5亿元，下降0.6%。

2022年对主要国家和地区货物出口情况

国家和地区	出口额（亿元）	比上年增长（%）	占全部出口比重（%）
亚洲	2113.5	5.1	59.0
日本	597.5	0.4	16.7
韩国	328.5	3.9	9.2
欧洲	676.1	11.5	18.9
欧盟（27国，不含英国）	477.9	9.5	13.3

续表

国家和地区	出口额（亿元）	比上年增长（%）	占全部出口比重（%）
德国	156.6	8.0	4.4
俄罗斯联邦	111.6	47.3	3.1
北美洲	400.3	8.1	11.2
美国	349.9	7.5	9.8
拉丁美洲	204.1	11.8	5.7
非洲	110.2	34.1	3.1
大洋洲	80.4	33.9	2.2

注：年末对外贸易国家和地区214个。

分商品看，在出口中，全年机电产品出口 1763.7 亿元，比上年增长 5.0%；高新技术产品出口 498.5 亿元，下降 6.0%；钢材出口 318.2 亿元，增长 5.3%；农产品出口 299.6 亿元，增长 15.3%。在进口中，全年机电产品进口 1158.6 亿元，比上年下降 8.1%；原油进口 1252.6 亿元，增长 7.9%；汽车零配件进口 436.2 亿元，下降 9.7%；农产品进口 407.0 亿元，增长 18.6%；金属矿及矿砂进口 391.2 亿元，下降 26.7%；高新技术产品进口 386.3 亿元，增长 0.2%。

全年实际利用外资 61.6 亿美元，比上年增长 90.5%。全年实际到位内资 6700.9 亿元，比上年增长 16.7%。

全年对外承包工程新签合同 126 份，比上年增长 53.7%；新签合同额 14.1 亿美元，下降 31.2%；完成营业额 13.9 亿美元，增长 48.7%。全年共备案（核准）对外直接投资企业 40 家。全年对外劳务合作派出人员 1.3 万人次。

七、交通运输和邮电

全年公路、铁路、水运和民航四种运输方式完成货物运输量 16.6 亿吨，其中铁路货运量 2.2 亿吨，公路货运量 13.9 亿吨，水路货运量 0.4 亿吨，民航货运量 6.8 万吨。全年货物运输周转量 [8]4612.6 亿吨公里。全年旅客运输量 1.8 亿人次，其中铁路客运量 0.4 亿人次，公路客运量 1.3 亿人次，水路客运量 0.02 亿人次，民航客运量 0.06 亿人次。全年旅客运输周转量 [9]377.4 亿人公里。全年港口货物吞吐量 7.4 亿吨，港口集装箱吞吐量 1195.1 万标准箱。

年末铁路营业里程（不含地方铁路）6302 公里，与上年末持平。其中，高速铁路 2213.4 公里，与上年末持平。

全年邮政业务总量 225.9 亿元，比上年增长 2.7%。全年邮政业完成函件 1437.5 万件，比上年增长 12.8%；快递 17.1 亿件，增长 4.2%；快递业务收入 168.9 亿元，增长 0.7%。全年电信业务总量 404.5 亿元，比上年增长 14.5%。全年订销报纸 45949.0 万份，订销杂志 2636.5 万份。年末电话用户 5687.2 万户，其中固定电话用户 586.3 万户，移动电话用户 [10]5100.9 万户。年末固定电话普及率 13.9 部 / 百人，移动电话普及率 120.6 部 / 百人。年末固定互联网宽带接入用户 1569.8 万户，比上年末增加 104.9 万户。蜂窝物联网终端用户 2420.8 万户，增加 595.6 万户。年末 5G 用户 1485.0 万户，占移动电话用户的比重为 29.1%。全年移动互联网接入流量 58.0 亿 GB，比上年增长 7.5%。

八、市场价格

全年居民消费价格比上年上涨 2.0%。其中，城市价格上涨 1.9%，农村价格上涨 2.1%。

2022年居民消费价格比上年涨跌幅度

类别	比上年涨跌幅(%)
居民消费价格	2.0
# 城市	1.9
农村	2.1
# 食品烟酒	2.9
衣着	-0.8
居住	0.5
生活用品及服务	0.9
交通通信	5.9
教育文化娱乐	1.8
医疗保健	0.1
其他用品及服务	1.8

全年工业生产者出厂价格比上年上涨 7.9%。其中，石油和天然气开采业价格上涨 39.8%，黑色金属矿采选业价格下降 11.0%，化学原料及化学制品制造业价格上涨 7.5%，黑色金属冶炼和压延加工业价格下降 5.4%，通用设备制造业价格上涨 0.2%，汽车制造业价格上涨 1.3%。全年工业生产者购进价格比上年上涨 10.1%。

全年农产品生产者价格 [11] 比上年上涨 3.6%。

九、财政和金融

全年一般公共预算收入 2524.3 亿元，比上年下降 8.7%，扣除留抵退税因素后下降 0.4%。其中，各项税收 1664.1 亿元，下降 15.6%，扣除留抵退税因素后下降 3.8%。

全年一般公共预算支出 6253.0 亿元，比上年增长 6.4%。其中，社会保障和就业支出 1812.0 亿元，增长 9.8%；教育支出 746.4 亿元，增长 6.1%；卫生健康支出 463.8 亿元，增长 16.2%；住房保障支出 230.5 亿元，增长 13.6%。

年末金融机构（含外资）本外币各项存款余额 75375.7 亿元，比年初增加 5380.2 亿元，其中人民币各项存款余额 74534.4 亿元，增加 5404.5 亿元。年末金融机构（含外资）本外币各项贷款余额 54321.0 亿元，比年初增加 1186.2 亿元，其中人民币各项贷款余额 53809.2 亿元，增加 1304.6 亿元。在金融机构（含外资）本外币各项贷款中，年末住户贷款余额 13617.0 亿元，比年初增加 138.7 亿元。

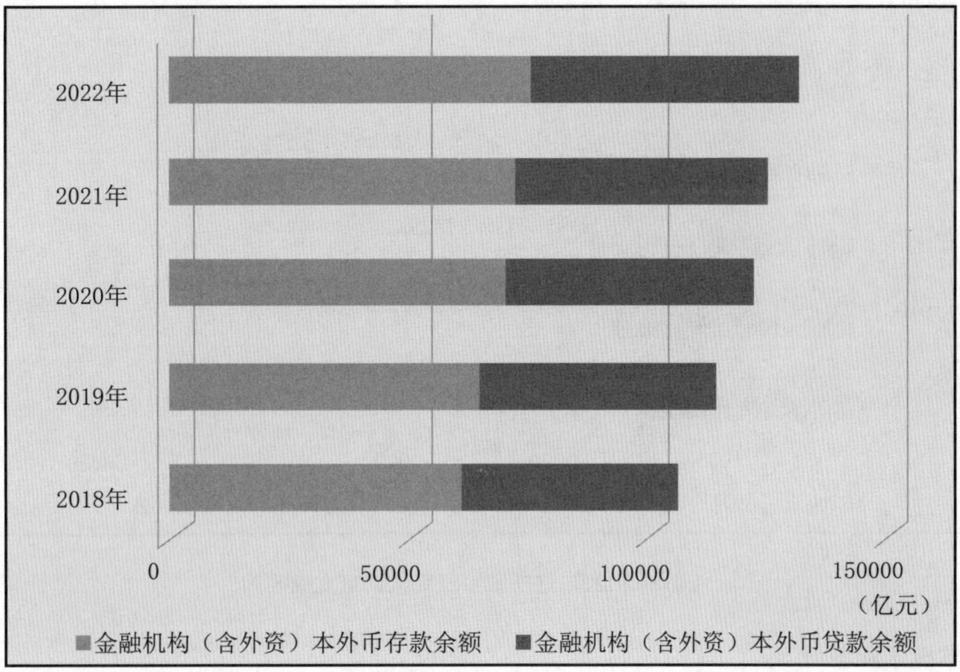

2018–2022年辽宁金融机构（含外资）本外币存贷款余额

年末有境内上市公司 86 家，年内首发上市 7 家；境内上市公司累计实现境内融资 204.2 亿元，其中首次公开发行融资 123.2 亿元，上市公司股权再融资 81.0 亿元。年末有证券公司 3 家，证券分公司 65 家，证券营业部 310 家；期货分公司 55 家，期货营业部 52 家。

全年原保险保费收入[12]1401.5 亿元，比上年增长 3.2%。其中，财产险原保险保费收入 404.5 亿元，增长 8.6%；人寿保险原保险保费收入 727.7 亿元，增长 0.4%；人身意外险原保险保费收入 25.7 亿元，下降 9.7%；健康保险原保险保费收入 243.5 亿元，增长 4.8%。全年支付各类赔款和给付总额 510.9 亿元，比上年下降 3.1%。其中，财产险赔付支出 260.0 亿元，下降 2.1%；人寿保险赔付支出 140.0 亿元，增长 6.5%；人身意外险赔付支出 8.1 亿元，增长 5.2%；健康保险赔付支出 102.7 亿元，下降 16.0%。

十、居民收入和社会保障

全年全体居民人均可支配收入 36089 元，比上年增长 2.8%。其中，城镇居民人均可支配收入 44003 元，增长 2.2%；农村居民人均可支配收入 19908 元，增长 3.6%。

年末参加城镇职工基本养老保险人数 2114.4 万人，参加城乡居民社会养老保险人数 1041.3 万人。年末参加基本医疗保险人数 3748.6 万人，其中参加城镇职工基本医疗保险人数[13]1580.9 万人，参加城乡居民基本医疗保险人数[14]2167.7 万人。年末参加失业保险人数 677.9 万人，其中领取失业保险金人数 19.9 万人。年末参加工伤保险人数 810.3 万人。年末参加生育保险人数 693.1 万人。全年 27.6 万城镇居民和 64.2 万农村居民得到政府最低生活保障。

年末提供住宿的社会服务机构 2370 个，其中城乡养老服务机构 2269 个；提供住宿的社会服务床位 19.3 万张。全年收养救助人员 9.8 万人。全年销售社会福利彩票 51.2 亿元。全年辽宁省慈善总会接受捐赠 2.1 亿元。

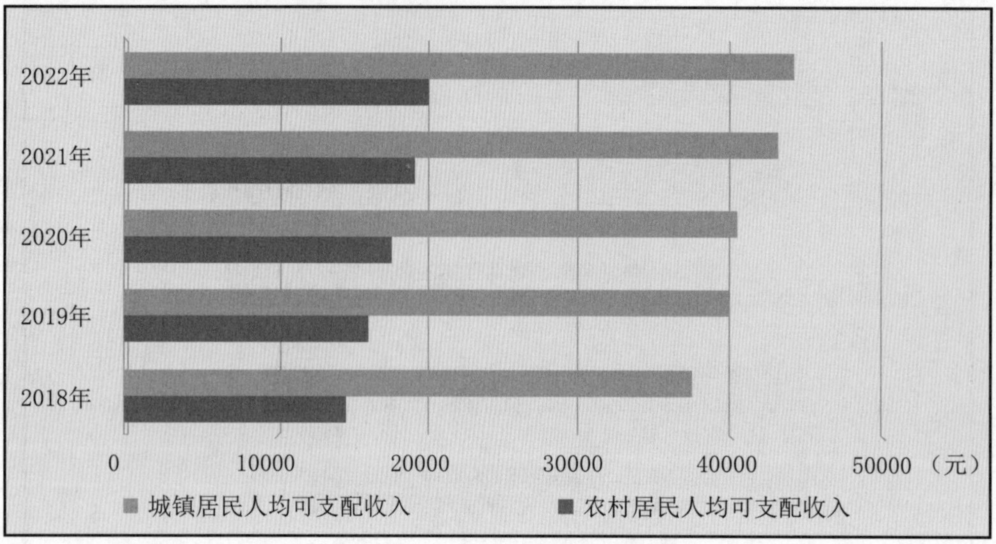

2018–2022年辽宁城乡居民人均可支配收入

十一、科学技术和教育

全年科学研究与试验发展（R&D）经费支出预计 660 亿元左右。有效发明专利总量 64049 件，比上年增长 14.1%，万人有效发明专利 15.7 件。全年技术市场成交各类技术合同 1.9 万项，比上年下降 0.7%；技术合同成交额 1000.2 亿元，增长 28.5%。

年末有获得资质认定的检验检测机构 1731 家，其中国家检测中心 38 家。年末有认证机构 23 家，各类认证证书 7.4 万张。年末有法定计量技术机构 124 个。全年制定、修订地方标准 141 项。年末有地震监测中心站 6 个，地震监测中心 1 个。年末有天气雷达站 10 个，气象卫星地面站 2 个。年末有高分辨率对地观测系统辽宁数据与应用中心 1 个，分中心 15 个，涵盖地质、水利、农业、气象、生态、航空等领域。年末有农业气象灾害重点实验室 1 个，东北地区生态与农业气象野外科学试验基地 2 个。年末有突发事件预警信息发布中心 15 个。年末有国家级地面气象观测站 298 个，省级气象观测站 1419 个，雷电定位监测站 9 个，农业气象观测站 25 个，自动土壤水分观测站 52 个。

全年研究生招生 5.9 万人，在校生 17.2 万人，毕业生 4.3 万人；普通、职业本专科招生 33.0 万人，在校生 118.0 万人，毕业生 31.9 万人；普通高中招生 21.2 万人，在校生 61.9 万人，毕业生 20.0 万人；初中招生 31.1 万人，在校生 96.1 万人，毕业生 34.4 万人；普通小学招生 30.3 万人，在校生 196.4 万人，毕业生 31.2 万人；特殊教育招生 0.2 万人，在校生 1.6 万人，毕业生 0.2 万人；学前教育在园幼儿 81.8 万人。

十二、文化旅游、卫生健康和体育

年末有文化馆、艺术馆 123 个，公共图书馆 129 个，博物馆 65 个，档案馆 143 个。年末有线电视用户 500.4 万户，其中数字电视用户 484.1 万户。年末广播人口覆盖率为 99.50%，电视人口覆盖率为 99.48%。全年出版报纸 50 种（不含校报），出版量 4.3 亿张；期刊 313 种，出版量 0.6 亿份；图书 1.1 万种，出版量 1.6 亿册。

年末有旅行社 1571 家，国家 A 级旅游景区 558 家，其中 5A 级旅游景区 6 家。年末有星级以上饭店 268 家，其中五星级饭店 22 家，四星级饭店 70 家。

年末有各类卫生机构 32679 个。其中，医院 1447 个，卫生院 1034 个，疾病预防控制中心 113 个，妇幼保健院（所、站）84 个，社区卫生服务机构 1389 个，村卫生室 16202 个。在社区卫生服务机构中，社区卫生服务中心 392 个，社区卫生服务站 997 个。年末各类卫生机构拥有床位 32.6 万张；卫生技术人员

34.1 万人，其中执业医师和执业助理医师 13.3 万人，注册护士 15.8 万人。全年总诊疗人次[15]1.6 亿人次，出院人数[16]601.0 万人。

在全年国内外各项比赛中，辽宁运动员 7 人 4 项 10 次获得世界冠军，1 人 1 项 1 次获得亚洲冠军，46 人 13 项 23 次获得全国冠军。辽宁男子篮球队在中国男子篮球职业联赛 2021–2022 赛季中获得总冠军。

十三、能源、环境和应急管理

全年规模以上工业综合能源消费量 1.6 亿吨标准煤，比上年下降 2.1%。

全年细颗粒物（$PM_{2.5}$）平均浓度[17]为 31 微克 / 立方米，比上年下降 11.4%；优良天数比率为 90.0%，提升 2.1 个百分点；重污染天数比例为 0.2%，下降 1.0 个百分点。

全年地表水国考断面[18]中优良水质断面比例为 88.7%，比上年提升 5.4 个百分点；全面消除劣Ⅴ类[19]水质断面；县级及以上城市在用集中式饮用水源水质全部达标。

全年生产安全事故死亡人数 1249 人，比上年下降 13.1%。全年亿元地区生产总值生产安全事故死亡人数 0.043 人，比上年下降 17.3%。全年煤矿百万吨死亡人数 0.095 人，比上年下降 1.0%。全年道路运输事故死亡人数 944 人，比上年下降 11.2%。

十四、人口和就业

根据 1‰人口抽样调查推算，年末常住人口 4197 万人。其中，城镇人口 3064 万人，占常住人口的比重为 73.00%；乡村人口 1133 万人，占 27.00%。

全年出生人口 17.2 万人，出生率为 4.08‰；死亡人口 38.1 万人，死亡率为 9.04‰；人口自然增长率[20]为 –4.96‰。

年末 0 ~ 15 岁（含不满 16 周岁）人口 472 万人，占常住人口的比重为 11.25%；16 ~ 59 岁（含不满 60 周岁）人口 2567 万人，占 61.16%；60 周岁及以上人口 1158 万人，占 27.59%。

全年城镇新增就业 46.2 万人。年末农民工总量[21]467 万人，其中外出农民工 246 万人，本地农民工 221 万人。

注释：

[1] 本公报中 2022 年数据均为初步统计数，部分指标数据在年报时可能还有调整。部分数据因四舍五入的原因，存在着与分项合计不等的情况。

[2] 地区生产总值和三次产业增加值绝对数按现价计算，增长速度按不变价格计算。

[3] 其他谷物：包含谷子、高粱、大麦、燕麦、荞麦、其他。

[4] 农业机械总动力：指全部农业机械动力的额定功率之和。按使用能源不同分为以下四部分：柴油发动机动力指全部柴油发动机额定功率之和；汽油发动机动力指全部汽油发动机额定功率之和；电动机动力指全部电动机（含潜水电泵的电动机）额定功率之和；其他机械动力指采用柴油、汽油、电力之外的其他能源，如水力、风力、煤炭、太阳能等动力机械功率之和。

[5] 规模以上工业：统计范围为年主营业务收入 2000 万元及以上的工业法人单位。

[6] 社会消费品零售总额统计中限额以上单位：指年主营业务收入 2000 万元及以上的批发业企业（单位）、500 万元及以上的零售业企业（单位）、200 万元及以上的住宿和餐饮业企业（单位）。

[7] 固定资产投资（不含农户）：统计范围为各种登记注册类型的法人单位以及个体经营进行的计划总投资 500 万元及以上的投资项目，不包括农户投资、军工和国防项目。

[8] 货物运输周转量：指在一定时期内由各种运输工具实际完成的货物运量与相应的运送距离的乘积之和。

[9] 旅客运输周转量：指在一定时期内由各种运输工具实际运送的旅客人数与相应的运送距离的乘积之和。

[10] 移动电话用户：指报告期末通过移动电话交换机进入移动电话网的全部电话用户。

[11] 农产品生产者价格：指农产品生产者直接出售其产品时的价格。

[12] 原保险保费收入：指保险企业确认的原保险合同保费收入。

[13] 参加城镇职工基本医疗保险人数：包括参保职工和参保退休人员。

[14] 参加城乡居民基本医疗保险人数：由于政策调整，自 2019 年起新型农村合作医疗保险全部并入城乡居民基本医疗保险。

[15] 总诊疗人次：指所有诊疗工作的总人次数，包括门诊、急诊、出诊、预约诊疗、单项健康检查、健康咨询指导（不含健康讲座、核酸检测）人次。

[16] 出院人数：指报告期内所有住院后出院的人数，包括医嘱离院、医嘱转其他医疗机构、非医嘱离院、死亡及其他人数，不含家庭病床撤床人数。

[17] 细颗粒物（$PM_{2.5}$）平均浓度：指城市全年有效监测日平均浓度的算术平均值。

[18] 地表水国考断面：全称国家地表水环境质量考核断面。“十四五”期间，全国共有 3641 个地表水评价、考核、排名断面，涉及辽宁的国考断面有 150 个。

[19] 劣Ⅴ类：地表水水质依据地表水水域环境功能和保护目标，按功能高低依次划分为五类：Ⅰ类主要适用于源头水、国家自然保护区；Ⅱ类主要适用于集中式生活饮用水地表水源地一级保护区、珍稀水生生物栖息地、鱼虾类产场、仔稚幼鱼的索饵场等；Ⅲ类主要适用于集中式生活饮用水地表水水源地二级保护区、鱼虾类越冬场、洄游通道、水产养殖区等渔业水域及游泳区；Ⅳ类主要适用于一般工业用水区及人体非直接接触的娱乐用水区；Ⅴ类主要适用于农业用水区及一般景观要求水域。地表水水质劣于Ⅴ类的即丧失使用功能的，简称劣Ⅴ类。

[20] 人口自然增长率：指在一定时期内（通常为一年）人口自然增加数（出生人数减死亡人数）与该时期内平均人数（或期中人数）之比，一般用千分率表示。

[21] 年末农民工总量：包括年内在本乡镇以外从业 6 个月及以上的外出农民工和在本乡镇内从事非农产业 6 个月及以上的本地农民工。

资料来源：

本公报中粮食作物播种面积、粮食产量、猪牛羊禽肉产量、禽蛋产量、生牛奶产量、猪出栏及存栏、市场价格、居民收入、农民工总量等数据来自国家统计局辽宁调查总队；林业数据来自省林业与草原局；水产品、高标准农田、测土配方施肥面积、农业机械总动力、灌溉面积等数据来自省农业农村厅；进出口数据来自沈阳海关；实际利用外资、实际到位内资、对外经济合作等数据来自省商务厅；铁路运输、铁路营业里程等数据来自中国铁路沈阳局集团有限公司；公路运输、水运、港口吞吐量等数据来自省交通运输厅；邮政业务数据来自省邮政管理局；电信业务数据来自省通信管理局；财政数据来自省财政厅；金融数据来自中国人民银行沈阳分行；证券数据来自中国证券监督管理委员会辽宁监管局和大连监管局；保险数据来自中国银行保险监督管理委员会辽宁监管局和大连监管局；养老保险、失业保险、工伤保险、生育保险、就业等数据来自省人力资源和社会保障厅；医疗保险数据来自省医疗保障局；城乡最低生活保障人数、社会服务、社会福利等数据来自省民政厅；专利数据来自省知识产权局；技术合同数据来自省科学技术厅；质量检验、质量认证、法定计量等数据来自省市场监督管理局；地震监测中心站、地震监测中心等数据来自省地震局；天气雷达站、气象卫星地面站、高分辨率对地观测系统辽宁数据与应用中心、农业气象灾害重点实验室、东北地区生态与农业气象野外科学试验基地、突发事件预警信息发布中心、观测站、监测站等数据来自省气象局；教育数据来自省教育厅；文化馆、艺术馆、公共图书馆、博物馆、旅游等数据来自省文化和旅游厅；档案馆数据来自省档案局；电视、广播等数据来自省广播电视局；报纸、期刊、图书等数据来自省委宣传部；卫生数据来自省卫生健康委员会；体育数据来自省体育局；城市环境空气质量、水质等环境监测数据来自省生态环境厅；安全生产数据来自省应急管理厅；其他数据均来自省统计局。